회계의 이해

김복구 · 이선표

제2개정판

정독
DEEP READING

회계의 이해

제2개정판 머 리 말

2020년 초에 시작된 코로나19가 지속되고, 4차 산업혁명의 시대의 도래에 따라 회계직무가 축소될 것이라는 사회적 분위기에 따라 회계학 분야를 공부하고자 하는 수요가 줄어들고 있는 등 회계교육 환경이 급격하게 변화하고 있다.

'회계의 이해' 교재를 출간한 지 여러 해가 지나고 그간 회계학 분야의 기초과목의 강의교재로 활용하면서 느끼고, 또한 다른 강의자나 학습자들의 조언 사항을 반영하여 제2개정판을 준비하게 되었다.

우리나라 기업에 적용할 수 있는 회계기준으로는 한국채택국제회계기준(K-IFRS), 일반기업회계기준, 중소기업회계기준이 있다. 한국채택국제회계기준은 모든 상장기업과 자발적인 비상장기업에 적용하고, 일반기업회계기준과 중소기업회계기준은 한국채택국제회계기준을 적용하지 않는 모든 비상장기업과 중소기업에 적용한다.

제2개정판에서 제시하고 있는 각종 회계처리는 초판과 같이 상품매매업을 하는 비상장 중소기업이 준수해야 할 일반기업회계기준을 중심으로 설명하였다. 일반기업회계기준의 많은 부분이 한국채택국제회계기준(K-IFRS)과 유사하므로, 본서를 통해 회계정보를 산출하고 해석하는 능력을 배양하면 한국채택국제회계기준을 이해하는 데 큰 어려움이 없을 것이다. 또한, 서비스업이나 제조업도 상품매매업과 기본적인 내용에 큰 차이가 없으므로, 본서를 통해 충실히 학습하면 다른 업종의 회계처리에도 어려움이 없을 것으로 판단된다.

제2개정판의 구성은 초판의 기본체계를 유지하여 3부 16장으로 구성하였는데, 초판에서 제시하였던 내용 중에서 일부 오류를 수정하고, 또한 내용을 간략하게 하는데 초점을 두었으며, 특히 각 장의 끝 부분에 제시하였던 전산회계, 전산세무 및 회계관리 등의 기초 회계학 분야의 자격시험에 대비할 수 있는 객관식 문제를 보다 현실적인 문제로 보완하여 추가하거나 수정하였다. 따라서 학습자들은 이러한 본서의 특징과 구성을 적절하게 활용한다면 좋은 학습효과를 얻을 수 있을 것으로 생각된다.

제2개정판은 저자들이 초판을 강의교재로 활용하여 강의하면서 느낀 바와 다른 강의자나 학습자들의 조언에 따라 수정하고 보완하였지만, 저자들의 능력부족과 예측하지 못한 실수 등으로 미비점이 많으리라 본다. 앞으로 미비점과 오류를 지속으로 수정하여 보완하고, 또한 본서를 이용하여 학습하는 과정에서 오류를 발견하여 지적하여 준다면 최대한 반영하여 수정·보완할 것을 약속드린다.

마지막으로, 제2개정판의 작업을 원활히 할 수 있도록 따뜻하게 격려해 주고, 여러 가지 불편한 점을 이해하고 배려해 준 가족들에게 감사드린다. 또한, 본서의 출간을 위해 많은 노력을 해 주신 '도서출판 정독'의 구성원 여러분과 편집부에게 진심으로 감사드린다.

2022년 3월

저자 씀

머 리 말

전 세계 모든 기업들은 회계정보를 동일한 방식으로 작성하여 제공하여야 할 필요성을 갖게 되었다. 이에 따라 현재 100여 개 이상의 국가에서 국제회계기준(International Financial Reporting Standards: IFRS)을 도입하고 있으며, 우리나라도 국제회계기준(IFRS)을 전면 도입하여 2011년 회계연도부터 모든 상장기업들은 한국채택국제회계기준(K-IFRS)에 따른 재무제표를 작성하고 있다. 이러한 국제회계기준(IFRS)의 전면적 도입으로 우리나라 기업들의 회계정보에 대해 투명성을 인정받게 되어 자금조달이 원활해지고 자본비용도 낮아질 전망이다.

한국채택국제회계기준(K-IFRS)의 가장 큰 특징은 다양한 현상에 대한 세세한 규칙중심(rule-based standards)의 회계처리를 강조한 과거의 회계기준과 달리, 큰 틀의 기본원리를 제시하고 재무제표 작성자가 가장 적합한 회계처리를 자율적으로 선택하도록 하는 원칙중심(principle-based standards)의 회계처리를 강조한다는 것이다. 이에 따라 회계처리를 함에 있어서 기업의 재량권은 커졌지만 재무제표를 작성하는 데 회계담당자의 전문가적 지식과 판단이 필요하여 관련 비용과 책임이 증가하게 되었으며, 회계정보의 이용자에게도 과거보다 더 높은 수준의 회계지식을 요구하게 되었다.

특히, 중소기업의 경우에는 회계전문인력의 부족과 회계처리를 위한 비용부담이 가중될 수 있는 문제점이 있는데, 이러한 문제점을 해결하기 위하여 비상장기업이 준수해야 할 기준으로 일반기업회계기준과 중소기업회계기준을 제정하여 시행하고 있다. 이러한 일반기업회계기준과 중소기업회계기준은 과거의 기업회계기준과 같이 많은 부분을 규정화하여 비상장기업과 중소기업의 회계담당자가 그 기준에 맞추어 회계처리를 하도록 하였다.

회계원리는 재무회계의 기본원리를 다루는 과목으로서, 모든 학문이 그렇듯 처음에 기초개념을 바로 이해하여 기본적인 틀을 제대로 정립하는 것이 무엇보다 중요하다. 이를 위하여 회계의 목적으로부터 출발하여 이론체계를 정립하는 연역적 학습방법이 중요하지만, 회계가 다분히 실천적 학문이므로 다양한 사례연습을 통하여 스스로 기본원리를 터득할 수 있도록 하는 귀납적 학습방법이 더욱 강조되어야 한다. 이런 점에 착안하여 본서에서는 회계학 과목을 처음 접하는 학생들과 실무자들이 좀 더 친근하게 다가설 수 있는 다양한 방법론을 제시하기 위한 많은 노력을 하였다. 아무쪼록 이 책을 통하여 회계의 초보자들이 보다 쉽게 회계의 틀을 정립하여 회계학이 어려운 분야가 아니며, 오히려 어느 과목 못지않게 평이하다고 느낄 수 있기를 기대한다.

본서에서 제시하고 있는 각종 회계처리는 상품매매업을 하는 비상장중소기업이 준수해야 할 일반기업회계기준을 중심으로 설명하였다. 물론 일반기업회계기준의 많은 부분이 한국채택국제회계기준과 유사하므로, 본서를 통해 회계정보를 이해하고 산출할 수 있는 능력을 배양하면 한국채택국제회계기준을 이해하는 데 큰 어려움이 없을 것이라 판단된다. 또한, 상품매매업이 아닌 서비스업과 제조업의 경우에도 기본적인 내용에 큰 차이가 없으므로, 본서를 통해 충실히 학습하면 다른 업종의 회계처리에도 어려움이 없을 것으로 판단된다.

본서는 모두 3부 16장으로 구성하였다. 제1부에서는 회계에 대한 이해를 돕기 위하여 회계가 우리 생활에서 어떻게 활용될 수 있으며, 또한 기업에서 반드시 공시해야 하는 재무제표인 재무상태표, 손익계산서, 자본변동표, 현금흐름표 및 주석 등에 대한 설명을 통해 회계의 전반적인 내용을 파악하도록 하였다.

제2부에서는 회계정보를 산출하는 과정인 회계순환과정을 이해할 수 있도록 설명하였다. 특히 회계정보를 처음으로 만들어보는 학습자 입장에서 회계에 대한 거부감을 없애고, 보다 쉽게 회계정보를 만들 수 있는 능력을 배양할 수 있도록 다양한 사례와 방법을 제시하였다.

제3부에서는 회계정보를 구성하는 계정과목별 회계처리에 대해 설명하였다. 즉, 제1부와 제2부의 내용 중에서 구체적인 설명을 필요로 하는 부분에 대해서 상황에 맞는 예제를 이용하여 상세히 서술하고자 하였으며, 가능한 많은 사례를 제시하여 실무에서도 활용할 수 있도록 설명하였다.

본서는 각 장의 끝부분에 전산회계, 전산세무 및 회계관리 등의 기초 회계학 분야의 자격시험에 대비할 수 있는 객관식 및 주관식 연습문제를 다수 수록하고 있으므로, 학습자들은 이러한 본서의 특징과 구성을 적절하게 활용한다면 좋은 학습효과를 얻을 수 있을 것으로 생각된다.

끝으로 회계를 공부하고자 하는 학습자들에게 '회계는 눈으로 읽기만 해서는 절대로 안 되며, 연습장에 손으로 기록하고 반복하여 학습해야 한다는 것'을 강조하고 싶다. 다시 말해, 회계를 공부하기 위해서는 계산기, 연습장 및 필기도구를 교재와 동시에 활용하여야만 효율적인 학습이 이루어질 수 있다는 것이다.

본서는 저자들이 다년간 실무를 담당하거나 대학에서 강의하면서 느끼고 경험한 바에 따라 장기간에 걸쳐 준비하였지만, 저자들의 능력부족과 예측하지 못한 실수 등으로 미비점이 많으리라 본다. 향후 지속적인 수정과 보완을 통하여 미비점과 오류의 발생가능성을 최소화하도록 할 것이므로, 본서를 이용하여 학습하는 과정에서 이상한 부분과 오류를 발견하여 지적하여 준다면 최대한 반영하여 수정·

보완할 것을 약속드린다.

마지막으로, 본서 작업을 원활히 할 수 있도록 항상 따뜻하게 격려해 주고, 여러 가지 불편한 점을 이해하고 배려해 준 가족들과 동료 교수들에게 감사드린다. 또한, 본서의 출간을 위해 많은 노력을 해 주신 '피앤씨미디어'의 구성원 여러분과 편집부에게 진심으로 감사드린다.

2018년 3월

서자 씀

차 례

PART 01 회계에 대한 이해

CHAPTER 01 | 현대사회에서 회계의 역할

CHAPTER 02 | 회계정보의 산출기준

PART 02 회계정보의 산출

CHAPTER 04 회계정보의 산출과정(회계순환과정)

CHAPTER 05 | 기중거래의 기록(분개 및 전기)

CHAPTER 06 | 결산회계

PART 03 계정과목별 회계정보

CHAPTER 07 당좌자산

CHAPTER 10 | 투자자산 및 기타비유동자산

CHAPTER 11 | 유형자산

CHAPTER 14 | 비유동부채

CHAPTER 15 | 자 본

General Financial Accounting Standards

Principles of Accounting

회계(accounting)는 다양한 경제주체들의 의사결정에 필요한 유용한 정보를 창출하고 활용하는 분야를 다루는 학문 분야이다. 회계정보를 이용함으로써 의사결정을 하는 경제주체들의 부(wealth)를 증진시키고 나아가 사회전반의 효율적 자원배분을 가능하게 한다. 따라서 회계전문가가 되고자 하는 사람들뿐만 아니라 일반인들도 회계정보의 역할이나 회계정보의 창출 및 활용에 대한 개념 및 논리들을 알 필요가 있다. 왜냐하면 회계에 대한 원리와 지식은 일상생활뿐만 아니라 연구개발, 실험, 생산, 소비, 유통, 사적 모임 등에서 어떤 일을 하든지 유용하게 활용할 수 있을 것이기 때문이다.

제1부는 회계에 대한 기본개념을 정립하는 데 필요한 기초적인 내용과 더불어 회계처리를 위한 회계순환과정에 대하여 다루었다. 따라서 이 부분을 학습함으로써 회계를 처음 접하는 사람에게 있어서도 회계의 중요성과 필요성을 느낄 수 있도록 설명하였다.

PART 01

회계에 대한 이해

제1장 현대사회에서 회계의 역할

제2장 회계정보의 산출기준

제3장 재무제표

CHAPTER 1

현대사회에서 회계의 역할

본 장에서는 회계가 현대사회를 살아가는 우리들에게 “왜” 필요로 하는지와 더불어 경제활동의 주요 대상인 기업에서 회계가 어떤 기능을 하는지에 대하여 설명하였다.

그리고 회계의 주요 적용대상인 기업 활동, 재무제표와 기업 활동의 관계, 회계의 정의 및 목적과 더불어 기업 활동과정에서 의사결정의 효율성을 높이기 위하여 가장 핵심적인 정보로 간주되고 있는 회계정보의 특징에 대하여 학습한다. 또한, 기업과 직·간접적으로 이해관계를 맺으면서 기업이 산출하는 회계정보를 이용하고 있는 재무정보의 이용자(기업의 이해관계자)에 대하여 설명하였다.

제1절 회계의 필요성 및 기능

01 회계의 필요성

사람은 생활하기 위해 옷, 음식, 집 등과 같은 물질(재물, 재산, 자원이라고도 함)이 필요한데, 이는 일반적으로 돈(화폐)으로 표시하고 있다. 개인이 일을 해서 돈을 벌고 생활에 필요한 물질을 구입하기 위하여 돈을 지출하는 것, 기업이 제품과 서비스를 판매 또는 제공함으로써 돈을 벌어들이고 제품과 서비스의 생산에 필요한 생산요소를 매입하기 위하여 돈을 지출하는 것 그리고 정부가 국민으로부터 세금을 걷어 공공복지증진을 위해 돈을 사용하는 것 등 여러 부문에서 돈의 흐름이 발생한다.

돈의 흐름이 간단한 경우에는 그 사항을 기억할 수 있지만, 돈의 흐름이 많아지면 기억이 쉽지 않고, 또한 정확하지도 않아 기록을 해 두어야 한다. 이처럼 맡겨진 돈의 흐름에 대한 기록을 명확히 하는 책임을 수탁책임(stewardship responsibility)이라 하고, 맡겨진 돈에 대한 수탁책임을 잘 수행하였다는 사실을 기록하여 보고하는 책임을 회계보고책임(accountability)이라 한다.

이와 같이 타인의 재산을 맡아서 관리하기 때문에 발생하는 수탁책임과 이에 따른 회계보고책임 때문에 회계제도가 존재하고 발전하여 왔다고 할 수 있다. 이러한 회계보고책임은 [표 1-1]과 같이 각 경제주체별로 다양하게 나타날 수 있을 것이다.

[표 1-1] 경제주체별 회계보고책임자

경 제 주 체	회계보고책임자	회계보고를 받는 자
개 인	본인	본인
가 정	부인(또는 남편)	남편(또는 부인)
동창회 등의 모임	모임의 회장(또는 총무)	모임의 회원
기 업	회사대표(회사의 회계책임자)	회사의 주주(회사의 대표)
정 부	정부기관	국민(국회)

돈에 대한 수탁책임과 회계보고책임뿐만 아니라 사업자가 자기의 사업이 잘 되고 있는지 또는 사업수행에 따라 앞으로 받을 돈과 줄 돈이 얼마인지에 대한 정보를 얻기 위해서도 회계가 필요할 것이다. 이처럼 개인, 가정, 기업, 정부 등 어느 경제주체이든지 합리적인 의사결정을 하기 위해서는 회계정보가 필요한데, 의사결정에 필요한 회계의 역할을 강조하는 것을 회계정보의 유용성(usefulness of accounting information)이라고 하며, 의사결정에 있어서 회계정보의 유용성도 회계가 필요한 이유 중의 하나이다.

02 회계의 기능

기업과 관련된 이해관계자가 사회 여러 계층에 존재하고 있는 상황에서, 기업에 관한 객관적이고 정확한 회계정보를 제공함으로써 사회에 기여하는 역할이 점점 커지고 있다.

즉, 기업은 생산, 판매, 인사, 재무, 연구개발, 기타 경영관리를 위하여 [그림 1-1]에서 제시한 바와 같이 다양한 회계정보를 필요로 한다.

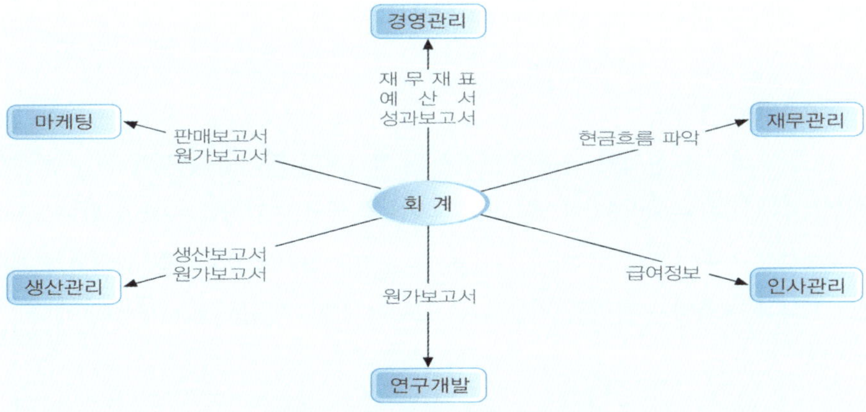

[그림 1-1] 경영을 위한 회계정보

이러한 기업경영을 위한 회계의 기능은 크게 3가지로 설명할 수 있을 것이다.

(1) 기록계산기능

어떤 현상에 대한 자료 없이 옳고 그름의 판단을 위한 분석이 불가능하며, 또한 개선을 위한 행동을 할 수 없다. 따라서 기업의 활동을 파악하여 기록한 자료 또는 정보는 기업경영에서 매우 중요하다.

기업에서 이루어지는 다양한 활동을 회계라는 언어로 의미 있게 요약한 재무제표는 기록계산기능(score-keeping function)의 핵심적 산물이다. 외부 이해관계자에게 기업의 실체를 알리고 경영자가 기업현황을 파악하기 위해서도 재무제표는 기본 자료가 된다.

(2) 주의환기기능

경영자가 일상적인 업무에 일일이 시간을 할애하기 어려우므로, 예외적으로 발생하는 경영상의 중요한 문제를 의미 있게 보고하여 경영분석이나 통제 및 시정목적에 사용할 주의환기 정보가 필요하다. 가령, 예산과 실적을 비교하여 크게 차이나는 항목에 대해 집중적인 원인분석을 행하고, 필요한 경우 적절한 조치를 취하는 것이 주의환기기능(attention-directing function)이다.

(3) 문제해결기능

미래는 과거나 현재의 단순한 연장선은 아니지만 과거와 현재가 없는 미래를 생각할 수 없으므로, 미래지향적인 의사결정을 위해서는 과거에 수행된 활동결과들을 분석하고, 이를 바탕으로 미래의 변동사항을 예측하여야 한다. 즉, 과거의 회계수치는 미래를 예측하는 출발점 역할을 하므로 문제해결기능(problem solving function)이 있는 것이다.

제 2 절 회계의 적용대상

01 기업 및 기업활동

기업(enterprise)이란 “최소의 인적 및 물적 자원을 투입하여 최대의 산출물을 생산하고, 생산된 재화나 서비스를 고객에게 판매하여 이익을 창출하고, 그 이익을 분배하거나 생산에 재활용하여 그 활동을 지속해 나가는 조직”을 말한다. 이러한 기업의 활동내용은 [그림 1-2]에 잘 나타나 있다.

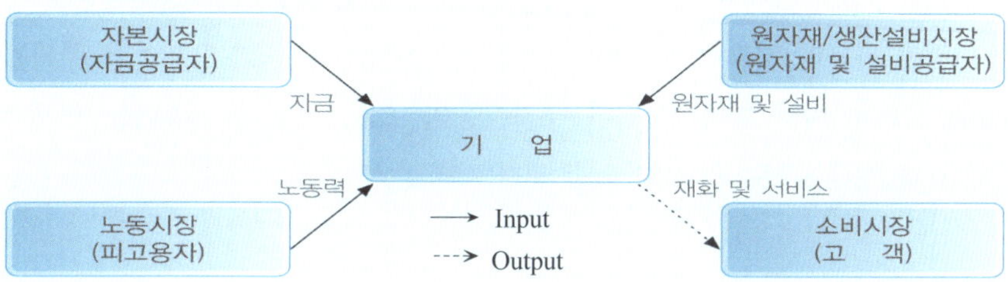

[그림 1-2] 기업활동의 내용

기업은 투입물시장(input market)인 노동시장으로부터 노동력을, 자본시장으로부터 자본을, 원자재와 생산설비시장으로부터 원자재 및 생산설비를 기업내부로 유입하여, 이러한 자원을 생산과정에 투입하여 재화나 서비스를 산출한다. 그리고 산출된 재화나 서비스를 산출물시장(output market)인 소비자시장을 통하여 고객에게 제공함으로써, 고객의 욕구를 충족시키고 나아가 기업의 이익을 창출한다.

(1) 재무활동

기업이 기업활동을 수행하기 위해서는 자금이 필요한데, 이 자금은 자본시장을 통하여 조달된다. 자본시장으로부터의 자금조달은 일반적으로 주식과 회사채의 발행, 그리고 금융기관으로부터의 차입 등을 통하여 이루어진다.

이처럼 기업활동에 필요한 자금의 조달방법 및 금액을 결정하고, 자본시장에서 직접 자금을 조달하는 활동을 재무활동(financing activity)이라 한다. 이러한 재무활동은 기업의 입장에서 자본비용이 가장 낮은 자금원천을 찾아 자금을 조달하는 활동이라고 볼 수 있다.

(2) 투자활동

경영자는 조달된 자금을 이용하여 생산설비 및 원자재시장으로부터 필요한 설비와 원자재를 조달한다. 생산설비 및 원자재시장을 공급자시장이라 하며, 기업은 공급자시장에서 필요한 자산을 취득하여 생산활동에 투입한다.

이처럼 기업이 제품의 생산이나 생산된 제품의 판매와 같은 영업활동에 사용하기 위하여 필요한 경제적인 자원(인적 및 물적 자원)을 취득하는 활동을 투자활동(investing activity)이라 한다. 이러한 투자활동의 결과, 기업이 보유하는 경제적인 자원의 양과 형태에 변화를 가져오게 된다.

(3) 영업활동

영업활동(operating activity)은 투자활동과 재무활동으로부터 조달된 물적 및 인적 자원을 결합하여 최소의 비용으로 제품이나 상품을 생산 또는 매입하고, 이를 고객에게 판매함으로써 최대의 이익을 창출하고자 하는 활동을 말한다. 이러한 영업활동의 결과가 기업의 경영성과가 되며, 그 결과에 따라 기업이 성장·발전하거나 또는 도산하게 되므로 영업활동은 기업의 핵심적인 활동이라고 할 수 있다.

02 재무제표와 기업활동의 관계

기업활동의 내역과 결과를 수치로 측정하여 그 결과를 일정한 형식에 따라 요약한 것이 재무제표(financial statement: F/S)이다.

아래에서는 재무활동, 투자활동 및 영업활동의 결과가 개별 재무제표에 어떻게 요약되는지를 살펴보고자 한다.

(1) 재무상태표와 재무활동 및 투자활동간의 관계

투자활동은 기업의 정상적인 영업활동에 필요한 경제적 자원을 취득하거나 처분하는 활동이며, 재무활동은 투자활동에 필요한 자금을 조달하는 활동이다. 이러한 투자활동과 재무활동이 이루어지면 그 결과인 경제적 자원, 즉 누가 얼마의 자금을 제공했는지에 관한 자금공급의 원천은 자금의 공급자(자기자본과 타인자본)별로 보고되며, 또한 공급된 자원을 사용하여 취득한 자산은 유형(유동자산과 비유동자산)별로 보고된다. 이러한 투자활동 및 재무활동의 결과는 재무상태표에 요약된다.

(2) 손익계산서와 영업활동간의 관계

기업의 영업활동에 의하여 수익이 발생하고, 영업활동 과정에서 여러 가지 경제적인 자원을 소비함으로써 비용이 발생하게 되는데, 이와 같이 영업활동의 결과로 발생하는 수익과 비용의 변화를 요약한 것이 손익계산서(income statement: I/S)이다.

손익계산서상 당기순이익은 우선 기업에 자금을 제공한 주주에게 배당하고, 남는 것은 기업 내에 유보되어 차기 이후의 재투자에 사용한다. 이러한 영업활동의 결과로 누적된 이익을 어떻게 사용하는가에 대한 처분내역을 표시한 것이 이익잉여금처분계산서(statement appropriation of retained earnings)이다.

(3) 현금흐름표와 재무, 투자 및 영업활동간의 관계

기업의 투자활동, 재무활동 및 영업활동을 통하여 현금의 유입과 유출이 발생한다. 예를 들면, 은행으로부터 대출을 받으면 현금유입이 발생하고(재무활동), 상품을 매출하거나 이자수익을 현금으로 수령하면 현금유입이 발생된다(영업활동). 한편, 필요한 부품을 구입(투자활동)한다든지 종업원의 급료, 임차료, 이자 등을 현금으로 지급(영업활동)하면 현금유출이 발생한다.

이러한 기업 활동에 따른 현금의 유입과 유출에 관한 정보를 요약한 재무제표가 현금흐름표(statement of cash flows)이다. 현금흐름표는 재무상태표, 손익계산서, 그리고 이익잉여금처분계산서를 통하여 알 수 없는 현금흐름에 관한 회계정보를 제시함으로써, 기업의 재무상환이나 배당지급능력에 관심 있는 채권자·투자자들에게 유용한 정보를 제공할 수 있다.

(4) 자본변동표와 다른 재무제표간의 관계

자본변동표는 재무상태표에 표시되어 있는 자본의 기초잔액과 기말잔액을 모두 제시하고 어떻게 변동되었는가를 설명하고 있기 때문에 재무상태표와 연계되고, 자본의 변동내용은 손익계산서와 현금흐름표에 나타난 정보와 연계된다. 또한, 자본변동표는 손익계산서를 거치지 않고 재무상태표의 자본에 직접 가감되는 항목에 대한 정보도 제공한다. 이러한 항목에는 매도가능증권평가손익과 같은 미실현손익이 포함되는데, 이러한 미실현손익의 변동내역을 나타냄으로써 자본변동표는 포괄적인 경영성과에 대한 정보를 직·간접적으로 제공한다. 따라서 자본변동표는 이익잉여금처분계산서 및 결손금처리계산서를 포함하는 포괄적인 재무보고서이다.

기업활동과 재무제표간의 관계는 [그림 1-3]과 같이 나타낼 수 있으며, 기업활동의 결과가 어떻게 재무제표에 요약되고 있는지를 나타내고 있다. 즉, 재무활동과

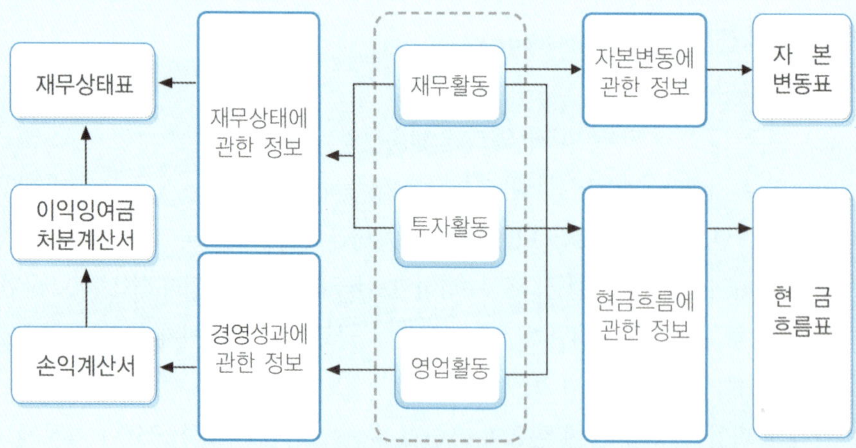

[그림 1-3] 기업활동과 재무제표간의 관계

투자활동의 결과로 나타난 재무적 상황은 재무상태표에 요약되며, 영업활동의 내역과 그 수행결과로 나타난 이익은 손익계산서에 요약된다. 그리고 이익잉여금처분계산서는 특정 활동의 결과를 나타내기보다는 손익계산서와 재무상태표를 연결해 주는 역할을 하며, 현금흐름표는 기업활동의 결과로 발생하는 현금흐름에 관한 정보를 요약한다. 한편, 자본변동표는 기업활동의 결과로 나타나는 자본변동에 관한 정보를 요약한다.

제 3 절 회계의 정의 및 분류

01 회계의 정의

회계는 가계, 기업, 정부 등 경제주체의 경제활동의 결과를 계산하고 측정한 정보를 산출하고, 분석하고, 제공해 주는 역할을 수행하는데, 다음과 같이 정의할 수 있다.

> 회계는 정보이용자가 합리적 판단이나 경제적 의사결정을 하는 데 필요한 경제적 정보를 식별, 측정 및 전달해 주는 과정이다.

이 정의는 회계를 정보처리(식별, 측정 및 전달)과정으로 파악하여 회계정보의 생산 및 이용측면을 중시하고 있는데, 회계가 단순히 기록의 유지뿐만 아니라 계획과 문제해결, 통제와 업적평가 등의 의사결정에 도움이 되는 정보를 제공해 주는 것이라고 하였다. 이러한 회계의 정의는 [그림 1-4]와 같이 회계를 기업활동과 의사결정자를 연결시켜 주는 정보제공 활동으로 볼 수 있다.

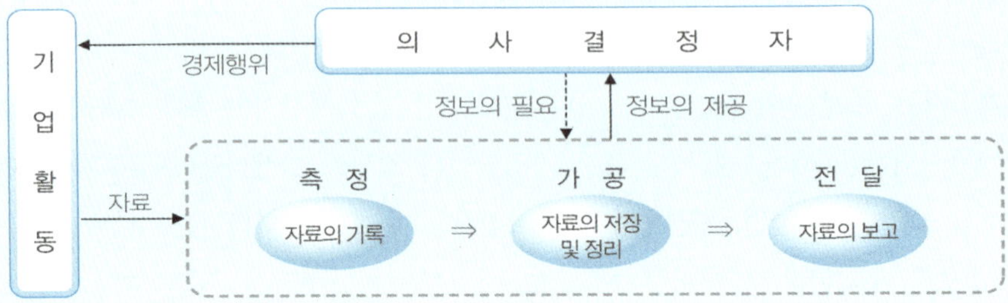

[그림 1-4] 경제적 의사결정을 위한 정보시스템으로서의 회계

02 재무보고의 목적

일반적인 재무보고의 목적은 투자자 및 채권자의 투자 및 신용의사결정에 유용한 정보를 제공하는 것이다. 투자 및 신용의사결정에 유용한 정보는 기업실체의 미래 현금흐름을 예측하는 데 유용한 정보로, 기업실체의 미래현금흐름을 예측하기 위해서는 기업의 경제적 자원과 그에 대한 청구권 그리고 경영성과 측정치를 포함한 청구권의 변동에 관한 정보가 제공되어야 한다. 또한, 이와 같은 재무정보는 경영자가 소유주로부터 위탁받은 자원을 효율적으로 운용할 책임, 즉 수탁책임의 이행 등을 평가하는 측면에서 활용될 수도 있다.

(1) 투자 및 신용의사결정에 유용한 정보제공
(2) 미래 현금흐름의 전망을 평가하는데 유용한 정보제공
(3) 기업의 경제적 자원과 이에 대한 청구권 및 이들의 변동에 관한 정보제공
  ① 경제적 자원, 채무, 소유주 지분에 관한 정보제공
  ② 기업의 성과와 이익에 관한 정보제공
  ③ 유동성, 지급능력, 자금흐름에 관한 정보의 제공
  ④ 경영수탁 및 성과에 관한 정보의 제공
  ⑤ 경영자의 설명 및 해석에 관한 정보의 제공

03 회계정보의 특성

회계정보(accounting information)는 계량적이며 동시에 화폐적 정보로, 기업 경영자가 필요로 하는 여러 경영정보 가운데 가장 핵심적인 정보로 간주되고 있다. 회계정보는 재무제표를 통하여 보고되는데, 회계정보의 특성은 다음과 같다.

① 회계정보는 경제 및 산업전반에 대한 정보보다는 개별 경제주체인 기업실체의 경제적 사건을 측정한 정보이다.

② 회계정보는 추상적이거나 막연하지 않고 수치로 표현된 구체적인 정보이다.

③ 경제적 사건에는 불확실성이 수반되기 때문에 회계정보는 기업에 대한 정확한 측정치라기보다는 개략적인 측정치(approximate measures)이다.

④ 회계정보는 주로 과거에 발생한 경제적 사건에 대한 재무적 영향(financial effects)을 나타낸 것이다.

⑤ 회계정보의 제공 및 이용에 따른 효익(benefit)이 정보제공과 이용에 따른 비용(cost)을 초과하여야 회계정보로서의 가치가 있을 것이다.

⑥ 회계정보는 단순히 여러 정보들을 열거한 것이 아니며, 여러 정보들이 의미 있게 요약된 정보이다.

이런 관점에서 회계정보는 여러 정보 중에서 가장 중요하고 핵심적인 정보원천으로 간주되고 있으며, 또한 기업의 경영자와 구성원들이 기업의 전체 상황을 확실하게 파악하고 상호간에 분명한 의사소통(communication)을 할 수 있도록 도와주는 '기업의 언어(language of business)'라고 할 수 있다. 여기서 '기업의 언어'라는 것은 기업경영 과정에서 다양한 활동의 수행 및 활동 간의 조화를 위해 회계정보가 핵심적인 역할을 담당한다는 것을 의미한다.

04 회계의 분류

회계는 회계시스템에서 산출되는 정보의 이용자가 누구인가에 따라 크게 재무회계와 관리회계로 분류할 수 있다.

(1) 재무회계

재무회계(financial accounting)는 기업의 다양한 외부 이해관계자들이 수용할 수 있게 일반적으로 인정된 회계원칙(GAAP: Generally Accepted Accounting Principle)에 따라 일반목적의 재무보고서인 재무제표(예 : 재무상태표, 손익계산서, 자본변동표, 현금흐름표 등)를 작성·보고하는 것을 주목적으로 하는 회계를 말한다.

(2) 관리회계

관리회계(managerial accounting)는 경영자 등의 기업내부자가 경영활동에 관한 의사결정을 하는 데 필요로 하는 정보를 산출하고, 이를 분석하여 특수목적의 재무보고서를 작성·보고하는 것을 주목적으로 하는 회계를 말한다. 따라서 관리회계는 재무회계와 달리 일반적으로 인정된 회계원칙과 회계관습에 제약을 받지 않고, 경영자의 의사결정에 적합한 재무정보를 생성시킬 수 있다.

재무회계와 관리회계를 비교하여 요약하면 [표 1-2]와 같이 나타낼 수 있다.

[표 1-2] 재무회계와 관리회계의 비교

구 분	재 무 회 계	관 리 회 계
목 표	· 회계자료의 기록, 분류, 요약, 해석 · 재무제표의 작성 및 보고	· 의사결정을 위한 정보의 제공 · 경영계획의 수립과 통제 · 원가자료의 수집
작성근거	일반적으로 인정된 회계원칙	경제적 의사결정이론 (경제이론, 의사결정과학, 행동과학 등)
자료수집 방법과 시점	거래발생과 동시에 분개장 및 원장에 기록	필요에 따라 기록
자료의 지향시점	과거지향	과거·미래지향
보고서양식	재무제표	특정양식이 없음(예산, 원가보고서, 성과보고서, 특별 분석의 서식이 있을 수 있음)
보고시점	매년(또는 반기, 분기보고도 가능)	필요에 따라 수시로 보고
보고대상	다양한 이해관계자	경영자

제 4 절 회계정보의 이용자

(1) 주주(투자자)

주주(투자자)는 특정 기업의 주식을 취득할 것인지, 계속 보유할 것인지, 처분할 것인지에 관한 의사결정문제(buy-hold-sell decision problem)에 직면해 있으며, 이를 위하여 주가의 성장성, 배당의 안정성, 투자자금의 회수가능성 등을 판단하는 데 회계정보를 필요로 한다.

(2) 채권자

채권자들은 대출여부, 내출기간 연장여부, 대출금 상환독촉 여부, 이자율 결정 등에 관한 의사결정문제를 가지고 있으며, 이를 위하여 이자와 원금회수의 안정성 등을 판단하는 데 회계정보를 필요로 한다.

(3) 종업원(노동조합)

종업원이나 노동조합은 직장을 계속 다닐 것인가 그만둘 것인가, 임금인상 요구 폭을 얼마로 할 것인가에 관한 의사결정문제를 가지고 있으며, 이를 위하여 안정적 고용, 적절한 보상 등을 판단하는 데 회계정보를 필요로 한다.

(4) 소비자

소비자들은 기업이 판매하는 상품과 제품의 품질 및 가격을 고려하여 최선의 구매선택을 하고자 하는 의사결정문제를 가지고 있다. 소비자들은 품질개선, 가격인하, 애프터서비스 등을 요구해도 될지 여부를 판단하는 데 회계정보를 필요로 한다.

(5) 지역주민

지역주민들은 기업의 공해물질 배출행위, 고용정책 등에 민감한 반응을 보인다. 이들은 기업에게 환경보전활동과 고용수준의 유지 등을 요구해도 될지를 판단하기 위하여 회계정보를 필요로 한다.

(6) 재무분석가

재무분석가는 회계정보의 중개기관으로서 회계정보를 수집하고 분석하여, 정보이용자들이 보다 쉽게 이용할 수 있는 정보를 제공하기 위하여 회계정보를 필요로 한다.

(7) 경영자

전문경영인의 경우 경영계약을 함에 있어서 여러 재무변수에 근거하여 이루어지는 경우가 일반적이므로 회계정보에 많은 관심을 가지게 된다. 예를 들어, 경영자에 대한 재계약 및 보수계약 등은 매출액순이익률, 총자산이익률과 같은 재무수치에 대한 목표달성 정도에 따라 결정될 수 있기 때문에 경영자들은 회계정보에 관심을 가지게 된다.

(8) 정부 및 감독기관

정부 및 감독기관들은 국내에 존재하는 영리 및 비영리조직들을 대상으로 지원 및 규제를 어떻게 할 것인가, 국가경제 전체적으로 고용을 어떻게 안정시킬 것인가 등의 정부정책결정 및 집행관련 의사결정에 다양한 회계정보를 필요로 한다. 특히, 세수확보와 이를 토대로 한 국가 예산편성 및 투자 우선순위 결정에 회계정보가 중요한 역할을 수행한다.

(9) 외부 공급업자

기업에 원재료 및 생산설비 등을 공급하는 외부 공급업자들은 외상거래 유지 여부, 외상기간 연장 여부, 외상대금 독촉 여부, 계약지속 여부 결정 등에 관한 의사결정문제를 가지고 있으며, 이를 위하여 대금의 안전한 회수나 계약의 지속 등을 판단하는 데 회계정보를 필요로 한다.

이러한 회계정보의 이용자는 [그림 1-5]와 같이 요약할 수 있다.

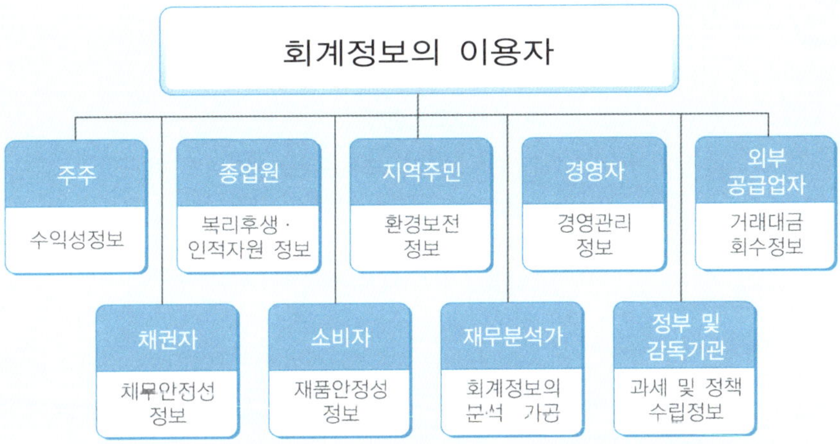

[그림 1-5] 회계정보의 이용자

객관식 Exercises

01 Problem

회계가 필요한 이유로 옳지 않은 것은?

① 타인이 맡긴 돈의 흐름에 대한 수탁책임을 이행하기 위하여 필요하다.
② 경제주체가 합리적인 의사결정을 수행하기 위한 유용한 정보를 제공하는데 필요하다.
③ 회계는 자본주의 사회에서 경제활동을 수행하는데 있어서, 모든 사람들에게 필요한 것은 아니다.
④ 수탁책임을 잘 수행하였다는 사실을 기록하여 보고하는 회계보고책임을 이행하기 위하여 필요하다.

02 Problem

회계의 3가지 기본기능에 속하지 않는 것은?

① 기록계산기능　② 주의환기기능
③ 문제해결기능　④ 사건의 측정기능

03 Problem

기업 활동에 속하지 않는 것은?

① 재무활동　② 투기활동　③ 투자활동　④ 영업활동

04 Problem

기업 활동에 대한 설명으로 옳지 않은 것은?

① 재무활동은 기업에 필요한 자금의 조달방법 및 금액을 결정하고, 자본시장에서 직접 자금을 조달하는 활동을 말한다.
② 투자활동은 기업이 제품의 생산이나 생산된 제품의 판매와 같은 영업활동에 사용하기 위하여 필요한 경제적인 자원을 취득하는 활동을 말한다.
③ 투자활동의 결과는 기업의 경영성과가 되며, 그 결과에 따라 기업이 성장·발전하거나 또는 도산하므로 투자활동은 기업의 핵심적인 활동이다.
④ 영업활동은 최소의 비용으로 제품이나 상품을 생산 또는 매입하고, 이를 고객에게 판매함으로써 최대의 이익을 창출하고자 하는 활동을 말한다.

05 Problem

기업 활동과 재무제표간의 관계에 대한 설명으로 옳지 않은 것은?

① 투자활동 및 재무활동의 결과는 재무상태표에 요약된다.
② 영업활동으로 발생하는 수익과 비용은 손익계산서에 요약된다.
③ 기업 활동에 따른 현금의 유입과 유출에 관한 정보는 현금흐름표에 요약된다.
④ 자본변동표는 손익계산서를 거쳐 재무상태표의 자본에 가감되는 항목에 대한 정보를 제공한다.

06 Problem

일반적인 재무보고의 목적으로 옳지 않은 것은?

① 기업의 투자 및 신용의사결정에 유용한 정보제공
② 기업의 미래 현금흐름의 전망을 평가하는데 유용한 정보제공
③ 경영자 개인에 대한 현금흐름 전망과 경제적 자원에 대한 정보제공
④ 기업의 경제적 자원과 이에 대한 청구권 및 이들의 변동에 관한 정보제공

07 Problem

회계정보의 특징을 옳게 표현한 것은?

① 계량적 정보이면서 화폐적 정보
② 비계량적 정보이면서 화폐적 정보
③ 계량적 정보이면서 비화폐적 정보
④ 비계량적 정보이면서 비화폐적 정보

08 Problem

회계정보의 특징에 대한 설명으로 옳지 않은 것은?

① 회계정보는 개별기업이 아닌 경제 및 산업전반에 대한 정보이다.
② 회계정보는 추상적이거나 막연하지 않고 수치로 표현된 구체적인 정보이다.
③ 회계정보는 주로 과거에 발생한 경제적 사건에 대한 재무적 영향을 나타낸 것이다.
④ 경제적 사건에는 불확실성이 수반되기 때문에 회계정보는 기업에 대한 정확한 측정치라기보다는 개략적인 측정치이다.

09 Problem

회계를 정보이용자를 기준으로 분류할 경우 옳은 것은?

① 재무회계와 기업회계 ② 재무회계와 관리회계
③ 기업회계와 정부회계 ④ 영리회계와 비영리회계

10 Problem

재무회계에 대한 설명으로 옳지 않는 것은?

① 반드시 일반적으로 인정된 회계원칙을 준수하여야 한다.
② 특정부문에 대한 관리적 의사결정에 유용한 정보를 제공한다.
③ 특정시점 또는 특정기간에 대한 정보를 제공하기 위한 재무제표를 작성한다.
④ 주주나 채권자 등 기업의 외부이해관계자에게 필요한 정보를 제공하기 위한 회계이다.

11 Problem

재무회계와 관리회계에 대한 특징을 잘못 연결한 것은?

① 재무회계 - 과거지향적 정보
② 관리회계 - 일정하지 않은 보고기간
③ 재무회계 - 외부정보이용자
④ 관리회계 - 회계원칙의 필수적 준수

12 Problem

재무회계에 대한 설명으로 옳은 것은?

① 재무회계 정보는 과거보다는 미래정보가 주를 이룬다.
② 재무회계 정보는 기업내부에 있는 최고 경영자만 활용하는 경우가 일반적이다.
③ 재무회계 정보를 보고하는 수단은 재무상태표, 손익계산서 등의 재무제표이다.
④ 재무회계 정보의 보고는 필요에 따라 하고 일정기간마다 정기적으로 하는 것은 아니다.

13
Problem

회계정보이용자가 필요로 하는 정보의 연결이 옳지 않은 것은?

① 채권자 - 원금과 이자의 상환여부 정보
② 거래처 - 기업의 부도가능성에 대한 정보
③ 종업원 - 안정적 고용, 적절한 보상 등을 판단하는 데 필요한 정보
④ 과세당국 - 투자자 보호를 위한 금융기관의 자산구성과 수익성평가 정보

주관식 Exercises

01 Problem 회계가 필요한 이유를 설명해 보시오.

02 Problem 회계의 기능을 설명해 보시오.

03 Problem 기업활동을 정의하고, 기업활동이 회계정보 산출수단인 재무제표와 어떤 관계를 가지고 있는지 설명해 보시오.

04 Problem 재무보고의 목적에 대하여 설명해 보시오.

05 Problem 재무회계와 관리회계를 비교하여 설명해 보시오.

06 Problem 회계정보의 특성에 대하여 설명해 보시오.

07 Problem 이해관계자(재무정보의 이용자)들이 기업에서 제공하는 회계정보를 어떤 측면에서 활용하고 있는지를 각 이해관계자 입장에서 설명해 보시오.

CHAPTER 2

회계정보의 산출기준

본 장에서는 회계에 대한 기초개념으로 회계정보를 산출할 때 적용되는 일반기준인 "일반적으로 인정된 회계원칙(GAAP)"을 중심으로 회계환경에 대한 기본가정(회계공준), 재무보고의 목적 및 회계정보가 유용성이 있기 위해서 지녀야 할 질적특성에 대하여 설명하였다.

제 1 절 회계정보의 산출기준

01 회계정보의 산출을 위한 회계기준

기업활동은 투자자, 채권자, 종업원, 정부 등 다수의 이해관계자와 직접적인 관련을 맺고 있으므로, 재무제표의 신뢰성을 높여 투자자, 채권자 등 이해관계자들을 보호하여야 할 뿐만 아니라 이해관계자간 이해를 조정할 수 있는 객관적인 회계기준이 반드시 필요하다.

회계기준(accounting standards)은 회계원칙(accounting principles)이라 불리기도 하는데, 회계거래를 기록할 때 반드시 준수해야 할 지침으로 회계실무를 이끌어 나가는 지도원리를 말한다. 회계기준은 시대에 따라 변화하는데 모든 기업에 적용가능한 보편타당성을 가지고 다양한 이해관계자의 이해를 조정할 수 있어야 하며, 또한 회계 개념적 틀의 핵심이 되어야 한다. 이러한 회계기준의 본질은 다음과 같이 설명할 수 있다.

① 회계기준은 회계처리를 할 경우 준수되어야 할 지침(working rule), 즉 준거기준(frame of reference)이다.

② 회계기준은 기업의 회계실무를 이끌어 가는 지도원리이다. 즉, 특정 국가의 회계이론과 회계실무를 종합적으로 집약하여 체계화한 것이다.

③ 회계기준은 모든 기업에 적용가능하고 모든 사람이 받아들이는 보편타당성을 갖는다. 즉, 회계기준은 선택가능한 대안 중에서 최선의 것을 선택할 수 있도록 포괄적이고 일반적 지침을 제공하는 것이다.

④ 회계기준은 최선의 회계실무방향을 제시하는 규범적인 성격을 가지고 있는데, 일반적으로 높은 수준의 회계실무를 유지할 수 있어야 한다.

⑤ 회계는 사회제도에 의하여 인정되어야 하기 때문에 회계기준은 경제사회의 발전 및 시대변화에 따라 달라져야 한다.

⑥ 회계기준은 “일반적으로 인정된 회계원칙”으로 구체화되며, 우리나라의 경

우에는 일반기업회계기준, 중소기업회계기준 및 한국채택국제회계기준이 여기에 속한다.

02 일반적으로 인정된 회계원칙

회계실무에서 오랫동안 관습적으로 사용되고 있는 것 중에서 일반적으로 공정 타당하다고 인정되는 지침을 "일반적으로 인정된 회계원칙(Generally Accepted Accounting Principle: GAAP)"이라 한다.

일반적으로 인정된 회계원칙은 회계기준과 동일한 의미로 사용되기도 하지만, 상호 구별되는 개념이다. 즉, 일반적으로 인정된 회계원칙은 광범위하고 많은 사람들에 의해 받아들여질 수 있는 것으로, 권위 있는 전문가에 의해 정립된 회계규정 자체, 구체적인 회계실무지침 또는 실무로부터 발전되어 광범위하게 인정되는 회계기준을 의미한다.

① 협의의 일반적으로 인정된 회계원칙
공식적인 회계기준 제정기관에서 규정한 회계기준으로 일반기업회계기준, 중소기업회계기준, 한국채택국제회계기준이 포함된다.

② 광의의 일반적으로 인정된 회계원칙
협의의 일반적으로 인정된 회계원칙과 공식적인 회계기준 제정기관에서 규정하지는 않았으나 비공식적으로 인정될 수 있는 법률, 전문기관의 유권해석, 회계문헌, 외국의 규정, 회계관습 등을 포함한 넓은 의미의 회계원칙을 말한다. 예를 들면, 상법, 세법, 증권거래소와 금융감독원 등이 정한 회계규정이 여기에 속한다.

일반적으로 인정된 회계원칙의 정립에는 많은 이해관계자가 관심을 갖거나 영향력을 행사하려고 하는데, 이들 이해관계자를 압력단체(pressure group)라고 부른다. 우리나라의 경우에는 한국회계학회, 한국공인회계사회, 경제단체, 국세청, 투자자·채권자 등의 이해관계자를 압력단체라고 볼 수 있다.

03 한국채택국제회계기준, 일반기업회계기준, 중소기업회계기준

기업활동에 대해 정보를 산출하는 회계처리기준은 크게 한국채택국제회계기준(K-IFRS), 일반기업회계기준, 중소기업회계기준으로 구분된다. 한국채택국제회계기준은 상장기업이 준수해야 할 기준으로 많은 부분을 기업의 최고경영자(CEO)가 책임을 져야 하도록 되어 있다. 그러나 일반기업회계기준과 중소기업회계기준은 비상장기업이 준수해야 할 기준으로, 과거 기업회계기준과 마찬가지로 많은 부분을 규정화하여 회계담당자가 그 기준에 맞추어 회계처리를 하도록 되어 있다.

[표 2-1] 한국 회계기준의 체계

구 분	한국채택국제회계기준	일반기업회계기준	중소기업회계기준
적용대상	▶ 상장법인(연결 비상장 자회사 포함) ▶ 자발적 채택 비상장 법인	비상장법인	자산규모 100억원 미만의 외부감사를 받지 않는 비상장중소기업
구 성	▶ 회계기준서 ▶ 회계기준해석서	일반기업회계기준	중소기업회계기준

제 2 절 재무회계의 개념체계

01 개념체계의 목적

재무회계의 개념체계는 재무보고의 목적을 명확히 하고, 이를 달성하는 데 유용한 재무회계의 기초개념을 제공하는 것을 목적으로 한다. 여기서 재무보고라 함은 외부정보이용자를 위한 일반목적의 재무보고를 의미한다. 따라서 재무회계개념체계는 재무보고의 핵심적 수단인 재무제표에 관한 기초개념에 중점을 두고 있으며, 기대되는 역할은 다음과 같다.

① 회계기준제정기구가 회계기준을 제정 또는 개정할 때 적용되는 재무회계의 기본 방향과 일관성 있는 지침을 제공한다. 즉, 재무보고의 기본개념을 잘 체계화시킨 회계기준을 제정하여야만 일관성 있고 유용한 기준이 될 수 있다.

② 재무제표 이용자가 회계기준에 의해 작성된 재무제표를 해석하는 데 도움이 되도록 재무제표 작성에 사용되는 기본가정과 여러 개념을 제시한다. 따라서 재무제표 이용자가 개념체계를 이해하면 재무회계에 대한 이해가능성을 제고시킬 수 있다.

③ 재무제표 작성자가 회계기준을 해석·적용하여 재무제표를 작성·공시하거나, 특정한 거래 또는 경제적 사건에 대한 회계기준이 미비한 경우에 적용할 수 있는 일관성 있는 지침을 제공한다. 따라서 새로운 거래에 대하여 회계기준을 신속히 제정할 시간적 여유가 없을 때에는 개념체계를 참조함으로써 해결책을 모색할 수 있다.

④ 외부감사인이 감사의견을 표명하기 위하여 회계기준 적용의 적정성을 판단하거나, 특정한 거래 또는 경제적 사건에 대한 회계기준이 미비한 경우 회계처리의 적정성을 판단하여 의견형성의 기초가 되는 일관성 있는 지침을 제공한다.

02 개념체계의 특징

재무회계개념체계는 회계기준이 아니므로 구체적 회계처리방법이나 공시에 관한 기준을 정하는 것을 목적으로 하지 않는다. 따라서 개념체계의 내용이 특정 회계기준과 상충되는 경우에는 그 회계기준이 재무회계개념체계에 우선한다.

재무회계개념체계는 회계기준제정기구가 회계기준을 제정 또는 개정하는 데 필요한 지침을 제공하는 것이 목적이므로, 재무회계개념체계의 어느 조항도 특정 회계기준을 대체할 수 없다. 이러한 재무회계개념체계는 전반적인 회계환경의 변화나 기업실무의 변화를 고려하여 필요하다고 판단되는 경우에는 개정될 수 있다.

03 개념체계의 적용범위 및 주요 내용

재무회계개념체계는 일반목적의 재무보고에 포괄적으로 적용하며 영리기업의 재무제표 작성과 공시에 한정되는 것은 아니지만, 그렇다고 재무회계개념체계의 제정에서 비영리조직의 특수성까지 고려한 것은 아니다.

따라서 사업설명서나 경영자가 내부관리 목적으로 작성하는 보고서 또는 세무보고목적을 위해 작성하는 보고서 등과 같은 특수목적의 보고서는 재무회계개념체계의 적용대상에서 제외되지만, 관련 규정이 허용하는 범위 내에서 개념체계를 적용할 수 있다. 이러한 재무회계의 개념체계는 ① 재무보고의 목적, ② 회계정보의 질적특성, ③ 재무제표의 종류, ④ 재무제표의 기본요소, ⑤ 재무제표 기본요소의

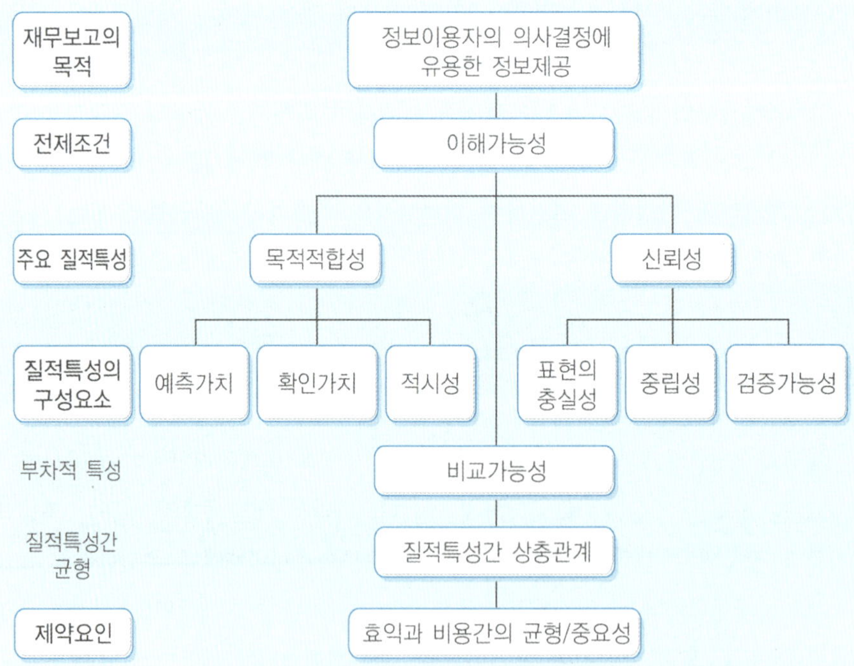

[그림 2-1] 재무회계의 개념체계

인식 및 ⑥ 재무제표 기본요소의 측정을 주요 내용으로 다루고 있다.

제 3 절 재무제표의 기본가정

회계는 가상세계가 아니라 현실세계에서 그 기능을 수행하여야 하기 때문에 회계를 둘러싸고 있는 환경에 의해 제약을 받을 것이다. 그러나 다양하고 변화가 심한 현실의 경제 및 경영환경을 모두 수용하는 회계기준을 정립하기가 어려우므로 회계환경에 대한 기본적 가정을 통하여 보편적인 기준을 정립할 수밖에 없다.

보편적인 회계기준을 정립하여 재무제표를 작성·공시하는데 기초가 되는 재무제표의 기본가정은 "논의 이전의 자명한 명제 또는 공리적인 명제"를 의미하며, 이는 회계공준(accounting postulates) 또는 회계의 기본가정(accounting's basis assumption)이라고도 한다. 재무제표의 기본가정에 대하여는 여러 견해가 있으나 일반기업회계기준에서는 계속기업의 가정을 제시하고 있다.

계속기업의 가정(going concern assumption)은 목적과 의무를 이행하기에 충분할 정도로 기업실체가 장기간 존속한다고 가정하는 것을 말한다. 즉, 기업실체의 경영활동을 청산하거나 중대하게 축소시킬 의도가 없을 뿐만 아니라 그럴 필요도 없다고 가정하는 것이다.

이러한 가정에 따라 취득한 자산은 미래에 처분되지 않고 계속하여 사용할 것으로 예측할 수 있기 때문에 역사적 원가(historical cost)로 평가하는 것이다. 그러나 기업실체의 중요한 경영활동이 축소되거나 기업실체 자체를 청산시킬 의도나 필요가 있어 계속기업을 가정하기 어려운 경우에는, 계속기업의 가정 이외의 다른 기준을 적용하는 것이 타당할 것이다.

이러한 계속기업의 전제가 있지 않다면 회계정보의 산출은 의미가 없을뿐더러 언제든지 기업이 청산될 수 있다는 가정이 있다면, 기업에서 만들어진 정보는 아무런 의미를 제공하지 못할 것이다. 따라서 회계정보의 산출에 있어서 기업의 계속성은 매우 중요한 의미를 갖고 있는 것이라 할 수 있다.

제 4 절 재무보고의 목적

재무보고(financial reporting)라 함은 외부의 정보이용자들에게 기업에 관한 정보를 제공하는 것을 의미하며, 재무보고는 기업의 현재 시점의 재무상태와 일정 기간의 경영성과를 일정한 보고서에 의해 보여준다.

재무보고를 통해 제공된 정보는 투자자 및 채권자들이 보유한 자원을 어디에 투자할 것인가와 같은 의사결정에 활용한다. 현재 우리나라에서 재무보고는 재무제표를 통해 이루어지고 있는데, 재무제표에는 재무상태표, 손익계산서, 자본변동표, 현금흐름표 및 주석을 포함한다.

(1) 경제적 의사결정에 유용한 정보의 제공

재무보고의 목적은 재무정보이용자가 합리적인 의사결정을 하도록 유용한 정보(useful information)를 제공하는 데 있다. 특히 투자 및 신용의사결정은 사회 전체적인 자원배분에 영향을 미치므로, 이들에게 제공되는 유용한 재무정보는 희소한 자원의 효율적 배분을 제고하는 데 기여하게 된다. 즉, 회계정보의 유용성은 사회 전체적인 차원에서 자원이 효율적으로 배분되도록 하는 기능을 담당했을 때 가치가 있는 것이다.

경영자는 투자자와 채권자로부터 자원을 위탁받았거나 차입했기 때문에 조달된 자원을 보전하고, 효율적으로 활용하여 수익을 창출할 책임이 있으므로 투자자와 채권자에게 재무정보를 제공할 의무가 있는 것이다. 그리고 기업과 관련 있는 수많은 정보이용자에게 재무상태와 경영성과를 정확히 측정하여 투명하게 보고할 회계책임이 있는 것이다.

(2) 미래현금흐름의 예측에 유용한 정보의 제공

투자자와 채권자는 공통적으로 현금흐름에 관심이 있는데, 가령 투자자는 주식거래를 통한 자본이득과 배당금 수취라는 현금흐름에 관심을 갖고, 채권자는 원금과 이자의 수취라는 현금흐름에 관심을 갖는다. 따라서 미래현금흐름의 금액, 시기 및 불확실성을 평가하는 데 유용한 정보를 제공하는 것이 재무보고의 목적이다.

제 5 절 회계정보의 질적특성

회계정보의 질적특성(qualitative characteristics of accounting information)이란 정보이용자의 의사결정에 유용하기 위하여 회계정보가 갖추어야 할 특성을 말하며, 회계정보의 유용성에 대한 판단기준이 된다.

회계정보가 유용성을 갖기 위해서 갖추어야 할 가장 중요한 질적특성으로 목적적합성과 신뢰성이 있다. 특정 거래를 회계처리할 때 대체적인 회계처리방법이 허용되는 경우, 목적적합성과 신뢰성이 더 높은 회계방법을 선택하면 회계정보의 유용성이 증대될 것이다. 따라서 목적적합성(또는 신뢰성)의 정도가 유사하다면 신뢰성(또는 목적적합성)이 더 높은 회계방법이 선택되어야 한다. 그러나 목적적합성과 신뢰성 중 어느 하나가 완전히 상실된 경우 그 정보는 유용한 정보가 될 수 없을 것이다. 한편, 회계정보의 비교가능성은 목적적합성과 신뢰성만큼 중요한 질적특성은 아니나, 목적적합성과 신뢰성을 갖춘 정보가 기업간 및 기간비교가 가능하면 회계정보의 유용성이 제고될 수 있다. 이러한 회계정보의 질적특성은 비용과 효익 그리고 중요성의 제약요인하에서 고려되어져야 한다.

이와 같이 회계정보의 유용성은 궁극적으로 정보이용자에 의해서 판단되는데, 모든 정보이용자에게 최대의 유용성을 갖는 회계정보가 존재할 수 없기 때문에, 회계기준제정기구는 기업의 경제활동 및 회계에 대한 지식을 가지고 회계정보를 이해하기 위하여 노력하는 정보이용자의 정보이해능력과 재무제표 작성자의 부담을 동시에 고려하여 다양한 정보이용자에게 유용한 정보가 제공될 수 있도록 회계기준을 제정하여야 할 것이다.

01 목적적합성

목적적합성(relevance)은 정보이용자가 기업실체의 과거, 현재 또는 미래 사건의 결과에 대한 예측을 하는 데 도움이 되거나, 그러한 결과에 대한 정보이용자의 과거의 기대를 확인 또는 수정할 수 있게 함으로써 의사결정의 차이를 가져올 수 있는 정보특성을 말한다. 이러한 목적적합성은 정보가 의사결정에 유용한 예측가치 및 확인가치를 가지고 적시에 제공될 때 유효하게 확보될 수 있다.

(1) 예측가치와 확인가치

예측가치(predictive value)는 정보이용자가 기업실체의 미래 재무상태, 경영성과, 순현금흐름, 자본변동 등을 예측할 때 회계정보가 활용될 수 있는 능력을 말하는데, 예를 들어 반기재무제표상의 반기이익은 올해의 연간이익을 예측할 때 예측가치가 있을 것이다.

확인가치(feedback value)는 제공되는 회계정보가 기업실체의 재무상태, 경영성과, 순현금흐름, 자본변동 등에 대한 정보이용자의 당초 기대치(예측치)를 확인 또는 수정할 수 있게 함으로써 의사결정에 영향을 미칠 수 있는 능력을 말한다. 예를 들어, 어떤 기업의 투자자가 특정 회계연도의 재무제표가 발표되기 전에 해당 연도와 그 다음 연도의 이익을 예측할 때, 재무제표에 발표된 해당 연도의 실제이익이 예측치보다 낮으면 투자자는 그 다음 연도의 이익 예측치를 하향 수정하게 되는데, 이때 해당 연도의 보고이익은 확인가치가 있는 정보라고 할 수 있다.

(2) 적시성

적시성(timeliness)은 정보가 의사결정을 하는 시점에 존재하여야 한다는 정보특성을 말한다. 즉, 의사결정시점에서 필요한 정보가 제공되지 않으면 정보는 의사결정에 이용될 수 없으므로 목적적합성을 상실하게 된다. 이는 적시성 자체가 정보를 목적적합성 있게 하는 것은 아니지만 적시성 없이는 목적적합성을 확보할 수 없음을 의미한다. 그러나 적시성 있는 정보를 제공하기 위해서는 신뢰성을 희생해야 하는 경우가 있으므로, 경영자는 정보의 적시성과 신뢰성간의 균형을 고려하여야 한다.

02 신뢰성

신뢰성(reliability)은 회계정보가 나타내고자 하는 대상을 충실히 표현하고 있고, 객관적이고 검증가능하고, 또한 미리 의도된 편의가 없이 중립적이어야 한다는 정보특성을 말한다.

목적적합성 있는 정보라도 정보의 성격이나 인식방법을 신뢰할 수 없으면, 정보의 제공은 오히려 이용자의 경제적 의사결정을 방해할 수 있다. 예를 들어, 손해배상에 대한 소송이 진행 중인 경우 소송가액과 진행상황을 공시하는 것이 목적적합성의 관점에서는 필요하지만, 계류 중인 배상금 총액을 재무상태표에 인식하는 것은 신뢰성을 저하시킬 수 있다.

(1) 표현의 충실성

표현의 충실성(representative faithfulness)은 측정치인 정보와 측정대상인 거래나 사건이 일치하는 정도를 나타내는 정보특성을 말한다. 따라서 회계정보가 표현의 충실성을 확보하기 위해서는 회계처리대상이 되는 거래 및 사건의 형식보다는 경제적 실질에 따라 회계처리하고 보고하여야 한다.

특정 거래 또는 사건을 충실히 표현하기 위해 필요한 중요정보는 누락되어서는 안 되며, 수집 가능한 중요한 정보가 누락될 경우 표현의 충실성을 저해할 수 있다. 예를 들어, 다양한 사업을 영위하는 기업이 지속적으로 손실이 발생되는 특정부분에 대한 부문별 정보를 별도로 제공하지 않는다면, 표현의 충실성이 저해되어 회계정보의 유용성이 감소될 것이다.

(2) 검증가능성

검증가능성(verifiability)은 다수의 서로 다른 측정자들이 동일한 경제적 사건이나 거래를 동일한 측정방법으로 측정할 경우 유사한 결론에 도달할 수 있어야 한다는 정보특성을 말한다.

예를 들어, 독립된 당사자간의 시장거래에서 현금으로 구입한 자산의 취득원가는 검증가능성이 높은 측정치이다. 그러나 높은 검증가능성이 표현의 충실성을 보장하는 것은 아니며, 또한 반드시 신뢰성이 높음을 의미하지도 않는다.

(3) 중립성

중립성(neutrality)은 미리 의도된 결과나 성과를 유도할 목적으로 재무제표상에 특정 정보를 표시함으로써, 정보이용자의 의사결정이나 판단에 영향을 미치지 않아야 하는 정보특성을 말한다.

이는 회계정보가 신뢰성을 갖기 위해서는 미리 의도된 편의 없이 중립적이어야 함을 의미한다. 따라서 의도된 결과를 유도할 목적으로 회계기준을 제정하거나 재무제표에 특정 정보를 표시하여 정보이용자의 의사결정이나 판단에 영향을 미친다면, 그러한 회계정보는 중립적이라 할 수 없을 것이다.

03 질적특성간의 상충관계

회계정보의 질적특성은 서로 상충(trade-off)될 수 있다. 예를 들어, 유형자산을 역사적 원가로 평가하면 신뢰성은 높아지나 목적적합성은 저하될 수 있으며, 시장성 없는 유가증권에 대해 역사적 원가를 적용하면 자산가액 측정치의 검증가능성은 높으나 유가증권의 실제가치를 나타내지 못하여 표현의 충실성과 목적적합성이 저하될 가능성이 있다. 또한, 정보를 적시에 제공하기 위해 거래나 사건의 내용이 확정되기 전에 보고하면 목적적합성은 향상되나 신뢰성은 저하될 수 있다.

예를 들어, 기업의 재무상태에 중요한 영향을 미칠 것으로 예상되는 손해배상소송에 대한 정보는 목적적합성 있는 정보일 수 있다. 그러나 소송결과를 확실히 예측할 수 없는 상황에서 손해배상청구액을 재무제표에 인식하는 것은 신뢰성을 저해할 수 있으므로, 그 내용을 주석으로 공시하는 것이 바람직할 것이다.

04 비교가능성

비교가능성(comparability)은 기업의 재무상태, 경영성과 및 자본변동의 추세분석과 기업간의 상대적 평가를 위하여 회계정보가 기간별 또는 기업별로 비교가 가능해야 한다는 정보특성을 말한다. 이는 유사한 거래나 사건의 재무적 영향을 측정·보고하는 데 있어 영업 및 재무활동의 특성이 훼손되지 않는 범위 내에서 기간별로 일관성 있는 회계방법을 사용하여야 하며, 기업간에도 동일한 회계방법을 사용하여야 함을 의미한다.

일반적으로 인정되는 회계원칙에 따라 재무제표를 작성하면 회계정보의 기업간 비교가능성이 높아지며, 해당 연도와 과거 연도를 비교하는 방식으로 재무제표를 작성하면 해당 기간의 회계정보에 대한 비교가 가능해진다. 따라서 재무제표의 작성에 적용된 회계기준 또는 회계방법이 변경된 경우에는, 정보이용자가 유사한 거래나 사건에 대해 기간별 또는 기업간 회계방법의 차이를 파악할 수 있도록, 그 변경의 영향 등을 충분히 공시하여야 한다.

05 회계정보의 제약요인

회계정보가 정보이용자에게 유용하기 위해서는 목적적합성과 신뢰성을 가져야 한다. 그러나 질적특성을 갖춘 정보라도 정보제공 및 이용에 소요될 비용이 정보제공 및 이용에 따른 효익을 초과하면 그러한 정보제공은 정당화될 수 없다. 따라서 회계기준제정기구는 회계기준의 제·개정에 대한 포괄적인 제약인 '비용 대 효익'의 문제와 회계정보의 제공에 대한 추가적 제약요인인 회계항목의 성격 및 크기의 중요성을 고려하여야 한다.

(1) 효익과 비용간의 균형

효익과 비용간의 균형(balance between benefit and cost)은 재무제표 정보의 제공에 대한 포괄적 제약으로, 특정 정보로부터 기대되는 효익이 정보를 제공하기 위하여 소요되는 비용을 초과해야 한다는 정보특성을 말한다.

회계정보를 제공하여 이용되는 과정에는 여러 유형의 비용과 효익이 발생한다. 이러한 비용에는 재무제표 작성자의 정보제공에 소요되는 비용뿐만 아니라 정보이용자의 정보처리 비용도 포함된다. 즉, 재무제표 작성자는 정보의 수집, 처리, 감사 및 공시와 관련된 비용 그리고 소송위험 또는 경쟁기업에의 정보유출가능성 등과 관련된 비용을 부담하게 되는 반면, 정보이용자는 주로 재무제표의 이해와 분석과 관련된 비용을 부담하게 된다.

회계정보의 제공에 따른 효익에는 투자자 및 채권자를 포함한 정보이용자의 합리적 의사결정을 가능하게 하여 경제활동 내에서의 효율적 자원배분에 기여하는 효과를 포함한다. 또한 개별 기업의 입장에서도 자본시장에서의 자본조달이 용이해지는 효익이 있고, 기업이미지의 개선가능성도 잠재적 효익에 포함될 수 있다.

(2) 중요성

중요성(materiality)은 정보가 생략되거나 잘못 기재됨으로써 재무제표를 기초로 한 경제적 의사결정에 영향을 미칠 수 있는 정보특성을 말한다.

중요성은 회계항목을 정보로 제공되기 위한 최소한의 요건으로, 특정 정보를 생략하거나 잘못 표시한 재무제표가 정보이용자의 판단이나 의사결정에 영향을 미치면 그러한 정보는 중요한 정보라고 할 수 있다.

중요성은 일반적으로 해당 항목의 성격과 금액의 크기에 의해 결정되지만, 어떤 경우에는 금액의 크기와는 관계없이 정보의 성격 자체만으로도 중요한 정보가 될 수 있다. 예를 들어, 신규 사업부문의 이익수치가 영(zero)에 가까울 정도로 작을지라도 그러한 이익수치는 해당 기업이 직면하고 있는 위험과 기회를 평가하는데 중요한 정보가 될 수 있다.

이와 같이 중요성은 정보의 유용성을 충족하기 위한 주된 질적특성이라기보다는 재무제표의 표시와 관련된 임계치나 판단기준으로 작용하는 것이다. 즉, 중요성은 회계항목을 정보로 제공되기 위한 최소한의 요건이므로 '인식을 위한 최소요건'이라고도 할 수 있다.

보충자료 공인회계사의 감사보고

공인회계사는 기업의 재무제표를 감사하고 그 의견을 담은 감사보고서를 작성하게 된다. 감사보고서에는 기업의 재무제표가 일반적으로 인정된 회계원칙에 따라서 적정하게 작성되었는지의 여부에 대하여 전문직업인으로서의 감사의견(audit opinion)이 표명된다. 감사의견에는 적정의견, 한정의견, 부적정의견 및 의견거절이 있는데, 부적정의견과 의견거절은 상장이 폐지될 수 있는 사유에 해당한다.

(1) 적정의견(unqualified opinion)
감사범위에 어떠한 제한도 받지 않았으며, 회계감사기준을 준수하여 감사를 실시한 결과, 재무제표가 회계기준에 따라 적정하게 작성되었다고 판단되는 경우에 표명되는 의견이다.

(2) 한정의견(qualified opinion)
재무제표에 중요한 영향을 미치는 감사범위에 제한이 있었거나 또는 회계기준의 적용에 관해 경영자와 중요한 의견불일치가 있는 경우에 표명되는 의견이다.

(3) 부적정의견(adverse opinion)
회계기준 적용과 관련하여 재무제표에 특히 중요한 영향을 미치는 경영자와 의견불일치가 있는 경우에 표명되는 의견이다.

(4) 의견거절(disclaimer of opinion)
감사인의 독립성이 결여되어 있거나 재무제표에 특히 중요한 영향을 미치는 감사범위의 제한이 있는 경우에 표명되는 의견이다.

객관식 Exercises

01 Problem

회계정책을 결정하는 경우에 있어서 회계정보가 가져야 할 질적특성으로 제시하는 목적적합성에 대한 설명으로 틀린 것은?

① 회계정보가 기업실체의 재무상태, 경영성과, 순현금흐름, 자본변동 등에 대한 정보이용자의 당초 기대치를 확인 또는 수정되게 함으로써 의사결정에 영향을 미칠 수 있는 능력을 말한다.

② 적시에 제공되지 않은 정보는 주어진 의사결정에 이용할 수 없으므로, 그 정보가 의사결정에 반영될 수 있도록 적시에 제공되어야 목적적합성이 증가된다.

③ 동일한 경제적 사건이나 거래에 대하여 동일한 측정방법을 적용할 경우 다수의 독립적인 측정자가 유사한 결론에 도달할 수 있어야 한다는 특성을 그 하부특성으로 한다.

④ 정보이용자가 기업실체의 미래 재무상태, 경영성과, 순현금흐름 등을 예측하는 데에 그 정보가 활용될 수 있는 능력을 하부특성으로 한다.

02 Problem

회계정보의 중요성에 대한 설명으로 옳지 않은 것은?

① 중요성은 정보가 생략되거나 잘못 기재됨으로써 재무제표를 기초로 한 경제적 의사결정에 영향을 미칠 수 있는 정보특성이다.

② 특정정보가 정보이용자의 의사결정에 영향을 미친다면 그 정보는 중요한 정보이다.

③ 중요성은 그 금액의 크기로만 결정된다.

④ 중요성은 회계항목을 정보로 제공되기 위한 최소한의 판단요건이다.

03 Problem

비품, 건물 등을 역사적원가로 평가하고, 이를 기업에 효익을 제공하는 기간 동안 배분하여 비용으로 인식하는 회계절차와 실무를 가장 적절히 나타내주는 재무제표의 기본가정은 무엇인가?

① 기업실체　② 계속기업　③ 기간별 보고　④ 수익·비용 대응

04 Problem

회계정보의 질적특성인 목적적합성과 신뢰성에 대한 설명으로 잘못된 것은?

① 회계정보의 질적특성은 서로 상충될 수 있다.
② 회계정보의 목적적합성이란 정보를 이용하는 경우와 이용하지 않는 경우를 비교하였을 때 의사결정에 차이가 발생하게 하는 정보의 능력을 의미한다.
③ 회계정보의 신뢰성에는 과거의 의사결정을 확인 또는 수정하도록 해 줌으로써 유사한 미래에 대한 의사결정에 도움을 주는 속성이 포함된다.
④ 일반적으로 반기재무제표는 연차재무제표에 비해 목적적합성은 높지만 신뢰성은 낮다.

05 Problem

재무제표의 질적특성 중 신뢰성의 구성요소가 아닌 것은?

① 적시성 ② 표현의 충실성 ③ 검증가능성 ④ 중립성

06 Problem

역사적원가로 평가할 때 장점으로 부각될 수 있는 회계정보의 질적 속성은?

① 적시성 ② 목적적합성 ③ 중요성 ④ 신뢰성

07 Problem

보수주의에 대한 설명으로 틀린 것은?

① 보수주의는 재무적 기초를 견고히 하기 위하여 이익을 과소하게 보고하는 방법이다.
② 물가 하락시에는 후입선출법에 의하여 기말재고를 평가한다.
③ 상각방법을 정액법보다는 가속상각법을 적용한다.
④ 저가법을 적용하여 재고자산을 평가할 때에도 종목별 저가법을 적용한다.

08 Problem

일반적으로 인정된 회계원칙에 대한 설명으로 옳지 않은 것은?

① 회계전문가들 다수의 합의에 의해 제정한다.
② 우리나라에서는 민간기관이 제정을 주도한다.
③ 재무제표를 작성할 때 반드시 지켜야 할 원칙이다.
④ 경영관리를 위한 관리회계 목적의 재무보고서를 작성할 때 지켜야 할 원칙이다.

09 Problem

반기재무제표가 회계정보의 제공측면에서 가장 중요시하고 있는 회계정보의 질적특성은 무엇인가?

① 신뢰성 ② 목적적합성 ③ 중립성 ④ 비교가능성

10 Problem

다음 중 회계상의 기본인식기준으로 볼 수 없는 것은?

① 신뢰성 ② 목적적합성 ③ 발생주의 ④ 측정가능성

11 Problem

다음 중 회계정보의 질적특성 중 목적적합성에 관한 설명을 바르게 나타낸 것은?

① 정보를 이용하였을 때와 이용하지 않았을 때 의사결정의 결과가 달라질 수 있어야 한다.
② 측정하고자 하는 경제적 사상을 오류 및 편견 없이 회계정보가 객관적으로 충실하게 표현하고 있다는 확신을 가능하게 한다.
③ 회계정보의 측정치는 표현하고자 하는 경제사상을 있는 그대로 충실하게 대변할 수 있어야 한다.
④ 회계정보를 창출하는 과정에서 특정 이해관계자에게 부당한 이득을 주기 위해 의도적인 편견이 개입된 정보를 제공하여서는 안 된다.

12 Problem

한국채택국제회계기준(K-IFRS)에 대한 설명으로 옳지 않은 것은?

① 원칙주의 회계기준이다.
② 국제간의 회계통일성을 위해 제정되었다.
③ 모든 상장기업과 자발적 비상장기업에 적용한다.
④ 우리나라의 모든 주식회사가 재무제표를 작성할 때 지켜야 할 회계기준이다.

13 Problem

경제적 환경이 서로 다른 기업에 동일한 회계처리를 요구한다면 다음 중 어느 질적특성과 관련이 있는가?

① 비교가능성 ② 목적적합성 ③ 중립성 ④ 이해가능성

14 Problem

일반적으로 사무용 소모품을 구입하는 경우 구입시점에서 전액을 비용으로 처리하는 주된 이유는 다음 중 어느 것인가?

① 보수주의 ② 발생주의 ③ 중요성 ④ 대응개념

15 Problem

재무제표의 구성요소인 자산, 부채 및 자본에 대한 재무회계개념체계의 설명으로 틀린 것은?

① 자산은 과거 거래나 사건의 결과로서 현재 기업실체에 의해 지배되고 미래에 경제적 효익을 창출할 것으로 기대되는 자원으로 정의된다.
② 재무상태표에 표시되는 자본총액은 자산에서 부채를 차감한 금액으로, 이 금액은 당해 기업의 주식시가 총액이나 순자산 처분가액과 일반적으로 일치한다.
③ 채권과 부동산을 포함한 많은 사산이 소유권 등 법적 권리와 결부되어 있으나 법적권리가 자산성 유무를 결정함에 있어 본질적인 것은 아니다.
④ 부채는 특정 기업실체가 현재시점에서 부담하는 경제적 의무로, 의무는 일반적으로 기업실체가 자산을 이미 인수하였거나 자산을 취득하겠다는 취소불능계약을 체결할 때에 발생한다.

16 Problem

공인회계사가 재무제표를 감사하는 주된 이유는 무엇인가?

① 회사 임직원에 의하여 발생할 수 있는 회계부정을 적발하기 위해서이다.
② 외부이해관계자들에 대한 경영자의 재무보고 책임을 대신하기 위해서이다.
③ 회계부서에서 연차재무제표를 작성하는 방대한 작업을 지원하기 위해서이다.
④ 재무제표의 공정성과 신뢰성에 대한 독립된 전문가로서의 의견을 표명하기 위해서이다.

주관식 Exercises

01 Problem

회계정보를 산출하기 위한 원칙인 회계기준에 대하여 설명하시오.

02 Problem

일반적으로 인정된 회계원칙이 무엇인지 설명하시오.

03 Problem

회계의 기본가정에 대하여 설명하시오.

04 Problem

회계정보가 정보로서 가치를 가지기 위하여 갖추어야 할 질적특성에 대하여 설명하시오.

CHAPTER 3

재무제표

본 장에서는 기업 경영활동의 결과인 회계정보인 재무제표에 대하여 전체적으로 파악하고자 하였다. 특히 재무상태표와 손익계산서를 중심으로 검토하고, 이외에도 자본변동표, 현금흐름표 및 주석에 대하여도 학습하고자 한다. 그리고 재무상태표의 기본요소인 자산, 부채, 자본과 손익계산서의 기본요소인 수익, 비용에 대하여 설명하였다.

제 1 절 재무상태표

01 목 적

재무상태표(statement of financial position)는 일정시점에서 기업이 보유하고 있는 경제적 자원인 자산, 경제적 의무인 부채 그리고 자본에 대한 정보를 제공하는 재무보고서이다. 이러한 재무상태표를 이용하여 정보이용자들은 기업의 유동성, 재무적 탄력성, 수익성과 위험 등을 평가하는 데 유용한 정보로 활용한다.

02 기본구조

재무상태는 자금의 조달원천과 자금의 운용상태를 의미하는 것으로, 기업실체가 소유하거나 지배하는 경제적 자원 및 재무구조에 의하여 파악된다. 경제적 자원의 구조는 조달된 자금의 운용상태를 나타내는 자원(자산)의 종류와 금액을 표시한 것이며, 재무구조는 자원의 조달원천을 나타내는 부채와 자본의 종류와 금액을 표시한 것으로 [표 3-1]과 같이 요약할 수 있다.

[표 3-1] 재무상태표의 기본구조

자금의 운용상태	자금의 조달원천
자산 100,000,000원	부채 40,000,000원 자본 60,000,000원

이러한 재무상태표의 구조는 영업활동을 위하여 보유하고 있는 자산 1억원이 채권자로부터 빌린 4천만원과 소유주가 출자한 6천만원으로 구성되어 있음을 알 수 있으며, 다음과 같은 등식으로 나타낼 수 있다.

자 산 = 부채(채권자 청구권) + 자본(소유주 청구권)
100,000,000원 = 40,000,000원 + 60,000,000원

등식에서 채권자와 소유주가 제공한 자원의 크기와 그것으로 획득한 자산의 크기가 항상 같음을 나타내고 있다. 부채는 채권자 청구권으로 1차적 청구권이 되며, 자본은 소유주 청구권으로 2차적 청구권이 된다.[1] 따라서 재무상태표의 대변에는 부채를 먼저 기록하고 자본을 그 다음에 기록하는 것이다.

재무상태표의 구성요소인 자산, 부채, 자본은 각각 다음과 같이 구분한다.

① 자산은 유동자산과 비유동자산으로 구분한다. 유동자산은 당좌자산과 재고자산으로 구분하고, 비유동자산은 투자자산, 유형자산, 무형자산, 기타비유동자산으로 구분한다.
② 부채는 유동부채와 비유동부채로 구분한다.
③ 자본은 자본금, 자본잉여금, 자본조정, 기타포괄손익누계액 및 이익잉여금(또는 결손금)으로 구분한다.

03 유동성배열법

자산과 부채는 유동성이 큰 항목, 가령 현금및현금성자산과 매출채권부터 배열하는 것을 말한다. 여기에 반해 고정성배열법은 유동성이 작은 항목, 가령 토지와 건물을 우선적으로 배열하는 것을 말한다.

---

1 부채는 채권자 청구권, 타인자본, 소극적 자산으로 불리며, 자본은 소유자 청구권, 자기자본, 적극적 자산, 순자산으로 불리기도 한다.

04 자산의 정의 및 분류

(1) 자산의 정의

자산(assets)은 과거 사건의 결과로 기업이 통제하고 있고, 미래 경제적 효익이 기업에 유입될 것으로 기대되는 자원이다. 따라서 자산은 미래 경제적 효익의 유입, 특정 기업에 의한 통제 및 과거 사건의 결과라는 주요한 3가지 특징을 갖는다.

① 미래 경제적 효익의 유입

자산이 갖는 미래 경제적 효익은 직접 또는 간접적으로 특정 실체의 미래현금흐름창출에 기여하는 잠재력을 의미한다. 일반적으로 자산이 갖는 경제적 효익은 다양한 형태로 기업에 유입되는데, 가령 고객의 요구를 충족시킬 수 있는 재화와 용역의 생산에 이용되거나, 다른 자산과 교환에 사용되거나, 부채의 결제에 사용되거나, 소유주에 대한 분배에 사용될 수 있다.

② 특정 기업에 의한 통제

대부분의 자산은 물리적 형태를 가지고 있지만, 물리적 형태가 없는 무형자산이라도 특정 실체에 의하여 통제되고 미래 경제적 효익을 창출할 것으로 기대되는 경우 해당 항목은 자산으로 인식할 수 있다. 또한, 자산의 법적 소유권이 보장되지 않더라도 자산이 갖는 경제적 효익을 배타적으로 활용하여 미래현금흐름의 창출에 기여할 수 있다면 자산으로 인식할 수 있다.

③ 과거 사건의 결과

자산으로 기록하기 위해서는 과거 사건이 있어야 하는데, 이것의 구체적인 형태는 자산의 구입과 그 대가인 현금지급이 있었거나 지급의무가 발생했어야 한다. 물론 무상으로 자산을 증여받은 경우에는 기업이 지출을 하지 않았지만, 미래 경제적 효익을 확보했다는 측면에서 자산의 정의를 충족할 수 있다. 다시 말해, 일반적으로 지출의 발생과 자산의 취득은 밀접하게 관련되어 있으나 2가지가 반드시 일치하는 것은 아니다.

(2) 자산의 분류

다음과 같은 자산은 유동자산으로 분류하고, 그 밖의 모든 자산은 비유동자산으로 분류한다.

① 사용의 제한이 없는 현금및현금성자산
② 기업의 정상적인 영업주기[2] 내에 실현될 것으로 예상되거나 판매목적 또는 소비목적으로 보유하고 있는 자산
③ 단기매매 목적으로 보유하는 자산
④ ① 내지 ③ 외에 보고기간종료일로부터 1년 이내에 현금화 또는 실현될 것으로 예상되는 자산

자산은 1년을 기준으로 유동자산과 비유동자산으로 분류한다. 다만, 정상적인 영입주기 내에 판매되거나 사용되는 재고자산과 회수되는 매출채권 등은 보고기간종료일로부터 1년 이내에 실현되지 않더라도 유동자산으로 분류한다. 이 경우 유동자산으로 분류한 금액 중 1년 이내에 실현되지 않을 금액을 주석으로 기재한다. 또한, 장기미수금이나 투자자산에 속하는 매도가능증권 또는 만기보유증권 등의 비유동자산 중 1년 이내에 실현되는 부분은 유동자산으로 다시 분류한다.

---

2 영업주기는 제조업의 경우에 제조과정에 투입될 재화와 용역을 취득한 시점부터 제품의 판매로 인한 현금의 회수완료시점까지 소요되는 기간을 나타낸다. 숙성과정이 필요한 업종이나 자본집약적인 업종의 경우에는 영업주기가 1년을 초과할 수도 있다. 반면에 대부분의 업종의 경우에는 영업주기가 1년 이내인 경우가 보통이다. 정상적인 영업주기가 명확하게 확인되지 않는 경우에는 1년으로 추정한다.

[표 3-2] 자산의 분류

대분류	중분류	소 분 류	세 분 류
자 산	유 동 자 산	당좌자산	현금및현금성자산, 단기투자자산(단기예금, 단기매매증권, 단기대여금, 유동자산으로 분류되는 매도가능증권과 만기보유증권 등), 매출채권(외상매출금, 받을어음), 선급비용, 이연법인세자산, 기타(미수수익, 미수금, 선급금 등으로 하며, 이들 항목이 중요한 경우에는 개별표시 함)
		재고자산	상품, 제품, 반제품, 재공품, 원재료, 저장품, 기타
	비유동 자 산	투자자산	투자부동산, 장기투자증권(비유동자산으로 분류되는 매도가능증권과 만기보유증권), 지분법적용투자주식, 장기대여금, 장기금융상품(목적이 제한되어 예금, 정기예금) 등
		유형자산	토지, 건물, 구축물, 기계장치, 비품, 차량운반구, 설비자산, 선박, 건설중인자산 등
		무형자산	영업권, 산업재산권, 개발비, 기타(라이선스와 프랜차이즈, 저작권, 컴퓨터소프트웨어, 임차권리금, 광업권, 어업권 등으로 하며, 이들 항목이 중요한 경우는 개별표시)
		기타비유동자산	이연법인세자산(유동자산으로 분류되는 부분 제외), 기타(임차보증금, 장기매출채권, 장기선급비용, 장기선급금, 장기미수금 등으로 하며, 이들 항목이 중요한 경우는 개별표시)

05 부채의 정의 및 분류

(1) 부채의 정의

부채(liabilities)는 과거 사건의 결과로 현재 기업이 부담하고 미래 경제적 효익을 갖는 자원의 유출 또는 사용이 예상되는 의무이다. 따라서 부채는 현재의 의무, 미래 경제적 효익의 희생 및 과거 사건의 결과라는 주요한 3가지 특징을 갖는다. 이러한 부채의 정의를 만족하기 위해서는 금액을 반드시 확정되어야 하는 것은 아니다. 왜냐하면, 제품보증충당부채, 퇴직급여충당부채 등과 같은 충당부채는 상당한 정도의 추정을 해야만 측정이 가능하지만 부채로 인식하고 있기 때문이다.

① 현재의 의무

의무에는 계약상 의무 및 법적 의무, 상관습 또는 거래상대방과 원활한 관계를 유지하기 위하여 발생하는 해석상 의무인 의제의무가 있다. 예를 들어, 외상으로 재화를 구입한 경우에는 계약에 의하여 강제력이 있는 법적 의무에 해당하고, 무상으로 일정기간 제품의 하자에 대해 수리해 주는 경우에는 계약상 의무에 해당하며, 또한 무상보증기간이 끝났다 하더라도 제품하자에 대해 도의적인 책임을 갖고 무상으로 수리를 해주기로 한 경우에는 거래상대방과의 원활한 관계유지를 위하여 발생한 해석상 의무인 의제의무에 해당한다.

② 미래 경제적 효익의 희생

기업이 현재의 의무를 이행하기 위해서는 일반적으로 미래 경제적 효익의 희생을 수반한다. 현재의 의무는 주로 현금지급, 자산과 용역의 제공, 다른 의무로의 대체 및 자본으로의 전환 등의 방법으로 이행되지만, 채권의 포기 또는 권리의 상실 등 기타의 방법에 의하여 소멸되기도 한다.

③ 과거 사건의 결과

일반적으로 의무는 기업실체가 자산을 취득하겠다는 취소불능계약을 체결할 때 발생한다. 가령, 외상으로 재화를 구입하거나 용역을 외상으로 제공받은 경우에 발생하며, 은행에서 대출을 받은 경우에는 미래에 상환해야 할 의무가 발생한다.

(2) 부채의 분류

다음과 같은 부채는 유동부채로 분류하고, 그 밖의 모든 부채는 비유동부채로 분류한다.

① 기업의 정상적인 영업주기 내에 상환 등을 통하여 소멸할 것이 예상되는 매입채무와 미지급비용 등의 부채
② 보고기간종료일로부터 1년 이내에 상환되어야 하는 단기차입금 등의 부채
③ 보고기간 후 1년 이상 결제를 연기할 수 있는 무조건의 권리를 가지고 있지 않은 부채. 이 경우 계약상대방의 선택에 따라, 지분상품의 발행으로 결제할 수 있는 부채의 조건은 그 분류에 영향을 미치지 아니한다.

부채는 1년을 기준으로 유동부채와 비유동부채로 분류한다. 다만, 정상적인 영업주기 내에 소멸할 것으로 예상되는 매입채무와 미지급비용 등은 보고기간종료일로부터 1년 이내에 결제되지 않더라도 유동부채로 분류한다. 이 경우 유동부채로 분류한 금액 중 1년 이내에 결제되지 않을 금액을 주석으로 기재한다. 당좌차월, 단기차입금 및 유동성장기차입금 등은 보고기간종료일로부터 1년 이내에 결제되어야 하므로 영업주기와 관계없이 유동부채로 분류한다. 또한 비유동부채 중 보고기간종료일로부터 1년 이내에 자원의 유출이 예상되는 부분도 유동부채로 분류한다.

[표 3-3] 부채의 분류

대분류	중분류	소분류	세분류(계정과목)
부 채	유동부채		단기차입금, 매입채무, 당기법인세부채, 미지급비용, 이연법인세부채, 기타
	비유동부채		사채, 신주인수권부사채, 전환사채, 장기차입금, 퇴직급여충당부채, 장기제품보증충당부채, 이연법인세부채(유동부채로 분류되는 부분 제외), 기타

06 자본의 정의 및 분류

(1) 자본의 정의

자본(equity)은 기업실체의 자산총액에서 부채총액을 차감한 순자산(net assets)

으로, 기업실체의 자산에 대한 소유주의 잔여청구권을 나타낸다. 자본은 자본금, 자본잉여금, 자본조정, 기타포괄손익누계액 및 이익잉여금(또는 결손금)으로 구분되며, 이러한 구분을 통해 지분의 분배 또는 잉여금의 사용에 대한 법적 제한이나 기타 사용목적을 표시함으로써 정보이용자의 의사결정에 목적적합한 정보를 제공할 수 있다.

(2) 자본의 분류

① 자본금

자본금은 법정자본금을 의미하며, 보통주자본금과 우선주자본금으로 구분한다.

② 자본잉여금

자본잉여금은 증사·감자 등 주주와의 거래에서 발생하여 자본을 증가시키는 잉여금이다. 예를 들면, 주식발행초과금, 자기주식처분이익, 감자차익 등이 포함된다.

③ 자본조정

자본조정은 해당 항목의 성격으로 보아 자본거래에 포함되지만 최종 납입된 자본으로 볼 수 없거나 자본의 가감 성격으로 자본금이나 자본잉여금으로 분류할 수 없는 항목이다. 예를 들면, 자기주식, 주식할인발행차금, 주식선택권, 출자전환채무, 감자차손 및 자기주식처분손실 등이 포함된다.

④ 기타포괄손익누계액

기타포괄손익누계액은 보고기간종료일 현재 매도가능증권평가손익, 해외사업환산손익, 현금흐름위험회피파생상품평가손익 등이 포함된다.

⑤ 이익잉여금(또는 결손금)

이익잉여금(또는 결손금)은 손익계산서에 보고된 손익과 다른 자본항목에서 이입된 금액의 합계액에서 주주에 대한 배당, 자본금으로의 전입 및 자본조정항목의 상각 등으로 처분된 금액을 차감한 잔액이다.

[표 3-4] 자본의 분류

대분류	중분류	소분류	세분류(계정과목)
자 본	자본금	수권주식수 발행주식수	보통주자본금 우선주자본금
	자본잉여금		주식발행초과금, 기타자본잉여금(자기주식처분이익, 감자차익 등)
	자본조정		자기주식, 기타자본조정(주식할인발행차금, 주식매수선택권, 출자전환채무, 감자차손, 자기주식처분손실 등)
	기타포괄손익누계액		매도가능증권평가손익, 해외사업환산손익, 현금흐름위험회피파생상품평가손익, 재평가잉여금 등
	이익잉여금 (또는 결손금)		법정적립금(이익준비금, 기업합리화적립금, 재무구조개선적립금), 임의적립금(사업확장적립금, 감채적립금, 배당평균적립금, 결손보전적립금), 차기이월미처분이익잉여금(또는 차기이월미처리결손금)

07 재무상태표 항목의 구분과 통합표시

자산, 부채 및 자본 중 중요한 항목은 재무상태표 본문에 별도 항목으로 구분하여 표시한다. 중요하지 않은 항목은 성격 또는 기능이 유사한 항목에 통합하여 표시할 수 있으며, 통합할 적절한 항목이 없는 경우에는 기타항목으로 통합할 수 있지만 세부내용은 주석으로 기재하여야 한다.

현금및현금성자산은 기업의 유동성 판단에 중요한 정보이므로 별도 항목으로 구분하여 표시한다. 현금및현금성자산은 통화 및 타인발행수표 등 통화대용증권과 당좌예금, 보통예금 및 큰 거래비용 없이 현금으로 전환이 용이하고 이자율 변동에 따른 가치변동의 위험이 낮은 금융상품으로서 취득 당시 만기일(또는 상환일)이 3개월 이내인 것을 말한다.

자본금은 보통주자본금과 우선주자본금으로 구분하여 표시한다. 왜냐하면, 보통주와 우선주는 배당금 지급 및 청산시의 권리가 상이하기 때문에 자본금을 구분하여 표시하여야 한다.

자본잉여금은 주식발행초과금과 기타자본잉여금으로 구분하여 표시한다.

자본조정 중 자기주식은 별도 항목으로 구분하여 표시하지만, 주식할인발행차금, 주식선택권, 출자전환채무, 감자차손 및 자기주식처분손실 등은 기타자본조정으로 통합하여 표시할 수 있다.

기타포괄손익누계액은 매도가능증권평가손익, 해외사업환산손익, 현금흐름위험회피파생상품평가손익 및 재평가잉여금 등으로 구분하여 표시한다.

이익잉여금은 법정적립금, 임의적립금 및 미처분이익잉여금(또는 미처리결손금)으로 구분하여 표시한다. 이익잉여금 중 법정적립금과 임의적립금의 세부내용 및 법령 등에 따라 이익배당이 제한되어 있는 이익잉여금의 내용을 주석으로 기재한다.

이와 같이 정보이용자의 의사결성에 있어서 영향을 주는 항목에 대해서는 별도로 구분하여 표시하는 것이 재무제표의 유용성을 증대시킬 수 있는 것이다.

08 자산과 부채의 총액표시

자산과 부채는 원칙적으로 상계하여 표시하지 않는다. 다만, 기업이 채권과 채무를 상계할 수 있는 법적 구속력 있는 권리를 가지고 있고, 채권과 채무를 순액기준으로 결제하거나 채권과 채무를 동시에 결제할 의도가 있으면 상계하여 표시할 수 있다. 한편, 매출채권에 대한 대손충당금은 해당 자산에서 직접 차감하여 표시할 수 있다. 또한, 예외적인 경우를 제외하고는 자산이나 부채의 가감항목을 해당 자산이나 부채에서 직접 가감하여 표시할 수 있으며, 이 경우 가감한 금액을 주석으로 기재하여야 한다.

[표 3-5] 재무상태표 양식

재 무 상 태 표

제 ×(당)기 20×2년 ×월 ×일 현재
제 ×(전)기 20×1년 ×월 ×일 현재

회사명 : (단위: 원)

자 산	금 액		부채 및 자본	금 액	
	당기	전기		당기	전기
Ⅰ.유 동 자 산			부 채		
(1)당 좌 자 산	×××	×××	Ⅰ.유 동 부 채	×××	×××
(2)재 고 자 산	×××	×××	Ⅱ.비 유 동 부 채	×××	×××
			부 채 총 계	×××	×××
Ⅱ.비 유 동 자 산			자 본		
(1)투 자 자 산	×××	×××	Ⅰ. 자 본 금	×××	×××
(2)유 형 자 산	×××	×××	Ⅱ. 자 본 잉 여 금	×××	×××
(3)무 형 자 산	×××	×××	Ⅲ. 자 본 조 정	×××	×××
(4)기타비유동자산	×××	×××	Ⅳ. 기타포괄손익누계액	×××	×××
			Ⅴ. 이 익 잉 여 금	×××	×××
			자 본 총 계	×××	×××
자 산 총 계	×××	×××	부 채 와 자 본 총 계	×××	×××

제 2 절 손익계산서

01 목 적

손익계산서는 일정기간 동안 기업의 경영성과에 대한 정보를 제공하는 재무보고서이다. 손익계산서는 해당 회계기간의 경영성과를 나타낼 뿐만 아니라 기업의 미래현금흐름과 수익창출능력을 예측하는 데 있어서 유용한 정보를 제공한다.

02 기본구조

손익계산서는 다음과 같이 구분하여 표시한다. 다만, 제조업, 판매업 및 건설업 외의 업종에 속하는 기업은 매출총손익의 구분표시를 생략할 수 있다.

(1) 매출액

(2) 매출원가

(3) 매출총손익

(4) 판매비와 관리비

(5) 영업손익

(6) 영업외수익

(7) 영입외비용

(8) 법인세비용차감전계속사업손익

(9) 계속사업손익법인세비용

(10) 계속사업손익

(11) 중단사업손익(법인세효과 차감후)

(12) 당기순손익과 총포괄손익

(1) 매출액

매출액은 기업의 주된 영업활동에서 발생한 제품, 상품, 용역 등의 총매출액에서 매출할인, 매출환입, 매출에누리 등을 차감한 금액이다. 다만, 차감대상 금액이 중요한 경우에는 총매출액에서 차감하는 형식으로 표시하거나 주석으로 기재한다.

매출액은 업종별이나 부문별로 구분하여 표시할 수 있으며, 반제품매출액·부산물매출액·작업폐물매출액·수출액·장기할부매출액 등이 중요한 경우에는 이를 구분하여 표시하거나 주석으로 기재한다.

(2) 매출원가

매출원가는 판매된 제품이나 상품 등에 대한 제조원가 또는 매입원가이다. 매출원가의 산출과정은 손익계산서 본문에 표시하거나 주석으로 기재하여야 한다.

매출원가는 기초제품(또는 상품)재고액에 당기제품제조원가(또는 당기상품순매입액)를 가산하고, 기말제품(또는 상품)재고액을 차감한 금액이다. 도매업·소매업에서 당기상품순매입액은 상품의 총매입액에서 매입할인, 매입환출, 매입에누리 등을 차감한 금액으로 한다.

제품이나 상품에 대하여 생산, 판매 또는 매입 외의 사유로 증감액이 있는 경우에는 이를 매출원가의 계산에 반영하여야 한다.

(3) 매출총손익

매출총손익은 매출액에서 매출원가를 차감한 금액을 말한다.

(4) 판매비와 관리비

판매비와 관리비는 제품, 상품, 용역 등의 판매활동과 기업의 관리활동에서 발생하는 비용으로, 매출원가에 속하지 아니하는 모든 영업비용을 포함한다. 이러한 판매비와 관리비는 해당 비용을 표시하는 적절한 항목으로 구분하여 표시하거나 일괄 표시할 수 있다. 일괄 표시하는 경우에는 적절한 항목으로 구분하여 주석으로 기재하여야 한다.

(5) 영업손익

영업손익은 매출총손익에서 판매비와 관리비를 차감한 금액을 말한다.

(6) 영업외수익

영업외수익은 기업의 주된 영업활동이 아닌 활동으로부터 발생한 수익과 차익으로서 중단사업손익에 해당하지 않는 것으로 한다.

(7) 영업외비용

영업외비용은 기업의 주된 영업활동이 아닌 활동으로부터 발생한 비용과 차손으로서 중단사업손익에 해당하지 않는 것으로 한다.

(8) 법인세비용차감전계속사업손익

법인세비용차감전계속사업손익은 영업손익에서 영업외수익을 가산하고, 영업외비용을 차감한 금액을 말한다.

(9) 계속사업손익법인세비용

계속사업손익법인세비용은 계속사업손익에 대응하여 발생한 법인세비용이다.

(10) 계속사업손익

계속사업손익은 기업의 계속적인 사업활동과 그와 관련된 부수적인 활동에서 발생하는 손익으로서 중단사업에 해당하지 않는 모든 손익을 말한다.

(11) 중단사업손익(법인세효과차감후)

중단사업손익은 중단사업으로부터 발생한 영업손익과 영업외손익으로서 사업중단직접비용과 중단사업자산손상차손을 포함하며, 법인세효과를 차감한 후의 순액으로 보고하고 중단사업손익의 산출내역을 주석으로 기재한다. 이때 중단사업손익에 대한 법인세효과는 손익계산서의 중단사업손익 다음에 괄호를 이용하여 표시한다.

(12) 당기순손익과 총포괄손익

당기순손익은 계속사업손익에 중단사업손익을 가감하여 산출하며, 당기순손익에 기타포괄손익을 가감하여 산출한 총포괄손익의 내용을 주석으로 기재한다. 이 경우 기타포괄손익의 각 항목은 관련된 법인세효과가 있으면, 그 금액을 차감한 후의 금액으로 표시하고 법인세효과에 대한 내용을 별도로 기재한다.

03 수익과 비용의 총액표시

수익과 비용은 각각 총액으로 보고하는 것을 원칙으로 한다. 다만, 다른 계약에 의해 수익과 비용을 상계하도록 요구하거나 상계를 허용하는 경우에도 상계하여 표시할 수 있다. 또한, 동일 또는 유사한 거래나 회계사건에서 발생한 차익, 차손 등은 총액으로 표시하지만, 중요하지 않은 경우에는 관련 차익과 차손 등을 상계하여 표시할 수 있다.

[표 3-6] 손익계산서 양식

손 익 계 산 서

제 ×(당)기 20×2년 1월 1일부터 20×2년 12월 31일까지
제 ×(전)기 20×1년 1월 1일부터 20×1년 12월 31일까지

회사명 : (단위: 원)

과 목	당 기	전 기
Ⅰ. 매출액	×××	×××
Ⅱ. 매출원가	(×××)	(×××)
Ⅲ. 매출총이익(매출총손실)	×××	×××
Ⅳ. 판매원가와 관리비	(×××)	(×××)
Ⅴ. 영업이익(영업손실)	×××	×××
Ⅵ. 영업외수익	×××	×××
Ⅶ. 영업외비용	(×××)	(×××)
Ⅷ. 법인세비용차감전계속사업손익	×××	×××
Ⅸ. 계속사업손익법인세비용	(×××)	(×××)
Ⅹ. 계속사업이익(계속사업손실)	×××	×××
XⅠ. 중단사업손익(법인세효과 ×××원)	×××	×××
XⅡ. 당기순이익(당기순손실)	×××	×××
XⅢ. 주당손익	×××	×××

제 3 절 현금흐름표

01 목 적

현금흐름표는 기업의 현금흐름을 나타내는 표로서, 현금의 변동내용을 명확하게 보고하기 위하여 해당 회계기간에 속하는 현금의 유입내용과 유출내용을 적정하게 표시하여야 한다. 이렇게 작성된 현금흐름표는 기업의 미래현금흐름을 예측하는 데 유용한 정보를 제공한다.

02 기본구조

현금흐름표는 영업활동으로 인한 현금흐름, 투자활동으로 인한 현금흐름, 재무활동으로 인한 현금흐름으로 구분하여 표시하고, 이에 기초현금을 가산하여 기말현금을 산출하는 형식으로 표시한다. 현금흐름표에서 현금이란, 현금및현금성자산을 말한다.

03 영업활동으로 인한 현금흐름

영업활동이란 제품의 생산과 상품 및 용역의 구매·판매활동을 말하며, 투자활동과 재무활동에 속하지 아니하는 거래를 모두 포함한다.

영업활동으로 인한 현금의 유입에는 제품 등의 판매에 따른 현금유입(매출채권의 회수 포함), 이자수익과 배당금수익, 기타 투자활동과 재무활동에 속하지 아니하는 거래에서 발생된 현금유입이 포함된다.

영업활동으로 인한 현금의 유출에는 원재료, 상품 등의 구입에 따른 현금유출(매입채무의 결제 포함), 기타 상품과 용역의 공급자와 종업원에 대한 현금지출, 법인세(토지 등 양도소득에 대한 법인세 제외)의 지급, 이자비용, 기타 투자활동과 재무활동에 속하지 아니하는 거래에서 발생된 현금유출이 포함된다.

영업활동으로 인한 현금흐름의 표시방법에는 직접법과 간접법이 있다.

(1) 직접법

직접법이란 현금을 수반하여 발생한 수익항목 또는 비용항목을 총액으로 표시하되, 현금유입액은 원천별로 현금유출액은 용도별로 분류하여 표시하는 방법을 말한다. 이 경우 현금을 수반하여 발생하는 수익·비용항목을 원천별로 구분하여 직접 계산하는 방법 또는 매출과 매출원가에 현금의 유출·유입이 없는 항목과 재고자산·매출채권·매입채무의 증감을 가감하여 계산하는 방법으로 한다.

(2) 간접법

간접법이란 당기순이익(또는 당기순손실)에 현금의 유출이 없는 비용 등을 가산하고 현금의 유입이 없는 수익 등을 차감하며, 영업활동으로 인한 자산·부채의 변동을 가감하여 표시하는 방법을 말한다.

04 투자활동으로 인한 현금흐름

투자활동이란 현금의 대여와 회수활동, 유가증권·투자자산·유형자산 및 무형자산의 취득과 처분활동 등을 말한다.

투자활동으로 인한 현금의 유입에는 대여금의 회수, 단기투자자산·유가증권·투자자산·유형자산·무형자산의 처분 등이 포함된다.

투자활동으로 인한 현금의 유출에는 현금의 대여, 단기투자자산·유가증권·투자자산·유형자산·무형자산의 취득에 따른 현금유출로서 취득 직전 또는 직후의 지급액 등이 포함된다.

05 재무활동으로 인한 현금흐름

재무활동이란 현금의 차입 및 상환활동, 신주발행이나 배당금의 지급활동 등과 같이 부채 및 자본계정에 영향을 미치는 거래를 말한다.

재무활동으로 인한 현금의 유입에는 단기차입금·장기차입금의 차입, 어음·사채의 발행, 주식의 발행 등이 포함된다.

재무활동으로 인한 현금의 유출에는 배당금의 지급, 유상감자, 자기주식의 취득, 차입금의 상환, 자산의 취득에 따른 부채의 지급 등이 포함된다.

06 기타 표시방법

현금흐름표는 다음과 같이 표시한다.

(1) 현금의 유입내용과 유출내용에 대하여는 기중 증가 또는 기중 감소를 상계하지 아니하고 각각 총액으로 표시한다. 다만, 거래가 빈번하여 총금액이 크고 단기간에 만기가 도래하는 현금의 유입항목과 유출항목은 순증감액으로 표시할 수 있다.

(2) 사채발행 또는 주식발행으로 인한 현금유입시에는 발행금액으로 표시한다.

[표 3-7] 현금흐름표 양식

현 금 흐 름 표

제 ×(당)기 20×2년 1월 1일부터 20×2년 12월 31일까지
제 ×(전)기 20×1년 1월 1일부터 20×1년 12월 31일까지

회사명 : (단위: 원)

과 목	당 기	전 기
Ⅰ. 영업활동으로 인한 현금흐름	×××	×××
Ⅱ. 투자활동으로 인한 현금흐름	×××	×××
Ⅲ. 재무활동으로 인한 현금흐름	×××	×××
Ⅳ. 현금의 증감(Ⅰ + Ⅱ + Ⅲ)	×××	×××
Ⅴ. 기초현금	×××	×××
Ⅵ. 기말현금(Ⅳ + Ⅴ)	×××	×××

제 4 절 자본변동표

01 목 적

자본변동표는 자본의 크기와 그 변동에 관한 정보를 제공하는 재무보고서로, 자본을 구성하고 있는 자본금, 자본잉여금, 자본조정, 기타포괄손익누계액, 이익잉여금(또는 결손금)의 변동에 대한 포괄적인 정보를 제공한다. 자본변동표에는 자본의 각 구성요소별로 기초잔액, 변동사항 및 기말잔액을 표시하도록 되어 있다. 따라서 자본변동표는 이익잉여금처분계산서 및 결손금처리계산서를 포함하는 포괄적인 재무보고서이다.

자본변동표는 재무제표간의 연계성을 제고시켜 정보이용자들이 재무제표간의 관계를 보다 명확하게 이해할 수 있게 한다. 이러한 자본변동표에는 재무상태표에 표시되어 있는 자본의 기초잔액과 기말잔액이 모두 제시됨으로써 재무상태표와 연계되고, 자본의 변동내용은 손익계산서와 현금흐름표에 나타난 정보와 연계된다.

또한, 자본변동표에는 손익계산서를 거치지 않고 재무상태표의 자본에 직접 가감되는 항목에 대한 정보를 제공한다. 이러한 항목에는 매도가능증권평가손익과 같은 미실현손익이 포함되는데, 이러한 미실현손익의 변동내역을 나타냄으로써 자본변동표는 손익계산서에서 나타낼 수 없는 포괄적인 경영성과에 대한 정보를 직·간접적으로 제공한다.

02 기본구조

자본변동표에는 자본금, 자본잉여금, 자본조정, 기타포괄손익누계액, 이익잉여금(또는 결손금)의 각 항목별로 기초잔액, 변동사항, 기말잔액을 표시한다.

자본금의 변동은 유상증자(감자), 무상증자(감자)와 주식배당 등에 의하여 발생하며, 자본금은 보통주자본금과 우선주자본금으로 구분하여 표시한다.

자본잉여금의 변동은 유상증자(감자), 무상증자(감자), 결손금처리 등에 의하여 발생하며, 주식발행초과금과 기타자본잉여금으로 구분하여 표시한다.

자본조정의 변동 중에서 자기주식은 구분하여 표시하고, 기타자본조정은 통합하여 표시할 수 있다.

기타포괄손익누계액의 변동은 매도가능증권평가손익, 해외사업환산손익 및 현금흐름위험회피 파생상품평가손익은 구분하여 표시하고, 그 밖의 항목은 그 금액이 중요할 경우에는 적절히 구분하여 표시할 수 있다.

이익잉여금의 변동은 다음과 같은 항목으로 구분하여 표시한다.

(1) 회계정책의 변경으로 인한 누적효과
(2) 중대한 전기오류수정손익
(3) 연차배당(당기 중에 주주총회에서 승인된 배당금액으로 하되 현금배당과 주식배당으로 구분하여 기재)과 기타 전기말 미처분이익잉여금의 처분
(4) 중간배당(당기 중에 이사회에서 승인된 배당금액)
(5) 당기순손익
(6) (1) 내지 (5) 외의 원인으로 당기에 발생한 이익잉여금의 변동으로 하되, 그 금액이 중요한 경우에는 적절히 구분하여 표시한다.

자본변동표에서 전기에 이미 보고된 이익잉여금(또는 결손금)의 금액이 당기에 발생한 회계정책의 변경이나 중대한 전기오류수정으로 인하여 변동된 경우에는 전기에 이미 보고된 금액을 별도로 표시하고, 회계정책 변경이나 오류수정이 매 회계연도에 미치는 영향을 가감한 수정후 기초이익잉여금을 표시한다.

자본변동표는 [표 3-8]에서 보는 바와 같이 크게 다섯 부분으로 구분되어 있다.

[표 3-8] 자본변동표 양식

자 본 변 동 표

제×기 20××년×월×일부터 20××년×월×일까지
제×기 20××년×월×일부터 20××년×월×일까지

회사명: ×××(주) (단위: 원)

구 분	자본금	자 본 잉여금	자본 조정	기타포괄 손익누계액	이 익 잉여금	총 계
20××.×.×(보고금액)	×××	×××	×××	×××	×××	×××
회계정책변경누적효과					(×××)	(×××)
전기오류수정					(×××)	(×××)
수정후 이익잉여금					×××	×××
연차배당					(×××)	(×××)
처분후 이익잉여금					×××	×××
중간배당					(×××)	(×××)
유상증자(감자)	×××	×××				×××
당기순이익(손실)					×××	×××
자기주식 취득			(×××)			(×××)
해외사업환산손익				(×××)		(×××)
20××.×.×	×××	×××	×××	×××	×××	×××
20××.×.×(보고금액)	×××	×××	×××	×××	×××	×××
회계정책변경누적효과					(×××)	(×××)
전기오류수정					(×××)	(×××)
수정후 이익잉여금					×××	×××
연차배당					(×××)	(×××)
처분후 이익잉여금					×××	×××
중간배당					(×××)	(×××)
유상 증자(감자)	×××	×××				×××
당기순이익(손실)					×××	×××
자기주식 취득			(×××)			(×××)
매도가능증권평가손익				×××		×××
20××.×.×	×××	×××	×××	×××	×××	×××

제 5 절 재무제표간의 연계관계

재무제표는 재무보고의 중심적인 수단으로, 이를 통하여 기업에 관한 재무정보를 이해관계자에게 전달하게 된다. 가장 일반적으로 이용되고 있는 재무제표는 재무상태표, 손익계산서, 현금흐름표, 자본변동표이며, 이에 대한 적절한 주석 및 부속명세서도 재무제표의 구성요소로 본다.

이러한 재무제표는 각각 역할이 다르면서도 [그림 3-1]과 같이 상호간에 일정한 연계관계를 갖고 있다. 즉, 전기 말과 당기 말에 작성된 재무상태표간의 차이인 두 시점간 재무상태의 변화는 해당 연도의 경영성과에서 비롯된 것이기 때문에 이 차이는 경영성과를 표시하는 손익계산서를 통하여 얼마의 금액이 증가했는지를 알

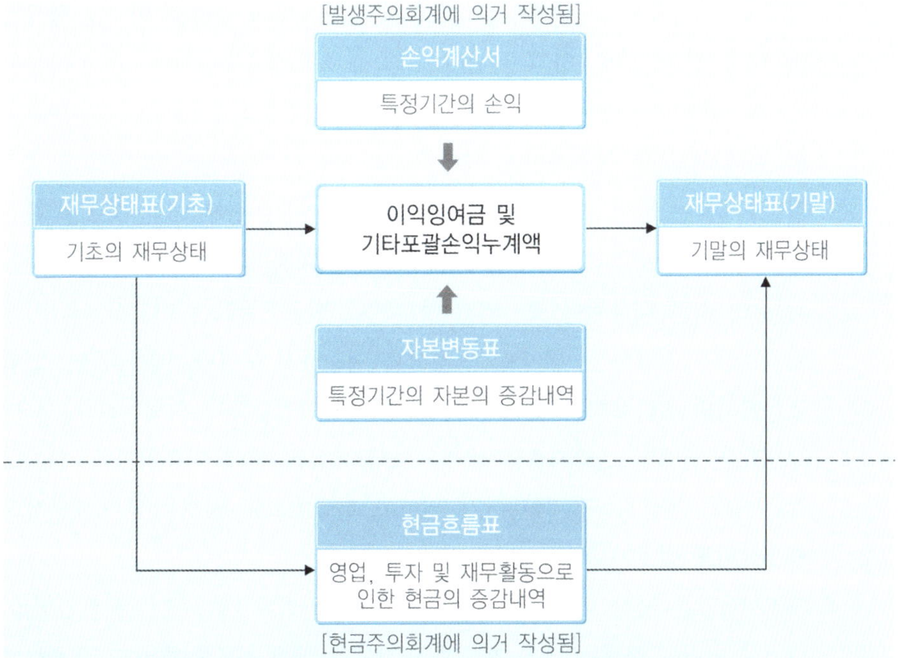

[그림 3-1] 재무제표간의 연계관계

수 있는 것이다.

재무제표는 동일한 거래 또는 사건의 다른 측면을 반영하고 있으므로, 서로 연관되어 있으며 상호보완적인 관계에 있는데, 이러한 관계는 다음과 같다.

① 재무상태표는 기업실체의 유동성과 재무건전성을 평가하는 데 유용한 정보를 제공하는데, 재무상태표 정보가 현금흐름표 정보와 함께 이용되면 유동성 또는 재무탄력성을 평가하는 데 더 유용할 수 있다.

② 손익계산서는 기업실체의 수익성을 평가하는 데 유용한 정보를 제공하는데, 손익계산서 정보가 재무상태표 정보와 함께 사용되면 더욱 의미 있는 해석이 가능하게 된다. 예를 들어, 자기자본이익률 또는 재고자산회전율 등은 수익성의 기간비교 또는 기업간 비교에 보다 유용한 정보를 제공한다. 그러나 손익계산서는 발생주의 회계에 의거하여 작성되는 보고서이기 때문에 손익에 영향을 미치지 않으면서 재무상태에 영향을 미치는 항목들에 대한 정보를 제공하지 못한다. 따라서 영업활동뿐만 아니라 투자활동 및 재무활동에 기인한 재무상태의 변동을 파악하기 위해서는 자본변동표와 현금흐름표를 참조하여야 한다.

③ 현금흐름표는 일정 기간 동안의 현금유입과 현금유출에 대한 정보를 제공한다. 그러나 현금유입과 현금유출은 동일한 회계기간 내에서 수익과 비용과 같이 서로 대응되어 표시되지 않으므로, 현금흐름표는 기업실체의 미래 현금흐름을 전망하는 데 충분한 정보를 제공하지 못한다. 예를 들어, 영업활동에서의 현금유입은 많은 부분이 과거의 영업활동에 의해 나타나게 되고, 또한 현재의 현금지출은 미래의 현금유입을 위해 이루어진다. 그러므로 미래의 현금흐름을 예측하기 위하여 현금흐름표 정보는 손익계산서와 재무상태표 정보가 함께 사용될 필요가 있다.

④ 자본변동표는 자산, 부채, 자본 변동의 주요 원천에 대한 정보를 제공한다. 그러나 이러한 정보는 다른 재무제표 정보와 함께 사용되어야 그 유용성이 증대된다. 예를 들어, 주주에 대한 배당은 손익계산서상의 이익과 비교될

필요가 있으며, 유상증자 및 자기주식 취득과 배당은 신규 차입 및 기존 채무의 상환 등과 비교될 때 정보유용성이 증대될 수 있다.

소유주의 투자와 소유주에 대한 분배를 제외하면, 회계기간 말 현재의 자본은 회계기간 초와 비교할 때 회계기간 중 인식된 총포괄이익만큼 증가하게 되며, 자본변동의 모든 원천은 총포괄이익에 의해 최종적으로 측정된다. 이러한 관점에서 재무상태표와 손익계산서는 상호연계되는 관계에 있다. 또한, 손익계산서는 재무상태표를 통해 현금흐름표와도 연계되는 관계에 있다.

제6절 주 석

주석은 재무상태표, 손익계산서, 현금흐름표 및 자본변동표의 본문에 표시된 개별항목에 주석내용과 상호 연결하는 기호 등을 이용하여 표시한다.

01 구 조

주석은 다음의 사항을 포함한다.

(1) 재무제표 작성기준 및 유의적인 거래와 회계사건의 회계처리에 적용한 회계정책
(2) 일반기업회계기준에서 주석공시를 요구하는 사항
(3) 재무상태표, 손익계산서, 현금흐름표 및 자본변동표의 본문에 표시되지 않는 사항으로서 재무제표를 이해하는 데 필요한 추가 정보

02 회계정책의 공시

주석으로 기재하는 유의적인 회계정책의 요약에는 다음 사항을 포함하여야 하

며, 재무제표에 영향을 미치는 회계정책을 적용할 때 경영진이 내린 판단의 근거를 주석으로 기재한다.

(1) 재무제표를 작성하는 데 사용한 측정속성
(2) 재무제표를 이해하는 데 필요한 기타의 회계정책

03 측정상의 유의적인 가정

미래에 관한 유의적인 가정과 측정상의 불확실성에 대한 기타 정보를 주석으로 기재하여야 한다. 이러한 사항은 다음 사업연도에 자산과 부채의 장부금액에 대한 유의적인 조정을 유발할 수 있는 위험과 관련이 있다. 따라서 이에 영향을 받을 자산과 부채에 대하여 다음 사항을 주석으로 기재한다.

(1) 자산과 부채의 성격
(2) 보고기간종료일 현재의 자산과 부채의 장부금액
(3) 위 (2)의 장부금액이 차기에 유의적으로 조정될 가능성이 있다는 사실

04 이익잉여금처분계산서

상법 등 관련 법규에서 이익잉여금처분계산서(또는 결손금처리계산서)의 작성을 요구하는 경우에는 재무상태표의 이익잉여금(또는 결손금)에 대한 보충정보로, 이익잉여금처분계산서(또는 결손금처리계산서)를 주석으로 공시한다. 이익잉여금처분계산서(또는 결손금처리계산서)는 이익잉여금의 처분사항(또는 결손금의 처리사항)을 명확히 보고하기 위한 재무보고서이다.

이익잉여금처분계산서는 미처분이익잉여금, 임의적립금등의이입액, 이익잉여금처분액, 차기이월미처분이익잉여금으로 구분하여 표시한다. 여기서 미처분이익잉여금은 전기이월미처분이익잉여금(또는 전기이월미처리결손금)에 회계정책의 변경으로

인한 누적효과(비교재무제표의 최초회계기간 직전까지의 누적효과), 중대한 전기오류수정손익(비교재무제표의 최초회계기간 직전까지의 누적효과), 중간배당액 및 당기순이익(또는 당기순손실)을 가감하여 산출한다.

이익잉여금처분액은 이익준비금, 기타법정적립금, 이익잉여금처분에 의한 상각 등, 배당금, 임의적립금으로 구분하여 표시한다. 이익잉여금처분에 의한 상각 등은 주식할인발행차금 상각, 자기주식처분손실 잔액, 상환주식 상환액 등으로 한다. 배당금의 경우 현금배당과 주식배당으로 구분한다.

결손금처리계산서는 미처리결손금, 결손금처리액, 차기이월미처리결손금으로 구분하여 표시한다. 여기서 미처리결손금은 전기이월미처리결손금(또는 전기이월미처분이익잉여금)에 회계정책의 변경으로 인한 누적효과(비교재무제표의 최초회계기간 식선까지의 누적효과), 중대한 전기오류수정손익(비교재무제표의 최초회계기간 직전까지의 누적효과), 중간배당액 및 당기순이익(또는 당기순손실)을 가감하여 산출한다. 이러한 결손금의 처리는 임의적립금이입액, 기타법정적립금이입액, 이익준비금이입액, 자본잉여금이입액의 순으로 한다.

객관식 Exercises

01 Problem

재무제표의 기본요소로 틀린 것은?

① 재무상태표: 자산, 부채, 자본
② 손익계산서: 수익, 비용, 차익, 차손
③ 자본변동표: 소유자의 투자, 소유주에 대한 분배, 채권자의 투자
④ 현금흐름표: 영업활동 현금흐름, 투자활동 현금흐름, 재무활동 현금흐름

02 Problem

자본잉여금에 해당하는 것은?

① 이익준비금 ② 임의적립금
③ 감자차익 ④ 차기이월이익잉여금

03 Problem

유동자산으로 분류하도록 규정하고 있지 않은 것은?

① 1년을 초과하여 사용제한이 있는 현금및현금성자산
② 단기매매목적으로 보유하는 자산
③ 기업의 정상적인 영업주기 내에 실현될 것으로 예상되거나 판매목적 또는 소비목적으로 보유하고 있는 자산
④ 재무상태표일로부터 1년 이내에 현금화 또는 실현될 것으로 예상되는 자산

04 Problem

유동부채에 속하지 않는 것은?

① 매입채무 ② 단기차입금 ③ 장기차입금 ④ 미지급법인세

05 Problem

이익잉여금에 속하지 않는 것은?

① 이익준비금 ② 기타법정적립금
③ 주식발행초과금 ④ 임의적립금

06 Problem

재무상태표상 기타비유동자산에 속하는 계정과목은?

① 만기보유증권 ② 투자부동산
③ 임차보증금 ④ 지분법적용투자주식

07 Problem

자본조정계정이 아닌 것은?

① 주식할인발행차금 ② 자기주식
③ 감자차손 ④ 외환차익

08 Problem

유동성배열법으로 배열시 가장 먼저 기재되는 것은?

① 건물 ② 외상매출금
③ 상품 ④ 매도가능증권

09 Problem

유동부채에 해당하는 것은?

① 선급금 ② 선수금
③ 가지급금 ④ 장기차입금

10 Problem

재무제표 작성과 표시에 관한 일반원칙에 해당되지 않는 것은?

① 계속기업을 전제로 재무제표 작성
② 기간별 비교가능한 재무제표 작성
③ 순액주의
④ 재무제표 항목의 표시와 분류의 계속성

11 Problem

재무제표의 작성 및 이용 목적에 대한 설명으로 옳지 않은 것은?

① 재무상태표는 기업의 일정시점의 재무상태를 명확히 보고하기 위한 것이다.
② 손익계산서는 기업의 일정기간 동안의 경영성과를 명확히 보고하기 위한 것이다.
③ 현금흐름표는 기업의 현금흐름을 나타내는 표로, 현금의 변동내용을 명확하게 보고하기 위하여 당해 회계기간에 속하는 현금의 유입과 유출내용을 적정하게 표시하여야 한다.
④ 자본변동표는 자본금, 자본잉여금, 자본조정, 이익잉여금의 변동내역에 대한 포괄적인 정보를 제공한다.

12 Problem

재무상태표와 손익계산서의 작성원칙에 대한 설명으로 틀린 것은?

① 자산과 부채는 예외 없이 1년을 기준으로 하여 유동자산 또는 비유동자산, 유동부채 또는 비유동부채로 구분하는 것을 원칙으로 한다.
② 자본거래에서 발생한 자본잉여금과 손익거래에서 발생한 이익잉여금은 혼동하여 표시하여서는 아니 된다.
③ 수익과 비용은 그 발생원천에 따라 명확하게 분류하고 각 수익항목과 이에 관련되는 비용항목을 대응표시하여야 한다.
④ 수익과 비용은 총액에 의하여 기재함을 원칙으로 하며 수익항목과 비용항목을 직접 상계함으로써 그 전부 또는 일부를 손익계산서에서 제외해서는 안 된다.

13 Problem

자산의 본질에 대한 설명으로 옳지 않은 것은?

① 특정 경제실체가 배타적으로 통제할 수 있어야 한다.
② 자산은 미래의 경제적 효익이 있어야 하는 것은 아니다.
③ 자산의 효익은 회계단위로 계량화 또는 측정될 수 있어야 한다.
④ 경제적 효익은 과거의 거래나 사건의 결과로 발생될 것이어야 한다.

14 Problem

재무상태표 항목의 구분과 통합표시에 대한 설명으로 틀린 것은?

① 현금및현금성자산은 기업의 유동성 판단에 중요한 정보이므로 별도 항목으로 구분하여 표시한다.
② 보통주자본금과 우선주자본금은 자본금으로 통합하여 표시할 수 있다.
③ 자본잉여금은 주식발행초과금과 기타자본잉여금으로 구분하여 표시한다.
④ 자기주식을 제외한 자본조정항목은 기타자본조정으로 통합하여 표시할 수 있다.

15 Problem

자본변동표에 관한 설명으로 적합하지 않은 것은?

① 손익계산서를 거쳐 재무상태표의 자본에 직접 가감되는 항목에 대한 정보를 제공한다.
② 다른 재무제표 정보와 더불어 기업실체의 재무적 수익성, 위험, 탄력성 등을 평가하는 데 유용하다.

③ 자본의 변동내용은 손익계산서와 현금흐름표에 나타난 정보와 연결할 수 있다.
④ 자본 구성항목의 변동내용에 대한 포괄적인 정보를 제공한다.

16 Problem

재무제표의 작성과 표시에 관한 설명으로 옳은 것은?

① 재무제표는 재무상태표, 손익계산서, 이익잉여금처분계산서 또는 결손금처리계산서, 현금흐름표, 자본변동표로 구성되며 주석을 제외한다.
② 재무제표의 작성과 표시에 대한 책임은 감사에게 있다.
③ 재무제표 본문에는 통합 표시한 항목인 경우에도 중요성에 따라 주석에는 구분표시가 가능하다.
④ 기업회계기준에 의하여 변경이 요구되는 경우에도 한번 선택한 재무제표 항목의 표시와 분류는 변경이 불가능하다.

주관식 Exercises

01 Problem 재무상태표 구성요소에 대하여 설명해 보시오.

02 Problem 손익계산서 구성요소에 대하여 설명해 보시오.

03 Problem 이자율이 10%인 경우 1원의 현재가치와 미래가치에 대한 자료이다.

기 간	현재가치	미래가치
1년 후	0.91	1.10
2년 후	0.83	1.21
3년 후	0.76	1.33
계	2.50	3.64

[요구사항] 다음의 물음에 답하시오.

(1) 3년 후에 받기로 약정된 10,000,000원을 현재시점에서 미리 받는다면 그 금액은 얼마인가?

(2) 현재시점에서 10,000,000원을 대여하고 그 원리금을 2년 후에 받는다면 그 금액은 얼마인가?

(3) 현금가 5,000,000원인 승용차를 20×1년 1월 4일에 판매하고, 판매 후 3년 동안 매년도말에 일정 금액의 할부금을 받기로 하였다. 연간 할부금은 얼마인가?

(4) 20×1년 1월 4일부터 시작하여 매 연도 초에 1,000,000원씩 3년간 적립한다면 3년 경과 후 받을 수 있는 금액은 얼마인가?

04 Problem

다음에 제시된 항목은 20×1년 말 (주)경인에 나타난 계정과목이다. 이 계정과목을 <보기>에 의해 구분하시오.

<보 기>

당좌자산, 재고자산, 비유동자산, 투자자산, 유형자산, 무형자산, 기타비유동자산, 유동부채, 비유동부채, 자본금, 자본잉여금, 자본조정, 기타포괄손익누계액, 이익잉여금, 매출액, 매출원가, 판매비와관리비, 영업외수익, 영업외비용

상 품	미수수익	매입채무	장기대여금	장기차입금
광 업 권	주식발행초과금	사 채	단기차입금	구 축 물
장기금융상품	제 품	현 금	매출채권	재 공 품
장기매출채권	건 물	미지급금	퇴직급여충당부채	이익준비금
임의적립금	자기주식처분손실	예 수 금	건설중인자산	임차보증금
원 재 료	단기금융상품	주식할인발행차금	저 장 품	기계장치
미지급비용	자 본 금	배당평균적립금	미지급배당금	차량운반구
선 급 금	산업재산권	유동성장기부채	감자차익	컴퓨터소프트웨어
매도가능증권평가이익	선급비용	선수수익	미지급법인세	자기주식
급 여	여비교통비	세금과공과	판매수수료	임 차 료
임 대 료	매출원가	매 출	복리후생비	이자수익
이자비용	배당금수익	기 부 금	지급수수료	매도가능증권손상차손
지분법평가이익	유형자산처분이익	판매촉진비	대손상각비	감가상각비
광고선전비	접 대 비	외화환산이익	외환차손	단기매매증권처분손실
장기미수금	법인세비용	재해손실	운반비	차량유지비
잡 이 익	임대보증금	배 당 금	보 험 료	해외사업환산이익

General Financial Accounting Standards

Principles of Accounting

제1부에서는 회계에 대한 기본개념을 정립하기 위한 사항들을 설명하였고, 제2부에서는 회계정보를 산출하는 과정인 회계순환과정에 대하여 설명하고자 한다.

회계순환과정(accounting cycle)이란 거래를 기록하고 요약하여 회계정보의 산출수단인 재무상태표, 손익계산서 등과 같은 재무제표를 작성하는 것이 순환적으로 반복되는 과정을 의미한다. 이러한 회계순환과정이 매 회계기간 반복됨으로써 외부 정보이용자들의 의사결정에 필요한 회계정보를 정기적으로 보고하는 것이 가능하다.

회계순환과정은 크게 회계기간 중 기록과정과 회계기간 말의 결산과정으로 구분할 수 있다. 기중의 기록과정은 회계상 거래를 분개하고 전기하는 과정을 말하며, 기말의 결산과정은 기중기록과 결산정리사항을 통합하여 최종적으로 재무제표를 작성하는 과정을 말한다.

PART 02

회계정보의 산출

CHAPTER 4

회계정보의 산출과정(회계순환과정)

본 장에서는 거래의 발생부터 재무제표가 작성되는 단계까지의 회계순환과정에 대해 설명하였고, 이 과정에서 거래를 회계처리하기 위하여 적용되는 복식부기의 개념, 계정설정의 원리 및 회계등식 등에 대하여 구체적으로 학습한다.

제1절 회계상 거래의 의의 및 종류

01 회계상 거래의 의의

기업은 본래의 목적을 달성하기 위하여 조직을 구성하고, 그 조직을 통해 많은 활동을 하고 사건을 발생시킨다. 이러한 활동과 사건 중에서 기업의 재무상태와 경영성과, 즉 자산·부채·자본의 증감과 수익·비용·차익·차손의 발생을 가져오는 모든 경제적 사건을 회계상 거래(transaction)라고 한다. 따라서 기업에 영향을 주는 도난·화재·홍수 등에 의해 발생하는 자산의 증감도 회계상 거래이다. 그러나 자산·부채·자본에 영향을 주지 않는 단순한 매입계약·임대차계약·경쟁기업의 출현 등과 같은 경제적 사건은 회계상 거래에 해당하지 않는다.

02 회계상 거래의 종류

회계상 거래는 발생장소, 손익의 유무, 발생시기, 현금유출입 여부 등에 따라 구분될 수 있다.

(1) 거래발생장소에 따른 거래분류

① 외부거래

외부거래(external transaction)는 기업과 고객·종업원·거래처·은행·기업주·정부 등 기업 외부자와의 관계에서 발생한 거래를 말한다. 따라서 기업에서 발생하는 통상의 영업활동은 모두 외부거래라고 볼 수 있다.

② 내부거래

내부거래(internal transaction)는 기업내부에서 회계자료를 분류 또는 재분류함으로써 발생한 거래를 말한다. 이것은 주로 회계기말에 결산을 하거나 원가계산을 행할 때 발생한다.

(2) 손익의 유무에 따른 거래분류

① 교환거래

교환거래(exchange transaction)는 기업의 활동 중에서 손익이 발생하지 않고, 자산·부채·자본의 증감만을 가져오는 거래를 말한다. 예를 들어, 비품 10,000원을 현금으로 구입하는 거래이다.

② 손익거래

손익거래(profit and loss transaction)는 자산·부채·자본의 증감이 수익 또는 비용의 발생에 관련되는 거래를 말한다. 예를 들어, 급료 20,000원을 현금으로 지급한 거래이다.

③ 혼합거래

혼합거래(mixed transaction)는 교환거래와 손익거래가 혼합된 거래를 말한다. 예를 들어, 장부금액 20,000원인 토지를 현금 25,000원에 처분한 거래이다.

(3) 거래발생시기에 따른 거래분류

① 개시거래

개시거래(opening transaction)는 기업이 영업활동을 시작하는 경우에 발생하는 거래이다. 예를 들어, 현금 50,000원을 출자하여 영업을 시작하는 거래이다.

② 영업거래

영업거래(operating transaction)는 회계기간 동안에 발생하는 통상의 영업활동에 관한 거래이다. 예를 들어, 20,000원에 구입한 상품을 현금 25,000원에 판매하는 거래이다.

③ 결산거래

결산거래(closing transaction)는 회계장부를 마감하여 재무제표를 만들기 위해서 취해지는 거래로 수익과 비용계정을 집합손익계정에 대체하는 거래를 말한다. 예를 들어, 매출원가 25,000원을 집합손익에 대체하는 거래이다.

(4) 현금유출입 여부에 따른 거래분류

① 현금거래

현금거래(cash transaction)는 기업활동 중에서 현금의 유출과 유입을 수반하는 거래로, 현금이 유입되는 입금거래와 현금이 유출되는 출금거래로 구분된다. 예를 들어, 비품 50,000원을 현금으로 구입하는 거래이다.

② 대체거래

대체거래(transfer transaction)는 거래가 발생하더라도 기본적으로 현금의 유출입을 수반하지 않는 거래로, 전혀 현금의 유출입을 수반하지 않는 전부대체거래와 일부 현금의 유출입이 수반되는 일부대체거래로 구분된다. 일부대체거래는 다시 거래대금 중에서 일부는 현금으로 유입되고 일부는 대체되는 일부입금거래와 거래대금 중에서 일부는 현금이 유출되고 일부는 대체되는 일부출금거래로 구분할 수 있다. 예를 들어, 비품 50,000원을 구입하면서 대금 중 20,000원은 현금으로 하고 잔액을 외상으로 하는 거래이다.

제 2 절 회계순환과정

회계는 기업에서 거래를 시작하여 재무제표를 작성하는 모든 과정을 반복적으로 수행하는데, 그 과정을 회계순환과정(accounting cycle)이라 한다. 회계순환과정은 [그림 4-1]과 같이 나타낼 수 있다.

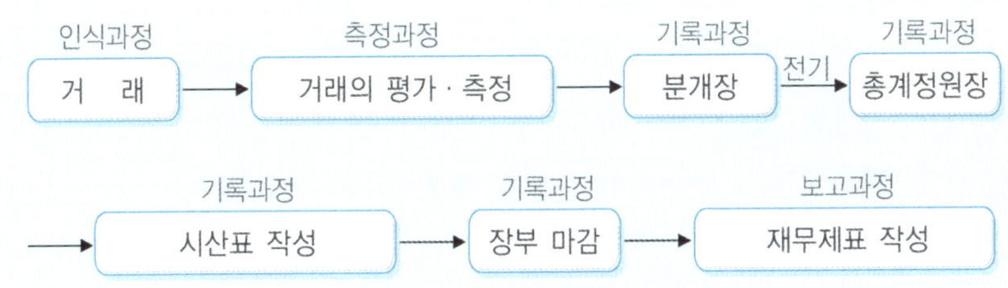

[그림 4-1] 회계순환과정

[그림 4-1]에서 볼 수 있듯이, 기업에서 거래를 하면 이것이 회계상의 거래인지 인식·식별하여(인식과정), 기업의 재무상태에 어떤 영향을 미치는지를 파악한다(측정과정). 또한, 회계상 거래로 인식하여 재무상태에 미치는 영향을 기업의 각종 장부(분개장, 총계정원장, 시산표 등)에 기록하게 된다(기록과정). 그리고 마지막으로 재무제표와 같은 회계보고서를 작성하여 이해관계자에게 회계정보의 형태로 전달함으로써(보고과정), 이해관계자들의 경제적 의사결정에 유용하도록 한다. 이러한 회계순환과정은 크게 측정과정과 보고과정으로 구분할 수 있다. 즉, 인식과정은 측정과정에 그리고 기록과정은 보고과정에 포함시켜 두 과정으로 구분하는 것이다. 이러한 과정, 즉 거래의 인식, 측정, 기록 및 보고를 하는데 있어 회계담당자들이 지켜야 할 어떤 원칙이나 규칙을 "일반적으로 인정된 회계원칙(Generally Accepted Accounting Principles: GAAP)"이라 한다.

기업은 회계기간 중에 회계거래를 기록하고 정기적으로 재무제표를 작성하기 위하여 순차적인 회계처리과정을 매 회계기간마다 반복적으로 수행해야 하는데, 이는 크게 다음과 같은 7단계로 구분할 수 있다.

제1단계: 거래를 분개하여 분개장(또는 전표)에 기록한다.

제2단계: 분개장(또는 전표)에서 총계정원장 및 보조부에 전기한다.

제3단계: 결산정리사항 기록 전 총계정원장 잔액에 의하여 수정전시산표를 작성한다.

제4단계: 결산정리사항을 분개하여 분개장과 총계정원장에 각각 기록한다.
제5단계: 총계정원장의 각 계정잔액에 의하여 수정후시산표를 작성한다.
제6단계: 결산분개를 하고 장부를 마감한다.
제7단계: 재무상태표, 손익계산서 등의 재무제표를 작성한다.

이상의 7단계 중 제1단계와 제2단계는 회계거래를 기록하는 것이고, 제3단계에서 제6단계까지는 회계정보를 산출하는 것이고, 제7단계는 재무제표를 작성하는 것이다. 이러한 회계순환과정의 여러 단계에서 적용되는 가장 중요한 개념은 복식부기의 원리이다.

제 3 절 복식부기의 개념

01 복식부기의 의의

복식부기(double-entry bookkeeping)란 일정한 원리·원칙에 따라 회계상 거래를 왼쪽인 차변과 오른쪽인 대변으로 나누어 이중으로 장부에 기입하는 방법을 말한다. 따라서 복식부기에 따라 회계거래를 기록하면 거래는 반드시 차변과 대변에 이중으로 기록되어 차변금액의 합계와 대변금액의 합계는 항상 일치하게 된다.

이처럼 복식부기에 의해 회계상 거래를 처리하면 차변과 대변의 합계금액을 통해 자동적으로 오류를 발견할 수 있는데, 이러한 것을 자기검증의 기능(오류의 자동적 발견)이라 한다.

02 거래의 이중성

거래의 이중성이란 회계상 거래가 발생하면 반드시 차변과 대변이 같은 금액으로 변동하는 것을 말한다. 즉, 차변에 자산이 증가하면 대변에 같은 금액의 자산이 감소하거나 부채 또는 자본이 증가하여 항상 차변과 대변은 같은 금액이 증감하는 것처럼 하나의 거래에 대해 이중적으로 인식하는 것을 말한다.

회계상 거래는 자산·부채·자본의 증감변화와 수익·비용의 발생에 대한 2개 이상의 결합관계(또는 대립관계)에 따라 반드시 차변과 대변 양쪽에 같은 금액이 변화하게 된다. 다시 말해 회계상 거래는 자산·부채·자본의 증감과 수익·비용의 발생이라는 8개의 요소에 의해 결합되는데, [그림 4-2]는 이러한 거래의 8요소에 대한 결합관계를 나타낸 것이다.

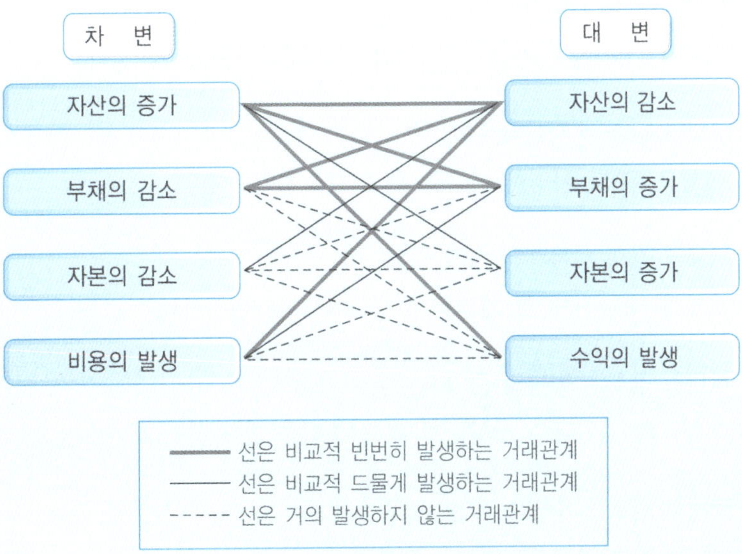

[그림 4-2] 거래요소의 결합관계

03 거래 8요소 결합관계 관련 거래 예시

① 자산의 증가 - 자산의 감소

예) 사무실에서 사용하는 비품을 현금으로 구입하다.

② 자산의 증가 - 부채의 증가

예) 사무실에서 사용하는 비품을 외상으로 구입하다.

③ 자산의 증가 - 자본의 증가

예) 사업자금을 조달하기 위해 주식을 발행하여 교부하고 현금을 받다.

④ 자산의 증가 - 수익의 발생

예) 재고자산을 원가 이상으로 판매하고 대금은 현금으로 받다.

⑤ 부채의 감소 - 자산의 감소

예) 은행으로부터 차입한 자금을 현금으로 상환하다.

⑥ 부채의 감소 - 부채의 증가

예) 은행에 상환해야 할 차입금에 대해 기한을 연장하다.

⑦ 부채의 감소 - 자본의 증가

예) 거래처의 차입금을 상환하기 위해 주식을 발행하여 교부하다.

⑧ 부채의 감소 - 수익의 발생

예) 거래처의 차입금 중 일부를 면제받다.

⑨ 자본의 감소 - 자산의 감소

예) 기업이 발행한 주식을 거래소에서 현금으로 매입하여 소각하다.

⑩ 자본의 감소 - 부채의 증가

예) 기업이 발행한 주식을 매입하여 소각하기 위해 은행으로부터 필요한 자금을 차입하다.

⑪ 자본의 감소 - 자본의 증가

예) 이익에 대한 배당을 주식을 발행하여 주주에게 교부하다.

⑫ 자본의 감소 - 수익의 발생

예) 이익에 대한 배당을 현물(장부금액보다 높은 금액)로 제공하다.

⑬ 비용의 발생 - 자산의 감소

예) 종업원에 대한 급여를 현금으로 지급하다.

⑭ 비용의 발생 - 부채의 증가

예) 종업원에 대한 급여를 지급하기 위하여 은행으로부터 차입하다.

⑮ 비용의 발생 - 자본의 증가

예) 종업원에 대한 급여를 주식을 발행하여 교부하다.

⑯ 비용의 발생 - 수익의 발생

예) 종업원에 대한 급여를 현물(장부금액보다 높은 금액)로 지급하다.

04 대차평균의 원리

모든 거래의 차변금액 합계와 대변금액 합계는 반드시 일치하게 되는데, 이 일치관계를 대차평균의 원리(principle of equilibrium)라고 하며, 이는 거래의 이중성과 함께 복식부기의 가장 중요한 기본원리이다.

차변금액 합계 = 대변금액 합계

이러한 대차평균의 원리는 하나의 거래에 대해서뿐만 아니라 모든 거래에 대하여 성립한다. 그러므로 복식부기는 이 원리를 이용하여 기업의 모든 계정의 차변합계와 대변합계를 상호비교하여 그것이 일치하는가를 확인함으로써 거래의 기록·계산의 옳고 그름을 자동적으로 검증(자기통제의 기능 또는 자기검증의 기능)할 수 있게 한다.

제 4 절 계정설정의 원리

01 회계단위로서의 계정

계정(account)은 복식부기제도의 가장 중요한 수단의 하나로 회계상 거래를 통한 자산·부채·자본·수익·비용 등의 변동내용을 체계적이고 명료하게 기록·계산하기 위하여 거래의 종류와 성질에 따라 설정한 계산단위를 말한다.

모든 계정을 모아 하나의 장부를 구성하는데, 이러한 계정의 집합을 원장(ledger) 또는 총계정원장(general ledger)이라고 한다. 그리고 현금이나 외상매출금 등과 같은 각 계정의 명칭을 계정과목(title of account)이라 하고, 계정기입을 하기 위하여 장부에 설정된 기입장소를 계정계좌(計定計座) 또는 계좌(計座)라고 한다.

02 계정의 분류

(1) 재무상태표계정과 손익계산서계정

기업의 재무상태와 경영성과를 표시하는 재무상태표의 구성요소와 손익계산서의 구성요소에 따라 계정을 구분한 것이다.

① 재무상태표계정

재무상태표계정(balance sheet accounts)은 자산·부채·자본에 관련된 계정을 말하며, 실질적으로 존재하는 것이다.

② 손익계산서계정

손익계산서계정(income statement accounts)은 수익·비용·차익·차손과 관련된 계정을 말하며, 특정 회계기간 동안에만 존재하는 것이다.

(2) 실질계정과 명목계정

각 항목의 실제 존재 여부에 따라 분류하는 것이다.

① 실질계정

실질계정(real accounts)은 실제로 존재하여 재화·권리·의무 등을 나타내는 계정을 말한다. 실질계정은 자산·부채·자본 계정 등의 재무상태표계정을 가리키며, 영구계정(permanent accounts)이라고도 한다.

② 명목계정

명목계정(nominal accounts)은 실제로 존재하지 않는 허구적으로 가상한 계정을 말한다. 명목계정은 자본의 순증감을 일으키는 수익·비용 등 손익계산서계정을 가리키며, 임시계정(temporary accounts)이라고도 한다.

(3) 기타의 특수계정

① 통제계정

통제계정(control account)은 매출채권(외상매출금, 받을어음)과 매입채무(외상매입금, 지급어음) 등과 같이 동일 또는 유사한 종류의 많은 보조원장의 개별계정들을 하나의 계정으로 통합하여 나타내는 요약계정을 말한다.

② 평가계정

평가계정(valuation account)은 자산·부채의 계상금액을 감소시키거나 증가시키는 계정으로, 차감적 평가계정(예: 감가상각누계액, 대손충당금, 재고자산평가충당금, 현재가치할인차금, 사채할인발행차금)과 부가적 평가계정(예: 사채할증발행차금)이 있다.

03 계정의 형식

계정의 형식에는 표준식(standard form)과 잔액식(balance form)의 2가지가 있다. 계정에는 ① 계정과목 및 계정번호, ② 차변란의 금액, ③ 대변란의 금액 및 ④ 거래내용을 설명하는 적요 등 4가지 기본요소를 포함한다.

① 표준식 계정

계정계좌를 좌우 양쪽으로 똑같이 나누어 왼편을 차변, 오른편을 대변으로 구분하므로 거래의 기록·계산이 명료하게 표시된다는 장점이 있다.

〈표준식〉 ○○계정 (No:)

일자		적 요	분면	금액	일자		적 요	분면	금액

② 잔액식 계정

계정계좌에 차변·대변금액을 나란히 하여 잔액을 기입하도록 한 것으로 언제든지 계정의 잔액을 알 수 있는 편리한 형식이다. 따라서 실무에서는 잔액식이 많이 이용된다.

〈잔액식〉 ○○계정 (No:)

일자		적 요	분면	차변	대변	차또는대	잔액

한편, 거래를 실제로 장부에 기입하는 것이 아니고 장부기록을 연습하는 경우에는 표준식계정을 간단히 요약한 형식을 이용하는데, 이 약식계정은 T자형

(T-form)으로 생겼기 때문에 T-계정(T-account)이라고도 한다.

〈차변〉	○○계정	〈대변〉
왼쪽		오른쪽

04 차변과 대변

왼쪽을 차변(debit, debtor: Dr), 오른쪽을 대변(credit, creditor: Cr)이라 하고, 한쪽에는 증가나 발생을, 다른 한쪽에는 감소나 소멸을 기입한다. 계정의 왼편에 금액을 기입하는 것을 차변기입 또는 차기(借記)한다고 하고, 오른쪽에 기입하는 것을 대변기입 또는 대기(貸記)한다고 한다.

여기서, 차변과 대변은 증가나 감소, 차입이나 대여, 부채나 신용 등과 같은 의미를 뜻하는 것이 아니라 단지 회계관행에 의해 차변과 대변을 분리하는 것일 뿐이다.

제 5 절 회계등식과 계정기입 원칙

01 회계등식

기업활동이 회계상 거래로 인식되어 기록되면 '자산 = 부채 + 자본'이라는 회계등식이 항상 유지되어야 한다는 것이 복식부기제도의 기본원리이다. 이 등식에 의하면, 기업이 소유하고 있는 자원(자산)의 합계는 이들 자산에 대한 청구권(부채와 자본)의 합계와 같아야 한다.

그리고 재무상태표와 손익계산서가 이익잉여금이라는 항목을 통하여 연결되고 있음을 다음을 통해 알 수 있다.

'자산 = 부채 + 자본'에서
'자본 = 자본금 + 이익잉여금'이고,
'당기순이익 = 수익 − 비용'이다.
당기순이익은 이익잉여금의 일부이므로,
자산 + 비용 = 부채 + 자본 + 수익
이라는 등식이 성립할 수 있다.

그리고 주주의 추가출자(증자)와 수익의 발생에 의해 자본이 증가하고, 비용의 발생, 배당금의 지급 및 주식소각(감자) 등에 의해 자본이 감소함을 확인할 수 있다.

기초자산 = 기초부채 + 기초자본
기초자본 + 당기순이익 + 증자 − 배당 − 감자 = 기말자본
기초자본 + (수익 − 비용) + 증자 − 배당 − 감자 = 기말자본
기말자산 = 기말부채 + 기초자본 + (수익 − 비용) + 증자 − 배당 − 감자

02 회계등식의 이해

자산 = 부채 + 자본

① 20X1년 3월 2일 이삿짐 전문업체인 ㈜경인을 설립하고, 주식 100주(액면금액 1주당 5,000원)를 발행하였다. 주식 100주는 모두 액면금액으로 발행하였고, 주주로부터 현금으로 납입 받았다.

	자산	=	부채	+	자본
	현 금	=			자 본 금
〈거래 전〉	0원				0원
〈거래영향〉	+500,000원				500,000원
〈거래 후〉	500,000원				500,000원

② 20X1년 3월 3일 ㈜경인은 사무실에 필요로 하는 사무기구를 100,000원에 구입하였다. 사무기구를 구입하면서 대금 중 50,000원은 현금으로 지급하고, 나머지는 2개월 후 지급하기로 하다.

	자산			=	부채	+	자본
	현 금	+	비 품	=	미지급금		자 본 금
〈거래 전〉	500,000원		0원		0원		500,000원
〈거래영향〉	−50,000원		100,000원		+50,000원		0원
〈거래 후〉	450,000원		100,000원		50,000원		500,000원

③ 20X1년 3월 5일 ㈜경인은 천사은행으로부터 현금 300,000원을 10개월 후 상환하기로 하고 차입하였다.

	자산			=	부채			+	자본
	현 금	+	비 품	=	미지급금	+	단기차입금		자 본 금
〈거래 전〉	450,000원		100,000원		50,000원		0원		500,000원
〈거래영향〉	+300,000원		0원		0원		300,000원		0원
〈거래 후〉	750,000원		100,000원		50,000원		300,000원		500,000원

④ 20X1년 3월 9일 ㈜경인은 A업체의 사무실에 대한 이사용역을 완료하고, 이사대금 120,000원을 현금으로 받았다.

	자산			=	부채			+	자본		
	현 금	+	비 품	=	미지급금	+	단기차입금		자 본 금	+	이익잉여금
〈거래 전〉	750,000원		100,000원		50,000원		300,000원		500,000원		0원
〈거래영향〉	+120,000원		0원		0원		0원		0원		120,000원
〈거래 후〉	870,000원		100,000원		50,000원		300,000원		500,000원		120,000원

기업의 순이익은 수익에서 비용을 차감한 것으로, 자본에 영향을 준다. 즉, 순이익이 발생하면 자본에 가산되고, 이러한 순이익을 원천으로 주주에게 배당[1]을 하게 되는 것이다. 따라서 이익잉여금(retained earnings)은 순이익 중에서 주주에게 배당되지 않고 기업 내부에 적립한 것이므로, 이익잉여금의 증감을 가져오는 원인인 수익과 비용은 자본에 영향을 준다고 할 수 있다.

⑤ 20X1년 3월 11일 ㈜경인은 이삿짐차량 임차와 관련된 비용 50,000원을 현금으로 지급하였다.

	자산		=	부채		+	자본	
	현 금	+ 비 품	=	미지급금	+ 단기차입금		자 본 금	+ 이익잉여금
〈거래 전〉	870,000원	100,000원		50,000원	300,000원		500,000원	120,000원
〈거래영향〉	−50,000원	0원		0원	0원		0원	−50,000원
〈거래 후〉	820,000원	100,000원		50,000원	300,000원		500,000원	70,000원

⑥ 20X1년 3월 14일 ㈜경인은 B업체의 사무실에 대한 이사용역을 완료하고, 이사대금 170,000원을 현금으로 받았다.

	자산		=	부채		+	자본	
	현 금	+ 비 품	=	미지급금	+ 단기차입금		자 본 금	+ 이익잉여금
〈거래 전〉	820,000원	100,000원		50,000원	300,000원		500,000원	70,000원
〈거래영향〉	+170,000원	0원		0원	0원		0원	+170,000원
〈거래 후〉	990,000원	100,000원		50,000원	300,000원		500,000원	240,000원

⑦ 20X1년 3월 16일 종업원 급여 120,000원을 현금으로 지급하였다.

	자산		=	부채		+	자본	
	현 금	+ 비 품	=	미지급금	+ 단기차입금		자 본 금	+ 이익잉여금
〈거래 전〉	990,000원	100,000원		50,000원	300,000원		500,000원	240,000원
〈거래영향〉	−120,000원	0원		0원	0원		0원	−120,000원
〈거래 후〉	870,000원	100,000원		50,000원	300,000원		500,000원	120,000원

1 배당금은 기업의 순이익이 결정된 후 소유주에게 분배하는 것이므로, 손익계산서상에 반영하지 않고 직접 이익잉여금에서 차감하므로 비용이 아니다.

⑧ 20X1년 3월 29일 천사은행으로부터 차입한 차입금에 대한 이자비용 10,000원을 현금으로 지급하였다.

	자산		=	부채		+	자본	
	현 금	+ 비 품	=	미지급금	+ 단기차입금		자 본 금	+ 이익잉여금
〈거래 전〉	870,000원	100,000원		50,000원	300,000원		500,000원	120,000원
〈거래영향〉	−10,000원	0원		0원	0원		0원	−10,000원
〈거래 후〉	860,000원	100,000원		50,000원	300,000원		500,000원	110,000원

⑨ 20X1년 3월 31일 주주들에게 배당금 50,000원을 현금으로 지급하였다.

	자산		=	부채		+	자본	
	현 금	+ 비 품	=	미지급금	+ 단기차입금		자 본 금	+ 이익잉여금
〈거래 전〉	860,000원	100,000원		50,000원	300,000원		500,000원	110,000원
〈거래영향〉	−50,000원	0원		0원	0원		0원	−50,000원
〈거래 후〉	810,000원	100,000원		50,000원	300,000원		500,000원	60,000원

손 익 계 산 서

20X1년 3월 1일부터
㈜경인 20X1년 3월 31일까지 (단위: 원)

수 익		
용역매출(이삿짐용역수익)		290,000
비 용		
급 여	120,000	
임 차 료	50,000	
이자비용	10,000	180,000
당기순이익		110,000

자 본 변 동 표

20X1년 3월 1일부터
㈜경인 20X1년 3월 31일까지 (단위: 원)

	자 본 금	이익잉여금	총계
20X1년 3월 1일	0	0	0
유상 증자	500,000	0	500,000
당기순이익		110,000	110,000
배 당 금		(50,000)	(50,000)
20X1년 3월 31일	500,000	60,000	560,000

재 무 상 태 표

㈜경인	20X1년 3월 31일 현재		(단위: 원)
자 산		부 채	
현 금	810,000	미지급금	50,000
비 품	100,000	단기차입금	300,000
		부채총계	350,000
		자 본	
		자 본 금	500,000
		이익잉여금	60,000
		자본총계	560,000
자산총계	910,000	부채와 자본총계	910,000

03 계정기입의 원칙

모든 거래를 계정에 기입할 때는 회계등식의 원리에 따르는데, 이것을 계정기입의 원칙(또는 분개의 법칙)이라고 하며, 다음과 같이 요약할 수 있다.

① 자산계정: 증가는 차변에, 감소는 대변에 기입
② 부채계정: 증가는 대변에, 감소는 차변에 기입
③ 자본계정: 증가는 대변에, 감소는 차변에 기입
④ 비용계정: 발생(증가)은 차변에, 소멸(감소)은 대변에 기입
⑤ 수익계정: 발생(증가)은 대변에, 소멸(감소)은 차변에 기입

이러한 계정기입의 원칙은 기업활동으로 나타나는 회계상 거래를 회계장부에 기록하는데 반드시 적용되어야 한다.

예를 들어, 기업에서 사무실용 의자 1개를 현금 100,000원을 주고 구입하였다면, 의자라는 자산(비품)이 100,000원 증가하였고, 상대방에게 자산(현금) 100,000원을 지급하였으므로 자산이 감소하였다는 사실을 회계장부에 기입하여야 한다. 결과적으로, 자산(비품) 100,000원을 차변에, 자산(현금) 100,000원을 대변에 기입

하여야 한다.

(차) 비　　품　100,000　(대) 현　　금　100,000

객관식 Exercises

01 Problem

복식부기에 대한 설명으로 틀린 것은?

① 대차평균의 원리를 이용하여 기록한다.
② 재산의 모든 변동상황을 기록한다.
③ 차변 합계와 대변 합계를 비교하여도 기록의 정확성은 전혀 확인할 수 없다.
④ 기록한 전체의 차변 합계금액과 대변 합계금액이 반드시 일치한다.

02 Problem

회계상 거래에 해당하지 않는 것은?

① 새로운 거래처와 자사제품 판매계약을 체결하였다.
② 보관 중이던 상품이 수해로 파손되었다.
③ 종업원에게 두 달째 월급을 지급하지 않고 있다.
④ 다음달 분 보험료를 미리 지급하였다.

03 Problem

회계상의 거래인 것은?

① 종업원을 월급 1,200,000원으로 채용하다.
② 건물을 월세 500,000원으로 임차계약을 맺기로 구두로 약속하다.
③ 상품 300,000원의 주문을 받다.
④ 광고료 100,000원을 현금으로 지급하다.

04 Problem

결산 순서가 옳게 표시된 것은?

1.거래의 발생　2. 시산표 작성　3. 총계정원장 기록　4. 재무제표 작성

① 1→2→3→4　② 1→2→4→3　③ 1→3→2→4　④ 1→4→2→3

05 Problem

회계상 거래에 해당하지 않는 것은?

① 재고자산의 일부가 파손되었다.
② 3개월분 사무실 임대료가 미지급되었다.

③ 상품매입을 위해 주문을 하였다.
④ 건물을 매각하면서 계약금을 받았다.

06 Problem

거래 중 손익이 발생하지 않는 거래는?

① 재고자산 중 일부가 도난당했다.
② 창고건물에 화재가 발생하였다.
③ 상품을 취득원가보다 높은 가격으로 판매하였다.
④ 건물을 장부금액보다 높은 가격으로 매각하면서 계약금을 받았다.

07 Problem

결산절차 중 가장 마지막에 해당하는 것은?

① 시산표 작성
② 재무제표 작성
③ 장부마감
④ 정산표 작성

08 Problem

거래의 종류와 거래내용이 일치하지 않은 것은?(단, 상품계정은 분기법을 적용한다.)

① 교환거래 - 기중 외상매출금 300,000원이 회수불능되어 대손처리하다. (대손충당금 잔액은 없다)
② 손익거래 - 단기차입금 250,000원에 대한 이자 15,000원을 현금으로 지급하다.
③ 혼합거래 - 상품을 250,000원(원가 200,000원)에 매출하고 대금은 자기앞수표로 받다.
④ 손익거래 - 단기대여금 200,000원에 대한 이자수익 5,000원을 현금으로 받다.

09 Problem

자산의 증가와 부채의 증가가 결합된 거래는?

① 현금 2,000,000원을 금융기관에서 차입하다.
② 외상매입금 240,000원을 현금으로 지급하다.
③ 외상매출금 200,000원을 현금으로 회수하다.
④ 우편물 발송비 100,000원을 현금으로 지급하다.

10 Problem

거래에 대한 결합관계를 바르게 나타낸 것은?

외상매입금 200,000원을 약속어음을 발행하여 지급하다.

① 자산의 증가-자본의 감소　　② 부채의 감소-부채의 증가
③ 부채의 감소-자산의 감소　　④ 비용의 발생-자산의 감소

11 Problem

다음 등식 중 옳지 않은 것은? (단, 기중 자본의 증자와 감자는 없었다고 가정한다.)

① 자산 + 비용 = 부채 + 자본 + 수익
② 기말자산 = 기말부채 + 기초자본 - 당기순이익
③ 기말자본 = 기초자본 + 당기순이익
④ 비용 + 당기순이익 = 수익

12 Problem

㈜용인의 재무상태 및 경영성과에 대한 자료가 다음과 같다. (가), (나), (다), (라)에 들어갈 알맞은 금액은?

기초자산	1,250,000원	기초부채	850,000원
기초자본	(가)	기말자산	(나)
기말부채	750,000원	기말자본	(다)
총수익	(라)	총비용	200,000원
당기순이익	250,000원		

	(가)	(나)	(다)	(라)
①	400,000원	1,400,000원	650,000원	450,000원
②	400,000원	1,350,000원	600,000원	450,000원
③	400,000원	1,400,000원	550,000원	400,000원
④	450,000원	1,400,000원	650,000원	400,000원

13 Problem

<보기>의 거래요소 결합관계 중 차변요소만으로 짝지어진 것은?

〈보　기〉

ㄱ. 자산의 증가	ㄴ. 부채의 증가	ㄷ. 자본의 증가	ㄹ. 비용의 발생

① ㄱ, ㄴ　　② ㄱ, ㄹ　　③ ㄴ, ㄷ　　④ ㄷ, ㄹ

주관식 Exercises

01 Problem 회계상 거래의 의의와 종류에 대하여 설명하시오.

02 Problem 복식부기제도에 대하여 설명해 보시오.

03 Problem 거래의 이중성에 대하여 설명해 보시오.

04 Problem 회계순환과정에 대하여 설명해 보시오.

05 Problem 계정의 의의와 분류에 대하여 설명해 보시오.

06 Problem 계정기입의 원칙에 대하여 설명해 보시오.

07 Problem 다음 중에서 회계상의 거래가 아닌 것을 선택하고, 그 이유를 설명해 보시오.

(1) 상품을 외상으로 매입하다.
(2) 홍수로 인해 창고에 있었던 상품이 유실되다.
(3) 건물을 구입하기로 하고 계약을 체결하다.
(4) 보험료를 미지급하다.
(5) 은행에서 자금을 차입하기로 결정하다.
(6) 연봉 100,000,000원을 지급하기로 하고 경영자를 초빙하다.
(7) 소유하고 있는 주식의 가격이 하락하다.
(8) 은행에 현금을 예입하다.
(9) 상품 3,000,000원을 주문하다.
(10) 간밤에 도둑이 들어와 금고를 훔쳐 가다.

08 Problem

각 거래가 재무상태표의 주요소에 미친 영향을 증가는 (+), 감소는 (-), 영향이 없는 것은 (O)을 각각 표시하시오.

	자산	부채	자본
예) 사무실용 비품 외상구입	+	+	

(1) 주주의 현금출자
(2) 매입채무의 상환
(3) 광고비의 미지급
(4) 용역을 제공하고 현금을 받음
(5) 상품을 외상으로 구입
(6) 배당금의 지급
(7) 토지를 취득하고 대금은 미지급
(8) 용역을 제공하고 대금을 청구
(9) 비품의 외상매입
(10) 소모품 중 일부가 도난으로 감소

09 Problem

다음의 거래에 대하여 아래의 예와 같이 분석하여 보시오.

예) 현　　금 500,000원을 단기 대여하다.
단기대여금(+500,000원) 자산증가　　현　　금(-500,000원) 자산감소

(1) 현금 5,000,000원을 출자하여 사업을 개시하다.
(2) 매입채무 200,000원을 현금으로 상환하다.
(3) 은행으로부터 300,000원을 6개월간 현금으로 차입하다.
(4) 상품 400,000원을 현금으로 구입하다.
(5) 원가 200,000원의 상품을 350,000원에 외상으로 판매하다.
(6) 1,000원의 임차료를 현금으로 지급하다.
(7) 400,000원의 토지를 취득하고 대금은 미지급하다.
(8) 원가 150,000원의 상품을 220,000원에 현금 판매하다.
(9) 상품에 대한 광고선전비 300,000원을 현금으로 지급하다.
(10) 차입금에 대한 이자 3,000원을 미지급하다.

CHAPTER 5

기중거래의 기록(분개 및 전기)

회계는 기업에서 발생하는 수많은 거래들을 장부에 기록하고 재무제표로 요약하는 기능을 수행한다. 올바른 재무제표를 작성하기 위해서는 회계기간 중에 발생하는 여러 거래들을 체계적으로 기록하고 정리하는 것이 매우 중요하다.

본 장에서는 복식부기에 따른 체계적 기록과정 중에서 핵심적 활동에 해당하는 거래에 대한 분개 및 전기, 분개장을 대신하는 전표, 분개장, 총계정원장 등의 여러 장부에 대하여 학습한다.

제1절 분개 및 분개장

01 분개의 의의

기업의 경제적 현상에 변화를 주는 자산·부채·자본의 증감과 수익·비용·차익·차손의 발생을 가져오는 거래에 대하여 어떤 계정의 대차 어느 쪽에 얼마의 금액을 기입할 것인가를 결정하는 것을 분개(journalizing)라 한다. 따라서 거래를 기입할 때는 ① 어느 계정과목에 기입할 것인가, ② 그 기입은 차변인가 대변인가, ③ 그 금액은 얼마인가 등 3가지를 결정하여야 한다.

02 분개장

(1) 분개장의 의의와 기능

분개장(journal)은 거래를 발생순서에 따라 기록하는 장부로 다음과 같은 기능을 가지고 있다.

첫째, 거래를 발생순서대로 기록하므로 영업일지의 역할을 한다. 따라서 기업이 어떠한 활동을 하였는지는 분개장을 통하여 파악할 수 있다.

둘째, 총계정원장의 각 계정에 기록하기 위한 준비 및 매개기능을 가지고 있다. 즉, 분개장에는 특정거래와 관련된 모든 정보가 한 곳에 나타난다.

셋째, 분개장을 이용함으로써 회계기록과정에서 발생할 수 있는 오류를 방지할 수 있다.

(2) 분개장의 형식

분개장의 형식에는 표준식과 병립식의 두 가지가 있는데, 실무에서는 대부분 병립식을 이용하고 있다.

〈표준식〉 **분 개 장** (NO:) (단위: 원)

차 변	원 면	적 요		원 면	대 변
1,000,000	4	1/4 (기계장치)	(미지급금)	6	1,000,000
		신월(주)로부터 공장기계 구입			

〈병립식〉 **분 개 장** (NO:) (단위: 원)

일 자		적 요	원 면	차 변	대 변
1	4	(기계장치)	4	1,000,000	
		(미지급금)	6		1,000,000
		신월(주)로부터 공장기계 구입			

(3) 일반분개장과 특수분개장

① 일반분개장

일반분개장(general journal)은 하나의 분개장에 모든 회계거래를 기입하는 분개장을 말하는데, 일반적으로 분개장이라고 하면 이것을 의미한다.

② 특수분개장

특수분개장(special journal)은 특정유형의 거래를 보다 간편히 기록할 수 있도록 특별히 고안된 분개장으로 ① 매출장(상품의 외상매출), ② 매입장(상품의 외상매입), ③ 현금수입장(모든 현금의 수입), ④ 현금지출장(모든 현금의 지출) 등이 있다.

제 2 절 총계정원장에 전기

총계정원장(general ledger)은 계정과목별로 계정을 설정하여 작성되는 장부를 말한다. 분개장은 거래를 발생순서대로 기입하는 장부인 데 반하여, 총계정원장은 자산·부채 및 자본의 재무상태와 수익·비용·차익·차손의 경영성과를 표시하는 모든 계정을 설정하고, 분개장에 기입된 내용을 순서대로 각 계정에 옮겨 적어 그 증감을 나타내는 장부이다.

전기(posting)란 분개장에서 분개의 내용을 총계정원장의 각 계정계좌에 옮겨 기입하는 것을 말한다. 따라서 분개는 거래를 측정·분류·요약하는 과정이라고 할 수 있는 데 반하여, 전기는 분개한 것을 계정과목별로 다시 분류·요약하는 과정이라고 할 수 있다.

예제 5-1 다음 분개장의 내용을 총계정원장에 전기하시오.

분 개 장

〈병립식〉 (단위: 원)

일	자	적 요	원 면	차 변	대 변
5	4	(기계장치)	4	1,000,000	
		(미지급금)	6		1,000,000
		신월(주)로부터 공장기계 구입			

해 답

기 계 장 치

차변	대변
5/ 4 미지급금 1,000,000	

미 지 급 금

차변	대변
	5/ 4 기계장치 1,000,000

제 3 절 주요부, 보조부 및 장부형태

01 주요부

기업에서는 영업활동을 체계적이고 합리적으로 관리하기 위하여 여러 가지 장부를 사용하고 있다. 많은 장부 중에서 복식부기를 행하는 데 있어서 반드시 필요한 기본적인 장부는 분개장과 총계정원장인데, 이러한 장부를 주요부(main or principle books)라고 한다.

특히, 총계정원장에서 각 계정과목의 증감 및 현재액은 회계기말에 재무상태표와 손익계산서 등의 재무제표를 작성할 때 기초자료가 되기 때문에 분개장보다 총계정원장의 중요성이 실무에서 더 강조되고 있다. 그러나 분개장도 거래를 최초로 기입하는 원시장부로 총계정원장의 기록에 비해 앞서 기록되기 때문에 중요한 장부로 간주되고 있다.

02 보조부

보조부(subsidiary books)는 주요부인 분개장과 총계정원장의 부족한 점을 보충하기 위하여 기업에서 자체적으로 만들어 기록하는 장부를 말한다. 즉, 보조부는 기업규모의 대소, 거래의 성질, 거래의 빈도 등을 고려하여 필요한 계정기록과 거래에 대하여 적절히 설정되는 회계장부로 다음과 같이 분류된다.

(1) 보조기입장

보조기입장(subsidiary register)은 경영에 대한 중요한 거래내용을 발생순서에 따라 상세히 기록하는 장부를 말한다.

(2) 보조원장

보조원장(subsidiary ledger)은 총계정원장에 외상매출금·외상매입금 등의 통제 계정이 설정된 경우, 그 세부사항을 원장의 형식과 똑같이 인명마다 개별적으로 계정계좌를 설정하여 기록하는 장부를 말한다.

제 4 절 전표회계

01 전표의 이용 및 장단점

전표(slip)란 일정한 양식에 따라 거래내용을 기입하는 것으로 분개장의 거래내용을 거래단위별로 분리하여 기록한 종이를 말하는데, ① 거래의 발생일자, ② 거래의 발생사유(계정과목), ③ 거래의 내용(적요), ④ 거래의 상대과목, ⑤ 거래의 발생금액, 그리고 ⑥ 전표의 일련번호 등과 같은 사항을 기재한다.

전표는 발생한 거래의 내용을 거래가 발생할 때마다 발생 부서에서 기록함으로써 거래발생사실을 기업내부의 다른 곳에 전달하고, 다른 장부에 기록할 때 증거자료로 사용할 수 있다. 따라서 전표를 이용하면 거래내용을 각 과·계에서 분담하여 기장할 수 있고, 정확·신속하게 다른 과·계에 전달할 수 있기 때문에 기장의 능률을 향상시킬 수 있다. 또한, 책임의 소재가 분명해지고 장부의 검사수단으로 이용할 수 있다. 이러한 전표제도를 효율적으로 운영하기 위해서는 기업 내부적으로 다음과 같은 사항이 선행되어야 할 것이다.

첫째, 기업의 업종과 규모 그리고 업무의 흐름을 정밀히 분석한 후, 업무를 회계측면에서 효율적으로 추적할 수 있도록 하여야 한다.

둘째, 기업의 내부통제가 이루어질 수 있도록 하여야 한다.

셋째, 분실되거나 훼손되지 않도록 보관과 관리를 용이하도록 하여야 한다.

넷째, 전표를 작성하거나 이해하기 쉽도록 하여야 한다.

(1) 전표의 장점

기업에서 전표를 이용하여 회계처리를 하면 다음과 같은 장점이 있다.

① 동시 다발적으로 발생하는 거래를 각 과·계별로 분담하여 처리할 수 있다.
② 전표집계표(일계표 또는 월계표)를 사용하여 전기의 횟수를 줄일 수 있다.
③ 전표를 분개장 대신 사용할 수 있어 장부조직을 간소화할 수 있다.
④ 발생한 거래의 내용을 다른 과·계에 쉽게 전달할 수 있다.
⑤ 결재과정을 통하여 책임 소재를 명확히 하며, 장부 검사의 수단으로 이용할 수 있다.

(2) 전표의 단점

기업에서 전표를 이용하여 회계처리를 하면 다음과 같은 단점이 있다.

① 동시 다발적으로 발생하기 때문에 전표가 누락될 가능성이 있다.
② 작성된 전표를 다른 과·계에 전달하는 과정에서 분실될 가능성이 많다.
③ 결재과정이 복잡할 경우 거래의 형성이 지연될 수 있다.

02 전표의 종류

전표의 종류에는 분개전표, 입금전표, 출금전표, 대체전표, 매입전표, 매출전표, 현금식 분개전표 등이 있다. 이러한 전표는 기업의 업종이나 형태, 기업의 편의에 따라 여러 유형으로 개발하여 사용할 수 있다.

기업에서는 일반적으로 입금전표·출금전표·대체전표를 사용하여 기업의 거래를 처리하는데, 사용되는 전표의 종류에 따라 전표제도는 다음과 같이 구분할 수 있다.

1전표제 - 분개전표 한 종류만 사용
3전표제 - 입금전표, 출금전표, 대체전표 3종류 사용
5전표제 - 입금전표, 출금전표, 대체전표, 매입전표, 매출전표 5종류 사용

03 3전표제

3전표제란 전표를 입금·출금·대체전표로 구분하여 사용하는 제도를 말한다. 이는 기업의 규모가 커져 현금의 입·출금거래가 많아지면 하나의 분개전표에 거래를 기장하는 것보다 3개의 전표로 구분하여 기장하는 것이 능률적이기 때문에 실무에서 널리 사용된다.

(1) 입금전표

이 전표는 현금이 수입되는 거래(입금거래)를 기입하는 전표를 말한다. 입금거래의 차변은 항상 현금계정이므로 입금전표는 모두 현금계정의 차변에 전기해야 된다. 입금전표의 계정과목란에는 입금의 원인을 표시하는 상대 계정과목을, 적요란에는 상대 거래처명과 거래내용을, 금액란에는 입금액을 각각 기입한다. 입금전표는 전표의 종류를 쉽게 구별할 수 있도록 붉은색으로 인쇄되어 있다.

예제 5-2

20×1년 5월 10일 ㈜종로에 B상품 50,000원(50개 @1,000원)을 매출하고, 대금은 현금으로 받다(상품의 구입원가는 @800원이다). 이 거래를 분개하고, 입금전표에 기록하시오.

해 답

(차) 현　　금　50,000　　(대) 매　　출　50,000

入　金　傳　票

西紀 20×1年　5月　10日

科 目	매　　출	項 目		社 長
摘　　要		金　　額		事 務
B상품 50개를 @₩1,000씩 판매			₩50000	常 務
				部 長
				課 長
				係
㈜종로				
合　　計			₩50000	

이 경우 일반분개장에서는 차변 및 대변의 계정과목을 모두 기입하여야 하지만, 입금전표를 작성할 경우에는 현금입금이라는 사실을 이미 알 수 있기 때문에 대변의 계정과목만을 기입하면 된다.

(2) 출금전표

이 전표는 현금이 지급되는 거래(출금거래)를 기입하는 전표를 말한다. 출금거래의 대변은 항상 현금계정이므로, 출금전표는 모두 현금계정의 대변에 전기해야 된다. 출금전표의 계정과목란에는 출금의 원인을 표시하는 상대 계정과목을, 적요란에는 상대 거래처명과 거래내용을, 금액란에는 출금액을 각각 기입한다. 출금전표는 전표의 종류를 쉽게 구별할 수 있도록 푸른색으로 인쇄되어 있다.

예제 5-3

20×1년 5월 15일 ㈜용산으로부터 C상품 60,000원(100개 @600원)을 매입하고, 대금은 현금으로 지급하였다. 이 거래를 분개하고, 출금전표에 기록하시오.

해 답

(차) (상 품) 매 입 60,000 (대) 현 금 60,000

出 金 傳 票

西紀 20×1年 5月 15日

科 目	(상품)매입	項 目		社 長
摘 要			金 額	
C상품 100개를 @₩600씩 구입			₩ 6 0 0 0 0	事 務
				常 務
				部 長
				課 長
㈜용산				係
合 計			₩ 6 0 0 0 0	

이 경우 일반분개장에서는 차변 및 대변의 계정과목을 모두 기입하여야 하지만, 출금전표를 작성할 경우에는 현금출금이라는 사실을 이미 알 수 있기 때문에 차변의 계정과목만을 기입하면 된다.

(3) 대체전표

이 전표는 현금의 수입과 지출을 수반하지 않는 대체거래를 기입하는 전표를 말한다. 대체거래에는 현금의 수입과 지출이 전혀 없는 전부대체거래와 일부는 현금의 수입과 지출이 있는 일부대체거래로 구분할 수 있으며, 일부대체거래는 일부입금대체거래와 일부출금대체거래가 있다. 대체전표는 전표의 종류를 쉽게 구별할 수 있도록 검은색으로 인쇄되어 있다.

① 전부대체거래의 전표작성

거래의 전액이 현금의 수입과 지출이 없는 거래이며, 분개전표와 같이 차변과 대변으로 구분하여 기입한다. 대체전표의 적요란에는 거래처, 상품명, 단가 등의 거래내용을 간단하게 기입한다.

② 일부대체거래의 전표작성

일부입금과 일부출금의 대체거래에 있어서 현금거래부분에 대해서도 대체전표에 기입하므로 한 장의 전표에 모두 기입한다. 따라서 분개전표와 같이 차변과 대변으로 구분하여 기입한다.

예제 5-4

20×1년 5월 20일 ㈜동대문으로부터 A상품 30,000원(300개 @100원)을 매입하고, 대금은 외상으로 하다. 이 거래를 분개하고, 대체전표에 기록하시오.

해 답

(차) (상 품) 매 입 30,000 (대) 매 입 채 무 30,000

係	課 長	部 長	常 務	專 務	社 長

對 替 傳 票

(借 邊) 西紀 20×1年 5月 20日 (貸 邊)

科 目	摘 要	金 額	科 目	摘 要	金 額
(상품)매입	A상품 300개 @₩100	₩30000	매입채무	상품구입대금	₩30000
	㈜동대문			㈜동대문	
	合 計	₩30000		合 計	₩30000

이 경우 일반분개장에서 차변과 대변의 계정과목을 모두 기입하는 경우와 마찬가지로 차변과 대변의 계정과목을 기입하면 되는데, 이러한 방법은 분개전표의 작성과 동일하다.

객관식 Exercises

01 Problem

전표는 분개장의 대용으로 거래를 최초로 기록하고 관련부서에 전달할 수 있도록 일정한 양식을 갖춘 용지를 말한다. 기말의 결산정리분개 중 감가상각비의 계상에 적용되는 전표는 어느 것인가?

① 입금전표 ② 출금전표
③ 입출금전표 ④ 대체전표

02 Problem

회계처리를 누락한 경우 부채와 비용이 과소계상되는 것으로 옳은 것은?

① 급료시급일이 경과하였는데 직원 급료 지급을 못한 경우
② 선급하였던 임차료가 기간의 경과로 소멸된 경우
③ 선수임대료 중 기간경과로 수익이 실현된 경우
④ 회계처리가 완전히 누락된 경우는 자산, 부채, 자본, 비용, 수익에는 아무런 영향이 없다.

03 Problem

상품 ₩5,000,000(부가가치세 별도)을 매입하고 대금은 부가가치세와 함께 어음을 발행하여 지급한 거래를 분개할 때 기입되지 않는 계정과목은?

① 매입(혹은 상품) ② 부가세대급금
③ 지급어음 ④ 부가세예수금

04 Problem

(주)경인은 (주)송담에 상품 ₩320,000을 주문하고 계약금 ₩100,000을 현금으로 지급한 경우 (주)경인의 입장에서 해야 할 분개로 맞는 것은?

	차변	금액	대변	금액
①	(차) 상 품	320,000	(대) 현 금	100,000
			매 출	220,000
②	(차) 상 품	320,000	(대) 현 금	100,000
③	(차) 선 급 금	100,000	(대) 현 금	100,000
④	(차) 대 여 금	50,000	(대) 현 금	50,000

05 Problem

거래처로부터 외상매출금 ₩100,000을 자기앞수표(타인발행수표)로 받았을 경우 옳은 분개는?

① (차) 현 금 100,000 (대) 매출채권 100,000
② (차) 당좌예금 100,000 (대) 매출채권 100,000
③ (차) 받을어음 100,000 (대) 매출채권 100,000
④ (차) 매출채권 100,000 (대) 당좌예금 100,000

06 Problem

전표제도의 단점에 해당되지 않는 것은?

① 동시 다발적으로 발생하기 때문에 전표가 누락될 가능성이 있다.
② 작성된 전표를 다른 과·계에 전달하는 과정에서 분실될 가능성이 많다.
③ 결재 과정이 복잡할 경우 거래의 형성이 지연될 수 있다.
④ 발생한 거래의 내용을 다른 과·계에 전달하기 어렵다.

07 Problem

(가)~(다)에 적합한 계정과목은?

(가) 출장 가는 사원에게 여비 명목으로 대략적인 금액을 지급할 때 사용한다.
(나) 현금 수입은 있었으나 처리할 계정과목이나 금액이 미확정인 경우에 사용한다.
(다) 급여 지급시 종업원이 납부할 소득세, 건강보험료 등을 일시적으로 보관할 경우에 사용한다.

	(가)	(나)	(다)
①	가수금	선수금	가지급금
②	선수금	선급금	미지급금
③	가지급금	가수금	예수금
④	미지급금	가수금	선수금

08 Problem

분개장에 기입된 거래에 대한 설명으로 옳은 것은?

분 개 장

(단위: 원)

20××년		적 요	원면	차 변	대 변
8	5	(광고선전비) 제 좌	28	2,000,000	
		(당좌예금)	2		1,200,000
		(미지급금)	15		800,000
		광고료 일부 수표 발행 지급			

① 손익거래이다. ② 혼합거래이다.
③ 자산을 증가시킨다. ④ 당기순이익을 증가시킨다.

09 Problem

주요부에 해당하는 것끼리 짝지어진 것은?

① 분개장, 매입장 ② 총계정원장, 분개장
③ 매출장, 매입장 ④ 분개장, 현금출납장

10 Problem

다음 거래를 분개했을 경우, 나올 수 없는 거래의 8요소는 무엇인가?

보유 중이던 건물을 장부금액보다 낮은 금액으로 현금을 받고 처분하였다.

① 비용의 발생 ② 자산의 감소
③ 수익의 발생 ④ 자산의 증가

11 Problem

거래를 기록하는 전표를 연결한 것이다. 옳지 않은 것은?

① 회사에 필요한 사무용품을 구입하고 현금으로 지불하다. - 출금전표
② 상품을 외상으로 매입하다. - 대체전표
③ 기말 결산 정리분개 중 감가상각비를 계상하다. - 출금전표
④ 상품에 대한 외상대금을 현금으로 받다. - 입금전표

12 Problem

입금전표에 기입하는 거래로 옳은 것은? (단, 3전표제에 의한다.)

① 외상매출금 600,000원을 당점이 발행한 당좌수표로 회수하다.
② 거래처 직원과 식사를 하고 식사비 80,000원을 법인카드로 결제하다.
③ 상품 1,000,000원을 주문받고 계약금 100,000원을 동점 발행 수표로 받다.
④ 업무용 책상을 160,000원에 구입하고 대금은 당좌수표를 발행하여 지급하다.

13 Problem

(가)~(다)의 거래를 기록하는 전표가 바르게 짝지어진 것은? (단, 3전표제를 채택함)

> (가) 상품 20,000원을 매출하고, 대금은 현금으로 받다.
> (나) 사무용품 40,000원 어치를 구입하고, 대금은 현금으로 지급하다.
> (다) 업무용 컴퓨터 1대를 1,000,000원에 구입하고, 대금은 수표를 발행하여 지급하다.

① (가) 입금전표 (나) 출금전표 (다) 대체전표
② (가) 입금전표 (나) 대체전표 (다) 출금전표
③ (가) 출금전표 (나) 입금전표 (다) 대체전표
④ (가) 출금전표 (나) 대체전표 (다) 입금전표

주관식 Exercises

01 Problem

분개란 무엇인지 설명하시오.

02 Problem

전기와 총계정원장에 대하여 설명하시오.

03 Problem

주요부와 보조부에 대하여 상세히 설명하시오.

04 Problem

전표제도에 대하여 설명하시오.

05 Problem

다음의 거래에 대하여 회계처리를 하시오.

3월 1일 현금 200,000원, 건물 300,000원, 토지 500,000원을 가지고 영업을 개시하다.

3월 8일 ㈜대원으로부터 비품 100,000원을 매입하고, 대금은 현금으로 지급하다.

3월 15일 평화은행으로부터 현금 200,000원을 장기차입하다.

4월 7일 ㈜용인으로부터 상품 300,000원을 매입하고, 대금은 외상으로 하다.

4월 19일 ㈜대원에 상품 200,000원을 매출하고, 대금은 외상으로 하다.

5월 2일 사무용비품을 구입하고 대금 50,000원을 현금으로 지급하다.

5월 13일 ㈜신월에 상품 150,000원을 매출하고, 대금 중 50,000원은 현금으로 받고 잔액은 외상으로 하다.

5월 19일 ㈜용인에 대한 외상매입금 200,000원을 현금으로 지급하다.

6월 3일 건물에 대한 보험료 15,000원을 현금으로 지급하다.

6월 21일 ㈜대원에 대한 외상매출금 150,000원을 현금으로 회수하다.

6월 23일 평화은행에 대한 차입금이자 5,000원을 현금으로 지급하다.

7월 1일 종업원 6월분 급료 20,000원을 현금으로 지급하다.

7월 6일 여비교통비 8,000원을 현금으로 지급하다.

7월 20일 임대료 13,000원을 현금으로 받다.

7월 31일 ㈜신월 외상매출금 100,000원을 현금으로 받다.

06 Problem

다음의 분개를 기초로 거래를 추정하시오.

	차변	금액	대변	금액
(1)	(차) 단기대여금	30,000	(대) 현 금	30,000
(2)	(차) 건 물	90,000	(대) 현 금	50,000
			미지급금	40,000
(3)	(차) 미 수 금	2,000	(대) 임 대 료	2,000
(4)	(차) 매출채권	30,000	(대) 매 출	30,000
	매출원가	26,000	(상품)매입	26,000
(5)	(차) 급 여	6,000	(대) 현 금	6,000
(6)	(차) (상품)매입	30,000	(대) 매입채무	30,000
(7)	(차) 이자비용	4,000	(대) 미지급비용	4,000

CHAPTER 06

결산회계

본 장에서는 결산준비 작업으로 회계기간 중에 발생하는 모든 거래에 대한 계정기록의 차변과 대변 합계액을 한 곳에 모아 계정기록의 정확성 여부를 확인하고, 재무제표의 개략적 윤곽을 사전에 알 수 있게 하는 시산표 작성에 대하여 살펴본다. 또한, 재무제표 작성을 위해 결산시점에 조정해야 할 결산정리사항을 시산표 자료에 추가하여 정리하기 위한 정산표에 대하여도 학습한다.

그리고 회계순환과정 중에서 마지막 단계로 결산시점에 수행하는 결산에 관한 구체적 내용을 살펴보고자 한다. 결산에 관한 사항을 예비절차와 본절차로 나누어 살펴봄으로써, 회계순환과정에 대한 전체 윤곽을 확실하게 이해할 수 있도록 한다.

제 1 절 시산표

01 시산표의 의의

어떤 거래가 이루어지면 거래를 발생순서별로 분개장에 기입한 후, 이것을 총계정원장에 전기한다. 그리고 이와 같이 기입된 총계정원장의 차변·대변의 합계액 또는 잔액을 한 표에 모아 계정기입이 정확하게 되었는가를 검산하기 위한 보고서를 작성하는데, 이 보고서를 시산표(trial balance: T/B)라고 한다.

분개를 정확히 하였다면 분개장의 차변금액의 합계와 대변금액의 합계는 반드시 일치하고, 이 금액을 그대로 전기한 원장 각 계정의 차변합계와 대변합계의 총계도 당연히 일치하게 될 것이다. 또한, 총계정원장을 기초로 작성한 시산표의 차변합계와 대변합계도 일치하게 된다.

복식부기제도에서 대차평균의 원리는 시산표에 의하여 증명되며, 시산표를 작성할 수 있는 것은 복식부기에서만 볼 수 있는 하나의 특징이라 할 수 있다. 따라서 시산표를 작성하는 목적은 ① 분개장에서 원장으로의 전기가 정확한가 아닌가를 검증·판단하고, ② 결산하기 전에 경영성과와 재무상태의 개요를 파악하기 위함이다.

02 시산표의 종류

(1) 작성자료에 따른 시산표 종류

① 합계시산표

합계시산표(trial balance of total)는 총계정원장 각 계정의 차변합계와 대변합계를 집계하여 하나의 표로 만든 것이다. 이것은 분개장의 합계와 반드시 일치하여야 하므로 분개장에서 원장으로 전기할 때 오류나 탈루를 발견하는 기능이 있으며, 또한 한 회계기간의 총거래액을 알 수 있는 장점이 있다. 그러나 각 계정의 현재 잔액을 알 수 없다는 단점이 있다.

<u>합 계 시 산 표</u>

(주)경인 20X1년 5월 31일 (단위: 원)

차 변	계정과목	대 변
1,063,000	현 금	348,000
400,000	외 상 매 출 금	300,000
200,000	상 품 (기 초)	
300,000	건 물	
50,000	비 품	
150,000	외 상 매 입 금	200,000
	단 기 차 입 금	200,000
	자 본 금	1,000,000
	상 품 매 출	450,000
	임 대 료	13,000
300,000	상 품 매 입	
20,000	급 료	
15,000	보 험 료	
8,000	교 통 비	
5,000	이 자 비 용	
2,511,000	합 계	2,511,000

② 잔액시산표

잔액시산표(trial balance of balance)는 총계정원장 각 계정의 잔액만을 집계하여 하나의 표로 만든 것이다. 이것은 총계정원장 각 계정의 현재액을 집계한 것으로 회계기말의 자산·부채·자본·수익·비용을 나타내기 때문에 잔액시산표를 보면 기업의 경영성과와 재무상태를 대략적으로 알 수 있다.

이러한 잔액시산표의 구조를 이용하여 복식부기의 가장 기본적인 원리인 시산표 등식을 나타낼 수 있다. 즉, 시산표 등식의 왼편은 잔액시산표의 차변을, 오른쪽은 잔액시산표의 대변을 표시하게 된다.

기말자산 + 총비용 = 기말부채 + 기초자본 + 총수익

잔 액 시 산 표

(주)경인 20X1년 5월 31일 (단위: 원)

차 변	계정과목	대 변
715,000	현 금	
100,000	외 상 매 출 금	
200,000	상 품 (기 초)	
300,000	건 물	
50,000	비 품	
	외 상 매 입 금	50,000
	단 기 차 입 금	200,000
	자 본 금	1,000,000
	상 품 매 출	450,000
	임 대 료	13,000
300,000	상 품 매 입	
20,000	급 료	
15,000	보 험 료	
8,000	교 통 비	
5,000	이 자 비 용	
1,713,000	합 계	1,713,000

③ 합계잔액시산표

합계잔액시산표(trial balance of total and balance)는 일정 회계기간의 거래총액을 표시하는 합계시산표와 각 계정의 현재액을 표시하는 잔액시산표를 결합한 것이다. 이것은 합계시산표와 잔액시산표의 장점을 모두 지니고 있지만 작성하기 어렵다는 단점이 있다. 그러나 실무에서 합계잔액시산표를 많이 작성하고 있다.

합 계 잔 액 시 산 표

(주)경인 20X1년 5월 31일 (단위: 원)

차 변		계정과목	대 변	
잔 액	합 계		합 계	잔 액
715,000	1,063,000	현 금	348,000	
100,000	400,000	외 상 매 출 금	300,000	
200,000	200,000	상 품 (기 초)		
300,000	300,000	건 물		
50,000	50,000	비 품		
	150,000	외 상 매 입 금	200,000	50,000
		단 기 차 입 금	200,000	200,000
		자 본 금	1,000,000	1,000,000
		상 품 매 출	450,000	450,000
		임 대 료	13,000	13,000
300,000	300,000	상 품 매 입		
20,000	20,000	급 료		
15,000	15,000	보 험 료		
8,000	8,000	교 통 비		
5,000	5,000	이 자 비 용		
1,713,000	2,511,000	합 계	2,511,000	1,713,000

(2) 작성단계에 따른 시산표 종류

① 수정전시산표

수정전시산표(unadjusted trial balance)는 일반적인 영업활동에 의하여 발생된 거래를 분개장과 원장에 기입한 다음, 회계기말에 결산정리를 위한 정리분개 이전에 기록이 적절하게 이루어졌는가를 검토하기 위하여 작성하는 시산표를 말한다. 앞에서 설명한 합계시산표, 잔액시산표 및 합계잔액시산표는 모두 수정전시산표에 해당된다.

② 수정후시산표

수정후시산표(adjusted trial balance)는 수정전시산표에 결산정리사항을 정리분개(수정분개)하여 조정한 시산표를 말한다. 정리분개는 회계기말에 자산·부채·수익·비용의 결산정리에 대한 분개로, 발생주의 회계에서 필연적으로 나타나는 결산처리사항이다.

③ 이월시산표

이월시산표(post-closing trial balance)는 결산분개를 하여 수익과 비용계정을 마감한 후 작성하는 시산표로 자산·부채·자본인 재무상태표계정으로만 작성되며, 이월시산표에 계상되는 모든 계정잔액은 기말잔액이 된다. 이월시산표의 작성은 선택적이며, 일반적으로 기말재무상태표와 동일하므로 실무에서는 재무상태표의 작성으로 대체하고 있다.

03 시산표상의 오류

(1) 시산표에서 발견할 수 있는 오류

① 분개장에서 오류: 분개에 있어서 대차불일치의 기입오류 등

② 원장에서 오류: 전기의 탈락, 전기금액의 오기(誤記), 대차를 잘못 전기, 이중 전기, 계정집계상 오류 등

③ 시산표에서 오류: 원장에서 시산표로 이기(移記)할 때 오류, 원장에서 시산표로 이기할 때 대차를 반대로 기입한 오류, 시산표상 계산오류 등

(2) 시산표에서 발견할 수 없는 오류

① 하나의 거래 전체에 대해 분개장 기입이 누락되거나 원장 전기(轉記)가 탈락되는 경우

② 거래를 이중으로 분개하여 분개장에 기입하거나 대변과 차변 양쪽에 이중으로 기입하는 경우

③ 대차 다 같이 틀린 동일금액으로 분개하여 원장에 전기하는 경우

④ 오류가 우연히 대차 상계되는 경우

제 2 절 정산표

01 정산표의 의의 및 목적

잔액시산표를 기초로 재무상태표와 손익계산서를 작성하는 과정을 하나의 표에 표시한 것을 정산표(working sheet: W/S)라고 한다. 다시 말해, 기업이 결산하기 전 장부에 의한 결산을 신속하고 정확하게 하고, 또한 단순한 절차로 기업의 경영성과와 재무상태를 알기 위하여 정산표를 작성한다. 이러한 정산표를 작성하는 목적은 다음과 같다.

① 재무상태표와 손익계산서의 작성을 용이하게 하기 위함이다. 회계기말에 회계정보를 신속하게 산출하기 위해 원장으로 전기하지 않고 먼저 정산표상에서 모든 결산절차를 예비적으로 행하고, 그에 따라 재무제표를 작성한 후 정식적인 결산절차를 장부에서 행하는 것이 실무상 일반화되어 있다.

② 수정분개와 장부마감 없이 가결산서를 작성할 수 있도록 하기 위함이다. 장부의 마감은 회계기간에 한번 하지만 분기별·반기별 재무제표를 작성하려면 부득이 정산표에 의하여 재무상태표와 손익계산서를 작성해야 된다.

③ 결산절차를 하나의 표에 표시함으로써 수정분개의 내용, 계정 상호간 관계 등 결산에 필요한 사항을 이해하기 쉽도록 해 준다. 따라서 정산표를 이용하여 회계정보의 산출 및 장부의 마감을 보다 용이하게 할 수 있다. 즉, 정산표는 수정분개, 재무제표의 작성 그리고 마감분개를 하는 데 중요한 정보의 원천으로 활용될 수 있다.

02 정산표의 양식

정산표 양식에는 6위식·8위식 및 10위식이 있는데, 실무에서는 10위식을 많이 사용하고 있다.

(1) 6위식 정산표

시산표의 차변과 대변, 손익계산서의 차변과 대변, 그리고 재무상태표의 차변과 대변 6란으로 구성되어 있다.

(2) 8위식 정산표

6위식 정산표에 수정기입란(수정분개)의 차변과 대변의 2개란을 추가한 것이다.

(3) 10위식 정산표

8위식 정산표에 수정후시산표의 차변과 대변 2개란을 추가한 것으로, 다음과 같은 양식으로 나타낼 수 있다.

정 산 표

경인(주)

20×1년 12월 31일

(단위: 원)

계정과목	수정전시산표		수정분개기입		수정후시산표		손익계산서		재무상태표	
	차변	대변	차변	대변	차변	대변	차변	대변	차변	대변

03 정산표의 작성방법

정산표의 작성은 다음과 같은 단계를 거친다.

제1단계, 총계정원장의 각 계정잔액을 수정전시산표란에 기입한다. 자산·비용은 차변란에, 부채·자본·수익은 대변란에 기입한다.

제2단계, 수정기입을 행하는 데 필요한 자료를 수집하고, 수정분개에 필요한 계정과목이 수정전시산표에 없을 경우에는 계정과목란의 하부에 추가한다. 그리고 수정을 요하는 사항의 수정분개를 수정기입란에 행하고, 각 수정분개의 대차에는 동일한 금액을 기입한다. 따라서 수정분개를 행한 후 수정기입란의 대차합계를 각각 계산하여 대차평균의 여부를 확인한다.

제3단계, 수정후시산표란에 각 계정과목별로 대차잔액을 기입한다. 이때 대차잔액기입법은 수정전시산표상의 각 계정잔액에 수정기입란에 기입되어 있는 대차금액을 가감하여 수정후시산표를 작성한다. 이를 그림으로 나타내면 다음과 같다.

		수정전시산표		수정기입		수정후시산표
자산 비용	⇒	차변잔액	+	+ 차변금액 − 대변금액	=	차변잔액
부채 자본 수익	⇒	대변잔액	+	− 차변금액 + 대변금액	=	대변잔액

제4단계, 수정후시산표란에 기입되어 있는 각 계정의 금액을 계정성격에 따라 자산·부채·자본은 재무상태표란에, 수익과 비용은 손익계산서란으로 옮겨 적는다.

제5단계, 손익계산서란의 차변금액과 대변금액을 합계하고, 그 차액을 계산한다. 이 차액은 당기순이익(차변 부족) 또는 당기순손실(대변 부족)을 나타낸다. 그리고 차변금액과 대변금액의 합계를 일치시킨다.

제6단계, 재무상태표란의 차변금액과 대변금액을 합계하고, 그 차액을 계산한다. 이 차액은 손익계산서상의 차액과 동일한 금액으로 당기순이익(대변 부족) 또는 당기순손실(차변 부족)을 나타낸다. 그리고 차변금액과 대변금액의 합계를 일치시킨다.

제7단계, 손익계산서와 재무상태표 각각의 금액합계 밑에 두 줄을 그음으로써 정산표를 마감한다.

제 3 절 결산의 의의와 절차

01 결산의 의의

기업은 일정한 회계기간마다 총계정원장의 모든 기록을 기초로 재무상태표, 손익계산서 등과 같은 재무제표를 작성하고 주요부를 마감하여 재무상태와 경영성과를 파악하고 분석하는데, 이러한 과정을 결산(closing account)이라고 한다.

회계기간이란 결산일로부터 다음 결산일까지의 일정기간을 말하며, 회계기간의 최초일을 기초라 하고 최종일을 기말이라고 한다. 상법에서는 상인에 대하여 매년 1회 이상 정기적으로 결산할 것을 요구하여, 회계기간은 1년을 초과할 수 없는 것으로 규정하고 있다.

02 결산절차

(1) 결산예비절차

결산하기 전 필요한 절차로 ① 시산표의 작성, ② 여러 계정을 정리하기 위한 재고조사표의 작성, ③ 결산정리기입(수정분개) 등 3가지로 나누어진다.

(2) 결산본절차

결산과정에서 가장 복잡한 절차로 ① 집합손익계정(또는 손익계정)의 설정, ② 비용·수익에 속하는 모든 계정의 잔액을 집합손익계정에 대체, ③ 집합손익계정에서 순이익 또는 순손실을 산정하여 자본계정에 대체, ④ 비용·수익계정의 마감, ⑤ 자산·부채·자본계정에 속하는 제계정의 마감, ⑥ 분개장 및 기타 보조부의 마감, ⑦ 이월시산표의 작성(영미식결산법) 등 7가지로 나누어진다.

(3) 결산보고서 작성

결산과정을 마무리하는 절차로 ① 재무상태표의 작성, ② 손익계산서의 작성, ③ 자본변동표의 작성, ④ 현금흐름표의 작성 등으로 나누어진다.

제 4 절 결산예비절차

01 재고조사표의 작성

자산의 장부금액과 실제가액을 일치시키기 위하여 결산정리에 필요한 사료를 기재한 표를 재고조사표(inventory sheet)라 한다. 이러한 재고조사표에는 상품의 기말재고액 파악뿐만 아니라 유가증권(단기매매증권, 만기보유증권, 매도가능증권 등)의 평가, 수취채권에 대한 대손충당금 설정, 유형자산의 감가상각, 무형자산의 상각, 수익·비용의 이연과 예상 등에 관한 사항이 모두 기재된다. 재고조사표 작성대상이 되는 기말정리사항은 다음과 같다.

① 상품기말재고액 파악: 기말상품재고액의 평가, 매출원가의 산정
② 상각비 계산: 유형자산 및 무형자산의 상각비 계상
③ 대손충당금 설정: 수취채권 등의 대손충당금의 설정
④ 유가증권 평가: 유가증권의 평가손실 및 평가이익의 계상
⑤ 현금과부족 처리: 현금시재액과 장부잔액을 비교하여 과부족정리
⑥ 저장품·소모품의 정리: 사용잔액이 있으면 자산으로 처리
⑦ 외화자산 및 외화부채의 평가: 외화환산손실 및 외화환산이익의 계상
⑧ 수익과 비용의 이연: 선수수익·선급비용의 계상
⑨ 수익과 비용의 예상: 미수수익·미지급비용의 계상

02 결산정리

재고조사표에 기입한 내용은 분개장에 분개하고, 원장에 수정기입하여야 한다. 이와 같이 각 계정에 대하여 수정하는 것을 결산정리 또는 정리기입(adjusting entry: 수정분개)이라 한다.

결산정리사항을 열거하면 ① 상품계정의 수정, ② 유형자산에 대한 감가상각비 계상, ③ 무형자산에 대한 상각비 계상, ④ 수취채권계정에 대한 대손충당금 설정, ⑤ 단기투자자산의 평가, ⑥ 매도가능증권의 평가, ⑦ 외화자산 및 부채 평가, ⑧ 충당부채 설정, ⑨ 비용의 이연(선급비용), ⑩ 수익의 이연(선수수익), ⑪ 비용의 예상(미지급비용), ⑫ 수익의 예상(미수수익) 등이 있다.

(1) 상품계정의 수정

① 기초상품 인식

(차) 매 입	×××	(대) 상 품	×××

② 기말상품 인식

(차) 상 품	×××	(대) 매 입	×××

③ 매출원가 인식

(차) 매 출 원 가	×××	(대) 매 입	×××

④ 상품평가손실의 인식

(차) 매 출 원 가	×××	(대) 재고자산평가충당금	×××

⑤ 상품감모손실의 인식

㉠ 원가성이 있는 경우

(차) 매 출 원 가	×××	(대) 상 품	×××

㉡ 원가성이 없는 경우

(차)	재고자산감모손실 (영업외비용)	×××	(대)	상품	×××

(2) 유형자산에 대한 감가상각비 계상

(차)	감가상각비	×××	(대)	감가상각누계액	×××

(3) 무형자산에 대한 상각비 계상(예: 광업권)

(차)	무형자산상각비	×××	(대)	광업권	×××

(4) 수취채권계정에 대한 대손충당금 설정

① 대손발생시(회수불능처리)

(차)	대손충당금 (또는 대손상각비)	×××	(대)	매출채권	×××

② 대손추산액 > 대손충당금: 그 차액만큼 설정

(차)	대손상각비	×××	(대)	대손충당금	×××

③ 대손추산액 < 대손충당금: 그 차액만큼 환입

(차)	대손충당금	×××	(대)	대손충당금환입	×××

(5) 단기투자자산의 평가

① 평가이익의 인식

(차)	단기투자자산	×××	(대)	단기투자자산평가이익	×××

② 평가손실의 인식

(차)	단기투자자산평가손실	×××	(대)	단기투자자산	×××

(6) 매도가능증권의 평가(지분법적용대상 제외)

① 평가이익의 인식(기타포괄손익누계액)

(차) 매도가능증권	×××	(대) 매도가능증권평가이익	×××

② 평가손실의 인식(기타포괄손익누계액)

(차) 매도가능증권평가손실	×××	(대) 매도가능증권	×××

만약, 매도가능증권평가손실의 경우 공정가치가 하락하여 회복할 가능성이 없는 경우에는 당해 매도가능증권평가손실을 매도가능증권손상차손(당기손실)로 처리하여야 한다.

③ 회복불능의 경우(영업외비용)

(차) 매도가능증권손상차손	×××	(대) 매도가능증권평가손실	×××

(7) 외화자산 및 부채 평가

① 외화자산에 대한 평가이익의 인식

(차) 외화자산	×××	(대) 외화환산이익	×××

② 외화자산에 대한 평가손실의 인식

(차) 외화환산손실	×××	(대) 외화자산	×××

(8) 충당부채 설정(충당부채의 전입)

① 퇴직금지급시

(차) 퇴직급여충당부채 (또는 퇴직급여)	×××	(대) 현금	×××

② 퇴직급여추산액 > 퇴직급여충당부채: 그 차액만큼 설정

(차) 퇴 직 급 여	×××	(대) 퇴직급여충당부채	×××

(9) 비용의 이연(선급비용)

(차) 선 급 비 용	×××	(대) 보 험 료	×××

(10) 수익의 이연(선수수익)

(차) 이 자 수 익	×××	(대) 선 수 수 익	×××

(11) 비용의 예상(미지급비용)

(차) 이 자 비 용	×××	(대) 미지급비용	×××

(12) 수익의 예상(미수수익)

(차) 미 수 수 익	×××	(대) 이 자 수 익	×××

제 5 절 결산본절차

01 집합손익계정의 설정

집합손익계정은 장부의 마감단계에서 일시적으로 나타나는 임시계정인 수익과 비용계정을 모두 한 곳에 모아 수익과 비용의 각 계정을 마감하는데 활용하는 계정을 말한다. 이러한 집합손익계정을 통하여 총계정원장에 있는 수익·비용계정을 한 곳에 집계함으로써 기업 전체의 수익과 비용을 알 수 있으며, 이 과정을 통해 당기순이익(이익잉여금)을 산정하여 자본계정으로 대체한다.

02 수익 · 비용계정을 집합손익계정에 대체

집합손익계정을 설정한 후 총계정원장에서 수익에 속한 모든 계정과목을 집합손익계정의 대변에 대체시키고, 비용에 속한 모든 계정과목을 집합손익계정의 차변에 대체시켜 수익과 비용을 하나의 표에 집계한다.

03 순손익을 자본계정에 대체 및 수익 · 비용계정의 마감

집합손익계정에서 한 회계기간의 모든 수익과 비용이 집계되므로 집합손익계정에서 순손익이 산정된다. 즉, 집합손익계정에 차변잔액이 발생하면 순이익이 발생하고, 반대로 대변잔액이 발생하면 순손실이 발생하게 된다. 이러한 순손익은 결과적으로 자본의 증감에 영향을 준다.

04 재무상태표계정의 마감

집합손익계정에서 순손익을 산정하여 이익잉여금계정으로 대체함으로써 수익·비용계정을 마감한다. 그 다음에는 재무상태표항목인 자산·부채·자본계정의 마감을 하여야 한다.

05 기타장부의 마감

회계기간이 완료된 후 원장마감이 끝나면 주요부인 분개장과 총계정원장의 하단에 두 줄을 그어 마감하고, 현금출납장·매입장·매출장·상품재고장 등과 같은 보조부도 마감해야 한다.

제 6 절 결산보고서 작성

결산본절차가 끝나면 각 원장의 기록을 토대로 손익계산서와 재무상태표 등과 같은 재무제표를 작성하게 된다. 재무제표는 재무보고의 가장 중추적이며 핵심적인 전달 수단이지만, 회계의 중요한 관심대상인 포괄적인 재무보고의 개념에는 재무제표뿐만 아니라 영업보고서·부속명세서·감사보고서 등과 같은 보고서도 포함한다.

예제 6-1 (주)경인의 5월의 거래와 결산정리사항은 다음과 같다.

1. 5월 중 거래

5월 1일 현금 500,000원, 건물 300,000원 및 상품 200,000원을 출자하여 영업을 개시하다.

5월 3일 ㈜중경으로부터 상품 100,000원을 매입하고 대금은 현금으로 지급하다.

5월 5일 제일은행으로부터 현금 200,000원을 단기차입하다.

5월 7일 ㈜종로에 상품 300,000원을 매출하고 대금은 외상으로 하다.

5월 9일 ㈜중경으로부터 상품 200,000원을 매입하고 대금은 외상으로 하다.

5월 11일 사무용비품을 구입하고 대금 50,000원을 현금으로 지급하다.

5월 13일 ㈜태양에 상품 150,000원을 매출하고 대금 중 50,000원은 현금으로 받고 잔액은 외상으로 하다.

5월 15일 ㈜종로의 외상매출금 200,000원을 현금으로 회수하다.

5월 19일 건물에 대한 보험료 15,000원을 현금으로 지급하다.

5월 21일 ㈜중경의 외상매입금 150,000원을 현금으로 지급하다.

5월 23일 제일은행에 대한 차입금이자 5,000원을 현금으로 지급하다.

5월 25일 종업원 5월분 급료 20,000원을 현금으로 지급하다.

5월 27일 여비교통비 8,000원을 현금으로 지급하다.

5월 29일 임대료 13,000원을 현금으로 받다.

5월 31일 ㈜태양 외상매출금 100,000원을 현금으로 받다.

2. 결산정리사항

(1) 기말상품재고액은 100,000원이다.

(2) 보험료 기간미경과액은 5,000원이다.

(3) 미지급이자 4,000원을 계상하다.
(4) 건물에 대한 감가상각 3,000원을 계상하다.
(5) 매출채권(외상매출금)에 대한 대손충당금 2,000원을 계상하다.

1. 위의 거래를 회계처리하여 총계정원장에 전기하시오.
2. 수정전시산표(잔액시산표)를 작성하시오.
3. 결산정리사항에 대한 분개를 행하시오.
4. 정산표(10위식)를 작성하여 보시오.
5. 집합손익계정을 설정하여 수익·비용계정을 마감하시오.
6. 손익계산서를 작성하시오.
7. 재무상태표를 작성하시오.

해 답

1. 분개 및 총계정원장에 전기(단위: 원)

일자	차변	금액	대변	금액
5/1	(차) 현금	500,000	(대) 자본금	1,000,000
	건물	300,000		
	상품	200,000		
5/3	(차) 매입(상품)	100,000	(대) 현금	100,000
5/5	(차) 현금	200,000	(대) 단기차입금	200,000
5/7	(차) 외상매출금	300,000	(대) 매출	300,000
5/9	(차) 매입(상품)	200,000	(대) 외상매입금	200,000
5/11	(차) 비품	50,000	(대) 현금	50,000
5/13	(차) 현금	50,000	(대) 매출	150,000
	외상매출금	100,000		
5/15	(차) 현금	200,000	(대) 외상매출금	200,000
5/19	(차) 보험료	15,000	(대) 현금	15,000
5/21	(차) 외상매입금	150,000	(대) 현금	150,000
5/23	(차) 이자비용	5,000	(대) 현금	5,000
5/25	(차) 급료	20,000	(대) 현금	20,000
5/27	(차) 여비교통비	8,000	(대) 현금	8,000
5/29	(차) 현금	13,000	(대) 임대료	13,000
5/31	(차) 현금	100,000	(대) 외상매출금	100,000

현 금

5/ 1 자본금	500,000	5/ 3 상품매입	100,000
5/ 5 단기차입금	200,000	5/11 비 품	50,000
5/13 상품매출	50,000	5/19 보험료	15,000
5/15 외상매출금	200,000	5/21 외상매입금	150,000
5/29 임대료	13,000	5/23 이자비용	5,000
5/31 외상매출금	100,000	5/25 급 료	20,000
		5/27 교통비	8,000

외상매출금

5/ 7 상품매출	300,000	5/15 현 금	200,000
5/13 상품매출	100,000	5/31 현 금	100,000

상 품

5/ 1 자본금	200,000		

건 물

5/ 1 자본금	300,000		

비 품

5/11 현 금	50,000		

외상매입금

5/21 현 금	150,000	5/ 9 상품매입	200,000

단기차입금

		5/ 5 현 금	200,000

자 본 금

		5/ 1 제 좌	1,000,000

상품매출

		5/ 7 외상매출금	300,000
		5/13 제 좌	150,000

임 대 료

		5/29 현 금	13,000

상품매입

5/ 3 현 금	100,000		
5/ 9 외상매입금	200,000		

급 료

5/25 현 금	20,000		

보 험 료

5/19 현 금	15,000		

교 통 비

5/27 현 금	8,000		

이자비용

5/23 현 금	5,000		

2. 수정전시산표

(주)경인 수정전시산표 (단위: 원)

계정과목	금액	계정과목	금액
현금	715,000	외상매입금	50,000
외상매출금	100,000	단기차입금	200,000
상품(기초)	200,000	자본금	1,000,000
건물	300,000	매출	450,000
비품	50,000	임대료	13,000
매입	300,000		
보험료	15,000		
급료	20,000		
교통비	8,000		
이자비용	5,000		
합계	1,713,000	합계	1,713,000

3. 결산정리사항(단위: 원)

(1) (차) 매입 200,000 (대) 상품 200,000
상품 100,000 매입 100,000

(2) (차) 선급보험료 5,000 (대) 보험료 5,000

(3) (차) 이자비용 4,000 (대) 미지급비용 4,000

(4) (차) 감가상각비 3,000 (대) 감가상각누계액 3,000

(5) (차) 대손상각비 2,000 (대) 대손충당금 2,000

4. 정산표

정 산 표

(주)경인 (단위: 천원)

계정과목	수정전시산표		수정분개기입		수정후시산표		손익계산서		재무상태표	
	차변	대변	차변	대변	차변	대변	차변	대변	차변	대변
현금	715				715				715	
외상매출금	100				100				100	
상품	200		100	200	100				100	
건물	300				300				300	
비품	50				50				50	
매입	300		200	100	400		400			
보험료	15			5	10		10			
급료	20				20		20			
교통비	8				8		8			
이자비용	5		4		9		9			
외상매입금		50				50				50
단기차입금		200				200				200
자본금		1,000				1,000				1,000
매출		450				450		450		
임대료		13				13		13		
합계	1,713	1,713								
선급보험료			5		5				5	
미지급비용				4		4				4
감가상각비			3		3		3			
감가상각누계액				3		3				3
대손상각비			2		2		2			
대손충당금				2		2				2
당기순이익							11			11
합계			314	314	1,722	1,722	463	463	1,270	1,270

5. (1) 수익계정을 마감하여 손익계정에 대체하는 분개

(차)	매 출	450,000	(대)	집 합 손 익	463,000
	임 대 료	13,000			

(2) 비용계정을 마감하여 손익계정에 대체하는 분개

(차)	집 합 손 익	452,000	(대)	매 입	400,000
				보 험 료	10,000
				급 료	20,000
				교 통 비	8,000
				이 자 비 용	9,000
				감 가 상 각 비	3,000
				대 손 상 각 비	2,000

(3) 손익계정의 잔액인 당기순이익 11,000원을 자본계정인 이익잉여금에 대체하는 분개

(차)	집 합 손 익	11,000	(대)	미처분이이익잉여금	11,000

6. 손익계산서

손 익 계 산 서

(주)경인 (단위: 원)

계 정 과 목	금 액	금 액
매 출		450,000
매 출 원 가		(400,000)
매 출 총 이 익		50,000
판 매 원 가 와 관 리 원 가		
보 험 료	10,000	
급 료	20,000	
교 통 비	8,000	
감 가 상 각 비	3,000	
대 손 상 각 비	2,000	(43,000)
영 업 이 익		7,000
영 업 외 수 익		
임 대 료		13,000
영 업 외 비 용		
이 자 비 용		(9,000)
당 기 순 이 익		11,000

7. 재무상태표

재 무 상 태 표

(주)경인 (단위: 원)

계정과목	금	액	계정과목	금 액
현 금		715,000	외 상 매 입 금	50,000
외 상 매 출 금	100,000		미 지 급 비 용	4,000
대 손 충 당 금	(20,000)	98,000	단 기 차 입 금	200,000
선 급 보 험 료		5,000	자 본 금	1,000,000
상 품		100,000	이 익 잉 여 금	11,000
건 물	300,000			
감가상각누계액	(3,000)	297,000		
비 품		50,000		
합 계		1,265,000	합 계	1,265,000

객관식 Exercises

01 Problem

작성한 시산표의 대차금액이 일치하지 않는 경우 그 원인으로서 가장 적절한 것은?

① 기말재고조사 오류 ② 현금출납장의 기입오류
③ 매출처원장의 기입오류 ④ 총계정원장으로의 전기오류

02 Problem

손익의 정리시 수익의 이연 또는 비용의 이연에 속하지 않는 계정과목은 어느 것인가?

① 선급금 ② 선급보험료 ③ 선수임대료 ④ 선수이자

03 Problem

미지급이자비용을 당기에 계상하지 않을 경우 당기에 어떤 영향을 미치는가?

① 부채가 과대평가된다. ② 자산이 과소평가된다.
③ 이익이 과대평가된다. ④ 순이익이 적어진다.

04 Problem

결산절차 중 가장 마지막에 수행하는 절차는?

① 결산수정분개 ② 손익계산서계정의 마감
③ 재무상태표계정의 마감 ④ 수정전시산표의 작성

05 Problem

비용의 이연으로서 재무상태표에 표시되는 것은?

① 선급비용 ② 미지급비용 ③ 선수수익 ④ 미수수익

06 Problem

기말 결산정리 분개시 나타나지 않는 계정과목은?

① 선수수익 ② 미지급비용 ③ 미지급수익 ④ 선급비용

07 Problem

빈칸의 내용으로 가장 적합한 것은?

- 선급비용이 (㉠)되어 있다면 당기순이익은 과대계상된다.
- 미수수익이 (㉡)되어 있다면 당기순이익은 과대계상된다.

	㉠	㉡		㉠	㉡
①	과대계상	과소계상	②	과소계상	과소계상
③	과소계상	과대계상	④	과대계상	과대계상

08 Problem

특정 수익에 직접 관련되어 발생하지는 않지만 일정기간 동안 수익창출활동에 기여할 것으로 판단하여 합리적이고 체계적으로 일정한 기간에 배분하는 원가 또는 비용은 무엇인가?

① 판매수수료 ② 광고선전비 ③ 감가상각비 ④ 매출원가

09 Problem

20×3년 9월 1일 건물의 화재보험료 6개월분 180,000원을 현금으로 지급한 경우 결산시 자산계정에 대체되는 보험료는 얼마인가?(월할)

① 120,000원 ② 60,000원 ③ 100,000원 ④ 80,000원

10 Problem

결산수정전 당기순이익이 950,000원이었다. 기말 정리사항이 다음과 같을 때 당기순이익은 얼마인가?

· 선급보험료	50,000원	· 미지급이자	15,000원
· 선 수 수 익	33,000원	· 미수임대료	40,000원

① 992,000원 ② 958,000원 ③ 942,000원 ④ 908,000원

11 Problem

기말에 모든 장부를 마감하고 재무상태와 경영성과를 파악하는 절차를 무엇이라 하는가?

① 전기 ② 분개 ③ 대체 ④ 결산

12 Problem

대차평균의 원리에 의하여 총계정원장 각 계정의 오류를 검증하기 위하여 작성하는 표는 무엇인가?

① 재무상태표 ② 손익계산서 ③ 재고조사표 ④ 시산표

13 Problem

시산표에 관한 내용으로 옳지 않은 것은?

① 시산표는 기본 재무제표의 하나이다.
② 잔액시산표는 총계정원장의 잔액을 표시한 표다.
③ 합계시산표는 총계정원장의 합계를 표시한 표다.
④ 합계잔액시산표는 총계정원장의 합계와 잔액을 각각 표시한 표다.

14 Problem

잔액시산표의 차변에 기입할 계정과목만으로 바르게 짝지어진 것은?

① 급여, 임차료, 자본금
② 현금, 외상매출금, 급여
③ 임대료, 단기차입금, 기부금
④ 건물, 외상매입금, 임대료

15 Problem

집합손익(또는 손익)계정에 대한 설명으로 틀린 것은?

① 결산 시에만 사용하는 계정이다.
② 비용(손실)을 손익계정 차변에 집계한다.
③ 수익(이익)을 손익계정 대변에 집계한다.
④ 손익계정의 대변잔액은 당기순손실이다.

16 Problem

회계상의 오류 중 시산표를 통해 발견할 수 있는 오류로 옳은 것은?

① 외상매출금을 현금으로 회수한 거래 전체를 누락한 경우
② 미지급금을 현금으로 지급한 거래를 이중으로 전기한 경우
③ 외상매출금계정 차변에 기입할 금액을 외상매입금계정 차변에 기입한 경우
④ 배당금을 현금으로 받고, 현금계정에는 기입하였으나 배당금수익계정에는 기록이 누락된 경우

17 Problem

결산절차를 순서대로 제시한 것은?

A. 분개장과 기타 보조장부의 마감 B. 손익계산서와 재무상태표의 작성 C. 정산표의 작성 D. 총계정원장 각 계정의 마감 E. 수정전시산표의 작성

① E→C→D→A→B ② C→E→A→D→B

③ A→E→C→D→B ④ A→E→D→C→B

18 Problem

결산을 한 결과 당기순이익 300,000원이 산출되었으나 다음과 같은 사항이 누락되었음을 발견하였다. 당기의 수정후 당기순이익은 얼마인가?

· 당기 보험료 선급분	60,000원
· 당기 지급이자 미지급분	40,000원

① 200,000원 ② 280,000원 ③ 320,000원 ④ 400,000원

주관식 Exercises

01 Problem

시산표를 작성하는 이유를 설명하시오.

02 Problem

시산표의 종류를 설명하시오.

03 Problem

정산표를 작성하는 이유를 설명하시오.

04 Problem

정산표를 작성하는 단계를 설명하시오.

05 Problem

결산의 의의와 절차에 대해 설명하시오.

06 Problem

재고조사표를 작성하는 이유를 설명하시오.

07 Problem

다음은 20×1년 (주)경인의 영업활동에 관한 것이다.

01/05 보통주 주식 20,000주를 1주당 5,000원(액면금액은 5,000원)에 발행하여 사업을 개시하다. 대금은 받는 즉시 인천은행에 당좌예입하다.

01/16 신한은행으로부터 현금 90,000,000원을 3년 후 갚기로 약정하고 차입하다(연이자율은 12%로 하고 연 1회 지급한다).

01/30 (주)악당으로부터 양심제조기 100대(@5,000원)를 매입하고, 대금은 수표를 발행하여 지급하다.

02/17 공장에서 사용할 목적으로 (주)태평으로부터 기계장치 10,000,000원을 구입하고, 대금 중 5,000,000원을 현금으로 지급하였다.

02/01 부품을 제공하는 (주)천사의 영업사원에게 양질의 부품제공을 부탁할 목적으로 접대하고, 그 비용 500,000원을 현금으로 지급하다.

02/27 (주)승리에 양심제조기 50대(@9,000원)을 판매하고, 대금 중 250,000원을 현금으로 받고 잔액은 외상으로 하다.

03/07 (주)천사로 부품 10,000개(@400원)을 구입하면서 대금은 3개월 후 만기가 도래하는 어음을 발행하여 지급하였다.

03/10 지가상승을 기대하고 비업무용토지 10,000,000원을 (주)음지로부터 구입하고 현금지급하다.

03/27 (주)탐라에 양심제조기 20대(@10,000원)을 외상으로 판매하였다.
04/14 광고선전을 위하여 (주)제일에 현금 500,000원을 지급하였다.
04/21 금고를 확인한 결과, 현금시재액이 현금출납장의 잔액보다 200,000원 많았으나 원인은 밝혀지지 않았다.
04/30 (주)악마로부터 양심제조기 20대(@4,500원)를 외상으로 매입하였다.
05/04 (주)을지로부터 구입한 토지를 현금 20,000,000원 받고 (주)양지에 처분하였다.
05/13 (주)광주에 양심제조기 20대(@8,000원)을 현금 판매하였다.
05/02 (주)탐라의 외상매출금 전부를 동사 발행수표로 회수하다.
06/11 (주)대원에 양심제조기 30대(@9,500원)를 외상으로 판매하였다.
06/20 신기술개발을 위한 경상적 경비 1,000,000원에 대해 수표를 발행하여 지급하였다.
07/01 (주)통일에 5,000,000원을 1년간 대여하고, 1년분의 선이자 240,000원을 차감한 잔액을 현금으로 지급하다.
07/12 본사건물에 대한 재산세 400,000원을 현금으로 납부하다.
07/23 (주)영삼으로부터 양심제조기 100대(@5,000원)를 외상으로 매입하였다.
08/01 (주)영삼의 외상매입금에 대해 현금으로 지급하다.
08/14 신한은행의 당좌예금계정에서 현금 20,000,000원을 찾아오다.
08/27 수산청에 어업권을 출원하면서 발생한 비용 1,000,000원을 당좌수표 발행하여 지급하고 그 권리를 취득하였다.
09/08 (주)태양은 회사의 규모를 확대시키고자 보통주 5,000주를 1주당 20,000원(액면금액은 5,000원)씩 발행하고 모집된 금액은 신한은행에 당좌예입하다.
09/30 제주에 출장 중인 영업사원으로부터 200,000원을 당사 당좌계좌로 송금 받았으나 그 내용은 확인되지 않았다.
10/07 (주)한심에 양심제조기 50대(@9,900원)를 외상으로 판매하였다.
10/16 (주)한심으로부터 외상매출금 전부를 현금으로 회수하다.
10/27 (주)유한으로부터 기계장치 20,000,000원을 구입하고 대금은 어음을 발행하여 지급하였다.
11/06 발행한 어음 중 3,000,000원이 만기가 되어 현금으로 상환하였다.
11/18 (주)승리의 외상판매대금 잔액을 전부 현금으로 회수하였다.

12/14 (주)천국으로부터 일괄구입가격 80,000,000원에 토지, 건물 및 기계장치를 취득하고 동액의 수표를 발행하여 지급하였다. 한국감정원에 의해 감정을 의뢰한 결과, 각 유형자산의 공정시가는 다음과 같이 결정되었다.

토　지	50,000,000원
건　물	20,000,000원
기계장치	30,000,000원

12/23 종업원의 피복을 구입하기 위하여 수표 3,000,000원을 발행하여 지급하였다.

12/30 본사건물을 신축하기 위해 (주)한국과 계약을 체결하고, 공사대금 50,000,000원 중 5,000,000원을 수표 발행하여 지급하다.

12/31 상품권 1,000,000원을 (주)천안에 현금을 받고 발행하였다.

[결산정리사항]

① (주)통일로부터 받은 이자에는 기간미경과분이 있다.
② 현금출납장과 실재액과의 차이를 발견하지 못하다.
③ 종업원에 대한 급여 6,000,000원을 미지급하다.
④ 출장사원이 송금한 200,000원은 (주)대원의 외상매출금을 회수한 것이다.
⑤ 기계장치에 대한 감가상각비 13,000,000원을 계상하다.
⑥ 건물에 대한 감가상각비 2,000,000원을 계상하다.
⑦ 매출채권잔액(외상매출금과 받을어음을 합한 금액)에 대한 대손상각비 2%를 설정하다.
⑧ 신한은행에 대한 당기분 이자비용을 계상하다.
⑨ 기말상품재고액은 양심제조기 50대(@5,000원)이다(기초재고는 없었다).

[요구사항]

(1) 각 거래를 분개하여, 총계정원장에 전기하시오.
(2) 총계정원장을 이용하여 수정전시산표를 작성하시오.
(3) 기말정리사항에 대한 수정분개를 하시오.
(4) 정산표(10위식)를 작성하시오.
(5) 손익계산서를 작성하시오.
(6) 재무상태표를 작성하시오.

08 Problem

(주)용인의 20×1년 12월 31일의 시산표와 결산정리사항은 다음과 같다.

수정전시산표

(주)용인 20×1년 12월 31일 (단위: 원)

차변	계정과목	대변
1,200,000	현금예금	
800,000	외상매출금	
720,000	보험료	
1,500,000	상품	
3,000,000	건물	
	감가상각누계액	340,000
	외상매입금	1,500,000
	자본금	4,000,000
	매출	7,800,000
5,000,000	매입	
150,000	임차료	
300,000	수도광열비	
500,000	이자비용	
800,000	급료	
	이자수익	330,000
13,970,000	합계	13,970,000

[결산정리사항]

① 20×1년 12월 31일의 상품재고액은 1,700,000원이다.
② 당기의 건물감가상각비는 170,000원이다.
③ 회계기간중 미경과된 보험료는 120,000원이다.
④ 12월 31일 현재 미수이자는 300,000원이다.
⑤ 12월 31일 현재 미지급된 급료 150,000원이 있다.
⑥ 대손충당금은 외상매출금 기말잔액의 2%를 설정한다.

[요구사항]

(1) 기말정리사항에 대한 수정분개를 행하시오.
(2) 정산표(10위식)를 작성하시오.

09 Problem

다음은 20×1년 (주)계양의 수정전시산표와 결산정리사항이다.

수정전시산표

(주)계양 20×1년 12월 31일 (단위: 원)

차 변	계 정 과 목	대 변
1,200,000	현금과예금	
41,000,000	외상매출금	
	대손충당금	1,000,000
16,000,000	받을어음	
900,000	선급보험료	
36,000,000	상품(기초)	
67,000,000	기계장치	
	감가상각누계액	12,000,000
	외상매입금	14,500,000
	지급어음	20,000,000
	사채	30,000,000
	자본금	50,000,000
	이익잉여금(기초)	14,200,000
	매출	400,000,000
320,000,000	매입	
39,000,000	급료	
2,200,000	광고선전비	
8,000,000	여비교통비	
600,000	통신비	
1,700,000	이자비용	
4,800,000	임차료	
3,300,000	세금과공과	
541,700,000	합계	541,700,000

[결산정리사항]

① 20×1년 12월 31일 상품재고액 40,000,000원

② 기계장치의 감가상각비 6,700,000원

③ 대손충당금은 기말매출채권(외상매출금과 받을어음을 합한 금액)의 2% 설정

④ 회계기간 중 경과된 보험료 360,000원

⑤ 미수이자 발생 800,000원

⑥ 이자비용 중에는 20×0년분에 해당하는 이자 500,000원 포함

⑦ 미지급한 세금과 공과 2,000,000원

⑧ 20×1년에 대한 법인세비용을 3,440,000원으로 추정

[요구사항]

(1) 기말정리사항에 대한 수정분개를 행하시오.

(2) 정산표(10위식)를 작성하시오.

General Financial Accounting Standards

Principles of Accounting

제1부에서는 회계에 대한 기본개념을 정립하기 위한 사항들을 설명하였고, 제2부에서는 회계정보를 산출하는 과정인 회계순환과정에 대하여 설명하였다. 그리고 제3부에서는 회계정보를 산출하는 위한 각 계정과목별 회계처리에 대하여 설명하고자 한다.

각 계정과목에 대한 회계처리가 명확하지 않는다면, 제2부의 회계순환과정에서 산출된 기업의 회계정보는 신뢰성을 잃게 될 것이다. 따라서 제3부에서는 각 계정과목별로 정확한 회계처리 및 기업 실무에서 사용되고 있는 회계처리방법을 학습하고자 한다.

PART 03

계정과목별 회계정보

CHAPTER 7

당좌자산

기업이 영업활동을 수행하기 위하여 필요한 자산은 그 종류가 많은데, 크게 유동자산과 비유동자산으로 구분된다. 유동자산은 다시 당좌자산과 재고자산으로 구분되는데, 당좌자산(quick assets)은 자산 중에서 가장 빨리 현금화될 수 있는 자산으로 현금, 당좌예금, 보통예금, 단기투자자산, 수취채권, 기타 채권 등을 포함한다. 다시 말해 당좌자산은 기업에서 언제든지 다른 자산의 취득이나 대금지급 등으로 사용할 수 있는 자산으로 매우 중요한 것이다. 일부 기업 중 재무구조는 건전한데도 불구하고 도산을 하는 경우가 있는데, 모든 것들이 당좌자산의 관리를 효율적으로 하지 못해 발생한 것이라 할 수 있다. 따라서 급격하게 변하는 경제환경에 있어서 중요하게 취급되고 있는 당좌자산에 관한 회계처리에 대해 전반적으로 설명하고, 또한 당좌자산의 효율적인 관리방법을 설명하기로 한다.

제 1 절 현금및현금성자산

기업의 수익성이 양호하고 거액의 소유주지분(자본)을 보유하고 있더라도 유동성이 낮으면 기업이 지급능력을 상실하여 파산하는 흑자 도산이 발생할 수도 있다. 따라서 자산 중에서 유동성이 가장 높은 현금및현금성자산에 대해서는 회계처리뿐만 아니라 이를 효율적으로 관리하기 위한 내부통제제도의 운용도 매우 중요하다.

01 현금및현금성자산

현금및현금성자산으로 취급되는 것은 통화(화폐)뿐만 아니라 언제든지 통화로 교환할 수 있는 통화대용증권(예, 타인발행수표, 배당금지급통지표 등), 당좌예금, 보통예금 및 큰 거래비용 없이 현금으로 전환이 용이하고 이자율 변동에 따른 가치변동의 위험이 중요하지 않은 금융상품으로 취득당시 만기(또는 상환일)가 3개월 이내에 도래하는 것을 말한다. 따라서 단기금융상품으로 분류되는 상품도 취득시 만기가 3개월 이내에 도래하는 것은 현금및현금성자산으로 분류하지만, 단기적인 자금운용을 목적으로 하거나 기한이 1년 내에 도래하는 경우에는 단기금융자산으로 분류한다. 그 외에는 모두 투자자산인 장기금융자산으로 분류한다.

일반적으로 현금및현금성자산계정은 현금으로 인정할 수 있는 자산의 수입과 지출을 처리하는 계정으로 현금의 증가(현금수입)는 차변에, 현금의 감소(현금지출)는 대변에 기입된다. 따라서 현금및현금성자산계정 잔액은 항상 차변에 남아 현금및현금성자산의 현재잔액을 나타낸다.

예제 7-1

다음에 열거되는 항목 중 현금및현금성자산의 금액으로 표시되는 금액은 얼마인가?

○ 타인발행수표	500,000원	○ 우편환 증서	200,000원
○ 지급일이 도래한 사채이자표	150,000원	○ 만기가 6개월인 정기예금	150,000원
○ 배당금지급통지표	120,000원	○ 타인발행한 선일자수표	520,000원
○ 보통예금	130,000원	○ 단기자금운용목적인 기업어음	250,000원
○ 취득당시 만기가 3개월 이내에 상환조건인 환매채			400,000원
○ 결산시점일로부터 만기가 3개월 이내에 도래하는 채권			195,000원
○ 신탁계약기간이 3개월 이내인 단기수익증권			180,000원

해 답

현금및현금성자산으로 분류되는 것은 타인발행수표, 지급일이 도래한 사채이자표, 배당금지급통지표, 보통예금, 우편환 증서, 취득당시 만기가 3개월 이내에 상환조건인 환매채 및 신탁계약기간이 3개월 이내인 단기수익증권이다. 따라서,

1,680,000원

(= 5000,000원 + 150,000원 + 120,000원 + 130,000원 + 200,000원 + 400,000원 + 180,000원)

- ○ 기업어음(CP: commercial paper): 기업이 단기적인 자금조달을 위해 발행하는 어음을 말하는데, 일반적으로 금융기관이 기업으로부터 수수료를 받고 투자자에게 매각한다.
- ○ 양도성 예금증서(CD: certificate of deposit): 정기예금에 대하여 은행이 발행하는 무기명 잔고증명서이다. 은행은 예금의 만기일에 예금증서 소지인에게 원금 및 약정이자를 지급한다. 이 증서는 예금의 만기일 이전에 유통시장에서 거래할 수 있는 금융상품이다.
- ○ 어음관리계좌(CMA: cash management account): 고객이 맡긴 예금을 투자금융회사가 어음이나 단기채권, 양도성 예금증서 등에 투자해서 수익을 올린 후 일정 수수료를 차감하고 고객에게 돌려주는 금융상품이다.
- ○ 환매조건부채권(RP: repurchase agreements): 금융기관이 보유하고 있는 채권을 담보로 제공하고 투자자 등의 돈을 받아 다시 채권에 투자하는 형식의 금융상품이다. 금융기관은 투자자에게 일정기간이 경과한 후에 이자와 원금을 지급한다.
- ○ 금전신탁(money in trust): 고객의 일시적인 여유자금을 은행이 위탁받아 유가증권 등에 투자해서 그 실적을 배당형식으로 지급한다.
- ○ 전자어음(electronic paper): 전자어음제도는 직전 사업연도 말 자산총액 100억원 이상인 주식회사 및 상장기업에 대해 의무적으로 시행되는 제도이다. 전자어음은 전산시스템 내에서만 유통되고 보관되기 때문에 위조 · 변조가 원천적으로 불가능하고 분실의 위험도 없는 것뿐만 아니라 모든 거래가 실명으로 이루어지기 때문에 거래의 투명성이 확보되는 장점이 있다. 이러한 전자어음은 종이 약속어음과 같이 배서에 의한 양도가 가능하지만 배서가 가능한 횟수는 최장 20회까지이다.

02 현금과부족

현금과 관련된 거래는 다른 계정에 비해 많이 발생하며, 또한 금액에 있어서도 아주 작은 것에서부터 들고 다닐 수 없을 정도의 많은 현금을 동반하여 이루어질 수 있다. 따라서 실재 현금과 총계정원장인 현금계정을 관리하는 데에는 상당한 어려움이 있다.

한편, 현금계정의 잔액과 금고에 있는 시재액이 일치하지 않아 현금과부족(cash over and short account)이 발생하면, 즉시 원인을 찾아 오류를 수정해야 하는데 그렇지 못할 경우가 많다. 이처럼 현금과부족의 원인을 즉시 발견하지 못할 때, 그 원인을 발견하여 해당 계정으로 대체하기 전까지 일시적으로 현금과부족이라는 계정을 사용하여 처리한다.

즉, 현금의 시재액이 장부금액보다 부족할 때에는 현금과부족계정의 차변에 기입하고, 반대로 시재액이 장부금액보다 많을 때에는 현금과부족계정의 대변에 각각 일시적으로 기입했다가 그 원인이 판명되면 해당 계정으로 대체한다. 그러나 결산시점까지 원인이 판명되지 않으면 현금부족액은 잡손실(영업외비용)계정에, 현금초과액은 잡이익(영업외수익)계정에 대체하여야 한다.

예제 7-2 다음은 (주)경인의 현금계정과 관련된 내역이다. 적절한 회계처리를 하시오.

(1) 금고를 조사한 결과 현금시재액은 265,000원인데, 현금출납장의 잔액은 250,000원 이었다. 그러나 차액에 대해서 어떻게 발생되었는지 원인을 알 수 없었다.
(2) 현금차액 중 10,000원은 (주)인천으로부터 받은 이자로 밝혀졌다.
(3) 현금차액 중 나머지 금액은 결산시점 현재까지 원인이 밝혀지지 않았다.

해 답

(1)	(차) 현 금	15,000	(대) 현 금 과 부 족	15,000
(2)	(차) 현 금 과 부 족	10,000	(대) 이 자 수 익	10,000
(3)	(차) 현 금 과 부 족	5,000	(대) 잡 이 익	5,000

03 현금관리

기업에서 현금관리를 위해 도입하고 있는 내부통제시스템[1]은 다음과 같은 것들이 있으며, 이러한 것들은 각각 사용하는 것보다 통합하여 사용하여야 효율적인 현금관리를 할 수 있다.

첫째, 현금의 수납을 담당하는 직원과 현금계정에 대한 회계처리를 담당하는 직원은 각각 별도로 둔다.

둘째, 입금된 모든 현금은 즉시 거래은행에 당좌예금으로 예입하고, 소액현금을 지급하는 경우를 제외하고는 현금으로 지급하지 않도록 한다.

셋째, 거래대금을 지급하는 경우 그 정당성 및 적법성을 확인하는 절차를 갖도록 한다. 예를 들어, 거래대금을 지급할 경우에 대표자(또는 자금책임자)의 지급필 직인(職印)을 사용하도록 한다.

넷째, 소액현금 이외의 모든 거래대금지급은 수표를 발행하여 지급하고, 수표에는 반드시 책임자가 서명날인하도록 한다.

다섯째, 은행계정조정표는 현금의 수납이나 수표발행업무를 담당하지 않는 제3의 직원이 작성하도록 한다.

여섯째, 현금계정의 보조부로 현금의 수납내용을 상세하게 기록하는 현금수입장, 현금지출장 및 현금출납장 등을 활용하도록 한다.

04 소액현금

현금은 다른 자산에 비하여 도난·분실·오류 및 부정 등과 같은 위험이 많은 자산이다. 그러므로 모든 거래대금은 수표를 발행하여 지급하도록 하는데 교통비·문방구류 등과 같은 소액의 지급까지 수표를 발행하여 지급하는 것은 불편할 뿐만

1 기업 내에서 자산을 보전하고 회계자료의 정확성과 신뢰성을 검증하며, 동시에 업무능률을 증진시키고 규정된 경영정책을 준수하도록 하기 위해서 채택된 여러 가지 조직계획 및 이와 관련된 여러 기법과 절차를 말한다.

아니라 수표발행에 따른 비용도 커지는 문제가 있다. 따라서 용도계를 두어 필요한 금액을 전도(前渡)하고, 이로부터 교통비·문방구류 등과 같은 소액지급에 충당하게 하면 업무가 편리하고 현금관리도 효율적으로 될 것이다. 이 때 용도계에 전도(선급)하는 금액을 소액현금(petty cash) 또는 소액자금이라 하고, 소액현금계정에서 처리한다.

이러한 소액현금계정을 운용하는 방식은 정액소액현금제도(imprest petty cash system)와 부정액소액현금제도로 나누어지는데, 일반적으로 정액소액현금제도를 많이 사용하고 있다.

(1) 정액소액현금제도

정액소액현금제도(또는 정액자금전도제)는 일정기간(1주일 또는 1개월)에 필요한 소액현금을 예정하여 월초 또는 주초에 일정한 소액현금을 용도계에 수표를 발행하여 전도하고, 주말 또는 월말에 용도계로부터 소액현금에 대한 실제 지급액을 보고하도록 하여 보고금액과 동일한 금액을 수표로 발행하여 자금을 보충시켜 주는 방법이다. 따라서 실제 지급한 것에 대한 영수증과 금고에 있는 현금잔액을 합계하면 미리 설정해 놓은 정액소액현금과 항상 일치하게 된다.

예제 7-3 (주)경인의 거래에 대해 적절한 회계처리를 하시오.

(1) 10월 1일 소액의 경비를 지급하게 하기 위하여 용도계에 50,000원을 수표 발행하여 전도하다.

(2) 10월 31일 용도계로부터 당월분 지급액을 다음과 같이 보고받고, 동액의 수표를 발행하여 보충하였다.

소모품비	4,000원	통신비	8,000원	접대비	20,000원
여비교통비	10,000원	잡 비	3,500원		

해 답

(1) (차)	소 액 현 금	50,000	(대) 당 좌 예 금	50,000
(2) (차)	소 모 품 비	4,000	(대) 당 좌 예 금	45,500
	통 신 비	8,000		
	접 대 비	20,000		
	여 비 교 통 비	10,000		
	잡 비	3,500		

(2) 부정액소액현금제도

부정액소액현금제도(또는 부정액자금전도제)는 일정기간에 필요한 소액현금을 미리 확정하지 않고 업무상 필요에 따라 소액현금을 수시로 보충해 주는 방법으로, 이 제도를 수시보충제도라고도 한다.

예제 7-4 부정액소액현금제도를 사용할 경우 (주)경인의 거래에 대해 회계처리를 하시오.

(1) 10월 1일 소액의 경비를 지급하게 하기 위하여 용도계에 50,000원을 수표 발행하여 전도하다.

(2) 10월 31일 용도계로부터 당월분 지급액을 다음과 같이 보고받고, 소액현금자금을 이전보다 넉넉하게 보유하도록 70,000원의 수표를 발행하여 보충하였다.

소모품비	4,000원	통신비	8,000원	접대비	20,000원
여비교통비	10,000원	잡 비	3,500원		

해 답

(1) (차)	소 액 현 금	50,000	(대) 당 좌 예 금	50,000
(2) (차)	소 모 품 비	4,000	(대) 당 좌 예 금	70,000
	통 신 비	8,000		
	접 대 비	20,000		
	여 비 교 통 비	10,000		
	잡 비	3,500		
	소 액 현 금	24,500		

제 2 절 예금계정

01 당좌예금

(1) 당좌예금계정

당좌예금이란 영업활동을 위해 당좌수표를 발행하여 거래대금을 지급하거나 현금을 인출할 수 있는 예금으로, 기업에서 가장 많이 사용하는 대표적인 예금이다. 하지만 당좌예금은 기업이 먼저 은행과 당좌거래 계약을 맺어야만 가능한 예금으로 예금할 때는 당좌입금표를 사용하고 당좌예금을 찾을 때는 당좌수표를 발행하게 된다.

기업이 당좌예금계좌를 개설할 때는 먼저 거래은행에 당좌개설보증금을 예치시켜야 하는데, 이 보증금은 당좌거래가 지속되는 기간 동안에는 인출이 불가능하므로 투자자산인 장기금융상품으로 분류하고 주석으로 당좌개설보증금이라는 사실을 공시해야 한다.

당좌예금계정의 회계처리는 현금이나 타인이 발행한 수표 등을 당좌예입하면 이 계정의 차변에 기입하고, 상품·원재료·저장품 등의 구입대금을 당좌수표를 발행하여 지급한다든가 현금으로 인출하기 위해서 당좌수표를 발행하면 이 계정의 대변에 기입한다.

예제 7-5 (주)경인의 거래에 대해 적절한 회계처리를 하시오.

(1) 천사은행과 당좌계약을 맺고 현금 800,000원을 예입하면서, 이 중 500,000원은 당좌개설보증금으로 예치하다.

(2) (주)계양으로부터 상품 200,000원을 매입하고, 대금은 수표를 발행하여 지급하다.

(3) (주)아름에 상품 500,000원을 판매하고, 대금은 동사발행 당좌수표를 받아 당좌예입하다.

해 답

(1) (차)	당 좌 예 금	300,000	(대)	현 금	800,000
	장기금융상품	500,000			
(2) (차)	매 입	200,000	(대)	당 좌 예 금	200,000
(3) (차)	당 좌 예 금	500,000	(대)	매 출	500,000

(2) 당좌예금출납장

당좌예금출납장은 당좌예금의 예입과 인출(또는 수표발행)에 관한 내역을 상세히 기입하는 보조기입장을 말한다. 따라서 당좌예금출납장은 기업과 당좌거래계약을 맺은 거래은행별로 설정하는 것이 좋다. 왜냐하면, 각 거래은행별로 당좌예금의 잔액을 확인해야만 수표발행에 차질이 없을 뿐만 아니라 발행한 수표에 대한 지급거절로 부도가 발생하는 사태를 방지할 수 있기 때문이다.

기업에서 현금수수를 통한 거래는 일부분에 불과하며, 대부분 당좌수표를 통해 거래대금을 수수하고 있으므로 당좌예금의 관리를 위하여 당좌예금출납장의 사용은 필요하다고 할 수 있다.

(3) 당좌차월계정

당좌차월(bank overdrafts)이란 당좌예금의 잔액을 초과하여 당좌수표를 발행함으로써 당좌예금계정의 잔액이 음(−)이 되는 경우를 말한다. 당좌예금의 인출은 당좌예금잔액의 한도 내에서만 가능하며, 만일 이 잔액을 초과하여 당좌수표를 발행하면 은행에서 이 수표의 지급을 거절하여 부도수표(dishonored check)가 된다. 그러나 처음부터 은행과 당좌차월계약을 체결하고 동시에 근저당권[2]을 설정하여 당좌차월한도액과 그 기간을 정해 두면 당좌예금잔액을 초과하여 당좌수표를 발행하여도 은행에서 부도처리(지급거절)하지 않고 지급하게 된다. 따라서 당좌차월은 기업의 운용자금을 은행에서 일시적으로 차입하는 형태이며, 원칙적으로 당좌예금과 상계해서는 안 된다. 그러나 기업은 일반적으로 당좌예입할 경우에 우선적으로 당

2 은행과 반복적 거래가 있을 경우, 장래에 발생할지도 모를 위험에 대비하기 위해 은행이 채권을 담보할 목적으로 설정하는 담보물권이다.

좌차월잔액과 상계하고 난 후 당좌예금계정으로 처리하는 방식을 사용한다. 이러한 당좌차월의 회계처리방법에는 2가지 방법이 있으나, 실무에서는 제2법인 당좌예금과 당좌차월을 구별하지 않는 방법을 주로 사용한다.

① 제1법: 당좌예금과 당좌차월을 구별하는 경우

당좌예금잔액을 초과하여 당좌수표를 발행할 경우, 잔액을 초과하는 부분을 당좌차월계정으로 처리하고 추후 당좌예입되는 금액에서 차감하는 방법이다. 기말에 당좌차월계정의 잔액이 있으면 단기차입금으로 대체 처리한다.

② 제2법: 당좌예금과 당좌차월을 구별하지 않는 경우

회계기간 중에는 당좌예금으로만 처리하였다가 기말에 당좌예금잔액이 차변잔액이면 당좌예금계정으로, 반대로 대변잔액이면 단기차입금계정으로 처리한다.

예제 7-6 (주)경인의 거래에 대해 적절한 회계처리를 하시오.

(1) (주)대전로부터 상품 650,000원을 매입하고 대금은 동사발행 수표로 지급하였다(현재 당좌예금잔액은 350,000원이 있으며, 당좌차월한도액으로 800,000원을 설정하였다).
(2) (주)용인으로부터 상품 200,000원을 판매하고, 대금은 수표를 받아 당좌예입하다.
(3) 기말시점에 당좌예금계정과 당좌차월계정에 대해 회계처리하다.

해 답

[제1법]

(1) (차)	매 입	650,000	(대) 당 좌 예 금 당 좌 차 월	350,000 300,000
(2) (차)	당 좌 차 월	200,000	(대) 매 출	200,000
(3) (차)	당 좌 차 월	100,000	(대) 단 기 차 입 금	100,000

[제2법]

(1) (차)	매 입	650,000	(대) 당 좌 예 금	650,000
(2) (차)	당 좌 예 금	200,000	(대) 매 출	200,000
(3) (차)	당 좌 예 금	100,000	(대) 단 기 차 입 금	100,000

(4) 부도수표

당좌예금이나 당좌차월 계약한도를 초과하여 발행한 당좌수표는 은행에서 지급을 거절하게 되는데, 이렇게 지급 거절된 수표를 부도수표(dishonored check 혹은 not sufficient checks: NSF Checks)라고 한다. 다시 말해, 다른 기업으로부터 받은 당좌수표가 은행으로부터 지급 거절되었다면 그 시점에서 당좌예금을 감소시키고 차변에 부도수표계정을 설정한다. 그 후 부도수표에 대해 현금으로 회수되면 차변에 현금 그리고 대변에 부도수표로 처리하고, 만약 회수가 불가능할 경우에는 차변에 대손상각비 그리고 대변에 부도수표로 처리하게 된다.

예제 7-7 (주)경인의 거래에 대해 적절한 회계처리를 하시오.

(1) 10월 15일 (주)용인에게 상품 500,000원을 매출하고, 대금은 동사발행 수표로 받아 당좌예입하다.

(2) 10월 20일 (주)용인으로부터 받았던 수표 500,000원이 부도 처리되었다.

(3) 11월 5일 10월 20일 부도 처리되었던 수표 500,000원을 수표발행인인 (주)용인으로부터 현금으로 회수하다.

(4) 만약 부도수표 발행인인 (주)용인이 다시 정상화되기 어렵고, 대금회수가 불가능한 것으로 판명되었다.

해 답

(1)	(차) 당 좌 예 금	500,000	(대) 매 출	500,000
(2)	(차) 부 도 수 표	500,000	(대) 당 좌 예 금	500,000
(3)	(차) 현 금	500,000	(대) 부 도 수 표	500,000
(4)	(차) 대 손 상 각 비	500,000	(대) 부 도 수 표	500,000

(5) 선일자수표

현재 당좌예금잔액이 없거나 부족하지만, 미래에 입금될 것을 예상하여 미래의 날짜를 발행일로 기재하여 발행한 수표를 선일자수표(postdated checks)라고 한다. 이러한 선일자수표는 기업에서 자금이 부족할 때 자금압박을 피하기 위하여 발행된다. 따라서 선일자수표를 받을 때는 받을어음계정으로 처리하고, 선일자수표를 발행할 때에는 지급어음계정에서 처리한다. 또한, 선일자수표를 받고 지급 제시하였는데 부도로 밝혀진 경우에는 부도수표로 회계처리하여야 한다.

예제 7-8 (주)경인의 거래에 대해 적절한 회계처리를 하시오.

(1) 1월 10일 신월(주)에 상품 500,000원을 매출하고, 대금은 동사발행 1월 20일 선일자수표로 받다.
(2) 1월 20일 신월(주)에 선일자수표를 제시하고 현금을 받다.
(3) 1월 20일 신월(주)에 선일자수표를 제시하였으나 지급거절되다.

해 답

(1)	(차)	받을어음	500,000	(대)	매출	500,000
(2)	(차)	현금	500,000	(대)	받을어음	500,000
(3)	(차)	부도수표	500,000	(대)	받을어음	500,000

(6) 은행계정조정표

결산시점에 기업의 당좌예금계정과 당좌예금출납장의 잔액은 거래은행의 당좌예금잔액과 항상 일치하여야 할 것이다. 그러나 일정시점에 기업과 은행의 잔액이 종종 일치하지 않는 경우가 있는데, 그 이유는 부정이나 오류 때문인 경우도 있지만, 기업에서 당좌예금계정에 입·출금을 기록하는 시점과 은행에서 입·출금이 기록되는 시점이 일치하지 않기 때문이다. 따라서 기업은 거래은행에 당좌예금잔액증명서를 청구하여 이 증명서와 당좌예금계정 또는 당좌예금출납장과 대조하여 불일치원인을 조사함과 동시에 정확한 당좌예금잔액을 확인하여야 한다. 이러한 불일치원인을 명확하게 나타내기 위해 작성한 표를 은행계정조정표(bank reconciliation statement)라 한다. 일반적으로 기업과 은행의 당좌예금잔액이 일치하지 않는 원인은 다음과 같이 구별할 수 있다.

① 미결제수표(outstanding check)

기업이 당좌수표를 발행하여 거래처에 대금으로 지급하고 관련 당좌예금계정을 감소시키는 회계처리를 하였으나 발행된 당좌수표에 대해 아직 거래은행에 지급을 청구되지 않은 경우가 있다. → 은행의 당좌예금계정 잔고가 과대계상

② 미기록예금(deposit in transit)

기업이 은행에 현금·수표 등을 송금 혹은 예치시키고 장부상 당좌예금계정을 증가시키는 회계처리를 하였으나, 은행이 기록하는 당좌예금계정에는 아직 입금으로 처리되지 않은 경우가 있다. 이는 은행의 업무마감 이후에 은행에 임시 예치하거나 혹은 거래은행에 아직 통지가 되지 않은 경우에 발생할 수 있다. → 은행의 당좌예금계정 잔고가 과소계상

③ 미통지예금(deposit by third parties)

거래처가 기업에 대금의 결제를 통보하지 않고 기업의 당좌예금계좌에 직접 예입시킨 경우에는 기업의 당좌예금잔액에는 반영되지 않게 된다. → 기업의 당좌예금계정 잔고가 과소계상

④ 은행수수료(bank service charges)

당좌거래 혹은 기타 용역을 제공한 대가로 은행이 기업에게 일정한 수수료를 부과하는 경우 은행은 이 수수료를 기업의 당좌예금계정에서 차감하지만, 이러한 사항을 기업에서 처리하지 않고 있는 경우에 발생할 수 있다. → 기업의 당좌예금계정 잔고가 과대계상

⑤ 이자비용 및 이자수익(interest expense or interest income)

은행은 일정기간마다 기업의 예금 혹은 차입금에 대하여 이자를 계산하고 이를 자동으로 기업의 은행계좌에 입금시키거나 혹은 인출하게 된다. 이때 기업이 이러한 사실을 통보받지 못했을 경우에는 기업의 당좌예금잔액에 그만큼 차이가 발생하게 된다. → 기업의 당좌예금계정 잔고가 과대(인출시) 또는 과소계상(예입시)

⑥ 부도수표(NSF check)

타인이 발행한 수표를 당좌예금계정에 예입시켰으나 당좌수표 발행인의 예금잔액이 부족하여 상대방 은행이 지급을 거절하고 수표를 반송해 온 경우에 기업의 당좌예금잔액에는 반영되지 않게 된다.→ 기업의 당좌예금계정 잔고가 과대계상

⑦ 기장오류(entry error)

회계담당자와 은행직원의 실수로 인해 발생한 차이를 말한다. 예를 들어, 회계담당자가 1,000,000원의 입금하면서 장부에는 100,000원으로 기록할 경우 기업측과 은행측의 당좌예금잔액은 일치하지 않을 것이다. 이런 경우에는 오류가 발생한 측에서 정확하게 수정해야 한다.

은행계정조정표를 작성한 후에는 기업의 장부상 당좌예금잔액을 조정하기 위한 수정분개를 해야 하는데, 이때 수정분개의 대상은 기업의 장부상 아직 기록되지 않은 항목들과 기업측 오류항목만 해당된다.

[표 7-1] 은행계정조정표상의 조정항목

구 분	기업측 잔액	은행측 잔액
① 미결제수표		−
② 미기록예금		+
③ 미통지예금	+	
④ 은행수수료	−	
⑤ 이자비용 및 이자수익	− 또는 +	
⑥ 부도수표	−	
⑦ 기장오류*	+ 또는 −	+ 또는 −

* 기업측 기장오류일 경우에는 기업측 잔액을 조정하지만, 은행측 기장오류일 경우에는 은행측 잔액이 조정되어야 한다.

(7) 은행계정조정표 작성법

기업의 당좌예금계정 잔액과 은행의 당좌예금 잔액증명서의 잔액에서 각각 출발하여 정확한 잔액을 산출하는 방법으로, 실무에서 많이 이용되고 있다. 이 방법은 첫째, 기업의 장부상 당좌예금계정 잔액을 기초로 불일치의 원인이 된 거래금액을 가감하여 정확한 기업측 당좌예금계정 잔액을 산정하며, 둘째 은행의 장부상 당좌예금 잔액증명서 잔액을 기초로 불일치의 원인이 된 거래금액을 가감하여 정확한 은행측 당좌예금계정 잔액을 산정하며, 셋째 이 결과가 기업과 은행의 당좌예금계정 잔액을 일치시킴으로써 당좌거래의 정확성을 확인하는 것이다.

예제 7-9

(주)경인은 천국은행과 당좌예금계약을 맺고 거래를 하였다. 20×1년 12월 31일 기업측 당좌예금출납장을 조사한 결과, 잔액은 2,590,000원이었으나 은행에 당좌예금 잔액증명서를 청구한 결과 2,880,000원이었다. 다음의 자료를 이용하여 20×1년 12월 31일 시점의 은행계정조정표를 작성하고 기업측에서 필요한 수정분개를 하시오.

[불일치의 원인]

(1) 거래처에 매입대금으로 지급한 당좌수표 중 수표소지인의 지급청구가 없어 은행에서 아직까지 결제되지 않고 있는 당좌수표는 다음과 같다.

101번	250,000원	102번	150,000원
103번	300,000원	104번	80,000원

(2) 매출처인 (주)대전에서 외상매출금 380,000원을 (주)경인의 거래은행인 천국은행의 당좌예금계좌에 입금하였으나, (주)경인에는 아직 통보하지 않고 있다.

(3) 당월분 당좌차월이자 10,000원이 당좌예금계좌에서 차감되었으나, 당사에는 통지되지 않아 회계처리하지 않았다.

(4) 거래처로부터 받은 당좌수표 700,000원을 은행에 당좌예입하고 장부에 기록하였으나, 은행업무 마감 후 입금되었다는 이유로 20×2년 1월 1일 입금 처리되었다.

(5) 추심의뢰한 (주)신월의 받을어음 240,000원이 당좌예금계좌로 입금되었으나, 은행으로부터 아직 통보받지 못하였다.

(6) 현금 350,000원을 당좌예금계좌로 입금하면서 회사 장부에는 530,000원으로 잘

못 기록하였다.

(7) 매출처인 (주)태극으로부터 받았던 수표 520,000원을 은행에 당좌예입하였으나 경인(주)의 거래은행인 천국은행에서는 보통예금계좌에 입금 처리하였다.

(8) 당좌발행수표(205번) 300,000원을 은행의 잘못으로 상호가 비슷한 (주)경민의 당좌예금에서 차감한 것으로 나타났다.

해 답

은행계정조정표

경인(주) 20×1. 12. 31 (단위: 원)

은행잔고증명서상 잔액	2,880,000	기업당좌예금출납장 잔액	2,590,000
가 산		가 산	
④ 미기록예금	700,000	② 미통지예금	380,000
⑦ 기장오류	520,000	⑤ 미통지예금	240,000
차 감		차 감	
① 미결제수표	780,000	③ 이자비용	10,000
⑧ 기장오류	300,000	⑥ 기장오류	180,000
수정후잔액	3,020,000	수정후잔액	3,020,000

[기업측 수정분개]

(2)	(차) 당 좌 예 금	380,000		(대) 외 상 매 출 금	380,000
(3)	(차) 이 자 비 용	10,000		(대) 당 좌 예 금	10,000
(5)	(차) 당 좌 예 금	240,000		(대) 받 을 어 음	240,000
(6)	(차) 현 금	180,000		(대) 당 좌 예 금	180,000

02 제예금계정

예금의 종류에는 당좌예금 이외에 보통예금(ordinary deposits) · 정기예금(time deposits) · 통지예금(deposits at notice)[3] · 적금 · 별단예금(special deposits)[4] · 금전신탁(money trust or money in trust)[5] 및 대체저금(postal transfer deposits)[6] 등이 있다.

이들 예금의 종류별로 성질이나 금액이 중요한 경우에는 각 예금별로 계정을 설정하여야 하지만, 그렇지 않을 경우에는 은행에 예입할 때 제예금계정의 차변에 기입하고 예금을 인출할 때 제예금계정의 대변에 기입하여 처리하도록 하고 있다.

03 특정현금과 예금

기업이 현금 또는 예금으로 보유하고 있는 것이라도 법률에 의하여 압류되거나 주주배당특정예금 · 감채충당부채특정예금 · 종업원연금기금 및 기타 특정기금 등과 같이 사용이 제한된 현금과 예금은 당좌자산의 현금및현금성자산에서 분리하여 별도로 특정현금과 예금계정(restricted cash and bank account)을 설정하여 처리한다. 그리고 특정현금과 예금이 중요하지 않는 경우에는 투자자산 중 장기금융상품[7]으로 통합하여 표시하고, 그 내용을 주석으로 기재하면 된다.

---

3 예금을 인출하기 수일 전(보통 3일 전)에 은행에 예금인출을 통지할 것을 조건으로 하는 예금을 말한다. 따라서 은행은 통지가 있을 때까지의 일정기간은 그 자금을 자유로이 운용할 수 있으므로, 이 예금의 이율은 정기예금 다음으로 고율의 이자를 제공하는 것이 특징이다.

4 은행업무의 수행과정에서 발생하는 미결제 및 미정리 예수금이나 다른 계정으로 처리하기가 곤란한 예금 또는 특정기금 등의 일시적 처리를 위한 편의적 계정으로 잡예금이라고도 한다. 그리고 별단예금으로 기업에 예탁하면 은행은 예치증, 영수증 및 확인증 등을 발급할 뿐 특별히 계좌를 설정해 주지는 않는다.

5 금융기관의 신탁계정에서 고객에게 금전을 신탁재산으로 예탁 받아 이를 대출, 사채매입 등에 활용하여 일정기간 후에 금전으로 원금이나 수익을 고객에게 나누어주는 예금을 말한다.

6 주로 소액의 수납, 지급 또는 거래은행의 환취결처(換就結處)가 없는 지방의 거래처와의 대차결제 등에 이용되는 특징을 가진 예금을 말한다.

7 장기성예금과 특정현금과 예금 등을 포함하는 것이다.

예제 7-10 다음 거래에 대하여 적절한 회계처리를 하시오.

(1) 20X1. 5. 15 거래처 (주)A로부터 받은 외상대금 500,000원을 보통예금 계좌로 송금받다.

(2) 20X1. 5. 26 사무실용 컴퓨터를 (주)B로부터 구입하고, 구입대금 240,000원은 보통예금 계좌에서 이체하여 지급하다.

(3) 20X1. 7. 16 사채를 상환할 목적으로 예금인출을 제한하면서 거래처 F은행에 현금 980,000원을 예치하다.

해 답

	차변	금액	대변	금액
(1)	(차) 보통예금	500,000	(대) 외상매출금	500,000
(2)	(차) 비품	240,000	(대) 보통예금	240,000
(3)	(차) 특정현금과 예금 (또는 장기금융상품)	980,000	(대) 현금	980,000

04 외화표시예금

외화표시예금은 은행에 예입된 예금을 인출할 때 인출시점의 환율에 의해 찾을 수 있는 예금을 말하며, 외화표시예금의 예입 및 인출은 외화표시예금계정에서 처리한다. 다만, 동 예금잔액이 중요하지 아니한 경우에는 현금및현금성자산으로 회계처리할 수 있다.

외화표시예금과 같은 화폐성외화자산·부채의 평가는 결산시점의 환율(현행환율)로 평가하여야 하며, 비화폐성항목은 역사적 환율로 평가해야 한다. 이 때 발생한 외화환산이익은 영업외수익으로, 외화환산손실은 영업외비용으로 처리한다.

예제 7-11 (주)경인의 외화표시예금 거래에 대해 적절한 회계처리를 하시오.

(1) 20×1. 10. 12. 천국은행에 $10,000을 외화표시예금하다. 예입일 현재의 기준환율은 $당 1,200원이다.

(2) 20×1. 12. 31. 기준환율이 $당 1,500원으로 변동하였다.

(3) 20×2. 12. 31. 기준환율이 $당 1,100원으로 변동하였다.

해 답

(1) (차) 외화표시예금 12,000,000 (대) 외화표시현금 12,000,000

(2) (차) 외화표시예금 3,000,000 (대) 외화환산이익 3,000,000*

* (1,500원 − 1,200원) × $10,000 = 3,000,000원

(3) (차) 외화환산손실 4,000,000* (대) 외화표시예금 4,000,000

* (1,500원 − 1,100원) × $10,000 = 4,000,000원

제 3 절 수취채권

01 수취채권의 의의

수취채권(receivables)이란 기업이 재화나 용역 등을 외상으로 판매하고 그 대가로 미래에 현금을 수취할 수 있는 권리 그리고 다른 기업에 자금을 대여하고 그 대가로 차용증서나 어음을 수취하는 경우 발생하는 포괄적인 채권으로, 다음과 같이 나눌 수 있다.

[표 8-2] 수취채권의 분류

수취채권	상거래를 통해 발생한 채권 (매출채권)	외상매출금, 받을어음
	상거래 이외에서 발생한 채권 (비매출채권)	단기대여금, 미수금, 선급금, 미수수익, 선급비용

02 외상거래의 채권

(1) 외상매출금

외상거래(credit transaction)란 상품·제품·반제품·부분품 등을 공급하였지만, 이에 대한 대금을 일정기간이 경과한 후에 결제되는 거래를 말한다. 그리고 이러한

거래에서 발생한 채권을 외상매출금(account receivables)이라 한다.

(2) 외상매출금계정

외상매출금계정의 관리를 효율적으로 하기 위하여 인명계정 또는 통제계정을 설정하여 사용할 수 있다.

① 인명계정

인명계정(personal account)은 거래처의 회사명·상점명을 계정과목으로 하여 매출채권의 발생·소멸을 기입하는 계정을 말한다.

② 통제계정

통제계정(control account)은 외상매출금·받을어음 계정과 같이 동일 또는 유사한 종류의 많은 보조원장의 개별계정들을 하나의 계정으로 통합하여 나타내는 요약계정(summary account)을 말한다. 특히, 외상거래의 통제계정에 대한 보조원장은 거래처별 계정을 들 수 있다.

(3) 외상매출금의 양도

외상매출금의 양도(factoring)란 자금의 조기이용 및 대금회수에 따르는 위험을 줄이기 위하여 기업이 보유하고 있는 외상매출금을 금융기관 등에 이전하는 것을 말한다. 이로써 금융기관은 채권매수인(factor)으로 외상매출금을 매입하고, 기업의 거래처로부터 직접 외상대금을 회수한다. 한편, 기업(채권자)은 외상매출금을 채권매수인에게 이전하고, 일정한 수수료를 차감한 잔액을 현금으로 받아 마치 상품을 현금으로 판매한 것과 같은 효과를 보게 되는데, 신용카드에 의한 거래가 대표적인 예이다.

[그림 7-1]과 같이 외상매출금의 양도에는 고객, 판매회사 및 팩토링회사의 세 당사자가 존재한다. 고객으로부터 상품주문을 받은 판매회사는 팩토링회사에게 고객의 신용상태에 대한 조회와 함께 팩토링을 의뢰한다. 팩토링회사는 매출채권을 전문적으로 취급하는 회사이므로 고객에 대한 신용상태를 비교적 정확하게 파악하

고 있다. 팩토링회사는 고객의 신용상태를 확인하여 팩토링금융을 승인하고 외상매출금에 대한 인수대금을 판매회사에 송부한 후 판매회사는 고객에게 상품을 선적한다. 팩토링의 승인과 함께 외상매출금은 팩토링회사에 양도되었으므로 고객은 대금을 팩토링회사에 지급하게 된다.

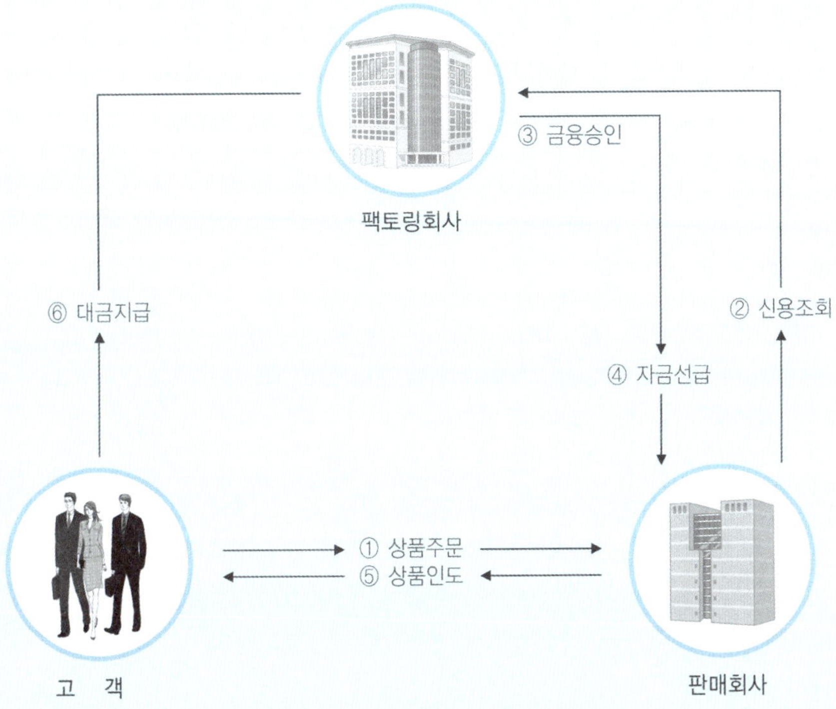

[그림 7-1] 외상매출금의 양도(팩토링)

03 매출채권의 양도에 대한 회계처리

(1) 매출채권의 제거조건

매출채권에 대한 권리가 소멸된 경우 해당 매출채권을 장부에서 제거시켜야 하지만, 매출채권을 양도하는 시점에서 제거조건을 충족시키는 경우에 한해서 매출채권을 장부에서 차감한다.

매출채권을 타인에게 양도하는 경우 해당 채권에 대한 권리와 의무가 양도인과 분리되어 실질적으로 이전되는 때에는 매출채권을 실질적으로 양도한 것으로 보고 장부에서 차감한다. 그러나 매출채권을 실질적으로 양도한 것으로 볼 수 없을 경우에는 장부에서 제거시켜서는 안 된다. 따라서 매출채권의 양도가 제거기준을 충족시키는지 여부를 판단해야 하는데, 다음의 3가지 기준을 순차적으로 적용해야 한다.

① 위험과 보상: 위험과 보상의 대부분 양도했다면 매출채권을 제거시킨다.
② 통제: 매출채권의 소유에 따른 위험과 보상의 대부분을 양도했다는 판단이 명확하지 않을 경우 통제기준을 적용한다. 즉, 매출채권에 대한 통제를 하고 있지 않다고 판단되면 해당 매출채권을 제거시킨다.
③ 지속적 관여: 매출채권에 대한 통제를 하고 있으면 해당 매출채권에 대하여 지속적인 관여를 하고 있는 것으로 보고, 지속적인 관여의 정도에 상당하는 부분까지 해당 매출채권을 제거시키지 않고 계속하여 인식한다.

(2) 회계처리

매출채권의 양도가 제거기준을 충족하면 매각거래로 회계처리하고, 해당 매출채권의 장부금액과 처분가액의 차이를 매출채권처분손실로 인식한다. 그러나 제거기준을 충족시키지 못한 매출채권의 양도는 그 실질에 따라 차입거래로 회계처리하고, 거래에서 발생한 차액은 이자비용으로 처리한다.

예제 7-12

(주)경인이 천국팩토링에 매출채권 100,000원을 양도하였을 경우, 매각거래와 차입거래의 입장에서 회계처리를 하시오.

(1) 20×1년 4월 10일 매출채권 액면금액의 3%에 해당하는 금액을 금융비용으로 차감하고 현금으로 받는 조건으로 양도하였다.

(2) 20×1년 6월 10일 매출채권 100,000원이 정상적으로 회수되었다.

(3) 20×1년 6월 10일 매출채권 100,000원이 정상적으로 회수되지 못하였다.

해 답

[매각거래]

(1)	(차) 현금	97,000	(대)	매출채권	100,000
	매출채권처분손실	3,000			

(2) 회계처리 없음

(3) 회계처리 없음

[차입거래]

(1)	(차) 현금	97,000	(대)	단기차입금	100,000
	이자비용	3,000			
(2)	(차) 단기차입금	100,000	(대)	매출채권	100,000
(3)	(차) 단기차입금	100,000	(대)	매출채권	100,000
	대손상각비	100,000		현금	100,000

04 어음거래의 채권

(1) 어음의 종류

어음은 미래의 특정일에 어음상 채무자가 어음상 채권자에게 일정금액을 지급하겠다는 것을 증권을 통해 약속한 것으로, 받을어음은 미래의 일정시점에 일정액의 현금을 수취할 수 있는 일반적 상거래에서 발생한 어음상 권리를 의미한다. 따라서 구매자와 판매자 사이의 약속에 의해 발생하는 외상매출금과는 달리 받을어음은 계약조건에 따라 어음상 채권자(수취인)에게 일정금액을 지급하기로 약속한

문서화된 계약이다.

어음상 채권은 받을어음 이외에도 어음미수금과 어음대여금 등이 있다. 어음미수금은 투자자산 또는 유형자산의 처분 등 일반적 상거래 이외에서 발생한 받지 못한 금액 중 어음상 채권을 말하며, 어음대여금은 현금을 대여하고 획득한 어음상 채권(융통어음 또는 금융어음)을 말한다. 하지만 회계처리를 함에 있어서 어음미수금은 미수금으로, 어음대여금은 대여금으로 처리한다.

한편, 어음은 권면에 이자를 표시하느냐의 여부에 따라 이자부어음(interest-bearing note)과 무이자부어음(no interest-bearing note)으로 구분한다. 이자부어음은 어음상 채무자가 어음기간 동안 일정액의 이자와 액면금액을 만기일에 지급할 것을 약정하는 어음을 말하고, 무이자부어음은 어음상 채무자가 만기일에 액면금액만을 지급할 것을 약정하는 어음을 말한다.

[표 7-3] 어음의 분류

<table>
<tr><td rowspan="5">주채무자여부</td><td rowspan="2">약 속 어 음</td><td>발행인(작성인)</td><td>어음금액의 지급인(채무자)</td></tr>
<tr><td>수취인</td><td>어음금액의 수취인(채권자)</td></tr>
<tr><td rowspan="3">환 어 음</td><td>발행인(작성인)</td><td>어음상 채권·채무가 발생되지 않음</td></tr>
<tr><td>지명인(인수인)</td><td>어음금액의 인수자·지급인(채무자)</td></tr>
<tr><td>수취인</td><td>어음금액의 수취인(채권자)</td></tr>
<tr><td rowspan="2">이자지급여부</td><td>이자부어음</td><td colspan="2">이자와 원금</td></tr>
<tr><td>무이자부어음</td><td colspan="2">원금(일반적으로 상거래에서 발행한 어음)</td></tr>
</table>

(2) 받을어음계정

받을어음계정은 상품의 매매·용역의 제공 등 상거래의 결과 발생한 어음상 권리의 발생 및 소멸에 관한 사항을 처리하는 계정이다. 일반적인 어음의 경우 발행시점에 어음상 권리·의무를 기록할 수 있으나, 환어음의 경우에는 수취인이 발행인으로부터 어음을 받아 지명인(인수인, 지급인)에게 제시하여 어음금액을 지급할 의사가 있는지 여부를 확인하고 지명인이 어음의 인수란에 서명날인하여 지급할 의사를 표명함으로써 그 때부터 받을어음으로 효력이 발생하게 된다.

예제 7-13 (주)경인의 거래에 대하여 회계처리를 하시오.

(1) (주)원미의 외상매출금 100,000원을 회수하면서 동사발행 어음을 받다.
(2) (주)원미로부터 받은 어음이 만기일이 도래하여 (주)원미에 제시하고 동사발행 수표로 받아 당좌예입하다.
(3) (주)원미로부터 받은 어음이 만기일이 도래하여 지급제시하였으나 거절되다.

해 답

(1)	(차) 받 을 어 음	100,000	(대) 외 상 매 출 금	100,000
(2)	(차) 당 좌 예 금	100,000	(대) 받 을 어 음	100,000
(3)	(차) 부 도 어 음	100,000	(대) 받 을 어 음	100,000

(3) 받을어음의 할인

받을어음을 소유하고 있는 자는 대금이 회수되는 어음의 만기일까지 기다리지 않고 어음금액을 빨리 회수하기 위하여 제3자에게 받을어음을 할인할 수도 있다. 받을어음 할인액은 어음의 만기일에 수취하는 금액과 어음의 할인자(어음배서인)에게 지급되는 금액의 차액으로, 어음의 구입자(피배서인)가 어음을 만기까지 보유함으로써 획득하는 이자수익과 같은 금액이다. 따라서 할인액은 어음의 만기금액을 기준으로 시장이자율을 반영하여 계산된다.

어음을 할인하고 받는 현금실수령액은 만기금액에서 할인액을 차감하여 계산하며, 금융비용(매각손실)은 장부금액에서 현금실수령액을 차감하여 계산한다. 한편, 받을어음의 할인 등과 같이 단기 대차거래에서는 통상적으로 1년을 360일로 보고 이자(할인액) 계산을 한다.

만기금액 = 액면금액 + 어음발행일부터 만기일까지의 표시이자
할인액 = 만기금액 × 할인율 × 할인일수 ÷ 360일
현금실수령액 = 만기금액 − 할인액
장부금액 = 액면금액 + 어음발행일부터 할인한 날까지의 표시이자
금융비용(매각손익) = 장부금액 − 현금실수령액

예제 7-14

액면금액이 10,000원이고, 표시이자율이 연 12%인 만기 90일짜리 어음을 받는 즉시 연 20%로 할인한 경우 회계처리를 하시오(매각거래로 가정).

해 답

(차) 현 금	9,785	(대) 받 을 어 음	10,000
매출채권처분손실	215		

* 만기금액 = 액면금액 + 만기일까지 이자
= 10,000 + 10,000 × 12% × 3/12 = 10,300원
어음할인액 = 만기금액 × 할인율 × 만기일까지 기간
= 10,300 × 20% × 90/360 = 515원
현금실수령액 = 10,300 − 515 = 9,785원

(4) 받을어음의 부도

어음소지인이 어음의 지급만기일에 어음에 기재된 지급장소에 어음의 지급을 위한 제시를 하였는데도 불구하고 어음금액에 대해 지급이 거절되는 것을 부도라 하고, 이러한 어음을 부도어음(bills dishonored)이라 한다.

부도어음이 발생하면 어음소지자는 배서인, 발행인 및 기타 어음채무자에게 청구권(어음금액에 대한 상환청구)을 행사할 수 있다. 이 청구는 공증인에 의뢰하여 지급거절증서를 작성하여야 하며, 청구금액은 어음액면금액, 만기일 이후 법정이자, 지급거절증서작성비, 통신비 및 기타 실제 발생한 비용을 포함한 금액으로 한다.

이러한 부도어음에 대해 즉시 대손상각으로 처리하거나 매출채권(또는 장기매출채권)에 포함시켜 대손충당금을 설정하도록 하고 있다.

① 부도어음을 즉시 대손상각하는 경우

(차) 대 손 상 각 비 ××× (대) 받 을 어 음 ×××

② 부도발생시점에서 매출채권에 포함시키고 일정조건을 충족하여 대손처리를 하는 경우

(차) 부 도 어 음 ××× (대) 받 을 어 음 ×××
(차) 대손충당금(대손상각비) ××× (대) 부 도 어 음 ×××

제 4 절 기타의 채권

01 단기대여금

차용증서, 어음 등을 받고 현금및현금성자산을 대여할 때 그 채권을 대여금이라 하며, 재무상태표일로부터 대여기간이 1년 이내인 경우에는 단기대여금으로 표시하고, 1년 이상인 경우에는 장기대여금으로 표시한다. 또한, 어음의 만기일 이전에 결산일이 도래하면 수정분개를 통하여 실현된 이자를 당기의 이자수익으로 계상한다.

예제 7-15 (주)경인의 거래내용에 대하여 적절한 회계처리를 하시오.

(1) 20×1년 10월 1일 (주)대전에 현금 500,000원을 대여하면서 어음을 받았다(만기는 6개월, 연이자율 12%).
(2) 20×1년 12월 31일 결산을 하다.
(3) 20×2년 3월 31일 (주)대전으로부터 이자와 원금을 현금으로 받았다.

해 답

(1)	(차)	단기대여금	500,000	(대)	현금	500,000
(2)	(차)	미수수익	15,000	(대)	이자수익	15,000*
		* 500,000 × 12% × 3/12 = 15,000원				
(3)	(차)	현금	530,000	(대)	단기대여금	500,000
					미수수익	15,000
					이자수익	15,000

02 미수금

재고자산의 매매와 같은 일반적 상거래(주된 영업활동) 이외에서 발생한 미수채권을 말한다. 즉, 비유동자산이나 단기투자자산 등을 처분하고 회수하지 못한 대금은 매출채권으로 처리하지 아니하고, 미수금(other accounts receivable)으로 처리하여야 한다.

예제 7-16

(주)계양에서 가지고 있던 단기매매증권 500,000원을 (주)서울에 550,000원에 처분하면서 대금은 나중에 받기로 하다. 이에 대한 회계처리를 하시오.

해 답

(차) 미 수 금	550,000	(대) 단기매매증권	500,000
		단기매매증권처분이익	50,000

03 미수수익

당좌예금, 기타 예금, 대여금 등에서는 계약된 이자가 발생한다. 그러나 기간이 경과되지 않아 결산시점에 이자수익을 현금으로 받지 못할 경우가 발생하는데, 실현주의 개념에 비추어 볼 때 당기의 수익으로 인식하여야 하고, 아직 대가를 지급받지 못한 부분에 대해 미수수익으로 처리한다.

예제 7-17

(주)계양의 회계담당자는 기말에 (주)대전에게 대여한 자금에 대한 이자 680,000원이 이자수취일이 도래하지 않아 받지 못한 것을 발견하였다. 이에 대한 회계처리를 하시오.

해 답

(차) 미 수 수 익	680,000	(대) 이 자 수 익	680,000

04 선급금

거래처로부터 상품, 제품, 원재료, 부품 등과 같은 자산을 인도 받기 전에 자산의 취득대가의 일부 또는 계약금을 먼저 지급하였을 경우, 그 금액을 선급금(advance payments)으로 처리한다.

예제 7-18

(주)신월로부터 상품 100대(@5,000원)를 구입하기로 계약하고, 현금 50,000원을 지급하다. 이에 대한 회계처리를 하시오.

해 답

(차)	선 급 금	50,000	(대)	현 금	50,000

05 가지급금

기업이 현금을 지출하는 경우에는 지출원인이 명확하여야 하나, 지출한 시점에서 그 원인이 명확하지 않아 이를 처리할 계정이 확정되지 않았을 경우 또는 계정은 확정되었지만 처리할 금액이 정산되지 아니한 경우, 임시적으로 처리하는 계정을 가지급금(suspense payments)이라 한다. 예를 들어, 기업에서 사원이나 임원에게 출장을 명하고 현금을 지급한 경우, 그들이 출장을 갔다 와서 출장과 관련된 증빙서류를 제출해야만 정확한 사용처를 확인할 수 있기 때문에 그 때까지 임시적으로 처리하기 위해 사용하는 계정을 가지급금이라 한다.

예제 7-19 (주)계양의 거래에 대하여 회계처리를 하시오.

(1) (주)계양은 판매현황을 파악하기 위해 영업부 사원 A씨에게 지방출장을 명하고 현금 100,000원을 지급하다.

(2) (주)계양의 사원 A가 출장을 다녀와서 다음 내역의 영수증을 제출하고, 잔액은 반납하였다.

교통비 30,000원	숙박비 35,000원	식비 30,000원

해 답

(1) (차)	가 지 급 금	100,000	(대)	현 금	100,000
(2) (차)	여 비 교 통 비	95,000	(대)	가 지 급 금	100,000
	현 금	5,000			

06 선급비용

선급비용(prepaid expenses)이란 기업이 당기에 다른 기업이나 거래처에 지급한 비용 중에서 일부 금액이 차기 이후에 속하는 것으로 그 기간이 1년 내에 해당하는 비용을 말한다. 다시 말해, 기업에서 발생주의 원칙에 따라 당기 비용으로 지출하였으나 그것이 차기 이후에 인식하여야 하는 경우 수익·비용대응의 원칙에 따라 처리하는 계정을 선급비용이라고 한다.

예제 7-20 (주)경인의 거래에 대하여 회계처리를 하시오.

(1) 업무용차량에 대해 1년분 보험료(20×1년 3월 1일부터 20×2년 2월 28일까지) 600,000원을 현금으로 (주)삼성화재에 납부하다.

(2) 20×1년 12월 31일 결산을 맞이하다.

해 답

(1) (차)	보 험 료	600,000	(대)	현 금	600,000
(2) (차)	선 급 비 용	100,000	(대)	보 험 료	100,000

제 5 절 대손회계

01 대손의 발생

거래처의 재정악화 · 파산 · 재해 · 천재지변 · 사망 등으로 인하여 기업이 소유하고 있는 채권(매출채권, 대여금, 미수금 등)을 회수할 수 없게 되거나 회수가능성이 불확실하여 발생하는 손실을 대손(bad debt)이라고 한다. 이 때 발생하는 대손비용을 기록하기 위하여 대손상각비(bad debt expense)라는 계정을 사용한다.

02 대손처리방법

대손을 처리하는 방법으로는 직접차감법(direct write-off method)과 충당금차감법(allowance method)이 있다.

(1) 직접차감법

이 방법은 회수불가능한 채권금액을 당기비용으로 인식하고 동시에 채권에서 직접 차감하는 방법이다. 이 방법의 장점은 ① 대손액이 추정치가 아니고 실제 발생액이므로 회계자료의 객관성이 높고, ② 실무상 적용하기 쉽고 편리하다는 점이다. 하지만 단점으로는 ① 수익 · 비용대응의 원칙에 위배될 수 있고, ② 재무상태표상 수취채권의 순실현가치가 표시되지 않는다는 점이다.

(2) 충당금차감법

이 방법은 회수불가능한 금액을 추정하여 설정한 대손충당금에서 실제로 발생한 회수불가능채권을 차감하는 방법이다. 따라서 이 방법은 ① 수익을 창출하는 과정에서 발생하는 원가는 그 특정수익이 보고된 기간의 비용으로 처리되어야 한다는 수익 · 비용대응의 원칙에 기초를 두고 있고, ② 재무상태표에 보고되는 자산은 장래에 실제로 실현될 것으로 예상되는 금액, 즉 순현실가능가치로 평가해야 한다는 사실에 기초를 두고 있다는 점에서 이론적 타당성이 있다. 하지만 단점으로 ① 대손율의 설정에 회계담당자의 주관이 개입될 가능성이 높고, ② 대손율 차이에 따라 기업간 비교가능성이 저해될 가능성이 있다는 점이다

03 대손의 추정방법

회계기말에 대손을 추정하는 방법으로는, 손익계산서접근법(매출액비율법, percentage of credit sales method), 재무상태표접근법(채권잔액비율법, percentage of outstanding receivables method) 및 경과기일방법(연령법, aging of accounts receivables method) 등 3가지가 있다.

이들 방법은 다시 ① 과거의 경험률에 의한 방법, ② 통계적 추정방법, ③ 연령분석법 등을 이용하여 대손예상액을 추정한다. 이 중에서 연령분석법은 채권잔액비율법에만 이용할 수 있다.

04 대손충당금의 설정방법

대손충당금의 설정방법에는 기말 현재의 대손예상액과 수정전 대손충당금잔액을 비교하여 그 차액을 대손상각비 또는 대손충당금환입으로 계상하는 보충법과 기말 현재의 대손예상액을 대손상각비로 계상하고 수정전 대손충당금 잔액을 대손충당금환입으로 계상하는 총액법이 있다.

회계기준에서 보충법으로 회계처리하도록 강제하고 있는 이유는, 총액법으로 회계처리하는 경우에는 전기에 발생한 매출수익에 대하여 당기에 대손이 발생하는 경우 수익·비용의 대응원칙에 문제가 있기 때문이다.

05 대손발생시 회계처리방법

매출채권이 회수불가능하다고 판정되었을 때는 이미 설정한 대손충당금과 우선적으로 상계하여 다음과 같이 회계처리한다.

(차)	대 손 충 당 금	×××	(대)	매 출 채 권	×××

만약, 회수불능으로 판명된 매출채권금액이 대손충당금계정의 대변잔액을 초과하면 그 초과액을 대손상각비로 인식하여 다음과 같이 회계처리한다.

(차)	대 손 충 당 금	×××	(대)	매 출 채 권	×××
	대 손 상 각 비	×××			

06 대손채권의 회수

대손처리하였던 매출채권이 동일한 회계기간 내에 회수되었을 때에는 역분개(reversing entry)를 실시하고, 한편으로는 매출채권을 정상적으로 회수한 것과 같은 회계처리를 하여야 한다. 즉, 다음과 같은 회계처리가 이루어져야 한다.

① 회수불능 매출채권이 대손충당금계정의 대변잔액을 초과하지 않았을 경우

(차)	매 출 채 권	×××	(대)	대 손 충 당 금	×××
(차)	현 금	×××	(대)	매 출 채 권	×××

② 회수불능 매출채권이 대손충당금계정의 대변잔액을 초과하는 경우

(차)	매 출 채 권	×××	(대)	대 손 충 당 금	×××
				대 손 상 각 비	×××
(차)	현 금	×××	(대)	매 출 채 권	×××

그러나 전기에 회수불능으로 판단되어 장부에서 제거되었던 매출채권이 당기에 회수되는 경우에는 다음과 같이 회계처리한다.

(차) 매 출 채 권	×××	(대) 대 손 충 당 금	×××
(차) 현 금	×××	(대) 매 출 채 권	×××

예제 7-21

(주)경인은 20×1년 12월 31일 결산일에 매출채권계정을 분석하고, 과거의 매출채권회수 경험을 토대로 다음과 같은 매출채권 연령분석표를 작성하였다.

경과기간	매출채권	대손추정률
신용기간 미경과	200,000원	1%
30 – 60일	400,000원	2%
61 – 120일	300,000원	3%
121 – 180일	200,000원	4%
181일 이상	100,000원	5%

결산시점의 대손충당금잔액이 12,000원일 경우, 연령분석법에 의해서 대손추정을 위한 회계처리를 하시오.

해 답

200,000원	×	1%	=	2,000원
400,000원	×	2%	=	8,000원
300,000원	×	3%	=	9,000원
200,000원	×	4%	=	8,000원
100,000원	×	5%	=	5,000원
계				32,000원(대손충당금 설정목표액)

(차) 대 손 상 각 비	20,000	(대) 대 손 충 당 금	20,000*

* 32,000 – 12,000 = 20,000원(당기에 설정해야 할 금액)

예제 7-22

(주)경인의 대손과 관련된 거래이다. 모든 거래가 연결되어 있다고 가정하고 회계처리를 하시오.

(1) 20×1년도 결산일에 매출채권잔액 48,000,000원에 대해 2%를 대손추정하다(단, 대손충당금잔액이 500,000원 있음).
(2) 20×2년 3월 10일 (주)서울의 전기발생 외상매출금 중 300,000원이 대손 확정되었다.
(3) 20×2년 8월 10일 (주)대원의 전기발생 받을어음 중 700,000원이 대손 확정되었다.
(4) 20×2년 10월 25일 (주)서울의 당기발생 외상매출금 중 250,000원이 대손 확정되었다.
(5) 20×2년도 결산일에 매출채권잔액 35,000,000원에 대해 2%를 대손추정하다.
(6) 20×3년도 결산일에 매출채권잔액 20,000,000원에 대해 2%를 대손추정하다(단, 20×3년 1월 1일부터 20×3년 12월 31일까지 대손 확정된 매출채권은 없었음).

해 답

(1)	(차) 대손상각비	460,000	(대) 대손충당금	460,000

* 48,000,000 × 0.02 − 500,000 = 460,000원

(2)	(차) 대손충당금	300,000	(대) 외상매출금	300,000
(3)	(차) 대손충당금	660,000	(대) 받을어음	700,000
	대손상각비	40,000		

* 960,000 − 300,000 = 660,000원

(4)	(차) 대손상각비	250,000	(대) 외상매출금	250,000
(5)	(차) 대손상각비	700,000	(대) 대손충당금	700,000

* 35,000,000 × 0.02 = 700,000원

(6)	(차) 대손충당금	300,000	(대) 대손충당금환입	300,000

* 700,000 − 20,000,000 × 0.02 = 300,000원

객관식 Exercises

01 Problem

현금성자산으로 분류될 수 없는 것은?

① 취득 당시 만기가 3개월 이내에 도래하는 채권
② 3개월 이내의 환매조건부 채권
③ 사용이 제한된 3개월 이내에 도래하는 예금
④ 당좌예금

02 Problem

대손처리할 수 없는 계정과목은 어느 것인가?

① 받을어음 ② 미수금
③ 외상매출금 ④ 선수금

03 Problem

당좌자산으로 분류되는 것이 아닌 것은?

① 선급금 ② 미수수익
③ 현금성자산 ④ 관계기업주식

04 Problem

일반적으로 상거래와 관련해서 발생하는 채권에 대해서는 외상매출금이나 받을어음과 같은 매출채권계정을 사용하나 그 이외의 거래에서 발생하는 채권에 대하여는 (　　)계정을 사용한다.

① 가수금 ② 미수금
③ 미수수익 ④ 가지급금

05 Problem

매출채권에 대한 설명으로 가장 틀린 것은?

① 기업의 일반적인 상거래에서 발생하는 외상대금을 처리하는 계정이다.
② 제품을 매출한 후 제품의 파손, 부패 등의 사유로 값을 깎아 주는 것을 매출할인이라 한다.
③ 제품의 하자로 인하여 반품된 매출환입은 제품의 총매출액에서 차감한다.
④ 매출채권을 매각할 경우 "매출채권처분손실"계정이 발생할 수 있다.

06 Problem

전기에서 이월된 매출채권 2,000,000원 중 200,000원이 회수불능 되었다. 단, 대손충당금계정 잔액은 150,000원이다. 이 경우 옳은 분개는?

① (차) 대손상각비 200,000　　(대) 매 출 채 권 200,000
② (차) 대손충당금 150,000　　(대) 대손충당금환입 150,000
　　　대손상각비 200,000　　　　매 출 채 권 200,000
③ (차) 대손상각비 150,000　　(대) 매 출 채 권 200,000
　　　대손충당금 50,000
④ (차) 대손충당금 150,000　　(대) 매 출 채 권 200,000
　　　대손상각비 50,000

07 Problem

유동자산의 합계금액은 얼마인가?

· 현　　금	150,000원	· 단기매매증권	180,000원
· 매입채무	420,000원	· 장기금융상품	305,000원
· 선급비용	230,000원	· 매 출 채 권	510,000원
· 기계장치	340,000원	· 개　발　비	100,000원

① 840,000원　　② 1,070,000원
③ 1,145,000원　　④ 2,235,000원

08 Problem

현금과 예금을 재무제표에 공시하는 것과 관련된 사항으로 옳지 않은 것은?

① 현금과 요구불예금 및 현금성자산은 현금및현금성자산이라는 계정과목으로 통합하여 표시한다.
② 금융기관이 취급하는 정기예금, 정기적금은 단기적 자금운용목적으로 소유하거나 만기가 1년 내에 도래하는 경우 단기금융상품이라는 계정과목으로 하여 유동자산으로 분류한다.
③ 당좌차월은 일종의 차입금에 해당되므로 유동부채로 표시하여야 한다.
④ 선일자수표는 수표에 표시된 발행일이 도래하기까지 현금및현금성자산으로 처리하여야 한다.

09 Problem

"현금및현금성자산"의 합계액은 얼마인가?

현　　금	50,000원	자기앞수표	100,000원
우편환증서	100,000원	정기예금(장기보유목적)	60,000원
외상매출금	300,000원	단기대여금	100,000원
취득당시 만기일이 3개월 이내 환매조건부 채권			500,000원
3월전에 가입한 정기적금(만기일: 가입일로부터 1년)			100,000원

① 850,000원　② 750,000원　③ 810,000원　④ 760,000원

10 Problem

매출처인 '갑'사로부터 상품대금으로 받아 보관 중이던 어음 200,000원을 매입처인 '을'사로부터 상품을 매입할 때 대금으로 배서양도(상환청구가능조건)하였으나, 금일 부도가 발생되었다는 통지를 받고 '을'사에 어음대금 및 관련비용 30,000원을 당좌수표를 발행하여 지급하고, 당사의 부도관련비용 5,000원은 현금지급한 후 '갑'사에 그 지급을 청구한 경우 부도어음으로 회계처리할 금액은 얼마인가?

① 200,000원　② 230,000원　③ 235,000원　④ 205,000원

11 Problem

현금및현금성자산 계정으로 처리할 수 없는 것은?

① 은행이 발행한 자기앞수표　② 공사채의 만기이자표
③ 타인이 발행한 약속어음　④ 배당금 영수증

12 Problem

빈칸에 들어갈 용어를 바르게 나열한 것은?

> 회계상 현금에는 한국은행 발행의 통화인 지폐와 주화가 있고, 통화는 아니지만 통화와 같은 효력으로 사용되어 언제든지 통화와 교환할 수 있는 [　　　] 이(가) 있다.

① 송금수표, 우편환증서, 취득한 투자 주식
② 송금수표, 가계수표, 거래처 발행 약속어음
③ 배당금영수증, 가계수표, 취득한 투자 주식
④ 배당금영수증, 일람출급어음, 공사채 만기이자표

13 Problem

현금과부족계정의 기입 내용을 바르게 표시한 것은?

현금과부족

5.31	현 금	300,000	7.5	여비교통비	200,000
			12. 31	(?)	100,000
		300,000			300,000

① 5.31 현금의 시재액이 장부잔액보다 300,000원이 많음을 발견하였다.
② 7.5 현금과부족 200,000원은 여비교통비로 판명되어 회계처리하였다.
③ 12.31 결산시 현금과부족 100,000원을 잡이익으로 회계처리하였다.
④ 12.31 결산시 현금과부족 100,000원은 재무상태표에 표시하였다.

주관식 Exercises

01 Problem 현금및현금성자산에 대해 설명하시오.

02 Problem 수취채권에 대해 설명하시오.

03 Problem 대손의 발생과 처리방법에 대해 설명하시오.

04 Problem (주)경인은 부평은행과 당좌거래를 하고 있다. 20×2년 4월 30일 현재 (주)경인의 당좌예금계정 잔액은 20,502원이며, 부평은행에서 보내온 예금잔액증명서상의 잔액은 22,190원이다. 당좌예금출납장과 예금잔액증명서 내역을 대조하여 본 결과 다음과 같은 사실이 밝혀졌다.

① 4월 30일 우편으로 예금한 3,680원이 예금잔액증명서에 포함되지 않았다.
② 4월중 발행한 수표 중 5,001원이 아직 인출되지 않았다.
③ (주)경인이 소유하고 있는 계양산(주) 회사채로부터 발생한 사채이자수익 600원이 4월 20일자로 당좌계정에 입금되었으나 (주)경인은 이를 기록하지 않았다.
④ 4월중 은행수수료 18원이 경인(주)의 장부에 기록되지 않았다.
⑤ (주)경인은 한 고객으로부터 받아 예금한 수표 220원이 부도가 발생한 것을 은행잔액증명서상에서 확인하였다.
⑥ (주)경인은 4월 중 외상매입대금 지급을 위하여 발행한 수표 131원이 회사장부상에는 311원으로 잘못 기록된 것을 발견했다.
⑦ (주)인천이 발행한 수표 175원이 은행의 실수로 경인(주)의 당좌계정에서 인출되었다.

[요구사항]
(1) 위의 자료를 이용하여 은행계정조정표를 작성하시오.
(2) (주)경인이 필요한 수정분개를 하시오.

05 Problem

(주)세명의 은행계정조정표를 완성한 후, 각 요구사항에 답하시오.

〈불일치의 원인〉

① 거래처에 지급한 수표 중 두 장이 은행에서 아직까지 결제되지 않고 있다.

101번	300,000원	102번	450,000원

② 현금 350,000원을 당좌예금계좌로 입금하면서 장부에는 530,000원으로 잘못 기록하였다.

③ 추심의뢰한 받을어음 550,000원이 당좌예금계좌로 입금되었으나, 통보받지 못하였다.

④ 매출처인 (주)대전에서 외상매출금 370,000원을 (주)세명의 거래은행에 입금하였으나, (주)세명에는 아직 통보되지 않았다.

⑤ 거래처로부터 받은 당좌수표 700,000원을 은행에 예입하고 장부에 기록하였으나, 은행업무 마감후 입금으로 그 다음날 입금처리되었다.

⑥ 당월분 당좌차월이자 15,000원이 당좌예금계좌에서 차감되었으나, 통지되지 않았다.

은행계정조정표

(주)세명 20×1. 6. 30 (단위: 원)

은행잔고증명서상 잔액 3,900,000	회사 당좌예금출납장 잔액 3,125,000
가　　산	가　　산
차　　감	차　　감
수정후잔액	수정후잔액

[요구사항]

(1) 은행잔고증명서상의 잔액에 가산시켜야 할 금액은 얼마인가?

(2) 불일치의 원인 ⑤는 다음 중 어디에 해당하는가?

a) 은행측예금계좌의 금액에 가산

b) 은행측예금계좌의 금액에 차감

c) 기업측 잔액에 가산
d) 기업측 잔액에 차감

(3) 기업측 당좌예금출납장 잔액에 가산해야 할 금액은 얼마인가?
(4) 기업측 당좌예금출납장 잔액에서 차감해야 할 금액은 얼마인가?
(5) 수정후 당좌예금잔액은 얼마인가?
(6) 불일치의 원인 ②와 ⑥에 대한 분개를 하시오.

06 Problem

(주)용인은 서적을 외상으로 판매한다. 20×1년 1월 1일의 매출채권잔액 700,000원, 20×1년 12월 31일의 매출채권잔액 1,000,000원, 손익계산서에 매출로 계상된 금액이 5,200,000원이라면 당기 중 현금으로 회수된 금액은 얼마인가?

07 Problem

(주)경인은 취득원가에 40%의 이윤을 가산하여 상품을 외상판매하고 있다. 당기 중 총매입액이 1,200,000원, 기말상품재고액이 200,000원, 당기 중 현금회수액이 800,000원이라면 기말의 매출채권잔액은 얼마인가?(단, (주)경인의 기초상품재고액과 기초매출채권잔액은 없다)

08 Problem

다음의 상황에 대하여 회계처리를 하시오.

(1) 당기에 발생한 매출채권 500,000원이 대손확정된 경우의 회계처리는?
(단, 대손충당금잔액이 300,000원이 있었다고 가정하라)
(2) (1)에서 제거된 매출채권이 기말에 현금으로 회수된 경우의 회계처리는?

09 Problem

(주)서울에서 120일 만기, 액면가 500,000원, 연12%의 이자부어음을 30일 경과 후 18%의 할인율로 은행에서 할인받았을 경우 실수금으로 받게 될 금액은?

10 Problem

(주)서울에서 120일 만기, 액면가 500,000원, 무이자부어음을 60일 경과 후 15%의 할인율로 은행에서 할인받았을 경우 실수금으로 받게 될 금액은?

11 Problem

(주)화성은 20×1년 12월 31일 결산일의 매출채권계정을 분석하고, 과거의 매출채권 회수경험을 토대로 다음과 같은 매출채권 연령분석표를 작성하였다.

경과기간	매출채권	대손추정률
신용기간 미경과	200,000	1%
30 - 60일	500,000	2%
61 - 120일	700,000	3%
121 - 180일	300,000	4%
181일 이상	200,000	5%

한편, 결산시점의 대손충당금잔액은 36,000원이었다.

[요구사항] 연령분석법에 의해서 대손추정을 위한 회계처리를 하시오.

CHAPTER 08

재고자산

본 장에서는 기업의 정상적인 영업과정, 즉 주된 영업활동과정에서 판매할 목적으로 보유하거나 판매할 제품의 생산을 위하여 사용되거나 소비될 재고자산에 대해 설명한다.

재고자산은 유동자산에 속하면서 1년 이내 판매되어 현금으로 전환되리라고 생각되는 비화폐성 자산으로, 상품, 제품, 재공품 및 제품을 생산하기 위한 원재료 등으로 구성되어 있다. 이러한 재고자산은 기업 경영상으로나 회계상으로 중요한 자산으로, 취득(생산), 보유·처분의 회계처리방법에 따라 기업의 경영성과와 재무상태에 커다란 영향을 미치므로 본 장에서는 재고자산과 관련된 사항을 구체적으로 설명하였다.

제1절 재고자산의 개념

01 재고자산의 의의와 분류

(1) 의 의

재고자산(inventories)이란 판매할 목적으로 보유하거나 생산과정에 있는 자산 및 생산 또는 서비스 제공과정에 소비될 원재료나 소모품의 형태로 존재하는 자산을 말한다. 상품매매기업의 재고자산은 대부분 상품(merchandise)으로 구성되어 있으며, 제조기업의 재고자산은 제품(finished goods), 재공품(work in process) 및 원재료(raw materials) 등으로 구성되어 있다.

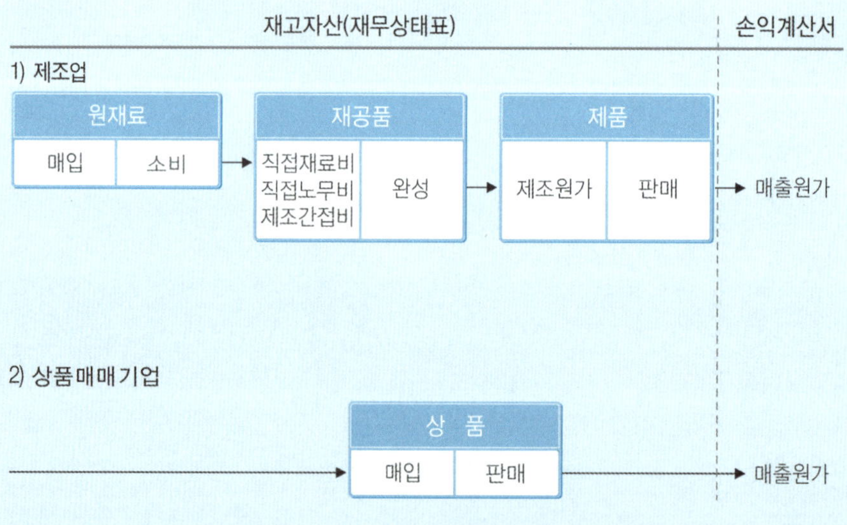

[그림 8-1] 제조업과 상품매매기업의 재고자산 관련 계정

재고자산은 유동자산에 속하면서 1년 이내 판매되어 현금으로 전환될 것으로 예상되는 비화폐성자산이다. 재고자산 중에는 1년 이내 판매되는 것도 있고 그 이상의 기간에 판매되는 것도 있으나, 보통 1년 이내 판매되는 자산으로 간주하여 유동자산으로 처리한다.

이러한 재고자산은 ① 기업의 기본적 자원으로 거액일 경우가 많고, ② 기업 영업활동의 주요 대상이자 이익창출의 주요 원천이 되며, ③ 적정재고규모(즉, 경제적 주문량)의 결정에 따라 생산계획·자금계획이 수립되고, ④ 재고자산평가방법에 따라 자산평가(재고자산가액의 결정)와 이익(매출원가의 결정에 따른 순이익의 결정)이 달라질 수 있다.

재고자산은 그 자산의 물리적인 속성에 따라 분류되는 것이 아니고 그 자산의 경제적인 속성, 즉 기업의 영업활동에 있어서 주된 목적이 어디에 있느냐에 따라 분류된다. 따라서 증권회사의 유가증권, 외환거래기업의 외환, 도매업의 상품, 부동산매매업의 토지 등은 판매를 위해 보유하고 있으므로, 재고자산으로 분류한다. 다시 말해, 재고자산은 절대적 기준이 아니라 기업의 주된 영업활동에 따른 상대적 기준에 의해 구분해야 한다.

(2) 분 류

① 상 품

판매를 목적으로 구입한 상품·미착상품(FOB선적지기준)·적송품 등으로, 부동산매매업에 있어서 판매를 목적으로 소유하는 토지·건물 기타 이와 유사한 부동산은 상품에 해당한다.

② 제 품

판매를 목적으로 제조한 생산품·부산물 등으로, 제조업에서는 제품을 기본계정으로 설정한다.

③ 반제품

제조를 목적으로 하는 기업에서 자가제조한 중간제품과 부분품 등으로, 현재상태에서 외부에 판매하거나 추가 가공을 통해 완성품으로 판매할 수도 있다.

④ 재공품

제조를 목적으로 하는 기업에서 제품 또는 반제품의 제조를 위하여 제조과정에 있는 것으로, 이 상태에서는 외부에 판매하지 못한다.

⑤ 원재료

제조를 목적으로 하는 기업에서 제품을 생산하기 위해 보유하고 있는 원료·재료·매입부분품·미착원재료 등을 말한다.

⑥ 저장품

제조를 위해 사용하는 소모품·소모공구기구비품·수선용부분품 및 기타 저장품을 말한다.

02 재고자산의 등식

(1) 수량(물량단위)으로 표시된 재고자산 등식

(기초재고수량 + 당기매입수량) − 기말재고수량 = 당기판매(소비)수량

기초재고수량에 당기매입수량을 가산한 것이 당기(또는 당월)에 판매가능한 최대 재고수량이 된다. 여기서 창고에 보관 중인 기말재고수량을 차감하게 되면 당기에 판매(소비)한 수량이 계산된다.

(2) 화폐금액으로 표시된 재고자산등식

(기초재고액 + 당기매입액) − 기말재고액 = 매출원가(상품의 구입원가)

기초재고액에 당기매입액을 가산한 것이 당기(또는 당월)에 판매가능한 재고자

산의 최대금액이 된다. 여기서 당기매입액은 당기의 순매입액이 되는데, 이는 총매입액에서 매입에누리와 환출 그리고 매입할인을 차감한 금액이다.

제 2 절 상품거래의 절차와 조건

01 상품의 거래절차

상품의 구매자와 판매자는 상품거래를 할 때마다 상품의 가격 및 지급조건, 그리고 운임의 부담조건 등과 같은 거래조건에 대하여 합의하여야 한다. 상품거래의 수행절차는 상거래의 관행, 기업의 규모나 업종에 따라 다양하게 나타날 수 있으며, 일반적으로 다음과 같은 절차에 따라 거래가 이루어진다.

① 상품재고관리자는 특정 상품에 대한 구입이 필요할 경우 구매의뢰서를 작성하여 구매부서에 발송한다.

② 구매부서에서는 공급자의 견적서·가격표 등을 참조하여 구매주문서를 작성하여 상품판매자에게 보낸다(대금지급조건과 운반조건 명시).

③ 상품판매자는 구매주문서를 받은 후 상품을 선적하고, 세금계산서 또는 송장(invoice)을 구매자에게 발송한다.

④ 구매자의 구매부서에서는 도착한 상품을 인수하여 상품의 수량과 상태를 검사하고 검수보고서를 작성한다.

⑤ 구매자의 회계담당부서에서 상품구입대금의 지급을 승인하기 앞서 구매주문서, 매입송장(또는 세금계산서), 그리고 검수보고서를 비교하여 구매한 상품의 명세·수량·가격 등의 거래조건이 일치하는지 여부를 확인하고 장부에 기록한다.

02 거래가격과 지급조건

(1) 표시가격

표시가격(list price)은 상품의 특정 부분에 금액을 표시하여 고객들에게 제시하는 권장소비가격을 말한다. 이러한 표시가격은 상품에 대해 고객들로부터 받을 수 있는 최대가격으로 실제 거래에서 받을 수 있는 가격의 상한선이 된다.

(2) 송장가격

송장가격(invoice price)은 재판매를 위하여 상품을 구매할 때 지급하는 가격으로, 표시가격에서 거래할인(또는 표시가격의 일정률)을 차감하여 계산하며 실제로 송장에 나타나게 된다. 여기서 거래할인(trade discount)은 송장가격을 결정하는 데 이용되는 수단일 뿐 회계처리를 하지 않기 때문에 장부에는 반영되지 않는다. 다시 말해, 표시가격이나 거래할인은 판매자와 구매자의 장부에 반영하지 않으며, 구매자와 판매자가 상품거래와 관련하여 장부에 기록하는 금액(기준가격)은 송장가격이다.

송장가격 = 표시가격 − 거래할인

(3) 현금할인가격

현금할인가격(cash discount price)은 상품판매에 따른 현금회수를 촉진시키기 위하여 신용기간보다 짧은 기간 이내 구매자가 대금을 지급하면 송장가격에서 일정액을 공제한 가격(현금할인: cash discount)을 말한다.

현금할인가격 = 송장가격 − 현금할인

할인기간과 현금할인율은 "할인율/일자"로 표시된 기호를 이용하는데, 예를 들어, "2/10"은 구매자가 10일 이내 상품대금을 지급하면 송장가격에서 2% 할인을 받을 수 있다는 것을 의미하고, "n/30"은 구매자가 30일 이내 상품대금을 지급하여야 하는데 이 경우 송장가격 전액을 받을 수 있다는 것을 의미한다.

① 표시가격(100,000원)

① − ② = 거래할인(20,000원): 표시가격의 20%

② 송장가격(80,000원)

② − ③ = 현금할인(1,600원): 2/10, n/30

③ 현금할인가격(78,400원)

제 3 절 상품거래의 회계처리

01 상품의 매입과 판매

(1) 상품매입에 대한 회계처리

상품매입에 대한 회계처리방법은 다양하나 일반적으로 상품매매기업의 경우에 3분법(상품, 매출, 매입)을 가장 보편적으로 사용하며, 다음과 같이 처리된다.

(차) 매 입 ××× (대) 현금(매입채무) ×××

(2) 상품판매에 대한 회계처리

상품매매기업의 경우에 상품판매에 대한 회계처리방법은 다양하나 3분법(상품, 매출, 매입)을 사용하는 경우에 다음과 같이 처리된다.

(차) 현금(매출채권) ××× (대) 매 출 ×××

(3) 상품거래와 기타자산거래의 회계처리 비교

기업의 업무수행에 필요한 기타자산(예: 비품, 차량운반구 등)을 구입했다면, 매입계정을 이용하지 않고 직접 해당 자산계정의 차변에 기록하여 자산계정을 증가시킨다. 그리고 상품 등 재고자산 이외의 자산을 외상으로 구입할 경우, 대변에 외상매입금계정 대신에 미지급금계정을 사용한다.

예제 8-1

부동산 판매회사인 (주)경인은 토지 200평을 6억원에 외상으로 구입하였으며, 이 중 100평을 4억원에 외상으로 판매하였을 경우 회계처리를 하시오.

해 답

〈재고자산인 경우〉	〈비유동자산인 경우〉
(1) 토지 구입시 분개 (차) 매 입 6억원 (대) 외상매입금 6억원	(1) 토지 구입시 분개 (차) 토지(유형자산) 6억원 (대) 미 지 급 금 6억원
(2) 토지 판매시 분개 (차) 외상매출금 4억원 (대) 매 출 4억원	(2) 토지 판매시 분개 (차) 미 수 금 4억원 (대) 토 지 3억원 유형자산처분이익 1억원

[예제 8-1]에서 보는 바와 같이, 구입된 토지가 재판매목적(재고자산)으로 구입되었느냐 아니면 건물의 신축과 같이 다른 목적(유형자산)을 위해서 구입되었느냐에 따라 회계처리가 달라진다.

02 상품의 매입 및 판매 관련 비용

(1) 상품의 매입 관련 비용

매입 관련 비용에는 상품이 도착할 때까지의 인수운임·매입수수료·보험료·수입관세·보관료·하역비 등이 포함된다. 이들 매입 관련 비용은 상품의 매입원가를 구성하므로, 상품을 매입할 경우 매입계정으로 처리한다(취득원가에 의한 역사적 원가주의). 그러나 매입한 상품이 불량품이어서 매입한 상품을 환출한 경우의 부대비용은 취득원가에 포함시켜서는 안 되고 당기비용으로 처리하여야 한다.

(2) 상품의 판매 관련 비용

판매 관련 비용에는 상품이 발송될 때까지의 발송운임 · 판매수수료 · 포장비 · 보험료 · 보관료 · 선적료 등이 포함된다. 이들 비용은 상품의 매출원가에 포함해서는 안 되고 운반비 · 판매수수료 · 보관료 · 포장비 등으로 분류하여 판매비와 관리비로 처리해야 한다.

03 매입에누리와 환출 및 매입할인, 매출에누리와 환입 및 매출할인

(1) 매입에누리와 환출

기업에서 매입한 상품이 송장에서 제시된 것과 다르거나 품질에 하자가 있을 경우에는 매입처에 다시 반품시킬 수 있는데, 이것을 매입환출이라고 한다. 또한, 매입한 상품이 계약된 품질상태보다 약간의 하자가 있는 경우 반품을 하지 않고 일정율의 금액을 매입처로부터 할인 받을 수 있는데, 이것을 매입에누리라 한다. 이러한 매입에누리와 환출은 하나의 계정으로 처리하여 매입액에서 차감한다.

(2) 매출에누리와 환입

상품의 상태가 만족스럽지 못한 경우 그 상품을 판매자가 구매자로부터 되돌려 받는 것을 매출환입(sales returns)이라고 한다. 상품의 결함이 경미한 경우 구매자는 적당한 송장가격의 값 깎기, 즉 에누리(allowance)를 받는 조건으로 해당 상품을 그대로 인수하는 것이 보통이다. 이러한 매출에누리와 환입은 하나의 계정으로 처리하여 매출액에서 차감한다.

예제 8-2

(주)경인은 (주)용인으로부터 외상으로 구입한 상품 10개 중 1개가 불량품이어서 반송하였다. 1개의 가격은 600,000원일 경우 회계처리를 하시오.

해 답

(1) 구매자((주)경인)

(차) 외상매입금	600,000	(대) 매 입	600,000

(2) 판매자((주)용인)

(차) 매 출	600,000	(대) 외상매출금	600,000

(3) 매입할인과 매출할인

매입할인이란 상품을 매입할 경우 구매자가 판매자에게 외상매입금을 약정한 지급기일보다 빨리 지급함으로써 매입가격(송장가격)을 할인받는 것을 말하고, 매출할인이란 상품을 판매할 경우 판매자가 구매자로부터 외상매출금을 약정한 지급기일보다 빨리 지급 받음으로써 매출가격(송장가격)을 할인하여 주는 것을 말한다.

예를 들어, 2/10, *n*/30이라는 신용조건으로 100원 어치의 상품을 외상으로 구입하였다고 하자. 10일 안에 갚으면 98원만 지불하면 되는데, 10일 이후 30일까지 20일 동안 상품대금의 지불을 연기함으로써 2원을 더 지불해야 한다. 이 금액은 상품의 구입자가 20일 동안 상품대금지불기일을 연기함으로써 지급해야 하는 이자비용에 해당된다.

예제 8-3 (주)경인의 입장에서 적절한 회계처리를 하시오.

(1) 20×1. 6. 10 (주)경인은 (주)A로부터 甲상품 10개(@50,000원)를 외상으로 구매하였다. 외상대금지급조건은 2/10, *n*/30이었다.

(2) 20×1. 6. 16 (주)A의 외상대금 중 60%를 현금으로 지급하다.

(3) 20×1. 6. 30 (주)A의 외상대금 중 40%를 현금으로 지급하다.

해 답

(1)	(차) 매 입	500,000	(대) 외상매입금	500,000
(2)	(차) 외상매입금	300,000	(대) 현 금	294,000
			매입할인	6,000
(3)	(차) 외상매입금	200,000	(대) 현 금	200,000

참고자료 상품매매거래시 발생하는 항목에 대한 회계처리

구 분		발생원인	회계처리
판매	매출운임	상품판매시 발생하는 운반비용	판매자의 판매비(운반비)로 처리
	매출환입	판매 후 반품이 발생하는 경우	매출계정에서 차감
	매출에누리	상품결함에 대해 일정금액 깎아 주는 것	매출계정에서 차감
	매출할인	매출채권을 약정기간 내 결제할 경우 일정비율을 할인하는 것	매출계정에서 차감
구매	매입운임	상품구매시 발생하는 운반비용	구매자의 매입계정에 가산
	매입환입	구매 후 반품을 하는 경우	매입계정에서 차감
	매입에누리	상품결함에 대해 일정금액 깎아 주는 것	매입계정에서 차감
	매입할인	매입채무를 약정기간 내 결제할 경우 일정비율을 할인하는 것	매입계정에서 차감

(4) 매입(매출) 관련 계정의 손익계산서상 표시방법

각 계정에서 각각 차감하는 형식으로 표시하는 것을 원칙으로 하며, 표시방법은 다음과 같다.

총 매 출 액	기초상품재고액
− 매출에누리 및 환입	+ 당기상품매입액
− 매출할인	− 매입에누리 및 환출
= 순 매 출 액	− 매입할인
	− 기말상품재고액
	= 매 출 원 가

04 매입장과 매출장

매입장과 매출장은 상품의 매매거래를 기입하는 보조장부를 말한다. 이 중 매입장(purchase book)은 구매담당부서에서 매입한 상품에 대한 거래명세, 즉 거래처·품명·수량·단가·금액·대금결제방법 등을 기록하는 보조기입장을 말한다. 기장 간소화를 위해서 매입송장을 날짜순에 따라 편철하여 매입장으로 대용하는 경우도 있다.

매 입 장

(단위: 원)

일 자		송장 No.	거 래 처	적 요		금 액
9	6	1001	신월(주)	A상품 500개(@200원) 〈현금〉		100,000
	14	1002	대원(주)	B상품 200개(@600원) 〈외상〉		120,000
	20	1003	서울(주)	C상품 500개(@200원) 〈현금〉	100,000	
				인수운임 10,000원 〈현금〉	10,000	110,000

한편, 매출장(sales book)은 판매담당부서에서 상품의 매출에 관한 거래명세, 즉 거래처·품명·수량·단가·금액·대금결제방법 등을 기록하는 보조기입장을 말한다. 기장 간소화를 위해서 매출송장(실무에서는 거래명세표)의 사본을 날짜순에 따라 편철하여 매출장으로 대용하는 경우도 있다.

매 출 장

(단위: 원)

일 자		송장 No.	거 래 처	적 요		금 액
11	16	1001	대전(주)	A상품 500개(@300원) 〈현금〉		150,000
	17	1002	충우(주)	B상품 200개(@900원) 〈외상〉		180,000
	20	1003	전주(주)	C상품 500개(@400원) 〈현금〉		200,000

05 상품거래의 회계처리방법

상품거래의 회계처리는 상품거래를 몇 개의 계정으로 나누어 기장하느냐에 따라 2분법·3분법·5분법·7분법 등으로 구분한다. 일반적으로 상품거래의 회계처리 방법은 3분법을 주로 사용하지만, 전산회계프로그램에서는 2분법(상품계정과 매출계정)을 사용하여 회계처리를 하고 있다.

06 3분법에 의한 상품거래

상품거래를 3분법에 의하여 처리할 경우 계정과목은 ① 상품계정, ② 매입계정 그리고 ③ 매출계정으로 분할하여 회계처리한다.

이 방법은 기중 거래시점에 상품매입은 매입계정으로, 상품매출은 매출계정으로 처리하며 상품계정으로는 직접 처리하지 않는다. 또한, 매입에누리와 환출 및 매입할인은 매입의 차감계정으로 처리하고, 매출에누리와 환입 및 매출할인은 매출의 차감계정으로 처리한다. 그리고 결산시점에는 상품계정의 기초상품재고액을 수정하여야 하고, 또한 매출원가 산정을 위한 정리분개를 하여야 한다.

매출원가의 산정은 매출원가계정에서 산정하는 방법과 매입계정에서 산정하는 2가지 방법이 있다.

(1) 매출원가계정에서 산정하는 방법

〈결산시의 정리분개〉

① 기초상품재고액을 매출원가계정 차변에 대체

(차) 매 출 원 가	×××	(대) 상품(기초재고)	×××

② 기말상품재고액을 매출원가계정 대변에 대체

(차) 상품(기말재고)	×××	(대) 매 출 원 가	×××

③ 매입계정 차변잔액을 매출원가계정 차변에 대체

(차) 매 출 원 가	×××	(대) 매 입	×××

〈결산분개(수익과 비용계정을 집합손익계정에 대체)〉

④ 매출원가계정 차변잔액을 집합손익계정 차변에 대체

(차) 집 합 손 익	×××	(대) 매 출 원 가	×××

⑤ 매출계정 대변잔액을 집합손익계정 차변에 대체

(차) 매 출	×××	(대) 집 합 손 익	×××

(2) 매입계정에서 산정하는 방법

〈결산시의 정리분개〉

① 기초상품재고액을 매입계정 차변에 대체

(차) 매 입	×××	(대) 상품(기초재고)	×××

② 기말상품재고액을 매입계정 대변에 대체

(차) 상품(기말재고)	×××	(대) 매 입	×××

〈결산분개(수익과 비용계정을 집합손익계정에 대체)〉

③ 매입계정 차변잔액을 집합손익계정 차변에 대체

(차) 집 합 손 익	×××	(대) 매 입	×××

④ 매출계정 대변잔액을 집합손익계정 차변에 대체

(차) 매 출	×××	(대) 집 합 손 익	×××

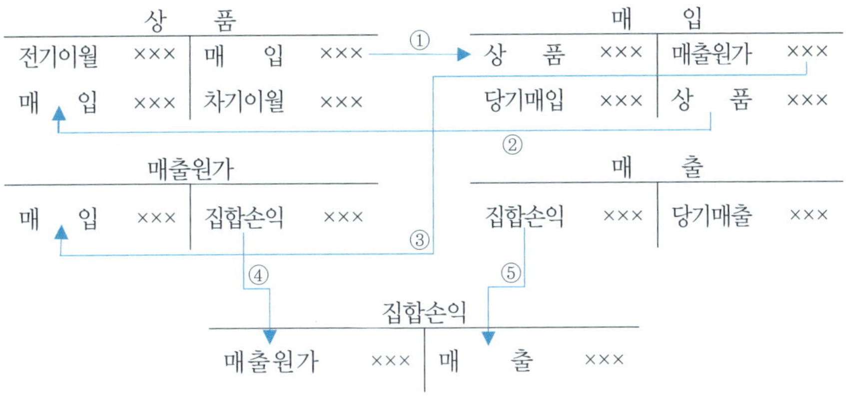

예제 8-4 다음의 자료를 이용하여 매출원가의 산정에 필요한 회계처리를 하시오.

상품(기초재고)	530,000원
당기순매입액	1,940,000원
상품(기말재고)	370,000원

해 답

매출원가 = 기초상품재고 + 당기순매입액 − 기말상품재고
= 530,000 + 1,940,000 − 370,000 = 2,100,000원

[매출원가계정을 사용한 회계처리]

(1) 기초상품재고액을 매출원가계정 차변에 대체

(차) 매 출 원 가	530,000	(대) 상품(기초재고)	530,000

(2) 기말상품재고액을 매출원가계정 대변에 대체

(차) 상품(기말재고)	370,000	(대) 매 출 원 가	370,000

(3) 매입계정의 차변잔액을 매출원가계정 차변에 대체

(차) 매 출 원 가	1,940,000	(대) 매 입	1,940,000

(4) 매출원가계정 차변잔액을 집합손익계정 차변에 대체(결산시 마감분개)

(차) 집 합 손 익 2,100,000 (대) 매 출 원 가 2,100,000

[매입계정을 사용한 회계처리]

(1) 기초상품재고액을 매입계정 차변에 대체

(차) 매 입 530,000 (대) 상품(기초재고) 530,000

(2) 기말상품재고액을 매입계정 대변에 대체

(차) 상품(기말재고) 370,000 (대) 매 입 370,000

(3) 매입계정 차변잔액을 집합손익계정 차변에 대체(결산시 마감분개)

(차) 집 합 손 익 2,100,000 (대) 매 입 2,100,000

제 4 절 기말재고액과 매출원가의 결정

01 계속기록법

계속기록법(perpetual inventory system)은 상품의 구입과 판매를 할 때마다 재고자산을 장부에 계속적으로 가감하는 방식을 말한다. 따라서 어느 시점에서나 상품의 재고액을 장부에서 정확히 파악할 수 있으며, 또한 판매할 때마다 매출원가를 파악할 수 있다.

상품의 기초재고액 + 당기매입액 − 매출원가 = 상품의 기말재고액

계속기록법은 상품을 판매할 때마다 매출원가를 파악하여 기록하는 것이 번거롭고, 특히 다양한 품종을 취급하는 기업의 경우에는 적용이 곤란하므로 회계실무에서는 일반적으로 계속기록법보다 실지재고조사법을 사용하고 있다.

02 실지재고조사법(실사법)

실지재고조사법(periodic inventory system)은 회계기말에 기업이 보유하고 있는 상품 등 재고자산을 실지 조사하여 파악한 수량에 단가(일반적으로 취득단가)를 곱하여 상품의 기말재고액을 계산하는 방법이다.

상품의 기초재고액 + 당기매입액 − 상품의 기말재고액 = 당기의 매출원가

실지재고조사법에 의하면 상품의 입출고에 대한 기록을 기중에 할 필요가 없어 간편하다. 그리고 당기매입액을 기록하기 위하여 차변에 상품계정 대신에 매입계정을 사용하는 이유도 상품계정의 증감기록을 할 필요가 없는 데서 연유되었다.

예제 8-5

경인(주)의 20×1년 10월 중 상품의 매입 및 매출에 관한 회계자료는 다음과 같다. 계속기록법과 실지재고조사법에 따라 회계처리를 하시오.

	수 량(개)	구입단가(원)	판매단가(원)	금 액(원)
기 초 재 고	300	1,000		300,000
당기매입(외상)	1,000	1,000		1,000,000
당기매출(외상)	800		1,500	1,200,000
기 말 재 고	500	1,000		500,000

해 답

계속기록법(단위: 원)	실지재고조사법(단위: 원)
(1) 상품구입시 (차) 상 품 1,000,000 (대) 외상매입금 1,000,000	(1) 상품구입시 (차) 매 입 1,000,000 (대) 외상매입금 1,000,000

계속기록법(단위: 원)	실지재고조사법(단위: 원)
(2) 상품판매시 (차) 외상매출금 1,200,000 매출원가 800,000 (대) 매 출 1,200,000 상 품 800,000	(2) 상품판매시 (차) 외상매출금 1,200,000 (대) 매 출 1,200,000
(3) 기말결산시 정리분개 〈분개 없음〉	(3) 기말결산시 정리분개 ① 기초재고를 매입계정 차변에 대체 (차) 매 입 300,000 (대) 상 품 300,000 ② 기말재고를 매입계정 대변에 대체 (차) 상 품 500,000 (대) 매 입 500,000
(4) 결산분개(장부마감) ① 매출원가계정 차변을 집합손익계정 차변에 대체 (차) 집합손익 800,000 (대) 매출원가 800,000 ② 매출계정 대변을 집합손익계정 대변에 대체 (차) 매출 1,200,000 (대) 집합손익 1,200,000	(4) 결산분개(장부마감) ① 매입계정 차변을 집합손익계정 차변에 대체 (차) 집합손익 800,000 (대) 매 입 800,000 ② 매출계정 대변을 집합손익계정 대변에 대체 (차) 매 출 1,200,000 (대) 집합손익 1,200,000

[예제 8-5]에서 두 방법 모두 당기매출원가는 800,000원으로 계산된다. 그러나 계속기록법에서는 상품을 매입하는 시점에 차변에 매입계정 대신에 상품계정을 사용하고 있다는 것을 주의해야 한다.

제 5 절 재고자산의 수량과 가격결정

재무상태표에 표시되는 재고자산가액을 결정하기 위하여서는 기말재고자산의 수량과 가격(단가)을 결정하여야 한다.

기말재고자산가액 = 기말재고수량 × 가격(단가)

01 재고자산의 수량결정

기말재고자산의 수량결정에는 다음과 같은 두 가지 사항을 고려하여야 한다. 첫째는 어떤 방법으로 수량을 결정하느냐 문제이고, 둘째는 어떤 항목이 기말재고자산에 포함되느냐 문제이다.

(1) 재고자산의 수량결정방법

재고자산의 수량결정방법은 계속기록법과 실지재고조사법이 있는데, 실무에서는 각 방법의 단점 때문에 두 방법을 절충한 수정계속기록법(modified perpetual inventory system)을 이용하는 기업이 많다. 수정계속기록법은 기본적으로는 실지재고조사법에 따라 기록하면서 재고자산의 수량증감을 계속기록법을 이용하여 상세히 기록하는 방법을 말한다.

① 계속기록법

이 방법은 재고자산의 종류별 및 규격별로 상품재고장 등을 만들어 그 품목의 입고와 출고에 대하여 장부에 계속적으로 기록함으로써 언제라도 상품의 판매수량과 재고수량을 알 수 있도록 하는 방법으로, 입출계산법, 항구재고법, 장부재고법이라고도 한다. 이 방법은 개별 상품의 가격이 높고, 거래량이 많지 않은 상품에 적용하기 적합하다.

기초재고수량 + 당기매입수량 − 당기판매수량 = 기말재고수량

계속기록법을 택하고 있는 기업에서도 결산 때 기말재고에 대해 실제로 조사하여 장부상 수량과 실제 수량을 비교함으로써 보관 중 재고자산감모손실(도난, 증발, 감모 등의 재고부족)을 평가하여야 한다.

② 실지재고조사법

이 방법은 재고자산을 종류별 및 규격별로 재고를 조사하여 기말상품재고량을 확정하는 방법으로, 실제조사법 또는 실사법이라고도 한다. 이 방법은 개별 상품의 가격이 낮고, 거래량이 많은 상품에 적용하기 적합하다. 그러나 이 방법은 당기판매량 중에 실재판매수량 이외 도난, 증발, 파손 기타 원인에 의해서 발생된 감손량이 포함되는 단점이 있다.

기초재고수량 + 당기매입수량 − 기말재고수량 = 당기판매수량

(2) 기말재고자산의 산입 대상

기말재고자산의 수량을 파악할 때 어떤 항목이 재고자산에 포함되는지의 여부는 그 재고자산에 대한 법적 소유권을 누가 갖고 있느냐에 따라 달라진다.

① 미착상품

미착상품(goods in transit)은 상품을 주문하였으나 운송 중에 있기 때문에 아직 기업에 도착하지 않은 상품을 말한다. 따라서 운송 중인 상품이 어떤 상태에 있느냐에 따라 재고자산에 포함되는지 여부가 달라질 수 있다. 가령, 선적지인도기준(FOB,[1] shipping point)의 경우에는 판매자가 선박에 상품을 선적함으로써 법적 소유권이 매입자에게 이전되므로 매입자의 재고자산으로 보고되어야 하며, 이 경우 매입운임은 일반적으로 매입자가 부담하므로 매입상품의 취득원가에 포함시켜야

---

1 본선인도, 즉 Free On Board를 말한다.

한다. 한편, 도착지인도기준(FOB, destination)의 경우에는 매입자가 상품을 선박으로부터 인수하기 전까지는 법적 소유권이 이전되지 않으므로 판매자의 재고자산으로 보고되어야 하며, 이 경우에 운임은 일반적으로 판매자가 부담하므로 매출운임 혹은 운반비로 처리하여야 한다.

② 위탁상품

위탁상품(consigned goods)은 위탁자가 수탁자에게 판매를 위탁하기 위하여 발송한 상품을 말하는데, 이를 적송품이라고도 한다. 비록 수탁자가 위탁상품을 보관하고 있더라도 위탁상품에 대한 소유권은 위탁자에게 속하며, 수탁자는 상품이 제3자에게 팔릴 때까지 위탁자를 대신하여 이를 관리하고 있을 뿐이다. 따라서 위탁상품은 위탁자의 재고자산으로 보고되어야 하며, 수탁자는 이를 비망기록(memorandum)만 하면 된다. 한편, 위탁자는 위탁상품(적송품)에 적송운임을 포함한 가액으로 재고자산금액을 기록하여야 한다.

③ 시송품

시용판매(sales on approval)는 고객에게 상품을 인도하여 고객으로 하여금 이를 시험적으로 사용하게 한 뒤 고객이 매입하겠다는 의사표시를 하면 판매가 성립된 것으로 보는 판매방식이다. 이때 고객에게 보내진 상품을 시송품(approved goods)이라 하고, 이 경우 고객이 상품을 보유하고 있더라도 고객이 매입의사표시를 하지 않는 한 시송품은 판매자의 재고자산에 포함되어야 한다.

④ 할부판매상품

할부판매(installment sales)는 상품을 인도한 후 할부계약에 의하여 판매대금을 일정기간 동안 분할해서 수취(회수)하는 것을 조건으로 하는 판매방법이다. 할부판매의 경우에는 대금회수불능에 따른 손실의 위험이 크므로 통상적으로 대금지급이 완료되기 전까지는 상품의 법적 소유권을 판매자가 보유한다. 그러나 경제적 실질의 관점에서 보면 소비자가 할부로 매입한 상품을 실제로 사용하고 있으며, 상품과 관련된 경제적 효익이나 위험은 사실상 소비자에게 모두 이전되었다고 볼 수 있다. 따라서 할부대금의 회수가능성, 즉 대손위험이 어느 정도 합리적으로 추정될 수 있을 때에는 상품의 법적 소유권에 관계없이 판매가 완료된 것으로 보아 판매자의 재고자산에서 제외시켜야 한다.

일반적으로 할부판매의 경우에는 원칙적으로 상품이 소비자에게 인도되는 시점에서 수익을 인식하며, 다만 대금회수의 불확실성이 높은 장기할부판매의 경우에는 인도시점에 현재가치로 평가한 금액으로 매출을 인식한다.

⑤ 특별주문품

매입자의 특별주문에 의해 생산된 제품(special order goods)은 일반적으로 생산이 완료된 시점에서 법적 소유권이 매입자에게 이전되는 것으로 간주한다. 그 이유는 생산완료시점이 매입자에게 인도가능한 시점이며, 이때는 일반적으로 매입자의 검수가 완료된 시점이므로 사실상 인도시점과 동일하기 때문이다. 따라서 특별주문품은 생산완료시점에서 매입자에게 귀속되는 것으로 간주하여 매입자의 재고자산으로 처리한다. 회계기준에서 이와 같은 매출을 예약매출의 경우로 보고 있으며, 생산 및 제조기간이 단기간일지라도 진행기준으로 수익을 인식하도록 규정하고 있다.

⑥ 저당상품

금융기관 등으로부터 자금을 차입하고 담보로 제공한 저당상품은 저당권이 실행되기 전까지는 담보제공자가 소유권을 가지고 있다. 따라서 저당권이 실행되어 소유권이 이전되기 전에는 단순히 저당만 잡힌 상태이므로, 담보제공자의 재고자산에 포함한다.

⑦ 반품률이 높은 재고자산

반품률이 높은 상품판매의 경우에는 반품률의 합리적 추적가능성 여부에 따라 재고자산의 포함여부를 결정한다. 따라서 반품률을 과거의 경험 등에 의하여 합리적으로 추적가능한 경우에는 상품 인도시점에 반품률을 적절히 반영하여 판매된 것으로 보아 판매자의 재고자산에서 제외한다. 그러나 반품률을 합리적으로 추정할 수 없는 경우에는 구매자가 상품인수를 수락하거나 반품기간이 종료된 시점까지는 판매자의 재고자산에 포함한다.

예제 8-6 다음에 열거하는 항목 중 판매자의 재고자산으로 분류되는 금액은 얼마인가?

○ 수탁상품	200,000원	○ 위탁상품	200,000원
○ 시송품(매입의사를 표시함)	150,000원	○ 미착품(도착지 인도기준)	150,000원
○ 미착품(선적지 인도기준)	100,000원	○ 저당상품(자금차입을 위한)	250,000원
○ 할부상품	130,000원	○ 반품률을 추정할 수 없는 상품	250,000원

해 답

판매자의 재고자산으로 분류되는 것은 위탁상품, 미착품(도착지 인도기준), 저당상품, 반품률을 추정할 수 없는 상품이다. 따라서,
850,000원(= 200,000 + 150,000 + 250,000 + 250,000)

02 재고자산의 가격결정

(1) 재고자산 가격결정방법

재고자산 가격결정방법은 재고자산의 단가를 결정하는 방법을 말하는데, 원가흐름에 대해서 어떠한 가정을 하느냐에 따라 재고자산의 단가가 다르게 결정된다. 따라서 재고자산 가격설정방법을 원가흐름(cost flow)의 가정 또는 원가배분(cost allocation)에 대한 가정이라고도 한다.

재고자산은 제조원가 또는 매입가액에 부대비용을 가산하고, 이에 ① 개별법, ② 선입선출법, ③ 후입선출법, ④ 이동평균법, ⑤ 총평균법, ⑥ 매출가격환원법 등을 적용하여 산정한 취득원가(acquisition costs)를 재무상태표가액으로 한다.

(2) 상품재고장

재고자산 가격결정방법의 설명을 위해 일반적으로 상품재고장(또는 상품시재장)을 이용한다. 상품재고장이란 상품의 입고·불출·재고를 기입하는 장부로 보조원장에 속한다.

상품재고장은 각 상품별로 작성되는데, 입고란·불출란·재고란을 두고, 각 란은 수량·단가·금액의 란으로 세분된다. 입고란에는 전기이월액과 당기매입액이 기입되고, 불출란에는 판매한 상품의 원가가 기입되고, 재고란에는 남아있는 상품의 재고액을 기입한다. 입고란의 합계액은 전기이월액을 제외하면 당기매입액이 되고, 불출란의 합계액은 매출원가가 되며, 재고란의 맨 마지막 금액은 기말재고액이 된다.

상 품 재 고 장

일자	적 요	입 고			불 출			재 고		
		수량	단가	금액	수량	단가	금액	수량	단가	금액

(3) 원가흐름의 가정

① 개별법

개별법(identification of cost method)은 비교적 고가로 각각의 단가에 현저한 차이가 있는 귀금속이나 보석 등의 경우에 사용되는 방법으로, 매매할 때마다 단가를 다르게 적용한다(계속기록법이나 실지재고조사법에 관계없이 기말재고자산 및 매출원가는 동일).

② 선입선출법

선입선출법(first-in first out method: FIFO)은 먼저 구매한 것을 먼저 판매(또는 소비)한다고 가정하는 방법이다. 따라서 이 방법을 적용하면 기말재고자산이 최근의 가격, 즉 시가나 혹은 현행원가에 근접하여 재무상태표에 표시된다는 점에서 타당성이 있는 방법이다. 그러나 매출원가는 과거의 매입가격으로 표시되고, 매출액은 현재 판매가로 보고된다는 점에서 수익과 비용이 적절히 대응되지 않는 문제점이 있다(계속기록법이나 실지재고조사법에 관계없이 기말재고자산 및 매출원가는 동일).

③ 후입선출법

후입선출법(last-in first out method: LIFO)은 나중에 구매한 것을 먼저 판매(또는 소비)한다고 가정하는 방법이다. 이 방법을 적용하면 매입가격이 상승할 때에는 기말재고자산이 낮은 가격으로 평가되어 기업의 재무상태 측면에서 내실화를 기할 수 있다는 장점이 있다. 또한, 수익과 비용 모두 현행가격에 근접하게 됨으로써 수익과 비용의 대응이 적절히 이루어진다는 논리적 타당성이 인정된다. 그러나 후입선출법의 단점으로는 재고자산의 일반적인 물량흐름과는 상치되는 가정이라는 점과 기업의 역사가 오래될수록 재무상태표에 표시되는 재고자산가액과 시가와의 사이에 지나친 괴리가 발생된다는 점이다(계속기록법과 실지재고조사법에서 기말재고자산 및 매출원가가 상이하게 계산된다. 왜냐하면, 실지재고조사법에서는 기말시점에서부터 시작하여 최근 매입한 상품 순서로 매출되었다고 가정하나, 계속기록법의 경우는 상품이 매출될 때마다 그 시점을 기준으로 기업이 보유하고 있는 상품 중 가장 최근에 매입한 상품이 판매된 것으로 간주하기 때문이다).

④ 이동평균법

이동평균법(average cost method)은 평균원가법을 계속기록법 하에서 적용될 경우에 취득시마다 새로운 가중평균단가를 계산하는 방법이다. 이 방법은 물가변동을 완화하고 불출 단가(매출원가)를 평준화하는 장점이 있으나, 상품구입횟수가 빈번한 경우 매번 평균단가를 계산해야 하는 복잡성이 있다.

⑤ 총평균법

총평균법(weighted average method)은 평균원가법을 실지재고조사법 하에서 적용될 경우에 기말시점에서 전체적으로 총평균 단위당 원가를 계산하는 방법으로 가중평균법이라고도 한다.

$$\text{총평균 단위당 원가} = \frac{\text{판매가능총원가}}{\text{판매가능총수량}} = \frac{\text{기초재고액} + \text{당기매입액}}{\text{기초재고량} + \text{당기매입량}}$$

예제 8-7 다음 자료에 의하여 요구사항에 답하시오.

일 자	구 분	수량(개)	단가(원)	금 액(원)
9월 1일	기초재고	1,000	500	500,000
9월 10일	매 입	500	600	300,000
9월 11일	매 출	700		
9월 19일	매 출	500		
9월 20일	매 입	800	700	560,000
9월 27일	매 출	1,000		
9월 28일	매 입	400	650	260,000

[요구사항]

(1) 계속기록법하에서 후입선출법에 의한 월말재고액

(2) 실지재고조사법하에서 후입선출법에 의한 월말재고액

(3) 실지재고조사법하에서 선입선출법에 의한 월말재고액

(4) 계속기록법하에서 이동평균법에 의한 월말재고액

(5) 실지재고조사법하에서 총평균법에 의한 월말재고액

해 답

(1) 계속기록법하에서 후입선출법에 의한 월말재고액

상 품 재 고 장

(단위: 원)

일 자		적 요	입 고			불 출			재 고		
			수량	단가	금 액	수량	단가	금 액	수량	단가	금 액
9	1	기초재고	1,000	500	500,000				1,000	500	500,000
	10	매 입	500	600	300,000				1,000	500	800,000
									500	600	
	11	매 출				500	600	400,000	800	500	400,000
						200	500				
	19	매 출				500	500	250,000	300	500	150,000
	20	매 입	800	700	560,000				300	500	710,000
									800	700	
	27	매 출				800	700	660,000	100	500	50,000
						200	500				
	28	매 입	400	650	260,000				100	500	310,000
									400	650	

(2) 실지재고조사법하에서 후입선출법에 의한 월말재고액

상 품 재 고 장

(단위 : 원)

일 자		적 요	입 고			불 출			재 고		
			수량	단가	금액	수량	단가	금액	수량	단가	금액
9	1	기초재고	1,000	500	500,000				1,000	500	500,000
	10	매 입	500	600	300,000				1,000	500	800,000
									500	600	
	20	매 입	800	700	560,000				1,000	500	1,360,000
									500	600	
									800	700	
	28	매 입	400	650	260,000				1,000	500	1,620,000
									500	600	
									800	700	
									400	650	
	28	매 출				400	650		500	500	250,000
						800	700				
						500	600				
						500	500				

(3) 실지재고조사법하에서 선입선출법에 의한 월말재고액

상 품 재 고 장

(단위: 원)

일 자		적 요	입 고			불 출			재 고		
			수량	단가	금액	수량	단가	금액	수량	단가	금액
9	1	기초재고	1,000	500	500,000				1,000	500	500,000
	10	매 입	500	600	300,000				1,000	500	800,000
									500	600	
	20	매 입	800	700	560,000				1,000	500	1,360,000
									500	600	
									800	700	
	28	매 입	400	650	260,000				1,000	500	1,620,000
									500	600	
									800	700	
									400	650	
	28	매 출				1,000	500		100	700	330,000
						500	600		400	650	
						700	700				

(4) 계속기록법하에서 이동평균법에 의한 월말재고액

상 품 재 고 장

(단위: 원)

일자		적 요	입고 수량	입고 단가	입고 금액	불출 수량	불출 단가	불출 금액	재고 수량	재고 단가	재고 금액
9	1	기초재고	1,000	500	500,000				1,000	500.00	500,000
	10	매 입	500	600	300,000				1,500	533.33	800,000
	11	매 출				700	533.33	373,333	800	533.33	426,667
	19	매 출				500	533.33	266,667	300	533.33	160,000
	20	매 입	800	700	560,000				1,100	654.55	720,000
	27	매 출				1,000	654.55	654,550	100	654.55	65,450
	28	매 입	400	650	260,000				500	650.90	325,450

(5) 실지재고조사법하에서 총평균법에 의한 월말재고액

상 품 재 고 장

(단위: 원)

일자		적 요	입고 수량	입고 단가	입고 금액	불출 수량	불출 단가	불출 금액	재고 수량	재고 단가	재고 금액
9	1	기초재고	1,000	500	500,000				1,000	500	500,000
	10	매 입	500	600	300,000				1,000	500	800,000
									500	600	
	20	매 입	800	700	560,000				1,000	500	1,360,000
									500	600	
									800	700	
	28	매 입	400	650	260,000				1,000	500	1,620,000
									500	600	
									800	700	
									400	650	
	28	매 출				2,200	600	1,320,000	500	600	300,000

$$\text{총평균 단위당 원가} = \frac{\text{판매가능총원가}}{\text{판매가능총수량}} = \frac{1{,}620{,}000\text{원}}{2{,}700\text{개}} = @600\text{원}$$

⑥ 매출가격환원법

매출가격환원법(retail inventory method)은 소매재고법이라고도 하며, 소매업을 전문으로 하는 백화점이나 슈퍼마켓 등에서 많이 적용되는 방법이다. 이 방법에서는 매출가격으로 계산된 기말재고액에 원가율을 곱하여 원가기준의 기말재고액을 계산하게 된다.

매출가격기준의 기말재고액 = 매출가격기준의 판매가능액 − 당기매출액
원가기준의 기말재고액 = 매출가격기준의 기말재고액 × 원가율
원가율 = 원가기준의 판매가능액 ÷ 매출가격기준의 판매가능액

예제 8-8 다음 자료에 의하여 매출가격환원법에 따라 기말상품재고액을 계산하시오 (단위: 원).

	원가기준	매출가격기준
기초상품재고액	30,000	36,000
당기매입액	85,000	100,000
판매가능액	115,000	136,000
당기매출액		110,000

해 답

① 원가율 $= \frac{115,000}{136,000} \times 100 = 84.56\%$

② 매출가격기준기말재고액 = 136,000 − 110,000 = 26,000원

③ 기말상품재고액 = 26,000 × 84.56% = 21,986원

03 수량부족과 재고자산감모손실

재고자산의 분실·도난·파손 혹은 증발 등으로 실제 기말재고수량이 장부상 재고수량보다 감소되었을 경우에는 이를 재고자산감모손실로 회계처리한다. 이때

발생하는 재고자산감모손실은 계속기록법과 실지재고조사법에서 모두 계산되는데, 이 경우 재고자산감모손실은 정상적으로 발생한 것은 매출원가에 가산하고, 비정상적으로 발생한 것은 영업외비용으로 분류하도록 하고 있다.

〈원가성이 있는 경우〉

(차) 매 출 원 가	×××	(대) 상 품 (재 고 자 산)	×××

〈원가성이 없는 경우〉

(차) 영 업 외 비 용	×××	(대) 상 품 (재 고 자 산)	×××

04 저가기준과 재고자산평가손실

재고자산은 원칙적으로 취득원가를 기준으로 재무상태표에 표시하도록 하고 있다. 그러나 재고자산의 손상, 1년 이내 또는 정상영업주기 이내에 판매되지 않았거나 생산에 투입될 수 없어 장기 정체된 경우, 진부화 등으로 재고자산의 시가가 취득원가보다 하락한 경우에는 저가법을 적용하여 시가를 재무상태표가액으로 하도록 하고 있다.[2] 이때 발생하는 재고자산평가손실은 매출원가에 가산하고, 재고자산평가충당금은 재고자산에서 차감하는 형식으로 표시한다.

(차) 매 출 원 가	×××	(대) 재고자산평가충당금	×××

그리고 저가법 적용에 따른 평가손실을 초래했던 상황이 해소되어 새로운 시가가 장부금액보다 상승한 경우에는 최초의 장부금액을 초과하지 않는 범위 내(재고자산평가충당금 범위 내)에서 평가손실을 환입하도록 하고 있으며, 이때의 재고자산평가손실의 환입은 매출원가에서 차감한다.

---

2 재고자산을 저가법으로 평가하는 경우 제품, 상품 및 재공품의 시가는 순실현가능가액을 말하며, 생산과정에 투입될 원재료의 시가는 현행대체원가를 말한다. 다만, 원재료를 투입하여 완성할 제품의 시가가 원가보다 높을 때는 원재료에 대하여 저가법을 적용하지 않는다. 또한, 재고자산평가를 위한 저가법은 종목별로 적용하는 것을 원칙으로 하되, 재고자산항목이 서로 유사하거나 관련되어 있는 경우에는 저가법을 조별로 적용할 수 있도록 하고 있다.

(차) 재고자산평가충당금 ××× (대) 매 출 원 가 ×××

예제 8-9

다음의 자료를 이용하여 재고자산평가손실과 감모손실에 대해 회계처리를 하시오.

20×1년 매입	1,000개(@500원)
20×1년 매출	800개
20×1년 기말	160개(창고실사결과) @400원(순실현가능가치)

단, 기초재고는 없는 것으로 가정하며, 수량감소분 중 50%는 원가성이 있다고 가정한다.

해 답

(차)	매 출 원 가	26,000	(대) 상품(재고자산)	20,000*
	영 업 외 비 용	10,000	재고자산평가충당금	16,000**

* 재고자산감모손실: (200개 - 160개) × 500 = 20,000원
원가성(50%) = 20,000 × 50% = 10,000원

** 재고자산평가손실: (500 - 400) × 160개 = 16,000원(원가성)

객관식 Exercises

01 Problem

상품매입과 매출에 대한 회계처리방법으로서 계속기록법과 실재재고조사법에 관한 설명으로 옳지 않은 것은?

① 계속기록법에는 상품관련계정의 결산정리분개가 요구된다.
② 계속기록법에서는 판매가 이루어질 때마다 당해 판매로 인한 매출원가를 계산하여야 한다.
③ 계속기록법을 사용하더라도 기말의 정확한 재고를 파악하기 위하여 실재재고조사법을 병행하여 사용할 수 있다.
④ 실지재고조사법에서는 기말에 실제로 남아있는 재고금액을 조사하여 매출원가를 기말에 산출한다.

02 Problem

재고자산과 관련된 내용으로 틀린 것은?

① 제품, 상품 및 재공품의 시가는 순실현가능가액을 말하며, 생산과정에 투입될 원재료의 시가는 현행대체원가를 말한다.
② 후입선출법을 사용하여 재고자산의 원가를 결정한 경우에는 재무상태표가액과 선입선출법 또는 평균법에 저가법을 적용하여 계산한 재고자산평가액과의 차이를 주석으로 기재한다.
③ 재고자산 평가를 위한 저가법은 종목기준, 조별기준, 총계기준 중 선택하여 적용할 수 있다.
④ 매출가격환원법은 원칙적으로 많은 종류의 상품을 취급하여 실제원가에 기초한 원가결정방법의 사용이 곤란한 유통업종에서만 사용할 수 있다.

03 Problem

물가가 지속적으로 상승하는 경제상황에서 재고자산의 평가방법으로 선입선출법 대신 후입선출법을 적용하는 경우의 상황설명으로 적절하지 않은 것은?

① 최근에 구입한 재고자산의 원가를 현행판매가격과 대응시킬 수 있어서 수익·비용대응의 원칙이 상대적으로 적절히 지켜질 수 있다.
② 재고자산이 감소하지 않은 경우, 일반적으로 선입선출법에 비하여 순이익이 과소평가되어 세금의 이연효과를 가져다준다.
③ 재무상태표상의 기말재고자산이 낮은 가액으로 평가되어 재고자산평가손실을 계상해야하는 경우가 적다.

④ 재고가 급격히 감소한 경우에는 오래전에 형성된 재고층이 감소되어 불가피하게 일시적으로 매우 낮은 이익을 보고하게 되는 경우도 생긴다.

04 Problem

재고자산의 회계처리와 관련된 설명으로 옳은 것은?

① 도착지인도조건의 미착상품에 대한 운송비, 보험료 등을 판매자가 부담하는 경우 매입자는 이를 매입단가에 포함시켜 재고자산에 가산한다.
② 선적지인도기준의 미착상품에 대한 운송비, 보험료 등을 매입자가 부담한 경우 이를 매입자의 손익계산서에 판매비와 관리비로 보고한다.
③ 반품조건부 판매시 반품액을 합리적으로 추정하는 것이 불가능한 경우에는, 구매자가 상품의 인수를 수락하거나 반품기간이 종료되기 전까지는 해당 상품을 판매자의 재고자산으로 보고한다.
④ 재고자산에 저가주의를 적용함으로써 발행한 재고자산평가손실은 영업외비용으로 인식하고, 재고자산의 장부금액에서 직접 차감하여 표시한다.

05 Problem

기중에 인플레이션이 지속되고 있고 재고자산이 꾸준히 증가(기말재고수량>기초재고수량)하고 있다고 가정할 경우 당기 손익계산서에 계상되는 매출원가의 크기를 바르게 표시하고 있는 것은?

① 선입선출법 < 이동평균법 < 총평균법 < 후입선출법
② 선입선출법 < 후입선출법 < 이동평균법 < 총평균법
③ 선입선출법 > 후입선출법 > 이동평균법 > 총평균법
④ 선입선출법 > 총평균법 > 이동평균법 > 후입선출법

06 Problem

대화내용을 완성할 경우 가장 타당한 것은?

부장: 올해 총매출액은 이미 결정되었는데 … 요즘 계속되는 물가상승으로 인하여 이번 결산시 재고자산 평가방법 및 재고수량 결정방법이 고민인데 … 당기순이익을 작게 계상하는 방법은? 대리: 물가상승시에는 (Ⓐ)을 적용하면 (Ⓑ)보다 당기순이익이 작게 계상됩니다. 부장님! 과장: 물론 최대리의 의견도 맞습니다만, (Ⓐ) 적용시 기말재고자산의 수량이 기초재고수량보다 (Ⓒ)면 오히려 실제 당기순이익 보다 높게 계상되는 재고청산의 문제도 고려되어야 할 겁니다. 부장: 그럼 두 사람의 의견을 조합하여 결정합시다.

	Ⓐ	Ⓑ	Ⓒ
①	후입선출법	선입선출법	많아진다
②	선입선출법	후입선출법	많아진다
③	선입선출법	후입선출법	적어진다
④	후입선출법	선입선출법	적어진다

07 Problem

(주)경인의 기말재고자산 실사결과, 실제 재고수량은 900개로 확인되었다. 기말재고와 관련된 내역이 다음과 같을 때, 재고자산감모손실과 재고자산평가손실은 각각 얼마인가?

장부상 재고	1,100개	취득원가(장부금액)	@100원
추정판매가액	@120원	추정판매비용	@30원

	감모손실	평가손실
①	20,000원	9,000원
②	20,000원	11,000원
③	18,000원	9,000원
④	18,000원	11,000원

08 Problem

재고자산에 대한 설명으로 옳지 않은 것은?

① 재고자산의 시가가 취득원가보다 하락한 경우에는 저가법을 적용한다.
② 재고자산을 저가법으로 평가하는 경우 제품·재공품의 시가는 순실현가능가액을, 생산과정에 투입될 원재료의 시가는 현행대체원가를 말한다.
③ 저가기준을 매출가격환원법에 적용하는 경우 원가율 계산시 가격인하는 매출가격에 의한 판매가격에서 차감한다.
④ 재고자산 평가를 위한 저가법은 종목별로 적용하며 총액기준으로 적용할 수 없다.

09 Problem

재고자산의 원가배분 방법에 대한 설명으로 옳지 않은 것은?

① 후입선출법에서 원가흐름의 가정은 일반적인 재고자산의 물적 흐름을 반영하지 못한다.

② 기초재고수량과 기말재고수량이 같고 물가가 상승하는 경우 선입선출법은 현재수익에 현재원가가 대응되므로 후입선출법보다 낮은 이익을 계상하게 된다.

③ 이동평균법은 계속기록법으로 평균법을 적용한 방법이며, 총평균법은 실지재고조사법에 의해 평균법을 적용한 방법이다.

④ 총평균법은 기말시점에서 회계기간의 가중평균단가(총평균단가)를 계산하기 때문에 기말시점 이전에는 매출원가를 알 수 없다.

10 Problem

(주)아름의 20×1년 결산시 재고자산과 관련된 자료이다. 재고자산과 관련된 기말수정분개가 손익계산서에 미치는 영향으로 올바른 것은? 단, 상품의 특성상 감모된 재고수량은 원가성이 있다고 판단된다.

- 결산분개 전 장부상 기말재고액 30,000원(100개 × 300원/개)
- 실지재고수량 95개
- 재고자산의 시가 252원/개

	매출원가	영업외비용
①	4,560원 증가	1,260원 증가
②	4,560원 증가	1,500원 증가
③	6,060원 증가	영향 없음
④	6,300원 증가	영향 없음

11 Problem

(주)인천의 상품관련 자료이다. 기말 결산분개로 올바르게 회계처리한 것은?

- 장부상 수량: 2,000개
- 실제수량: 1,700개
- 장부상 단가: 5,000원
- 단위당 판매가능금액: 5,200원
- 단위당 판매비용: 500원
- 단, 재고자산의 감모는 전액 비정상적으로 발생

① (차) 재고자산감모손실 1,500,000원 (대) 상 품 1,500,000원
(차) 매 출 원 가 510,000원 (대) 재고자산평가충당금 510,000원
② (차) 재고자산감모손실 2,010,000원 (대) 상 품 2,010,000원
③ (차) 재고자산감모손실 510,000원 (대) 상 품 510,000원
(차) 매 출 원 가 1,500,000원 (대) 재고자산평가충당금 1,500,000원
④ (차) 재고자산감모손실 1,500,000원 (대) 재고자산평가충당금 1,500,000원
(차) 매 출 원 가 510,000원 (대) 상 품 510,000원

12 Problem

재고자산의 회계처리와 관련된 설명으로 옳지 않은 것은?

① 선적지인도기준의 미착상품에 대한 운송비, 보험료 등을 매입자가 부담한 경우 이를 매입자의 재고자산에 가산한다.
② 재고자산에 저가법을 적용함으로써 발생한 재고자산평가손실은 매출원가에 가산하며, 재고자산평가충당금은 재고자산에서 차감하는 형식으로 표시한다.
③ 도착지인도기준의 미착상품에 대한 운송비, 보험료 등을 판매자가 부담한 경우, 판매자의 손익계산서에 판매비와 관리비로 보고한다.
④ 재고자산의 장부상 수량과 실제수량의 차이에서 발생하는 모든 재고자산감모손실은 영업외비용으로 처리한다.

13 Problem

㈜용인의 9월 중 상품매매와 관련된 자료는 다음과 같다. 계속기록법하에서 후입선출법을 적용할 경우 9월말 상품재고액은 얼마인가?

9월 01일	기초재고	100개	@100원
9월 05일	매 입	50개	@110원
9월 15일	매 출	100개	
9월 22일	매 입	50개	@120원
9월 25일	매 입	100개	@130원
9월 30일	매 출	100개	

① 9,000원 ② 10,000원 ③ 11,000원 ④ 12,000원

14
Problem

기말재고자산가액이 비교적 시가에 가까운 최근원가로 보고되는 재고자산평가 방법은?

① 선입선출법 ② 후입선출법
③ 이동평균법 ④ 총평균법

주관식 Exercises

01 Problem 재고자산의 의의와 분류에 대하여 설명하시오.

02 Problem 기말재고액과 매출원가의 결정방법에 대하여 설명하시오.

03 Problem 재고자산의 수량과 가격결정 방법에 대하여 설명하시오.

04 Problem 다음의 자료를 이용하여 매출총이익을 계산하고, 매출원가를 산정하기 위한 회계처리를 하시오(단위: 원).

당기총매입액	810,000	기초상품재고액	390,000
매출에누리와 환입	600,000	기말상품재고액	300,000
매입할인	100,000	매출할인	150,000
총매출액	2,400,000		

05 Problem 다음의 항목들이 기말재고자산에 포함되어 있다. 정확한 기말재고액을 산출하기 위해서 제외시켜야 할 재고자산의 금액은?

위탁상품(원가에 40%의 이익을 가산한 판매가로 표시됨)	14,000원
미착상품(FOB 선적지 인도기준)	12,000원
수탁상품(원가로)	9,000원
시용상품(원가로)	10,000원

06 Problem 다음의 자료를 토대로 기초상품재고액을 계산하면 얼마인가?

매출액	2,000,000원
매출총이익률	20%
당기매입액	1,800,000원
기초재고액은 기말재고액의	80%

07 Problem

(주)대원은 재고자산의 구입원가에 30%의 이윤을 가산하여 판매가격을 결정한다. 기초재고액이 500,000원, 당기매입액이 1,200,000원, 기말재고액이 440,000원이라면 연간 총매출액은 얼마인가?

08 Problem

다음의 자료를 이용하여 ① 계속기록법하에서 후입선출법에 의한 기말재고액과 ② 실지재고조사법하에서 후입선출법에 의한 기말재고액을 각각 구하시오.

월초재고		1,000개	@500원
당월매입	10일	500개	@600원
	26일	400개	@700원
당월매출	15일	800개	
	22일	600개	

General Financial Accounting Standards

Principles of Accounting

CHAPTER 9

금융자산(유가증권)

금융자산이란 현금및현금성자산, 수취채권, 대여금, 유가증권, 금융기관이 취급하는 금융상품(양도성 정기예금증서, 펀드, 기타 정형화된 금융상품)을 의미한다. 제7장에서 대부분의 금융자산에 대한 설명을 하였으므로, 본 장에서는 금융상품 중 유가증권에 대해서만 설명하도록 한다.

제1절 금융상품과 금융자산의 의의

기업에서 여유자금은 현금의 형태로만 보유하는 것이 아니라 다양한 형태의 금융상품에 투자·운영함으로써 수익성을 향상시키는 것이 일반적이다.

금융상품이란 은행과 증권회사에서 투자할 수 있는 채권, 주식 및 펀드 등뿐만 아니라 금융자산, 금융부채, 지분상품을 발생시키는 모든 종류의 계약을 말한다. 즉, 상대방과 돈이 오고 갈 수 있는 계약을 체결했는데, 돈을 받게 될 가능성이 있는 유리한 계약이라면 이를 금융자산으로 인식하고, 반대로 돈을 지급해야 할 가능성이 더 높은 계약이라면 이를 금융부채로 인식하는 것이다.

금융상품은 양면성을 가지는데 한 거래당사자에게는 금융자산을 발생시키고, 다른 거래당사자에게는 금융부채 또는 지분상품을 발생시킨다. 즉, 금융자산은 금융상품보유자 입장에서 정의되고, 금융부채와 지분상품은 금융상품발행자의 입장에서 정의되는 것이다.

이러한 금융상품은 계약상 권리와 의무에서 발생해야 함을 명확히 해야 하는데, 계약상 권리와 의무가 아닌 법적권리와 의무에서 발생하는 미지급법인세와 법인세환급액, 의제권리와 의무에서 발생하는 충당부채, 상품이나 용역제공과 관련된 선수금과 선급금 등은 금융상품에 포함되지 아니한다.

[표 9-1]에서 보는 바와 같이, 금융자산이란 현금및현금성자산, 수취채권, 대여금, 유가증권, 금융기관이 취급하는 금융상품(양도성 정기예금증서, 펀드, 기타 정형화된 금융상품)을 의미한다. 본 장에서는 금융상품 중 유가증권에 대해서만 설명하도록 한다.

[표 9-1] 금융상품의 분류

금융자산(금융상품보유자가 기록)	금융부채(금융상품발행자가 기록)
현금, 외상매출금, 받을어음, 대여금	외상매입금, 지급어음, 차입금
투자자산(주식, 채권)	발행한 사채
다음 중 하나에 해당하는 계약상 권리 ① 거래상대방에게서 금융자산을 수취하기로 한 계약상 권리(수취채권 등) ② 잠재적으로 유리한 조건으로 거래상대방과 금융상품을 교환하기로 한 계약상 권리	다음 중 하나에 해당하는 계약상 의무 ① 거래상대방에게서 금융자산을 인도하기로 한 계약상 권리(지급채무 등) ② 잠재적으로 불리한 조건으로 거래상대방과 금융상품을 교환하기로 한 계약상 의무
기업 자신의 지분상품(자기지분상품)으로 결제하는 다음 중 하나의 계약 ① 수취할 자기지분상품의 수량이 변동가능한 비파생상품 ② 확정수량의 자기지분상품에 대하여 확정금액의 금융자산을 교환하여 결제하는 방법이 아닌 방법으로 결제되는 파생상품	기업 자신의 지분상품(자기지분상품)으로 결제하는 다음 중 하나의 계약 ① 인도할 자기지분상품의 수량이 변동가능한 비파생상품 ② 확정수량의 자기지분상품에 대하여 확정금액의 금융자산을 교환하여 결제하는 방법이 아닌 방법으로 결제되는 파생상품

제 2 절 유가증권

01 유가증권의 의의

유가증권(securities)이란 기업 내 여유자금을 활용하거나 다른 기업을 지배 또는 통제할 목적으로 보유한 증권(주식과 채권)을 말하며, 실물이 발행되거나 명부에 등록만 될 수도 있다. 이러한 유가증권은 적절한 액면금액단위로 분할되고 시장에서 거래되거나 투자의 대상이 되며, 지분증권과 채무증권이 포함된다.

(1) 지분증권

지분증권이란 기업, 조합 및 기금 등의 순자산에 대한 소유지분을 나타내는 유가증권(예: 보통주, 우선주, 수익증권 또는 자산유동화출자증권), 일정금액으로 소유지분을 취득할 수 있는 권리(예: 신주인수권 또는 콜옵션), 소유지분을 처분할 수 있는 권리(예: 풋옵션)를 나타내는 유가증권 및 이와 유사한 유가증권을 말한다.

(2) 채무증권

채무증권이란 발행자에 대하여 금전을 청구할 수 있는 권리를 표시하는 유가증권 및 이와 유사한 유가증권을 말한다. 채무증권은 국채, 공채, 사채(전환사채 포함), 자산유동화채권 등을 포함한다.

02 유가증권의 분류

유가증권은 그 유가증권을 통제할 수 있는 때에 재무상태표에 자산으로 인식한다. 따라서 정형화된 유가증권 거래로서 정형화된 결제시스템에 의해 계약의 이행이 실질적으로 보장되는 경우에는 결제일에 유가증권의 소유권을 이전하더라도 매매일에 유가증권의 거래를 인식한다.

이렇게 취득한 유가증권은 단기매매증권, 만기보유증권 그리고 매도가능증권 중의 하나로 분류하여 재무상태표에 계상한다.

(1) 단기매매증권

단기매매증권은 매수와 매도가 빈번하게 이루어지며, 주로 단기간 내 매매차익을 목적으로 취득한 유가증권을 말한다. 이러한 단기매매증권은 유가증권의 매매를 주된 업무로 하고 있는 기업의 경우에 발생하므로, 일반 금융업을 제외한 일반기업에서는 발생할 가능성이 작다.

(2) 만기보유증권

만기보유증권은 만기가 확정되어 있으며, 상환금액이 확정되었거나 확정이 가능하며, 만기까지 보유할 의도와 능력이 있는 채무증권을 말한다. 그러나 해당 회계연도와 직전 2개 회계연도 중에 만기보유증권을 만기일 전에 매도하였거나 발행자에게 중도상환권을 행사한 사실이 있는 경우 또는 만기보유증권의 분류를 매도가능증권으로 변경한 사실이 있으면, 보유 중이거나 신규로 취득하는 모든 채무증권은 만기보유증권으로 분류될 수 없다.

(3) 매도가능증권

단기매매증권이나 만기보유증권으로 분류되지 아니하는 유가증권은 모두 매도가능증권으로 분류한다.

03 유가증권의 취득원가와 평가

(1) 유가증권의 취득원가

유가증권의 취득원가는 유가증권 취득을 위하여 제공한 대가의 시장가격에 취득부대비용을 포함한 가액으로 측정한다. 다만, 단기매매증권을 취득하면서 발생한 부대비용은 당기비용인 지급수수료로 회계처리한다. 여기서 말하는 취득부대비용은 유가증권의 대가 이외에 취득과 직접적으로 관련하여 추가적으로 발생하는 비용으로, 대리인 또는 중개인에게 지급하는 수수료와 증권거래소의 거래수수료 및 세금 등을 포함한다. 그러나 제공한 대가에 대해 시장가격이 없는 경우에는 취득한 유가증권의 공정가치로 취득원가를 측정한다. 모든 경우에 있어서 유가증권의 취득원가는 해당 유가증권 취득시점의 유가증권 공정가치와 취득부대비용의 합계금액을 초과할 수 없다.

예제 9-1 다음의 거래에 대해 회계처리를 하시오. 모든 거래는 독립적인 것이라 가정한다.

(1) (주)용인은 여유자금을 증식시킬 목적으로 (주)중앙이 발행한 사채 1,500,000원(만기 3년, 이자율 6%)을 현금으로 취득하고, 취득과 관련하여 발생한 거래수수료 50,000원을 현금으로 지급하였다. 단, 만기까지 보유할 목적으로 투자한다.

(2) 도매업을 하고 있는 (주)용인은 증권거래소에 상장되어 있는 (주)경기의 주식 1,000주(액면금액 5,000원)를 주당 7,000원에 구입하고, 구입과 관련한 수수료 100,000원을 포함한 금액을 당좌수표를 발행하여 지급하였다.

(3) 경인투자회사는 단기매매목적으로 증권거래소에 상장되어 있는 주식들을 다음과 같이 취득하고, 취득과 관련된 수수료 50,000원을 포함한 금액을 현금으로 지급하였다.

종 목	주 식 수	취득원가
A 주식	100주	500,000원
B 주식	200주	800,000원

해 답

	(차)			(대)	
(1)	(차)	만 기 보 유 증 권	1,550,000	(대) 현 금	1,550,000
(2)	(차)	매 도 가 능 증 권	7,100,000	(대) 당 좌 예 금	7,100,000
(3)	(차)	단 기 매 매 증 권	1,300,000	(대) 현 금	1,350,000
		지 급 수 수 료	50,000		

(2) 유가증권의 평가

① 만기보유증권

만기보유증권은 상각후원가로 평가하여 재무상태표에 표시한다. 여기서 말하는 상각후원가는 채무증권의 취득원가에서 할인 또는 할증차금의 상각누적액을 가산 또는 차감한 금액을 말한다. 한편, 만기보유증권을 상각후원가로 측정할 때에는 취득원가와 만기액면금액의 차이를 상환기간에 걸쳐 유효이자율법[1]에 의하여 상각하여 취득원가와 이자수익에 가감한다.

예제 9-2

(주)경인은 20×3년 1월 1일 액면금액 100,000원의 5년 만기 사채를 만기보유목적으로 시장가격에 현금 취득하였다. 사채의 취득일 현재 유효이자율은 10%, 표시이자율은 6%이며, 이자지급일은 매년 12월 31일이다. 단, 사채를 취득하는 부대비용은 없다고 가정한다.

---

1 유효이자율을 적용하여 할인 또는 할증차금의 상각액을 계산하는 방법으로, 여기서 유효이자율은 채무증권으로부터 만기일까지 기대되는 현금유입액의 현재가치를 최초장부금액과 일치시키는 이자율을 말한다.

5년 10% 목돈의 현재가치 0.6209 5년 10% 연금의 현재가치 3.7908

[요구사항] 다음의 날짜에 해당하는 회계처리를 하시오.

(1) 20×3. 1. 1

(2) 20×3. 12. 31

(3) 20×4. 12. 31

해 답

(1) (차) 만기보유증권 84,835 (대) 현금 84,835*

* 취득원가 = 목돈의 현재가치 + 연금의 현재가치
= 100,000 × 0.6209 + 6,000 × 3.7908 = 84,835원

(2) (차) 만기보유증권 2,484 (대) 이자수익 8,484*
현금 6,000**

* 84,835 × 10% = 8,484원
** 100,000 × 6% = 6,000원

(3) (차) 만기보유증권 2,732 (대) 이자수익 8,732*
현금 6,000**

* (84,835 + 2,484) × 10% = 8,732원
** 100,000 × 6% = 6,000원

② 단기매매증권과 매도가능증권

단기매매증권과 매도가능증권은 공정가치로 평가한다. 다만, 매도가능증권 중 시장성이 없는 지분증권의 공정가치를 신뢰성 있게 측정할 수 없는 경우에는 취득원가로 평가한다. 다시 말해, 시장성 있는 유가증권은 시장가격을 공정가치로 보며, 시장가격은 재무상태표일 현재의 종가로 한다. 그러나 시장가격이 없는 채무증권은 공신력 있는 독립된 신용평가기관에 의한 신용평가등급을 적절히 감안한 할인율로 평가한 미래현금흐름을 공정가치로 본다. 이러한 측정이 불가능한 경우에는 합리적인 평가모형을 이용하거나 유사기업의 시장성 있는 채무증권의 시장가격을 근거로 하여 공정가치를 추정할 수 있다.

그리고 공정가치의 변동에 따른 회계처리는 단기매매증권과 매도가능증권으로 구분하여 처리하여야 한다. 즉, 단기매매증권에 대한 미실현보유손익은 당기손익항목인 단기매매증권평가손익으로 처리한다. 매도가능증권에 대한 미실현보유손익은 자본 중 기타포괄손익누계액 항목인 매도가능증권평가손익으로 처리하고, 당해 유가증권에 대한 기타포괄손익누계액 항목에 반영된 매도가능증권평가손익의 누적금액은 처분될 때 또는 손상차손이 인식될 때 일괄하여 당기손익에 반영한다.

한편, 유가증권으로부터 발생하는 배당금수익과 이자수익은 당기손익에 포함하는데, 모든 채무증권의 이자수익은 할인 또는 할증차금의 상각액을 가감하여 인식한다. 예를 들면, 매도가능증권으로 분류된 채무증권의 경우에는 할인 또는 할증차금을 상각하여 이자수익을 먼저 인식한 후에, 상각후원가와 공정가치의 차이인 미실현보유손익을 자본항목으로 처리한다. 매도가능증권과 만기보유증권의 매도, 상환 및 감액으로 실현된 이익과 손실은 당기손익에 반영한다.

예제 9-3 (주)경인의 거래에 대해 적절한 회계처리를 하시오.

(1) 20×3년 5월 3일 시장성이 있는 (주)천안 주식을 현금 100,000원에 취득하였다. 단, 단기매매목적이 없는 것으로 가정한다.

(2) 20×3년 6월 16일 시장성 있는 (주)송담 주식 100주를 단기보유목적으로 주당 5,000원씩 취득하였으며, 취득대금은 거래수수료 20,000원을 포함한 전부를 현금으로 지급하다.

(3) 20×3년 12월 31일 결산일 현재 (주)송담 주식의 공정가치는 주당 7,000원이다.

(4) 20×3년 12월 31일 결산일 현재 (주)천안 주식의 공정가치는 120,000원이다.

해 답

(1)	(차) 매 도 가 능 증 권	100,000	(대) 현 금	100,000
(2)	(차) 단 기 매 매 증 권	500,000	(대) 현 금	520,000
	지 급 수 수 료	20,000		

(3) (차) 단 기 매 매 증 권 200,000 (대) 단 기 매 매 증 권 평 가 이 익 200,000

(4) (차) 매 도 가 능 증 권 20,000 (대) 매 도 가 능 증 권 평 가 이 익 20,000

[표 9-2] 금융상품(유가증권)의 후속측정과 손익인식

분 류	금융상품형태	재무상태표 평가기준	공정가치 평가손익	이자 및 배당	손상차손
단기매매 증권	채권, 주식, 파생상품	공정가치	당기손익	당기손익	-
만기보유 증권	채권	상각후원가	-	당기손익 유효이자율법	당기손익
매도가능 증권	채권	공정가치	기타포괄손익	당기손익 유효이자율법	당기손익
	주식	공정가치	기타포괄손익	당기손익	당기손익
	공정가치측정 불가능 주식	원가	-	당기손익	당기손익

04 유가증권의 손상차손에 대한 회계처리

(1) 손상차손의 인식

유가증권으로부터 회수할 수 있을 것으로 추정되는 금액(이하 "회수가능가액"이라 한다)이 채무증권의 상각후원가 또는 지분증권의 취득원가보다 작은 경우에는 손상차손을 인식할 것을 고려하여야 한다. 손상차손의 발생에 대한 객관적인 증거가 있는지는 재무상태표일마다 평가하고, 그러한 증거가 있는 경우에는 감액이 불필요하다는 명백한 반증이 없는 한 회수가능가액을 추정하여 손상차손을 인식하여야 한다. 그리고 인식된 손상차손은 당기손익에 반영한다.

(2) 상각후원가 또는 취득원가로 평가하는 유가증권의 손상차손

만기보유증권에 대하여 손상차손으로 인식하는 금액은 유가증권 취득 당시의 유효이자율로 할인한 기대현금흐름의 현재가치(회수가능가액)와 장부금액의 차이이다.

재무상태표에 보고하는 유가증권의 가액은 손상차손을 차감한 후 회수가능가액으로 표시한다.

만기보유증권에 대하여 손상차손의 회복이 손상차손 인식 후 발생한 사건과 객관적으로 관련이 있는 경우에는 회복된 금액을 당기이익으로 인식하되, 회복 후 장부금액이 당초에 손상차손을 인식하지 않았다면 회복일 현재의 상각후원가가 되었을 금액을 초과하지 않도록 한다.

취득원가로 평가하는 지분증권에 대하여는 재무상태표일마다 회수가능가액을 분석하여 감액 대상인지 여부를 판단하여야 한다. 손상차손이 발생한 객관적인 증거가 있는 경우에는 회수가능가액과 장부금액의 차이를 손상차손으로 인식한다. 여기서 회수가능가액은 유가증권을 발행한 기업의 순자산을 자산별로 시장가격, 공시지가 또는 감정가액 등을 적용하여 평가한 공정가치를 말한다.

(3) 공정가치로 평가하는 유가증권의 손상차손

매도가능증권 중 채무증권에 대하여 손상차손이 발생한 객관적인 증거가 있는 경우에 당기 손상차손으로 인식하여야 할 금액은 ①에서 ②를 차감한 금액이다.

① 회수가능가액이 상각후원가에 미달하는 금액
② 이전 기간에 이미 인식하였던 당해 채무증권의 손상차손

한편, 매도가능증권 중 공정가치로 평가하는 지분증권에 대하여 손상차손이 발생한 객관적인 증거가 있는 경우에 당기 손상차손으로 인식하여야 할 금액은 ①에서 ②를 차감한 금액이다.

① 공정가치가 취득원가에 미달하는 금액
② 이전 기간에 이미 인식하였던 당해 지분증권의 손상차손

공정가치로 평가하는 매도가능증권에 대하여 손상차손의 회복이 손상차손을 인식한 기간 후 발생한 사건과 객관적으로 관련된 경우에는 이전에 인식하였던 손상차손 금액을 한도로 회복된 금액을 당기이익으로 인식한다.

예제 9-4

(주)계산이 보유하고 있는 매도가능증권(주식)의 손상과 관련된 적절한 회계처리를 하시오.

(1) 20×3년 5월 3일 시장성이 있는 인천(주) 주식을 현금 50,000원에 취득하였다.
(2) 20×3년 12월 31일 결산일 현재 인천(주) 주식의 공정가치는 60,000원이다.
(3) 20×4년 중 인천(주) 주식은 손상차손 대상에 해당되었으며, 20×4년 말의 공정가치는 20,000원이다.
(4) 20×5년 12월 31일 인천(주) 주식의 공정가치는 손상차손 인식 후 32,000원으로 회복하였다.

해 답

(1) (차)	매도가능증권	50,000	(대) 현금	50,000
(2) (차)	매도가능증권	10,000	(대) 매도가능증권평가이익	10,000
(3) (차)	매도가능증권평가이익	10,000	(대) 매도가능증권	40,000*
	매도가능증권손상차손	30,000		

* 60,000 - 20,000 = 40,000원

(4) (차)	매도가능증권	12,000	(대) 매도가능증권손상차손환입	12,000

05 유가증권의 분류변경

유가증권의 보유의도와 보유능력에 변화가 있어 분류변경이 필요한 경우에는 다음과 같이 처리한다.

① 단기매매증권은 다른 유가증권과목으로 분류변경할 수 없으며, 다른 유가증권과목의 경우에도 단기매매증권으로 분류변경을 할 수 없다. 이것은 유가증권의 재분류를 통하여 평가손익을 인식하기 위한 자의적인 회계처리를 방지하기 위한 의도이다. 다만, 단기매매증권이 시장성을 상실한 경우에는 예외적으로 다른 유가증권으로 분류할 수 있다. 이 경우에도 이전에 인식했던 공정가치평가손익은 환입하지 않고, 재분류시점의 공정가치가 분류변경된 금융자산의 새로운 원가 또는 상각후원가가 된다.

② 매도가능증권은 만기보유증권으로 분류변경할 수 있으며, 만기보유증권은 매도가능증권으로 분류변경할 수 있다.

유가증권과목의 분류를 변경할 때에는 분류변경일 현재의 공정가치로 평가한 후 변경한다. 유가증권 분류변경에 따른 평가 후 미실현보유손익 잔액은 다음과 같이 처리한다.

① 만기보유증권으로부터 매도가능증권으로 분류변경하는 경우에 유가증권 분류변경에 따른 평가에서 발생하는 공정가치와 장부금액의 차이는 기타포괄손익누계액 항목으로 처리한다.

② 매도가능증권에서 만기보유증권으로 분류변경하는 경우에는 다음과 같이 처리한다.

㉠ 분류변경을 위한 평가시점까지 발생한 매도가능증권의 미실현보유손익 잔액은 계속 기타포괄손익누계액 항목으로 처리하고, 그 금액은 만기까지의 잔여기간에 걸쳐서 유효이자율법을 적용하여 상각하며 각 기간의 이자수익에 가감한다.

㉡ 만기보유증권으로 분류변경된 매도가능증권의 액면금액과 분류변경일 현재의 공정가치와의 차이는, 유효이자율법에 의하여 그 채무증권의 만기일까지의 잔여기간에 걸쳐서 상각하며 각 기간의 이자수익에 가감한다.

[표 9-3] 유가증권의 분류변경

구 분		분류변경여부	분류변경 금 액	비 고
에서	으로			
단기매매증권	매도가능증권 만기보유증권	불가능	해당사항 없음	시장성을 상실한 경우 매도가능증권으로 분류변경하고, 평가손익은 당기손익 처리
매도가능증권 만기보유증권	단기매매증권	불가능	해당사항 없음	–

만기보유증권	매도가능증권	가능	분류변경일의 공정가치	평가손익은 기타포괄손익누계액으로 처리
매도가능증권	만기보유증권	가능	분류변경일의 공정가치	매도가능증권평가손익은 만기보유증권평가손익의 과목으로 대체하고, 만기일까지의 잔여기간에 걸쳐 유효이자율법으로 상각하여 이자수익에 가감

예제 9-5 (주)경인의 거래에 대해 적절한 회계처리를 하시오.

(1) 20×3년 1월 1일에 (주)태양이 발행한 액면금액 100,000원의 5년 만기 사채를 84,837원에 만기보유목적으로 취득하였다. 사채 취득일 현재 유효이자율은 10%, 표시이자율은 6%이며, 이자지급일은 매년 12월 31일이다.

(2) 20×3년 12월 31일에 (주)태양으로부터 이자를 현금으로 받았다.

(3) 20×4년 12월 31일에 만기보유증권으로 취득한 (주)태양의 사채를 매도가능증권으로 분류를 변경하기로 하였다. 분류변경일 현재 공정가치는 92,000원이다.

해 답

(1)	(차) 만기보유증권	84,837	(대) 현금	84,837
(2)	(차) 만기보유증권	2,484	(대) 이자수익	8,484*
	현금	6,000		

* 84,837 × 10% = 8,484원

(3)	(차) 만기보유증권	2,732	(대) 이자수익	8,732*
	현금	6,000		
	(차) 매도가능증권	92,000	(대) 만기보유증권	90,053**
			매도가능증권평가이익	1,947***

* (84,837 + 2,484) × 10% = 8,732원
** 84,837 + 2,484 + 2,732 = 90,053원
*** 92,000 - 90,053 = 1,947원

06 유가증권의 양도

유가증권의 양도로 유가증권을 보유한 기업이 유가증권에 대한 통제를 상실한

때 유가증권을 재무상태표에서 제거한다. 여기서 유가증권의 통제를 상실한 경우란 유가증권의 경제적 효익을 획득할 수 있는 권리를 전부 실현한 때, 권리가 만료된 때, 또는 권리를 처분한 때를 말한다. 그러나 유가증권을 보유한 기업이 유가증권에 대한 통제를 상실하지 않고 유가증권을 양도하는 경우, 해당 거래는 담보차입거래로 본다.

유가증권에 대한 통제를 상실한 때에는 다음의 ①과 ②의 차이금액에, 자본항목에 포함되어 있는 미실현보유이익을 가산하고 미실현보유손실을 차감한 금액을 당기손익으로 처리한다. 즉, 미실현보유손익은 이 시점에 실현된 것으로 본다.

① 유가증권을 양도한 대가로 받았거나 받을 금액
② 유가증권의 장부금액

한편, 유가증권을 양도하여 새로운 자산을 취득하거나 자산 취득과 동시에 채무를 인수하는 경우에는 아래의 ①과 ②의 차이금액에, 자본항목에 포함되어 있는 미실현보유이익을 가산하고 미실현보유손실을 차감한 금액을 유가증권처분손익으로 당기 손익에 반영한다.

① 유가증권의 양도대가로 받은 자산의 공정가치
② 양도한 유가증권의 장부금액과 새로 인수한 채무의 공정가치의 합계 금액

예제 9-6

(주)경인은 20×3년에 단기매매목적으로 유가증권에 대한 투자를 시작하였다. 20×3년 말 현재 기업에서 보유하고 있는 유가증권은 다음과 같다.

종 목	수 량	취득원가	공정가치
甲 주식	100주	700,000원	650,000원
乙 사채	100권	500,000원	530,000원
계		1,200,000원	1,180,000원

[요구사항] 다음 일자에 필요한 회계처리를 하시오.

(1) 20×3년 12월 31일 공정가치가 변동하였다.

(2) 20×4년 3월 7일 甲사는 주식배당 4%, 현금배당 5%(액면금액 5,000원이고, 액면금액을 기준으로 배당결정)를 실시하였다.

(3) 20×4년 6월 17일 甲사 주식 50주를 주당 6,800원에 현금 처분하였다.

(4) 20×4년 7월 1일 乙사 사채를 경과이자를 포함하여 550,000원에 처분하였다. 乙사 사채의 액면금액은 500,000원으로 표시이자율은 12%, 이자지급일은 매년 12월 31일이다.

해 답

(1)	(차) 단기매매증권평가손실	20,000	(대)	단기매매증권	20,000

(2)	(차) 현금	25,000	(대)	배당금수익	25,000*

* 주식배당에 대해서는 회계처리를 하지 않고, 금전배당에 대해서만 회계처리한다.
100주 × 5,000 × 5% = 25,000원

(3)	(차) 현금	340,000*	(대)	단기매매증권	312,500**
				단기매매증권처분이익	27,500

* 6,800 × 50주 = 340,000원
** 650,000 × 50주 ÷ (100주 + 4주) = 312,500원

(4)	(차) 현금	550,000	(대)	단기매매증권	530,000
	단기매매증권처분손실	10,000		이자수익	30,000*

* 500,000 × 12% × 6/12 = 30,000원

객관식 Exercises

01 Problem

당좌자산에 속하는 단기매매증권의 요건이 아닌 것은?

① 시장성 있는 주식
② 단기적 자금운용목적
③ 일시소유의 목적
④ 특수관계인이 발행한 주식

02 Problem

유가증권의 분류에 속하지 않는 것은?

① 만기보유증권
② 단기매매증권
③ 매도가능증권
④ 보유양도증권

03 Problem

유가증권과 관련된 내용으로 틀린 것은?

① 지분증권과 채무증권으로 구성되어 있다.
② 지분증권은 주식 등을 말한다.
③ 채무증권은 국채, 공채, 회사채를 말한다.
④ 만기보유증권은 지분증권이다.

04 Problem

유가증권을 보유함에 따라 무상으로 주식을 배정받은 경우 회계처리방법은?

① 배당금수익(영업외수익)으로 처리한다.
② 장부금액을 증가시켜주는 회계처리는 하지 않고, 수량과 단가를 새로이 계산한다.
③ 장부금액을 증가시켜주는 회계처리를 하고, 수량과 단가를 새로이 계산한다.
④ 장부금액을 증가시켜주는 회계처리를 하고, 수량과 단가를 새로이 계산하지 않는다.

05 Problem

(주)경인의 주식 1,000주를 @3,000원에 취득하고, 그 대금은 수수료 200,000원과 함께 현금으로 지급한 경우 옳은 분개는? 단, 유가증권을 단기매매증권으로 분류한다고 가정한다.

①	(차) 단기매매증권	3,000,000	(대) 현	금	3,200,000
	지급수수료	200,000			

② (차) 현　　금 3,200,000 (대) 단기매매증권 3,000,000
지급수수료 200,000
③ (차) 단기매매증권 3,200,000 (대) 현　　금 3,200,000
④ (차) 현　　금 3,200,000 (대) 단기매매증권 3,200,000

06 Problem

기말 현재 단기매매증권 보유상황은 다음과 같다. 올바른 분개는?

	취득원가	공정가치
A사 주식	₩210,000	₩250,000
B사 주식	180,000	150,000

① (차) 단기매매증권 40,000 (대) 단기매매증권평가이익 40,000
② (차) 단기매매증권평가차손 30,000 (대) 단기매매증권 30,000
③ (차) 단기매매증권 10,000 (대) 단기매매증권이익 10,000
④ (차) 단기매매증권평가차손 30,000 (대) 단기매매증권 30,000

07 Problem

(주)경인의 20×1년 거래 중 단기매매증권과 관련된 것이다. 20×1년 (주)경인의 재무제표에 표시될 단기매매증권 및 영업외수익은 각각 얼마인가?

> 4월18일 (주)예슬의 보통주 100주를 5,000,000원에 취득하였다.
> 8월11일 (주)예슬로부터 200,000원의 중간배당금을 수령하였다.
> 12월31일 (주)예슬의 보통주 시가는 5,450,000원이다.

① 5,000,000원, 200,000원　② 5,000,000원, 450,000원
③ 5,450,000원, 650,000원　④ 5,450,000원, 450,000원

08 Problem

동일한 유가증권을 여러 번에 걸쳐 다른 가격에 취득했을 경우, 처분할 때 종목별로 단가를 산정하는 방법은?

① 선입선출법 또는 후입선출법　② 평균원가법 또는 총평균법
③ 이동평균법 또는 총평균법　④ 선입선출법 또는 이동평균법

09 Problem

유가증권을 보유할 경우 회계처리로 옳지 않은 것은?

① 현금배당을 수령할 경우 대변에 배당금수익으로 처리한다.

② 무상증자에 따라 주식을 수령할 경우 분개는 없고 주식수만 증가시킨다.
③ 주식배당을 수령할 경우 대변에 배당금수익으로 처리하고 주식수를 증가시킨다.
④ 이자를 수령할 경우 대변에 이자수익으로 처리한다.

10 Problem

유가증권에 대한 설명으로 옳은 것은?

① 동일한 주식도 보유 목적에 따라 유동자산이나 투자자산으로 분류된다.
② 단기매매증권의 보유기간 중 발생하는 배당금은 취득원가에 가산한다.
③ 단기매매증권의 보유기간 중 공정가치 변동액은 미실현손익이므로 당기손익으로 인식할 수 없다.
④ 단기매매증권은 시장성을 상실한 경우에도 다른 유가증권과목으로 분류할 수 없다.

주관식 Exercises

01 Problem

유가증권의 종류를 설명하시오.

02 Problem

유가증권의 평가방법을 설명하시오.

(1) 단기매매증권
(2) 매도가능증권
(3) 만기보유증권

03 Problem

(주)경인의 거래에 대해 적절한 회계처리를 하시오.

(1) 단기매매목적으로 상장주식(액면금액 5,000원) 500주를 3,000,000원에 취득하고, 대금은 매입수수료 30,000원과 함께 당좌수표를 발행하여 지급하였다.
(2) 위 주식의 배당금으로 1주당 500원을 현금으로 수령하였다.
(3) 위 주식 200주를 1주당 7,000원에 처분하고 현금을 받았다.
(4) 만기보유목적으로 (주)백두물산의 채권(액면금액 2,000,000원) 2,000,000원을 취득하고, 대금은 매입수수료 50,000원과 함께 수표를 발행하여 지급하였다.
(5) 위 사채의 이자지급일에 이자 200,000원을 현금으로 수령하였다.

04 Problem

(주)용인은 여유자금을 증식시킬 목적으로(단기매매증권으로 분류) 유가증권을 다음과 같이 거래하였다. 이동평균법을 적용하여 분개하시오.

(1) 10월 1일 (주)삼신의 주식(액면금액 : 5,000원) 300주를 1주당 6,500원에 취득하고 대금은 매입수수료 30,000원을 포함하여 수표를 발행하여 지급하였다.
(2) 10월 8일 (주)삼신의 주식(액면금액 : 5,000원) 250주를 1주당 6,200원에 취득하고 대금은 매입수수료 25,000원을 포함하여 수표를 발행하여 지급하였다.
(3) 10월 15일 (주)삼신의 주식 110주를 1주당 6,700원에 처분하고 현금으로 받았다.
(4) 10월 20일 (주)삼신의 주식 220주를 1주당 6,000원에 처분하고 현금으로 받았다.
(5) 10월 31일 결산일에 (주)삼신 주식의 시가는 6,600원이다.

05 Problem

(주)경인이 결산시점에 보유하고 있는 시장성 있는 유가증권(매도가능증권)이 다음과 같을 경우 결산일에 필요한 분개를 하시오. 단, 손상차손에 해당하지 않는다고 가정한다.

발행회사	종 류	수 량	액면금액	장부금액 (단가)	시 가
(주)대한	보통주	200주	5,000원	6,800원	6,200원
(주)민국	우선주	300주	10,000원	9,500원	11,000원
(주)가나	회사채	220권	10,000원	12,000원	11,000원
지하철공사	공 채	150권	10,000원	10,000원	6,000원

CHAPTER 10

투자자산 및 기타비유동자산

비유동자산 중 유형자산과 무형자산은 영업자산으로 기업의 주된 영업활동을 위하여 소유하고 있는 자산이다. 그러나 투자자산 및 기타비유동자산은 기업의 활동을 함에 있어서 반드시 필요한 자산은 아니지만, 기업의 수익을 위해서 보유하거나 기업활동에 있어서 부수적으로 발생한 자산이므로 합리적인 관리를 해야만 경영성과를 높게 올릴 수 있다.

여기서는 앞 장에서 설명한 유가증권 중 투자자산(매도가능증권과 만기보유증권)에 해당하는 부분은 제외하고, 투자자산 및 기타비유동자산으로 분류되는 자산에 대해서 설명하고자 한다.

제 1 절 투자자산

투자자산은 장기적인 투자수익을 얻기 위해 가지고 있는 채무증권과 지분증권(장기투자증권), 지분법적용투자주식, 영업활동에 사용되지 않는 토지와 설비자산, 설비확장 및 채무상환 등에 사용할 특정목적의 예금을 포함한다.

01 투자부동산

투자부동산(investment in real estate)이란 영업활동에 사용할 목적이 아닌 자산의 가격상승을 기대하여 투자를 목적으로 소유하는 토지 및 건물 등의 부동산을 말한다. 투자부동산은 유형자산의 감가상각을 동일하게 적용하며, 가격이 하락한 경우 필요하다면 이를 투자자산손상차손으로 당기손익에 반영한다. 또한, 투자부동산은 유형자산의 재평가에 대한 회계처리를 준용하여 재평가할 수 있다.

예제 10-1 (주)경인의 거래에 대해 적절한 회계처리를 하시오.

(1) 지가상승을 기대하고 토지 1,000평을 평당 50,000원씩 현금 지급하고 취득하였다(취득관련 제비용 3,000,000원이 발생하여 수표를 발행하여 지급하였다).

(2) 비업무용 토지 500평을 평당 80,000원씩 처분하고 관련 제비용을 제외하고 현금으로 받았다(처분과 관련된 제비용 5,000,000원은 현금으로 지급하였다).

해 답

(1)	(차)	투자부동산	53,000,000	(대)	현금	50,000,000
					당좌예금	3,000,000
(2)	(차)	현금	35,000,000	(대)	투자부동산	26,500,000
					투자자산처분이익	8,500,000

02 장기투자증권

당좌자산으로 분류되지 않는 매도가능증권과 만기보유증권을 통합하여 장기투자증권으로 표시할 수 있으며, 이들의 금액이 중요하지 않는 경우 기타로 공시할 수 있다. 장기투자증권에 대한 세부적인 회계처리는 금융자산(유가증권)에서 설명되어 있다.

03 지분법적용투자주식

지분법적용투자주식(investment in associated companies)은 투자회사가 피투자기업에 유의적인 영향력을 행사하거나 다른 회사의 경영권을 지배·통제할 목적으로 보유하는 유가증권을 말한다. 여기서 유의적인 영향력이라고 함은, 일반적으로 투자회사가 피투자기업의 영업 및 재무 등의 의사결정에 실질적인 영향을 미칠 수 있는 능력을 말한다.

일반적으로 유의적인 영향력의 행사여부를 결정함에 있어서 투자회사가 직접 또는 간접으로 피투자기업의 의결권을 20% 이상 보유하고 있는 경우에는 피투자기업에 대하여 유의적인 영향력의 행사할 수 있는 것으로 본다.

지분법적용투자주식의 취득원가는 매입가액에 지분법적용투자주식의 매입과 관련하여 지출한 수수료, 증권거래세 등의 부대비용을 가산한 금액을 기준으로 하며, 여러 단계에 걸쳐 매입할 경우에는 종목별로 총평균법이나 이동평균법을 적용하여 단위당 취득원가를 산출하여야 한다.

지분법적용투자주식을 취득한 후 회계처리를 하는 방법에는 투자회사가 지분법적용투자주식의 보유로 인하여 피투자기업[1]의 경영에 유의적인 영향력을 미치는 경우에는 피투자기업의 순자산변동에 연계하여 지분법적용투자주식을 평가하는 지

1 지분법을 적용하는 피투자기업은 크게 관계기업과 지분법피투자기업로 구분할 수 있다. 여기서 관계기업은 종속기업이 아닌 지분법 대상을 의미하며, 지분법피투자기업은 종속기업과 관계기업을 모두 포함하는 개념이다.

분법(equity method)을 적용하여야 한다. 만약, 피투자기업의 경영에 유의적인 영향력을 미치는 않는 경우에는 평가시점의 공정가치로 평가하여야 한다.

지분법이라 함은 피투자기업의 순자산가액의 변동을 지분법적용투자주식의 장부금액에 연계하여 반영시키는 방법을 말한다. 예를 들어, 피투자기업이 당기에 순이익을 보고하면 피투자기업의 순자산가액이 그만큼 증가하므로 순이익 중 투자회사의 지분만큼 지분법이익을 계상하는 동시에 지분법적용투자주식의 장부금액을 증가시키고, 반대로 순손실을 보고하면 피투자기업의 순자산가액이 그만큼 감소하므로 순손실 중 투자회사의 지분만큼 지분법손실을 계상하고 동시에 지분법적용투자주식의 장부금액을 감소시킨다. 또한, 피투자기업으로부터 배당금을 수령하게 되면, 이것은 피투자기업의 이익잉여금을 감소시켜서 결과적으로 순자산가액을 그만큼 감소시키므로 수령한 배당금만큼 지분법적용투자주식의 장부금액을 감소시켜야 한다.

한편, 지분법적용투자주식을 처분하면 처분시점의 장부금액과 처분금액의 차이를 투자자산처분손익(또는 지분법적용투자주식처분손익)으로 보고하며, 손익계산서상의 영업외손익으로 처리한다. 그리고 지분법적용투자주식을 일부분 매각하게 되어 피투자기업에 대하여 유의적인 영향력의 행사할 수 없는 경우에는 지분법의 적용을 중단하고 해당 지분법적용투자주식을 공정가치로 평가한 후 매도가능증권으로 변경하여 표시하여야 한다.

예제 10-2 (주)경인의 투자주식에 관련된 거래에 대해 적절한 회계처리하시오.

(1) 20×1년 6월 10일 (주)계산의 발행주식 30%에 해당하는 주식 9,000주를 주당 7,000원(액면금액 5,000원)에 수표를 발행하여 취득하였다. 주식취득과 관련하여 발생한 부대비용 900,000원을 현금으로 지급하였다.
(2) 20×1년 12월 31일 (주)계산은 당기순이익 8,000,000원을 보고하였다.
(3) 20×2년 5월 1일 (주)계산은 주주에게 배당금으로 현금 4,000,000원을 지급하였다.
(4) 20×2년 10월 31일 (주)경인은 자금사정으로 인하여 (주)계산의 주식 4,500주를 주당 9,000원에 현금을 받고 처분하였다. 이 시점에 (주)계산의 주식 1주당 공정가치는 10,000원으로 평가되었다.

해 답

(1) (차) 지분법적용투자주식	63,900,000	(대) 당 좌 예 금	63,000,000
		현 금	900,000
(2) (차) 지분법적용투자주식	2,400,000	(대) 지 분 법 이 익	2,400,000*

* 8,000,000 × 30% = 2,400,000원

(3) (차) 현 금	1,200,000*	(대) 지분법적용투자주식	1,200,000

* 4,000,000 × 30% = 1,200,000원

(4) (차) 현 금	40,500,000	(대) 지분법적용투자주식	65,100,000
매 도 가 능 증 권	45,000,000	투자자산처분이익	7,950,000**
		매도가능증권평가이익	12,450,000***

* (63,900,000 + 2,400,000 − 1,200,000) × 4,500주 ÷ 9,000주 = 32,550,000원
** 4,500주 × 9,000 − 32,550,000 = 7,950,000원(처분이익)
*** 4,500주 × 10,000 − 32,550,000 = 12,450,000원(평가이익)

04 장기대여금

장기대여금(long−term loans)이란 재무상태표 작성일로부터 1년 이후에 회수일이 도래하는 대여금을 말한다. 그러나 만기가 결산일 현재 1년 이내로 도달하는 대여금의 경우에는 단기대여금(유동성장기대여금)으로 재분류하여야 한다.

예제 10-3 (주)경인의 거래에 대해 적절한 회계처리를 행하시오.

(1) 20×1. 4. 1 거래처인 (주)계양에 현금 5,000,000원을 2년 후 회수하기로 하고 대여하다. 단, 이자율은 연 6%로 하기로 하다.
(2) 20×1. 5. 1 천사은행에 2년 만기 정기예금(연 이자율은 3%) 2,000,000원을 가입하기로 하고 당좌수표를 발행하여 예입하다.
(3) 20×1. 12. 31 결산일에 (주)계양과 천사은행에 대한 이자를 계상하다. 단, 이자는 월할 계산하였다.

해 답

(1) (차) 장기대여금	5,000,000	(대) 현 금	5,000,000
(2) (차) 장기금융상품	2,000,000	(대) 당좌예금	2,000,000
(3) (차) 미수수익	265,000	(대) 이자수익	265,000*

* (주)계양 5,000,000 × 6% × 9/12 = 225,000원
천사은행 2,000,000 × 3% × 8/12 = 40,000원

05 장기금융상품

1년 이내 만기일이 도래하지 않거나 그 기간 동안에 인출할 계획이 없는 예금, 즉 유동자산에 속하지 아니하는 금융상품으로 정기예금·정기적금·신탁예금 등이 여기에 해당한다. 또한, 일반적인 영업목적에 사용할 수 없도록 사용이 제한되어 있는 특정예금도 포함한다. 여기서 사용이 제한되었다는 것은 장학금 지급목적에만 사용하도록 기증받은 특정기금이나 사채의 상환목적으로 적립시킨 감채기금 등을 의미한다.

장기금융상품은 기업이 장기적으로 금융수익을 얻기 위하여 보유하는 자산이지만 사용이 제한되어 있는 예금에 대해서는 그 내용을 주석으로 기재하여 투자자의 의사결정에 반영하도록 해야 한다. 예를 들어, 장학금 지급에만 사용하도록 기증받은 특정기금이나 사채의 상환목적으로 적립시킨 감채기금 등에 대해서는 주석으로 표시하여야 한다.

제 2 절 기타비유동자산

기타비유동자산은 임차보증금, 이연법인세자산,[2] 장기매출채권, 장기선급금 및 장기미수금 등 투자자산, 유형자산, 무형자산에 속하지 않는 비유동자산을 포함한다. 이들 자산의 대부분은 투자수익이 없고 다른 자산으로 분류하기 어렵기 때문

2 1년 이내 소멸되는 부분은 유동자산 중 당좌자산으로 분류하고, 1년 이상의 기간에 소멸되는 부분은 기타비유동자산으로 분류한다.

에 기타비유동자산으로 분류하여 표시한다.

01 이연법인세자산

회계기준에 따라 인식된 자산·부채의 장부금액이 법인세법에서 인정되는 자산·부채의 세무가액과 다를 때 그 차이에 관련된 법인세효과를 이연법인세자산(부채)으로 인식한다.

이연법인세자산(deferred tax asset)이란 현재 존재하는 일시적 차이[3]로 인하여 미래에 지급하여야 할 법인세가 감소하게 되는 경우, 즉 차감할 일시적 차이가 존재하는 경우의 법인세에 관련된 자산을 말한다. 일반적으로 기업들은 일시적 차이가 초래하는 법인세 유예효과를 활용하고자 하는 유인이 강하기 때문에 이연법인세부채가 주로 발생하고 있는 반면, 이연법인세자산은 자주 발생하지 않는다.

가령, 법인세 적용세율이 20%인 (주)경인은 전자제품을 판매하고 제품에 대해 2년간 무상 A/S를 보장한다고 가정하자. (주)경인은 20×1년의 제품판매와 관련하여 제품에 대한 2년간 무상 A/S 비용으로 50,000원이 발생할 것으로 추정하고 있다. 따라서 (주)경인은 회계기준에 따라 판매보증충당부채 50,000원을 설정하였지만, 법인세법에서는 실제로 지출이 발생하지 않은 것에 대해서는 손금산입으로 인정되지 않는다.

즉, 회계기준에 따라 인식한 판매보증충당부채가 법인세법에서 인정되지 않음으로써 20×1년의 손익계산서에 나타나는 법인세비용은 법인세법에 의해 계산한 법인세부담액보다 10,000원(50,000원 × 20%)만큼 적게 된다. 이 금액은 실제로 판매보증비가 지출되는 미래에 부담해야 할 법인세를 차감시켜 주는 역할을 하므로, 해당년도 기말에 있어서는 자산의 성격을 지닌다고 할 수 있다. 이와 같이 세금을 먼저 지급한 결과, 미래에 지급할 세금이 감소하는 법인세 혜택을 이연법인세자산

---

3 기업회계에 따라 인식된 장부금액과 법인세법에서 인정된 세무가액의 차이를 일시적 차이(temporary difference)라고 한다. 또한, 회계기준에서는 자산·부채로 인식하지 않지만 법인세법에서는 이를 인식하는 경우에도 일시적 차이가 발생한다. 하지만 많은 경우에 일시적 차이는 기업회계상의 수익과 비용의 인식시점과 법인세법상 익금과 손금의 인식시점이 다른 경우에 존재한다.

이라고 한다.

이연법인세자산은 재무상태표의 다른 자산과 구분하여 표시되어야 하며, 또한 당기법인세부담액과 당기법인세환급액과도 구분하여야 한다. 다시 말해, 이연법인세자산은 관련된 자산항목의 재무상태표상 분류에 따라 당좌자산 또는 기타비유동자산으로 분류한다. 또한, 세무상 결손금에 따라 인식하게 되는 이연법인세자산의 경우처럼 재무상태표상 자산항목 또는 부채항목과 관련되지 않은 이연법인세자산은 일시적 차이의 예상소멸시기에 따라서 유동항목과 기타비유동항목으로 분류하여야 한다.

02 장기매출채권

장기매출채권(long-term trade receivable)이란 외상매출금과 받을어음의 합계액으로, 회수기일이 재무상태표 작성일로부터 1년 이후에 도래하는 것을 말한다. 장기매출채권의 경우 명목상 가액과 현재가치의 차이가 중요한 경우에는 현재가치에 의하여 평가하도록 하고 있다. 왜냐하면, 현재의 매출채권의 평가금액과 미래의 매출채권의 평가금액은 차이가 발생하기 때문이다.

따라서 장기매출채권을 평가함에 따라 발생하는 현재가치할인차금은 일종의 평가계정으로 장기매출채권에서 차감하는 형식으로 재무상태표에 보고한다. 이 계정은 매 회계연도 말에 일정한 방법, 즉 유효이자율법에 의해 상각하여 이자수익으로 인식하여야 한다.

03 임차보증금

임차보증금(guarantee deposits)은 특정의 지위나 권리를 획득하기 위하여 지급한 자금으로 전세권, 전신전화가입권, 임차보증금, 영업보증금 등을 포함한다. 이러한 항목들이 중요한 경우에는 각각 표시하지만, 중요성이 적은 경우에는 통합하여 표시할 수 있다.

전세권이란 타인의 부동산을 사용할 수 있는 권리이며, 전신전화가입권이란 특정한 전신 또는 전화를 사용하는 권리를 말한다. 또한, 임차보증금이란 타인의 재산을 임차할 권리를 말하며, 영업보증금이란 영업을 목적으로 제공한 거래보증금·입찰보증금 등을 의미한다.

04 기타의 투자자산

기업이 영업활동을 위해 사용하지 않는 자산으로 관계회사출자금, 관계회사주식, 관계회사대여금, 주주·임원·종업원장기대여금, 부도어음 등이 여기에 속하며, 금액이 중요한 경우에는 구분하여 표시하지만 중요성이 적은 경우에는 통합하여 표시한다.

예제 10-4 다음은 (주)경인의 거래이다. 적절한 회계처리를 하시오.

(1) 영업망을 확장하기 위하여 인천 시내에 있는 만복빌딩을 임차하기로 하고 임차보증금 20,000,000원을 건물주에게 현금으로 제공하였다.

(2) (주)남산에 상품 50,000,000원을 판매하고, 대금은 (주)남산에서 발행한 3년 만기의 약속어음으로 받았다. 단, 본 거래는 20×1년 1월 2일에 이루어졌으며, 유효이자율은 12%이라고 가정한다.

(3) 20×1년 12월 31일에 결산을 하였다. 단, 현재가치할인차금은 유효이자율법에 의하여 처리한다. 단 이자율 12%, 3년의 단일금액의 현재가치계수값은 0.7118이다.

해 답

	차변	금액		대변	금액
(1)	(차) 임 차 보 증 금	20,000,000	(대)	현 금	20,000,000
(2)	(차) 장 기 매 출 채 권	50,000,000	(대)	매 출	35,590,000*
				현재가치할인차금	14,410,000**

* 3년 만기 약속어음(목돈)의 현재가치 = 50,000,000 × 0.7118 = 35,590,000원
** 현재가치할인차금 = 50,000,000 − 35,590,000 = 14,410,000원

	차변	금액		대변	금액
(3)	(차) 현재가치할인차금	4,270,800	(대)	이 자 수 익	4,270,800*

* 이자수익 = 35,590,000 × 0.12(12%) = 4,270,800원

객관식 Exercises

01 Problem

투자자산에 해당되지 않는 것은?

① 임차권리금 ② 매도가능증권
③ 비업무용토지 ④ 장기대여금

02 Problem

다음 항목 중 분류상 성격이 다른 것은?

① 장기성예금 ② 장기매출채권
③ 전세권 ④ 임차보증금

03 Problem

투자자산에 대한 설명으로 가장 옳지 않는 것은?

① 장기매출채권의 회수기간이 1년 이내로 도래한 경우에는 기타비유동자산에서 당좌자산으로 재분류해야 한다.
② 영업활동에 사용할 목적으로 취득할 토지를 일정기간 이내에 사용하지 않고 지가상승에 따라 처분하였다면 투자자산으로 보아야 한다.
③ 다른 기업에서 발행한 회사채를 3년간 보유할 목적으로 취득한 경우에는 투자자산으로 분류해야 한다.
④ 대여금의 회수기일이 도래하였지만 상대방의 여건상 회수기간을 3년으로 연장한 경우에는 투자자산으로 분류해야 한다.

04 Problem

(주)경인은 (주)송담의 주식 25%를 취득하여 유의적인 영향력을 행사하게 되었다. 20×1년 (주)송담에서 당기순이익 10,000,000원이 발생하여 그 중 50%를 배당하였다면, (주)경인의 입장에서 (주)송담의 주식에 대한 장부금액을 얼마만큼 증가시켜야 하는가?

① 0원 ② 1,250,000원
③ 2,500,000원 ④ 3,750,000원

05 Problem

(주)계산은 20×1년 초에 비업무용토지를 5,000,000원에 현금을 지급하고 취득하였다. 20×1년 말 토지의 공정가치가 10,000,000원으로 증가하여 재평가하였다. 20×2년 중 자금사정으로 인하여 비업무용토지를 8,000,000원에 처분하였다면, 투자자산처분손익은 얼마인가?

① 0원　　② △2,000,000원
③ 3,000,000원　　④ 5,000,000원

06 Problem

다음 항목 중에서 성격이 다른 자산은?

① 판매를 목적으로 보유하고 있는 부산물과 작업폐물
② 생산 활동에 소비하기 위하여 보유하고 있는 원재료
③ 매매차익을 얻을 목적으로 장기간 보유하고 있는 토지와 건물
④ 부동산매매업을 영위하는 기업이 판매목적으로 보유하고 있는 토지와 건물

07 Problem

투자자산에 해당되지 않는 것은?

① 단기매매증권　　② 3년 후 만기가 도래하는 국채
③ 투자부동산　　④ 장기대여금

주관식 Exercises

01 Problem

투자자산으로에 분류되는 유가증권과 당좌자산으로 분류되는 유가증권은 어떠한 차이가 있는지 설명하라.

02 Problem

이연법인세자산에 대해 설명하라.

03 Problem

다음은 (주)경인의 투자주식에 관련된 일련의 거래이다. (주)용인을 지분법 대상법인인 경우로 간주하여 회계처리를 하시오.

20×1년 3월 1일 (주)용인(상장법인)의 주식 5,000주(총발행주식의 25%)를 1주당 7,600원에 구입하고 대금은 수표를 발행하여 지급하였다.

20×1년 12월 31일 (주)용인은 결산에서 당기순이익에 의한 8,000,000원의 순자산 증가를 보고하였다. 결산을 실시하였으며, 주식의 1주당 순자산가액은 8,000원이다.

20×2년 2월 28일 (주)용인은 주주총회에서 4,000,000원의 배당을 결의하고 현금으로 지급하였다.

20×2년 12월 31일 (주)용인은 결산에서 당기순손실에 의한 6,000,000원의 순자산 감소를 보고하였다.

04 Problem

다음의 거래에 대해 적절한 회계처리를 하라.

(1) (주)경인은 20×1년 1월 2일 (주)부평에 상품 5,000,000원을 외상으로 판매하고, 판매대금은 5년 후 받기로 하였다. 단, 시장이자율은 6%이라고 가정한다. 단, 이자율 6%, 5년, 단일금액의 현재가치계수값은 0.7473이다.

(2) (1)에 대해 (주)경인은 20×1년 12월 31일 결산을 맞이하였다.

(3) (주)경인은 20×1년 7월 1일 (주)평촌에 현금 10,000,000원을 대여(연이자율은 9%)하고, 대여금은 6년 동안 2,000,000원씩 분할하여 받기로 하였다. 단, 시장이자율은 6%이라고 가정한다.

(4) (3)에 대해 (주)경인은 20×1년 12월 31일 결산을 맞이하였다.

CHAPTER 11

유형자산

기업이 재판매나 장래 현금회수의 목적이 아닌 기업 내부에서 영업활동에 사용할 목적으로 장기간에 걸쳐 보유하여 사용하고 있는 유형자산은 영구자산 또는 비유동자산이라고도 한다. 이러한 유형자산을 어떻게 효율적으로 관리하느냐에 따라 기업의 성과는 다르게 나타날 것이다. 따라서 본 장에서는 이러한 유형자산과 관련된 사항인 취득, 감가상각, 처분, 취득 후 지출, 재평가 등에 대해 설명하기로 한다.

제 1 절 유형자산의 의의와 종류

01 유형자산의 의의

유형자산(tangible assets)은 재화의 생산, 용역의 제공, 타인에 대한 임대 또는 자체적으로 사용할 목적으로 보유하는 것으로, 물리적 형체가 있으며 1년을 초과하여 사용되는 자산을 말한다. 어떤 자산이 유형자산으로 인식되려면, 유형자산의 정의와 ① 자산으로부터 발생하는 미래 경제적 효익이 기업에 유입될 가능성이 매우 높고, ② 자산의 취득원가를 신뢰성 있게 측정할 수 있어야 한다는 인식조건을 모두 충족하여야 한다.

이러한 유형자산은 영구자산 또는 비유동자산이라고도 하며, 이는 ① 판매가 아니라 영업활동에 사용하기 위해서 취득한 자산이어야 하고, ② 장기 지속적인 성질을 갖는 자산, 즉 오랫동안 기업내부에 고정되어 경영활동과정에서 반복적으로 사용되고 장기적으로 사용형태에 변화를 가져오지 않는 자산이어야 한다.

02 유형자산의 특징

유형자산은 다음과 같은 특징을 가지는데, 이러한 유형자산의 특징은 다른 자산과 구분하는데 있어 중요한 기준이다.

첫째, 유형자산은 영업활동에 사용하기 위한 것이지 판매목적으로 취득한 것이 아니다. 따라서 영업용이 아닌 토지와 건물은 재고자산이나 투자자산으로 분류하여야 한다. 예를 들어, 부동산 매매를 주로 하는 기업이 토지와 건물을 취득한 경우는 재고자산으로 기록해야 하며, 지가상승에 따른 이익을 목적으로 제조기업이나 도소매기업이 토지를 취득한 경우는 투자자산으로 기록해야 하는 것이다.

둘째, 유형자산은 장기간 보유하여 사용하며, 토지를 제외하고는 감가상각대상자산이다. 다시 말해, 유형자산은 여러 회계기간에 걸쳐 기업의 수익창출에 기여하게 되므로 미래의 용역잠재력을 지닌 자산이다. 따라서 1년 이내에 사용이 완료되는 것은 유동자산으로 처리하여야 한다.

셋째, 유형자산은 물리적 실체(physical substance)를 가지는 자산이다. 다시 말해 유형자산은 구체적인 형태를 가지고 있는 실물자산으로 산업재산권·영업권·어업권 등과 같이 실체가 없는 무형자산과는 다르다.

03 유형자산의 종류

(1) 토 지

영업용 대지·임야·전답·잡종지 등으로 하며, 등기여부와는 상관없으나 판매목적으로 보유하는 토지와 비업무용 토지는 제외한다.

(2) 건 물

건물, 냉난방, 전기, 통신 및 기타의 건물부속설비 등으로 한다.

(3) 구축물

선거(船渠), 교량, 안벽(岸壁), 궤도, 저수지, 갱도, 굴뚝, 정원설비 및 기타의 토목설비 또는 공작물 등으로 한다.

(4) 기계장치

기계장치·운송설비(콘베어벨트, 호이스트, 기중기 등)와 그 기타의 부속설비로 한다.

(5) 선 박

선박, 기타의 수상운반구 등으로 한다.

(6) 차량운반구

철도차량, 자동차 및 기타의 육상운반구 등으로 한다.

(7) 건설중인 자산

유형자산을 자가제작(건설)하기 위해 투입된 재료비, 노무비 및 경비를 포함하되, 건설을 위하여 지출한 도급금액 또는 취득한 기계 등도 포함한다. 그리고 유형자산을 취득하기 위하여 지출한 계약금 및 중도금을 건설중인 자산으로 할 수 있다.

(8) 기타자산

(1) 내지 (7) 이외에 기업의 영업활동을 위하여 사용되고 있는 비품, 공기구 등을 기타자산으로 한다.

제 2 절 유형자산의 취득

유형자산을 취득하는 시점에서 장부에 기록해야 할 유형자산의 가치는 자산가치를 가장 객관적으로 측정할 수 있는 취득원가(acquisition cost)로 기록하는 것을 원칙으로 하고 있다.

01 구입에 의한 취득

자산의 매입가격에 부대비용을 가산하여 취득원가로 기록한다. 다시 말해, 취득원가는 구입원가 또는 제작원가 및 경영진이 의도하는 방식으로 자산을 가동하는 데 필요한 장소와 상태에 이르게 하는 데 직접 관련되는 원가인 ①부터 ⑨까지 관련된 지출 등으로 구성된다. 그러나 자산의 취득과정에서 발생한 매입에누리와 환출 및 매입할인이 있는 경우에는 이를 취득원가에서 차감한다.

① 설치장소 준비를 위한 지출

② 외부 운송 및 취급비용

③ 설치비

④ 설계와 관련하여 전문가에게 지급하는 수수료

⑤ 유형자산의 취득과 관련하여 국·공채 등을 불가피하게 매입하는 경우 해당 채권의 매입금액과 회계기준에 따라 평가한 현재가치와의 차액

⑥ 자본화 대상인 차입원가

⑦ 취득세 등 유형자산의 취득과 직접 관련된 제세공과금

⑧ 해당 유형자산의 경제적 사용이 종료된 후 원상회복을 위하여 그 자산을 제거·해체하거나 또는 부지를 복원하는 데 소요될 것으로 추정되는 원가가 충당부채의 인식요건을 충족하는 경우 그 지출의 현재가치(복구원가에 해당)

⑨ 유형자산이 정상적으로 작동되는지 여부를 시험하는 과정에서 발생하는 원가. 단, 시험과정에서 생산된 재화(예: 장비의 시험과정에서 생산된 시제품)의 순매각금액은 당해 원가에서 차감한다.

한편, 여러 종류의 유형자산을 일괄구입(basket purchase)함으로써 개별 유형자산의 구입가격이 표시되어 있지 않을 경우에는 일괄 지급한 총원가를 개별 유형자산의 시장가격(공정가치) 혹은 감정가격에 비례하여 배분시켜 개별 유형자산의 취득원가를 결정한다.

예제 11-1

(주)경인은 공장으로 사용하기 위하여 건물 50,000,000원을 취득하고, 대금 중 20,000,000원은 현금으로 지급하고, 잔액은 2개월 후에 지급하기로 하였다. 그리고 건물 취득과 관련하여 제반 부대비용이 2,000,000원 발생하여 현금으로 지급하였다. 이러한 거래에 대해 적절한 회계처리를 하시오.

해 답

(차)	건 물	52,000,000	(대)	현 금	22,000,000
				미 지 급 금	30,000,000

02 자가제작과 자가건설에 의한 취득

유형자산을 기업 스스로 제작하거나 건설하는 경우에는 제작과 건설에 소요되는 모든 직접재료비 및 직접노무비뿐만 아니라 건설 및 제작에 관련하여 발생하는 모든 간접비도 유형자산의 취득원가로 계상한다. 다만, 자가건설에 따른 내부이익과 자가건설 과정에서 원재료, 인력 및 기타 자원의 낭비로 인한 비정상적인 원가는 취득원가에 포함하지 않는다.

이때 제작 및 건설기간이 장기이며 건설 중에 원가가 발생하는 경우에는 건설중인 자산(construction-in-progress)계정에 원가를 집합하고, 건설이 완료되면 이를 해당 유형자산으로 대체시킨다. 유형자산의 제작이나 매입을 위하여 차입금을 직접 사용하였을 경우에는 유형자산의 설치완료 혹은 생산준비 완료시점까지 관련 차입금에 대하여 실제 발생한 금융비용을 건설자금이자(construction-related interest)로 해당 유형자산의 취득원가에 포함시킨다. 그리고 건물을 신축하기 위하여 사용 중인 기존 건물을 철거하는 경우 그 건물의 장부금액은 제거하여 유형자산처분손실로 반영하고, 철거비용은 전액 당기비용(철거비용, 잡손실 등)으로 처리한다. 다만, 새 건물을 신축하기 위하여 기존 건물이 있는 토지를 취득하고 그 건물을 철거하는 경우, 기존 건물의 철거 관련 비용에서 철거된 건물의 부산물을 판매하여 수취한 금액을 차감한 금액은 토지의 취득원가에 포함한다.

한편, 자가제작이나 자가건설된 유형자산의 취득원가가 외부에서 매입하는 가격(시가)보다 비정상적으로 높을 경우에는 그 차이를 제작 손실로 유형자산의 건설원가에 차감하여 당기의 영업외비용으로 보고하여야 한다.

예제 11-2

(주)경인은 20×1년 5월 1일 본사 건물을 신축하기 위하여 (주)용인건설과 계약금액 1,000,000원에 건설계약을 체결하였다. 건물의 건설은 20×1년 6월 1일에 시작하여 20×2년 10월 31일에 완공하기로 계약하였다. (주)경인은 계약에 따라 2차례(20×1년 7월 1일 700,000원, 20×2년 10월 31일 300,000원)에 걸쳐 공사대금을 지불하였다.

(주)경인은 본사건물 신축대금을 조달하기 위해 금융기관으로부터 연 12%의 이자율(만기 3년)로 지불금액 전액을 대금지급일에 차입하였다. 차입금 이자는 연말에 현금으로 지급한다.

(1) 본사 건물의 취득원가는 얼마인가?

(2) 위 거래와 관련된 해당 날짜에 필요한 회계처리를 하시오.

해 답

(1) 계약금액	1,000,000원
건설기간 동안의 이자(700,000 × 12%× 16/12)	112,000원
총취득원가	1,112,000원

(2)

20×1년 7월 1일	(차) 건설중인자산	700,000	(대) 장기차입금		700,000
20×1년 12월31일	(차) 건설중인자산	42,000	(대) 현금		42,000*
	* 700,000 × 12% × 6/12 = 42,000원				
20×2년 10월31일	(차) 건설중인자산	370,000	(대) 장기차입금		300,000
			미지급이자		70,000*
	* 700,000 × 12% × 10/12 = 70,000원				
(건물 완공시점)	(차) 건물	1,112,000	(대) 건설중인자산		1,112,000

예제 11-3

(주)경인은 20×1년 5월 2일 본사건물을 신축하기 위한 토지를 (주)인천으로부터 건물(장부금액 2,000,000원)과 토지(장부금액 15,000,000원, 공정가치 20,000,000원)를 현금 20,000,000원에 일괄하여 취득하였다. 그리고 곧바로 건물을 500,000원 들여 철거하였고, 취득세 등 500,000원을 납부하고 등기하였을 경우 적절한 회계처리를 하시오. 단, 모든 거래는 현금으로 이루어졌다고 가정한다.

해 답

(차) 토지	21,000,000	(대) 현금	21,000,000

03 주식발행에 의한 취득

현물출자(investment in kind)에 의한 유형자산의 취득은 그 대가를 현금으로 지급하지 아니하였기 때문에 취득원가를 결정하기 어렵다. 주식을 발행하여 유형자산을 구입한 경우에 유형자산을 판매한 자에게 교부한 주식의 발행가격을 기준으로 취득원가를 계상한다. 왜냐하면, 기업이 교부하는 주식의 수량과 발행금액은 결국 출자되는 자산의 시장가격을 고려하여 결정될 것이기 때문에 현물출자를 통해 취득한 유형자산의 취득원가는 교부한 주식의 공정가치를 기초로 한다고 볼 수 있다.

예제 11-4

(주)경인은 주주로부터 영업용으로 사용하기 위해 토지를 취득하였는데, 그 대가로 주식 5,000주(액면금액 @5,000원)를 새로 발행하여 교부하였다. 교부당시 주식의 1주당 공정가치가 10,000원일 경우 회계처리를 하시오.

해 답

(차)	토 지	50,000,000	(대)	자 본 금	25,000,000
				주식발행초과금	25,000,000

04 증여에 의한 취득

주주·정부 등으로부터 유형자산을 증여(donation)받아 취득한 경우에는 증여받은 시점의 유형자산의 공정한 평가액, 즉 공정가치를 기준으로 취득원가를 결정한다. 이 때 발생한 자산수증이익은 증여목적이 무엇이냐에 상관하지 않고 모두 영업외수익으로 계상하여야 한다.

예제 11-5

(주)경인은 대주주로부터 토지와 건물을 증여(영업활동에 사용할 목적) 받았는데 증여자산의

공정가치는 토지 5,000,000원과 건물 3,000,000원이었다. 이때 소유권이전비용으로 현금 800,000원(토지 500,000원, 건물 300,000원)을 지출하였을 경우 회계처리를 하시오.

해 답

(차)	토 지	5,500,000	(대)	자 산 수 증 이 익	8,000,000
	건 물	3,300,000		현 금	800,000

05 교환에 의한 취득

기업이 현재 소유하고 있는 유형자산을 양도하면서 동종 또는 이종의 유형자산을 교환하여 취득하는 경우가 있다. 이 경우 다른 종류의 자산과의 교환으로 취득한 유형자산의 취득원가는 교환을 위하여 제공한 자산의 공정가치로 측정한다. 다만, 교환을 위하여 제공한 자산의 공정가치가 불확실한 경우에는 교환으로 취득한 자산의 공정가치를 취득원가로 할 수 있다. 자산의 교환에 현금수수액이 있는 경우에는 현금수수액을 반영한 공정가치로 취득원가를 결정한다.

동일한 업종 내에서 유사한 용도로 사용되고 공정가치가 비슷한 동종자산과의 교환으로 유형자산을 취득하거나, 동종자산에 대한 지분과의 교환으로 유형자산을 양도하는 경우에는 제공된 유형자산으로부터의 수익창출과정이 아직 완료되지 않았기 때문에 교환에 따른 거래 손익을 인식하지 않아야 하며, 교환으로 받은 자산의 취득원가는 교환으로 제공한 자산의 장부금액으로 한다. 그러나 취득한 자산의 공정가치에 비추어 볼 때, 제공한 자산에 손상차손이 발생하였음을 알 수 있는 경우에는 손상차손을 먼저 인식하고, 손상차손 차감 후 장부금액을 수취한 자산의 취득원가로 한다. 다만, 교환되는 동종자산의 공정가치가 유사하지 않은 경우에는 거래조건의 일부로 현금과 같은 다른 종류의 자산이 포함될 수 있다. 이 경우 교환에 포함된 현금 등의 금액이 유의적이라면 동종자산의 교환으로 보지 않는다.

유형자산의 공정가치는 시장가격으로 한다. 다만, 시장가격이 없는 경우에는 동일 또는 유사 자산의 현금거래로부터 추정할 수 있는 실현가능액이나 전문적 자격이 있는 평가인의 감정가액을 사용할 수 있다.

예제 11-6

(주)경인은 사용 중이던 기계장치와 (주)철원의 토지를 교환하기로 하였다. 단, (주)경인은 추가로 현금 300,000원을 (주)철원에 지급하였다.

	기계장치	토 지
공정가치	140,000원	500,000원
취득원가	1,000,000원	400,000원
감가상각누계액	900,000원	

(1) (주)경인의 회계담당자 입장에서 회계처리를 하시오.
(2) (주)철원의 회계담당자 입장에서 회계처리를 하시오.

해 답

		차변 계정	금액		대변 계정	금액
(1)	(차)	토지	440,000	(대)	기계장치	1,000,000
		감가상각누계액	900,000		현금	300,000
					유형자산처분이익	40,000
(2)	(차)	기계장치	200,000	(대)	토지	400,000
		현금	300,000		유형자산처분이익	100,000

제 3 절 자본적 지출과 수익적 지출

영업활동에 사용하기 위해 취득한 유형자산은 여러 가지 이유로 내용연수 동안 그 유형자산과 관련된 여러 가지 지출, 즉 수선유지비용, 개량비용, 확장·증설비용 및 이전비용 등이 발생하게 되는데, 이를 자본적 지출과 수익적 지출로 구분하여 처리한다. 이와 같이 유형자산에 지출된 비용을 구분하는 것이 중요한 이유는, 자본적 지출로 처리하여야 할 거래를 수익적 지출로 처리하게 되면 기업은 자산의 내용연수 동안 상대적으로 비밀적립금(secret reserves)이 발생하고, 반대로 수익적 지출로 처리하여야 할 거래를 자본적 지출로 처리하게 되면 혼수자본(watered capital)이 발생하기 때문이다.

01 자본적 지출

자본적 지출(capital expenditure)은 유형자산과 관련된 지출이 해당 유형자산의 가치를 증가시키는 지출을 말한다. 따라서 자본적 지출로 처리한다는 의미는 유형자산의 취득원가로 처리한다는 의미와 동일한데, 자본적 지출로 분류하는 일반적인 기준은 다음과 같다.

① 생산용량의 증대 혹은 시설확장을 위한 지출

기존 건물을 증축하여 시설확장을 하는 경우와 기존 설비에 새로운 기계장치를 추가하여 생산능력을 증가시키는 경우를 말한다.

② 생산능률을 향상시켜 원가를 실질적으로 감소시키는 지출

개량이나 재배치 혹은 보조장치의 부착 등으로 조업능률이 최초에 추정한 수준 이상으로 증가하거나 혹은 유형자산이 제공하는 용역의 질이 실질적으로 향상되는 경우를 말한다(예: 건물에 엘리베이터 시설을 부착).

③ 유형자산의 내용연수를 연장시키는 지출

멸실 또는 훼손위험이 있는 유형자산에 대한 대폭적인 수선을 통하여 실질적으로 경제적 내용연수를 최초 추정한 기간 이상으로 연장시키는 경우를 말한다.

예제 11-7

(주)용인의 공장에서 사용하고 있는 기계장치에 대규모의 수선이 이루어져 13,000,000원의 현금 지출이 발생하였다. 이 수선의 결과, 추정 내용연수가 총 10년에서 15년으로 연장되었을 경우 회계처리를 하시오.

해 답

(차) 기 계 장 치	13,000,000	(대) 현 금	13,000,000

02 수익적 지출

수익적 지출(revenue expenditure)은 유형자산과 관련하여 지출된 금액이 미래 특정기간 동안에 경제적 효익을 제공하지 못하고, 그 지출의 효과가 당기에 한정된 지출되기 때문에 당기비용으로 처리한다. 이들 대부분은 해당 유형자산의 원상을 회복시키거나 능률유지를 위하여 지출한 비용으로 수익적 지출로 분류하는 일반적인 기준은 다음과 같다. 한편, 자본적 지출인지 수익적 지출인지 명확히 구분되지 않을 경우에는 관련 지출을 보수적인 관점에서 수익적 지출로 처리한다.

① 수선유지를 위한 경상적 지출

최초에 추정된 내용연수와 서비스의 질 혹은 조업능력을 유지시키거나 원상회복을 위해 지출되는 경상적인 비용을 말한다. 가령, 건물의 도색, 파손된 유리와 소모품 대체 등을 예로 들 수 있다.

② 일정금액 이하 소액지출

중요성의 개념에 따라 당기의 비용으로 처리한다. 가령, 나사, 못 혹은 사무용 소모품의 구입 등을 예로 들 수 있다.

③ 본래의 정상적 기능을 유지·발휘시키는 지출

유형자산을 사용함에 있어서 수시로 발생하는 비용을 말한다. 잡다한 기계부품의 교환, 윤활유의 주입, 기계설비의 청소 등과 관련된 수선비를 예로 들 수 있다.

④ 비능률적이거나 비합리적인 지출

외부구입가격보다 현저히 높은 가격으로 유형자산을 자가제작하였을 경우 그 차액은 제작손실로서 자본화시키지 아니하고 당기의 수익적 지출로 처리한다.

예제 11-8

(주)용인의 공장에서 사용 중인 기계장치에 대해 정기적인 수선을 실시하여 500,000원의 수선비를 현금으로 지출하였을 경우 회계처리를 하시오.

해 답

(차)	수 선 비	500,000	(대) 현 금	500,000

제 4 절 유형자산의 감가상각

01 감가상각의 의의와 필요성

유형자산은 시간이 경과하거나 사용정도에 따라 일정기간 후에는 그 가치가 소멸되어 기업에 더 이상 경제적 효익을 제공하지 못하게 된다. 따라서 기업은 유형자산의 취득원가를 수익에 대응시키기 위하여 합리적이고 체계적인 방법에 따라 배분하여야 하는데, 이러한 절차를 감가상각(depreciation)이라 한다.

즉, 기업은 사용기간에 따라 유형자산의 취득원가를 일정한 방법에 의해 배분함으로써, 재무상태표상 유형자산의 장부금액을 감소시킴과 동시에 동일금액을 당기의 비용으로 처리하여 정확한 영업성과를 계산하는 것이다.

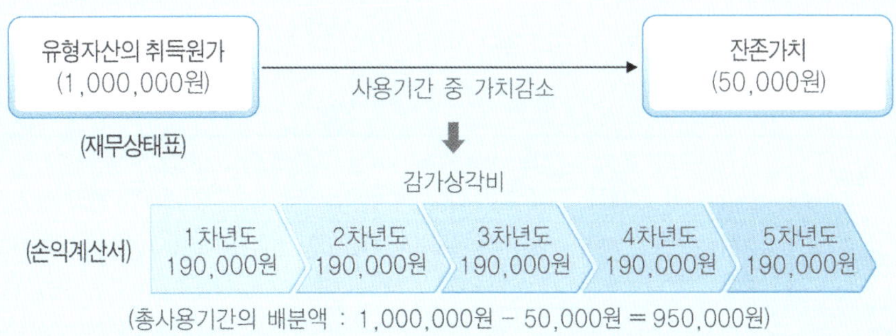

[그림 11-1] 감가상각비 배분과정

감가상각의 필요성과 관련하여 재무상태표에 근거를 둔 자산평가의 관점보다는 당기손익계산에 근거를 둔 원가배분의 관점을 보다 중요시하고 있다. 다시 말해, 감가상각절차를 통하여 취득할 때 발생한 유형자산의 취득원가를 자산의 이용에 따라 효익이 발생하는 기간에 체계적이고 합리적인 방법으로 배분하는 것이 기본목적이며, 감가상각 후 잔액으로 표시되는 재무상태표상의 장부금액이 유형자산의 실질적인 경제적 가치로 평가되었느냐 하는 것은 별개의 문제로 보고 있다. 즉, 장부금액은 원가배분 후 남는 잔액을 의미하며, 차기의 원가배분을 위해 대기상태에 남아있는 수치에 불과한 것이다.

02 감가의 원인

(1) 물리적 감가

물리적 감가(physical depreciation)는 유형자산을 사용하거나 시간이 경과함에 따라 물리적으로 소모·마모되어 유형자산의 가치를 감소시키는 것을 말한다. 이것은 필연적이며 계속적으로 발생되는 현상이다.

(2) 기능적 감가

기능적 감가(functional depreciation)는 유형자산이 경영에 부적응(inadequacy)되거나 진부화(obsolescence)되어 자산을 보유하는 것이 더 이상 경제성이 없을 때 발생하는 가치감소로, 경제적 감가라고도 한다.

부적응	경영규모의 확장, 공장의 신설이나 이전, 시장상황의 변화, 제품제조방식의 변화 등의 경제적·기능적 이유로 말미암아 나타나는 가치감소를 말한다.
진부화	구식화라고도 하며, 새로운 발명이나 기술적인 진보에 따라 나타나는 가치감소를 말한다.

03 감가상각의 결정요소

(1) 취득원가

취득원가는 감가상각비를 계산할 때 기준이 되는 금액으로 매입가액(또는 제작원가)에 부대비용을 가산한 것이며, 자본적 지출이 발생하면 그 금액을 가산한다.

(2) 잔존가치

잔존가치는 폐기 및 처분될 때 받을 수 있는 추정처분가액을 말하며, 법인세법의 규정에 따르면 잔존가치는 영(zero)이다. 왜냐하면, 감가상각이 종료된 후 자산을 처분하는 경우, 오히려 철거비용이 더 소요되는 것이 일반적인 현상이기 때문이다. 그러나 잔존가치를 영(zero)으로 하면, 정률법의 상각률을 산정할 수 없으므로, 정률법에서 상각률을 산정할 경우에는 취득원가의 5%를 잔존가치로 한다.

(3) 내용연수

내용연수는 수익획득을 위하여 실제적으로 자산을 사용할 수 있을 것으로 기대되는 기간으로 감가상각의 대상기간을 말한다. 회계기준에서는 별도로 유형자산의 내용연수를 규정하지 않고, 법인세법에서 정해 놓은 유형자산의 내용연수를 그대로 인정하여 사용하고 있다.

(4) 감가상각방법

감가상각방법이란 유형자산의 취득원가(감가상각 기준가액)를 내용연수에 따라 각 기간에 합리적이고 체계적으로 배분하는 방법을 말한다. 유형자산의 감가상각방법에는 정액법, 정률법, 생산량비례법, 연수합계법 등이 있다.

① 정액법

정액법(straight-line method)은 매기간 동일한 금액을 상각하는 방법으로 균등상각법 또는 직선법이라고도 부른다. 이 방법은 계산이 매우 단순하여 사용하기 편리한 방법이다. 따라서 유형자산의 가치가 시간의 경과에 따라 일정하게 감소하고, 기능적 진부화의 정도가 거의 무시되는 경우에는 좋은 방법이라 할 수 있다.

$$\text{감가상각비} = \frac{(\text{취득원가} - \text{잔존가치})}{\text{내용연수}}$$
$$= \text{취득원가} \times \text{상각률}$$
$$\text{상각률} = 1 \div \text{내용연수}$$

② 정률법

정률법(fixed-rate method)은 유형자산의 장부금액에 매기간 동일한 상각률을 적용하여 감가상각하는 방법이다. 따라서 정률법에서는 초기에 많은 금액을 상각하고, 기간이 경과함에 따라 상각액은 점차 감소하게 된다. 한편, 정률법에서 상각대상금액은 잔존가치를 차감하지 않은 금액이다. 왜냐하면, 이미 잔존가치를 고려하여 상각률을 결정하였기 때문이다.

$$\text{감가상각비} = \text{장부금액} \times \text{감가상각률}$$
$$= (\text{취득원가} - \text{감가상각누계액}) \times \text{감가상각률}$$
$$\text{감가상각률} = 1 - \sqrt[n]{\frac{\text{잔존가치}}{\text{취득원가}}}$$

n: 내용연수이며, 잔존가치는 취득원가의 5%를 적용한다.

③ 연수합계법

연수합계법(SYD: sum-of-the-year's-digits method)은 초기에 많은 금액을 상각하는 체감상각법의 일종으로 매년 일정률을 장부금액에 곱하는 대신 연수합계에 대한 잔여내용연수의 비율을 매번 계산하여 감가상각대상금액에 곱해 주는 방법이다.

연수합계액은 정률법에 비해 매기 감가상각비의 체감되는 속도가 다소 완만하다는 특징이 있다. 또한, 정률법과는 달리 상각률의 계산이 복잡하지 않다는 점에서 비교적 간편하게 적용할 수 있다.

$$\text{감가상각비} = (\text{취득원가} - \text{잔존가치}) \times \frac{\text{잔여내용연수}}{\text{내용연수합계}}$$

$$\text{내용연수의 합계} = \text{내용연수} \times (\text{내용연수} + 1) / 2$$

초기에는 유형자산의 생산능률이나 서비스의 질이 높지만 사용기간이 경과할수록 그 능률이 저하되는 경우에는 체감상각법인 정률법과 연수합계법을 적용하는 것이 수익과 비용의 대응이라는 관점에서 볼 때 보다 합리적이다.

④ 생산량비례법

생산량비례법(units-of-production method)은 내용연수를 기준으로 하지 않고, 생산량 혹은 사용량에 비례하여 감가상각액을 계산하는 방법이다. 산림, 유전 혹은 광산과 같은 천연자원(natural resources)의 경우에는 그 가치가 벌목량 혹은 채광량에 비례하여 감소하므로, 추정 총생산량에 대한 당기의 실제 생산량의 비율을 기준으로 감가상각비를 계산함으로써 수익과 비용을 합리적으로 대응시킬 수 있게 된다.[1]

$$\text{감가상각비} = (\text{취득원가} - \text{잔존가치}) \times \frac{\text{당기실제생산량}}{\text{추정총생산량}}$$

⑤ 이중체감잔액법

이중체감잔액법(double declining balance method)은 정액법 상각률에 2배를 곱하여 상각률을 구한 후 여기에 기초장부금액을 곱하여 감가상각비를 계산하는 방법이다.

$$\begin{aligned}\text{감가상각비} &= \text{장부금액} \times \text{감가상각률} \\ &= (\text{취득원가} - \text{감가상각누계액}) \times \text{감가상각률}\end{aligned}$$

$$\text{감가상각률} = 1 \div \text{내용연수}$$

---

1 천연자원을 생산량비례법에 의해 상각할 때는 일반적인 감가상각이라는 용어와 구별하기 위하여 감모상각(depletion)이라는 표현을 사용하기도 한다.

예제 11-9

(주)계양은 20×1년 1월 2일에 기계장치를 10,000,000원에 구입하였다. 기계장치의 내용연수는 5년이고, 추정잔존가치는 500,000원이다. 이 기계장치로부터 총 800,000단위의 제품생산이 기대되며, 구입 후 첫 연도에 170,000단위, 2차년도에 180,000단위, 3차년도에 140,000단위를 생산하였다. 각 감가상각방법을 적용하여 감가상각표를 작성하시오(단, 정률법의 상각률은 0.45로 한다).

해 답

(단위: 원)

감가상각방법	연간 감가상각비			감가상각누계액 (3차년도말)	장부금액 (3차년도말)
	1차년도	2차년도	3차년도		
정 액 법	1,900,000	1,900,000	1,900,000	5,700,000	4,300,000
정 률 법	4,500,000	2,475,000	1,361,250	8,336,250	1,663,750
연수합계법	3,166,667	2,533,333	1,900,000	7,600,000	2,400,000
생산량비례법	2,018,750	2,137,500	1,662,500	5,818,750	4,181,250
이중체감잔액법	4,000,000	2,400,000	1,440,000	7,840,000	2,160,000

04 감가상각의 회계처리와 보고방법

당기의 감가상각비를 계산하면, 차변에는 감가상각비계정을 사용하고, 대변에는 관련 자산의 평가계정인 감가상각누계액계정을 사용한다. 그리고 공장 및 생산설비와 관련하여 발생하는 감가상각비는 제조원가로 보고하며, 관리 및 판매활동과 관련된 감가상각비는 판매비와 관리비로 보고한다. 한편, 감가상각누계액계정은 재무상태표상에서 관련 자산의 차감 항목으로 표시하는데, 감가상각누계액을 차감한 후 잔액을 유형자산의 장부금액이라고 한다.

대변에 표시되는 감가상각누계액은 자산의 취득원가 중 수익에 대응시켜 현재까지 소멸된 원가(expired cost)를 누계해 놓은 숫자이며, 결국은 차변의 관련자산 취득원가에 대한 차감항목으로 표시하기 위한 평가계정에 불과하다. 따라서 감가상각누계액은 현금기금 혹은 적립금과는 아무런 관계가 없으며, 새로운 자산을 취득할 경우에 대금지급수단으로 실제 사용될 수 있는 자금은 아니다.

예제 11-10

〈예제 11-9〉 중 정률법을 적용하는 경우, 3개 년도에 대한 회계처리를 하시오.

해 답

〈1차년도〉	(차)	감가상각비	4,500,000	(대)	감가상각누계액	4,500,000
〈2차년도〉	(차)	감가상각비	2,475,000	(대)	감가상각누계액	2,475,000
〈3차년도〉	(차)	감가상각비	1,361,250	(대)	감가상각누계액	1,361,250

05 감가상각과 관련한 기타 문제

(1) 기중에 구입한 자산의 초년도 상각

① 일년기준

자산의 구입시점에 관계없이 항시 1년분 계산액 전액을 초년도의 감가상각비로 계상하는 방법이다.

② 반년기준

회계연도의 상반기에 자산을 구입하면 1년분 계산액 전액을 당기의 감가상각비로 계상하고, 회계연도의 하반기에 자산을 구입하면 6개월분만을 감가상각비로 계상하는 방법이다.

③ 월할기준(monthly basis)

취득한 달을 기준으로 회계연도의 잔여기간만을 초년도의 감가상각비로 계상하는 방법이다. 따라서 8월 중 자산을 취득하였으면, 회계연도가 12월에 종료되는 경우 초년도에는 5개월분만을 상각하게 된다.

이상의 3가지 방법 중에서 월할기준이 가장 정확한 계산방법으로, 회계기간 중 유형자산을 처분할 경우에는 처분시점까지 감가상각비를 계상하여야 한다.

예제 11-11 (주)경인의 거래에 대해 회계처리를 하시오.

(1) 20×1. 7. 10 (주)용인으로부터 기계장치 5,000,000원(부대비용 포함한 금액)을 외상으로 구입하였다(내용연수는 5년, 잔존가치는 0원, 정액법에 의한 상각)

(2) 20×1. 12. 31 결산일에 감가상각을 실시하다.

(3) 20×2. 12. 31 결산일에 감가상각을 실시하다.

해 답

	(차변)	금액	(대변)	금액
(1)	(차) 기 계 장 치	5,000,000	(대) 미 지 급 금	5,000,000
(2)	(차) 감 가 상 각 비	500,000	(대) 감가상각누계액	500,000*

* 5,000,000 × 1/5 × 6/12(월할 상각) = 500,000원

	(차변)	금액	(대변)	금액
(3)	(차) 감 가 상 각 비	1,000,000	(대) 감가상각누계액	1,000,000*

* 5,000,000 × 1/5 = 1,000,000원

(2) 감가상각방법의 변경

경제적 환경이 변화하거나 혹은 특정 자산을 다른 용도로 전환하여 사용하는 등 기업 내·외부의 여건변동에 따라 종전의 감가상각방법을 다른 방법으로 변경하는 것이 기업의 경제적인 실질을 보다 충실히 표현한다고 판단되는 경우가 있다. 또한, 경제적 환경이 급격히 변화함에 따라 종전에 추정하였던 자산의 내용연수나 잔존가치를 더 이상 합리적인 기준으로 사용할 수 없게 되는 경우가 있다. 이러한 경우에 종전의 감가상각방법, 종전에 추정하였던 자산의 내용연수나 잔존가치를 변경하는 것이 타당하다고 판단되면 그 변경이 허용될 수 있다. 따라서 기업은 재무제표를 보다 적절히 표시할 수 있다고 인정되면 감가상각방법, 잔존가치 및 내용연수의 변경 등에 대해서는 변경시점부터 적용하여 처리하여야 한다.

예제 11-12

(주)송담은 2년 전에 기계장치를 구입하여 사용하던 중 3차년도 초에 이 기계장치와 관련된 변경이 있었다. 변경 직전 기계장치에 관한 감가상각자료는 다음과 같다.

기계장치의 취득원가	5,000,000원
추정내용연수	5년
추정잔존가치	250,000원
감가상각방법	정액법
감가상각누계액 잔액	1,900,000원

3차년도 초에 최초의 추정치를 다음과 같이 변경하였을 경우, 3차년도 말에 감가상각비를 인식하기 위한 적절한 회계처리를 하시오.

수정된 총 추정내용연수	8년
수정된 추정잔존가치	100,000원

해 답

(차) 감가상각비 500,000 (대) 감가상각누계액 500,000

[계산근거]

취득원가	5,000,000원
2차년도까지 감가상각누계액	1,900,000원
미상각잔액	3,100,000원
수정된 추정잔존가치	100,000원
감가상각되어야 할 잔액	3,000,000원
추정잔존내용연수	÷ 6년
연간 감가상각비	500,000원

(3) 운행중지 중인 유형자산의 감가상각

영업활동에 사용하여 오던 유형자산을 일정기간 사용하고 있지 않은 경우에도 그대로 유형자산으로 분류하고 정상적으로 감가상각하여야 한다. 다만, 감가상각비는 운휴자산 감가상각비의 과목으로 하여 영업외비용으로 계상하여야 한다.

(4) 국고보조금과 공사부담금으로 자산을 취득한 경우

기업이 유형자산을 취득할 목적으로 국고보조금(government subsidies)[2]과 공사

2 국가 혹은 지방자치단체 등의 공공기관이 특정 산업을 육성하거나 해당지역으로 유치하기 위하여 공장건설 등에 소요되는 자금의 일부를 기업에 보조하는 경우를 말한다.

부담금(payment by beneficiary)[3] 등으로 자산을 취득한 경우에는 이를 취득자산에서 차감하는 형식으로 표시하고, 해당 자산의 내용연수에 걸쳐 감가상각비와 상계 처리한다. 그리고 해당 자산을 처분하는 경우에는 그 잔액을 당해 처분손익에 차감 또는 가산한다. 한편, 국고보조금과 공사부담금을 국가나 수익자로부터 받아 사용하지 않았을 경우, 그 금액은 해당 자산의 차감항목으로 표시해야 한다. 가령, 보통예금으로 국고보조금을 받았을 경우에는 보통예금에서 차감되는 형식으로 표시해야 한다.

자산(취득원가)	×××
감가상각누계액	(×××)
국고보조금	(×××)
공사부담금	(×××)
자산(장부금액)	×××

예제 11-13

(주)경인은 가스설비를 설치하는 기업으로 가스설비공사비 중 일부분을 수용자에게 받아 공사하고 있다. (주)경인의 입장에서 적절한 회계처리를 하시오.

(1) 20×1. 3. 10 (주)경인은 10,000,000원 가스설비공사를 하면서 수용자로부터 현금 5,000,000원을 받았다.

(2) 20×1. 4. 17 (주)경인은 가스설비공사를 완성하였으며, 공사와 관련하여 발생한 공사비용은 10,000,000원을 모두 현금으로 지급하였다. 본 가스설비는 (주)경인의 관리하에 사용하도록 되어 있으며, 정액법(내용연수 10년, 잔존가치 0원)에 의해 상각하도록 결정하였다.

(3) 20×1. 12. 31 결산일에 감가상각을 실시하고, (약식)재무상태표에 표시하시오.

해 답

(1) (차) 현 금 5,000,000 (대) 공사부담금 5,000,000

3 전기, 철도, 수도 등 공공사업을 하는 기관 혹은 공기업이 시설을 설비하는 과정에서 실수요자에게 그 원가의 일부를 부담시킴으로써 수요자로부터 자금을 받는 경우를 말한다.

(2)	(차) 가 스 설 비	10,000,000	(대) 현 금	10,000,000
(3)	(차) 감 가 상 각 비	750,000	(대) 감가상각누계액	750,000*
	공 사 부 담 금	375,000	감 가 상 각 비	375,000**

* 10,000,000 × 1/10 × 9/12 = 750,000원

** 750,000 × (5,000,000 ÷ 10,000,000) = 375,000원

재무상태표

(주)경인		20×1년 12월 31일		(단위: 원)
유형자산				
가스설비	10,000,000			
공사부담금	(4,625,000)			
감가상각누계액	(750,000)	4,625,000		

제 5 절 유형자산의 손상차손 및 재평가

01 유형자산의 손상차손

유형자산의 진부화 또는 시장가치의 급격한 하락 등으로 인하여 유형자산의 미래 경제적 효익이 장부금액에 현저하게 미달할 가능성이 있는 경우, 즉 다음과 같은 경우에는 손상차손의 인식여부를 검토해야 한다.

① 유형자산 시장가치의 현저한 하락

② 유형자산의 사용강도나 사용방법에 현저한 변화가 있거나 심각한 물리적 변형이 초래된 경우

③ 법률이나 기업환경의 변화 혹은 규제 등의 영향으로 인하여 해당 유형자산의 효용이 현저하게 감소된 경우

④ 해당 유형자산으로부터 영업손실이나 순현금의 유출이 발생하고, 미래에도 지속될 것이라고 판단된 경우

이상의 조건에 해당하여 유형자산의 손상차손이 있다고 판단되고, 해당 유형자산의 사용 및 처분으로부터 기대되는 미래의 현금흐름총액의 추정액이 장부금액에 미달하는 경우에는 장부금액을 회수가능가액으로 조정하고, 그 차액을 손상차손으로 처리하여야 한다. 그리고 손상차손으로 처리한 후 손상 처리한 유형자산의 회수가능가액이 장부금액을 초과하는 경우에는 그 자산이 손상되기 전의 장부금액을 감가상각한 후 잔액을 한도로 하여 그 초과액을 손상차손환입(영업외수익)으로 처리한다.

예제 11-14 다음의 자료를 이용하여 해당 일자에 필요한 회계처리를 하시오.

기계장치의 취득원가	10,000,000원
내용연수	10년
잔존가치	0원
취득년도	20×1년 1월 1일
상각방법	정액법

[요구사항]

(1) 20×1년 1월 1일 취득시점(현금취득을 가정)

(2) 20×1년 12월 31일 감가상각(결산을 위한)

(3) 20×2년 12월 31일 감가상각 후 회수가능가액이 6,400,000원으로 하락한 경우

(4) 20×3년 12월 31일 감가상각(상각방법은 정액법으로 동일)

(5) 20×4년 12월 31일 감가상각 후 회수가능가액이 7,000,000원으로 회복한 경우

해 답

(1)	(차) 기 계 장 치	10,000,000	(대) 현 금	10,000,000
(2)	(차) 감 가 상 각 비	1,000,000	(대) 감가상각누계액	1,000,000*

* 10,000,000 ÷ 10년 = 1,000,000원

(3)	(차) 감 가 상 각 비	1,000,000	(대) 감가상각누계액	1,000,000
	손 상 차 손*	1,600,000	손상차손누계액	1,600,000

* 20×2년 12월 31일 감가상각 후 장부금액 = 10,000,000 − 1,000,000 × 2 = 8,000,000원
손상차손 = 회수가능가액 − 장부금액 = 6,400,000 − 8,000,000 = △1,600,000원

(4) (차) 감 가 상 각 비 800,000 (대) 감가상각누계액 800,000*

* 손상차손 반영 후 장부금액 ÷ 잔존내용연수 = 6,400,000 ÷ 8년 = 800,000원

(5) (차) 감 가 상 각 비 800,000 (대) 감가상각누계액 800,000
손상차손누계액 1,200,000 손 상 차 손 환 입 1,200,000*

* 20×4년 12월 31일 장부금액 = 20×3년 12월 31일 장부금액 - 800,000원
= 5,600,000 - 800,000 = 4,800,000원
한도금액 = 10,000,000 - 1,000,000 × 4(4년 경과) = 6,000,000원
(정상적인 감가상각을 하였을 경우)
손상차손환입 = 한도금액 - 20×4년 12월 31일 장부금액
= 6,000,000 - 4,800,000 = 1,200,000원

02 유형자산의 재평가

유형자산의 취득 이후 취득원가와 공정가치 사이에 상당한 차이가 발생할 수 있는데, 회계기준에서는 자산의 경제적 실질을 나타낼 수 있고 이해관계자들에게 유용한 정보를 제공할 수 있다면 공정가치로 재평가하여 재무제표에 공시할 수 있도록 규정하고 있다.

재평가모형(revaluation model)이란 취득원가로 유형자산을 최초 인식한 후 공정가치를 신뢰성 있게 측정할 수 있는 경우에는 재평가일에 유형자산을 재평가하고, 재평가일의 공정가치에서 이후의 감가상각누계액과 손상차손누계액을 차감한 재평가금액을 장부금액으로 표시하는 방법이다.

이러한 재평가는 회계기간 말에 자산의 장부금액이 공정가치와 중요하게 차이가 나지 않도록 주기적으로 수행하는데, 재평가의 빈도는 재평가되는 유형자산의 공정가치 변동에 따라 달라진다. 다시 말해, 재평가된 자산의 공정가치가 장부금액과 중요하게 차이가 나는 경우에는 추가적인 재평가가 필요하다. 그리고 유형자산을 재평가할 때, 재평가 시점의 총장부금액에서 기존의 감가상각누계액을 제거하여 자산의 순장부금액이 재평가금액이 되도록 수정한다.

유형자산의 장부금액이 재평가로 인하여 증가된 경우에 그 증가액은 기타포괄

손익으로 인식하고, 재평가잉여금의 과목으로 자본항목 중 기타포괄손익누계액에 가산한다. 그러나 동일한 유형자산에 대하여 이전에 당기손익으로 인식한 재평가감소액이 있으면, 그 금액을 한도로 재평가증가액만큼 당기손익으로 인식한다.

반면, 유형자산의 장부금액이 재평가로 인하여 감소된 경우에 그 감소액(자산재평가손실)은 당기손익으로 인식한다. 그러나 그 유형자산의 재평가로 인해 인식한 재평가잉여금(기타포괄손익누계액)의 잔액이 있으면, 그 금액을 한도로 재평가감소액을 기타포괄손익에서 차감한다.

이러한 재평가잉여금은 해당 유형자산이 폐기되거나 제거될 때에 이를 당기손익에 반영한다. 이 경우에 해당 유형자산과 관련해서 계상된 재평가잉여금을 전액 당기손익으로 대체해야 하며 일부만을 당기손익으로 대체할 수는 없다.

예제 11-15 (주)경인의 거래에 대해 회계처리를 하시오.

(1) 20×1. 1. 5. (주)인천으로부터 창고신축을 위해 토지 10,000,000원을 현금을 지급하여 구입하고, 취득세 등 부대비용 1,000,000원을 현금으로 지급하였다.

(2) 20×3.12.31. 20×1년에 취득한 토지를 15,000,000원(공정가치)으로 재평가하였다.

(3) 20×5.12.31. 20×1년에 취득한 토지를 10,000,000원(공정가치)으로 재평가하였다.

해 답

(1)	(차)	토지	11,000,000	(대)	현금	11,000,000
(2)	(차)	토지	4,000,000	(대)	재평가잉여금	4,000,000*

* 15,000,000 - 11,000,000 = 4,000,000원

(3)	(차)	재평가잉여금	4,000,000	(대)	토지	5,000,000*
		자산재평가손실	1,000,000**			

* 10,000,000 - 15,000,000 = △5,000,000원
** 5,000,000 - 4,000,000 = 1,000,000원

제 6 절 유형자산의 처분

기업은 유형자산의 내용연수가 만료되었을 때 혹은 그 이전에라도 기업이 새로운 자산으로 대체할 필요가 있거나 더 이상 사용할 가치가 없다고 판단될 때는 이를 처분 혹은 폐기한 후 장부에서 제외시켜야 한다.

유형자산의 처분과 관련한 회계처리 문제는 크게 2가지로 요약될 수 있다.

첫째, 기업이 더 이상 유형자산을 보유하고 있지 않기 때문에 관련 취득원가와 감가상각누계액을 전액 장부에서 제거시켜야 한다.

둘째, 취득원가에서 감가상각누계액을 차감한 처분시점의 장부금액과 처분가액간에 차이가 발생할 때, 그 차액은 유형자산처분이익 혹은 유형자산처분손실로 보고하여야 한다. 이때 해당 사업연도의 감가상각비가 기록되지 않았을 경우에는 처분시점까지의 감가상각비를 먼저 계상한 후 장부금액을 산출하여야 한다.

예제 11-16

(주)경인은 20×1년 1월 1일에 기계장치를 매각하고, 현금 500,000원을 받았다. 기계장치의 취득원가는 3,000,000원, 감가상각누계액은 2,600,000원이었다. 처분에 따른 적절한 회계처리를 하시오.

해 답

(차)	현 금	500,000	(대)	기 계 장 치	3,000,000
	감가상각누계액	2,600,000		유형자산처분이익	100,000

객관식 Exercises

01 Problem

유형자산의 취득원가에 관한 설명으로 옳지 않는 것은?

① 유형자산의 취득과 관련하여 국·공채 등을 불가피하게 매입하는 경우 국·공채의 매입가액과 현재가치평가액의 차액은 당해 유형자산의 취득원가에 산입한다.

② 지상건물이 있는 토지를 구입하여 기존 건물을 계속 사용할 경우에는 일괄구입가격을 토지와 건물의 공정가치에 따라 각각 안분한다.

③ 장기연불조건으로 구입한 유형자산의 취득원가는 부채의 명목가액과 현재가치의 차이가 중요한 경우에는 현재가치로 평가한다.

④ 새 건물을 신축하기 위하여 기존 건물이 있는 토지를 취득하고 그 건물을 철거하는 경우 기존 건물의 철거 관련 비용에서 철거된 건물의 부산물을 판매하여 수취한 금액을 차감한 가액은 신건물의 취득원가에 산입한다.

02 Problem

유형자산의 취득원가를 결정하는 설명으로 적절하지 않은 것은?

① 건물을 신축하기 위하여 사용 중인 기존 건물을 철거하는 경우 그 건물의 장부금액은 처분손실로 반영하고, 철거비용은 전액 신건물의 취득원가에 산입한다.

② 유형자산을 장기후불조건으로 구입하거나, 대금지급기간이 일반적인 신용기간보다 긴 경우 취득원가는 취득시점의 현금구입가격으로 한다.

③ 시운전이나 본격적인 가동준비를 위한 지출이라도 유형자산을 사용가능한 상태로 만드는 과정과 직접 관련이 없다면 취득원가에 포함하지 않는다.

④ 국고보조 등에 의해 유형자산을 무상 또는 공정가치보다 낮은 대가로 취득한 경우 그 유형자산의 취득원가는 취득일의 공정가치로 한다.

03 Problem

유형자산의 취득원가에 포함되지 않는 것은?

① 취득세 등 유형자산의 취득과 직접 관련된 제세공과금
② 유형자산의 설치장소를 위한 지출
③ 유형자산의 설계와 관련하여 전문가에게 지급하는 수수료
④ 자가건설에 따른 내부이익

04 Problem

(주)용인은 보유중인 기계장치 A를 타사의 기계장치 B와 교환하였다. 기계장치 A의 교환일 현재 장부금액은 50,000원, 공정가치는 40,000원이며, 교환시점에 현금 5,000원을 지급하였다. (주)용인이 교환한 기계장치가 동종자산인 경우와 이종자산인 경우 기계장치 B의 취득원가는 각각 얼마인가?

	동종자산	이종자산
①	55,000원	45,000원
②	55,000원	55,000원
③	45,000원	45,000원
④	50,000원	40,000원

05 Problem

감가상각과 관련된 설명으로 옳지 않은 것은?

① 잔존가치가 중요할 것으로 예상되는 경우에는 자산의 취득시점에서 잔존가치를 추정하고 물가변동에 따라 수정한다.

② 잔존가치는 내용연수 종료시점에 당해 자산의 순실현가능가액을 말하는 것으로 회사가 해당 자산의 성격과 업종 등을 고려하여 객관적이고 합리적으로 정해야 한다.

③ 내용연수 도중 사용을 중단하고, 처분 또는 폐기할 예정인 유형자산은 사용을 중단한 시점의 장부금액으로 표시하되, 이러한 자산에 대해서는 감가상각을 하지 않는 대신 투자자산으로 재분류하고, 손상차손 발생여부를 매 회계연도 말에 검토한다.

④ 내용연수 도중 사용을 중단하였으나, 장래사용을 재개할 예정인 유형자산에 대해서는 감가상각을 하되, 그 감가상각비는 영업외비용으로 한다.

06 Problem

(주)용인은 20×1년 9월 1일 취득원가 5,000,000원, 잔존가치 500,000, 내용연수 10년인 유형자산을 취득하고 연수합계법으로 감가상각하고 있다. (주)한빛이 20×2년에 계상할 감가상각비는?

① 정액법보다 286,363 많다.
② 정액법보다 340,909 많다.
③ 정액법보다 286,363 적다.
④ 정액법보다 340,909 적다.

07 Problem

유형자산의 취득 또는 완성 후의 지출의 처리에 대한 설명으로 틀린 것은?

① 자산으로부터 당초 예상되었던 성능수준을 회복하거나 유지하기 위한 수선 또는 유지를 위한 지출은 발생한 기간의 비용으로 인식한다.
② 항공기의 좌석 등 유형자산을 구성하는 구성요소의 내용연수가 유형자산의 내용연수와 상이한 경우에는 별도의 자산으로 처리한다.
③ 주요 부품을 교환해 주어야 운행이 가능한 중고차량을 취득한 후에 부품교환에 지출하게 된 금액은 회수가능가액 범위 내에서 발생한 기간의 비용으로 인식한다.
④ 새로운 생산 공정의 채택을 통하여 생산능력 증대를 가져오는 경우에는 관련된 지출이 미래 경제적 효익을 증가시키므로 자본적 지출로 처리한다.

08 Problem

유형자산에 대한 설명으로 가장 틀린 것은?

① 유형자산의 순매각가액과 사용가치 중 작은 금액인 회수가능가액이 장부금액에 미달하는 경우 장부금액을 회수가능가액으로 조정하여야 한다.
② 유형자산의 폐기 또는 처분으로부터 발생하는 손익은 처분가액과 장부금액의 차액으로 결정하며 영업외손익으로 인식한다.
③ 신규 사업의 착수로 인하여 독립된 새로운 사업부문에 대하여 기존과 다른 감가상각방법을 사용하는 경우에는 이를 회계변경으로 보지 아니한다.
④ 감가상각할 경우 잔존가치는 자산의 취득시점에 추정하고 물가변동에 따라 이를 수정하지 아니한다.

09 Problem

유형자산과 관련된 설명 중 가장 옳지 않은 것은?

① 새로 취득한 유형자산에 대한 감가상각방법은 동종의 기존 유형자산에 대한 감가상각방법과 상관없이 선택적용 한다.
② 다른 종류의 자산과의 교환으로 유형자산을 취득하는 경우 유형자산의 취득원가는 교환을 위하여 제공한 자산의 공정가치로 측정한다.
③ 건물을 신축하기 위하여 사용 중인 기존 건물을 철거하는 경우 그 건물의 장부금액은 제거하여 처분손실로 반영하고, 철거비용은 전액 당기비용으로 처리한다.
④ 유형자산의 진부화 또는 시장가치의 급격한 하락 등으로 인하여 유형자산의 미래 경제적 효익이 장부금액에 현저하게 미달할 가능성이 있는 경우에는 손상차손의 인식여부를 검토하여야 한다.

10 Problem

신규로 취득한 건물에 대하여 회사는 정액법을 사용하여 감가상각비를 계상하고자 한다. 그러나 담당자의 실수로 정률법을 사용하여 회계처리하였다면 기말 재무제표에 미치는 영향을 올바르게 표현한 것은?

	건물의 장부금액	당기순이익	감가상각비
①	과대계상	과대계상	과대계상
②	과대계상	과소계상	과소계상
③	과소계상	과대계상	과소계상
④	과소계상	과소계상	과대계상

11 Problem

유형자산과 관련하여 옳게 설명한 것은?

① 유형자산의 취득원가는 당해 자산의 제작원가 또는 구입가액에서 취득부대비용을 차감한 가액으로 한다.

② 현물출자, 증여 기타 무상으로 취득한 자산의 가액은 역사적원가를 취득원가로 한다.

③ 유형자산의 취득과 관련하여 국·공채를 불가피하게 매입하는 경우 당해 채권의 매입가액과 현재가치와의 차액을 당해 자산의 취득원가에 포함한다.

④ 새 건물을 신축하기 위하여 기존 건물이 있는 토지를 취득하고 그 건물을 철거하는 경우 기존 건물의 철거관련 비용은 전액 당기비용으로 처리한다.

12 Problem

유형자산의 회계처리에 대한 설명으로 가장 적합하지 않은 것은?

① 유형자산은 최초에는 취득원가로 측정하며, 현물출자, 증여, 기타 무상으로 취득한 자산의 가액은 공정가치를 취득원가로 한다.

② 동종 자산간에 교환을 하는 경우, 취득하는 자산의 원가는 제공하는 자산의 공정가치로 회계처리한다.

③ 유형자산을 장기후불조건으로 구입하거나, 대금지급기간이 일반적인 신용기간보다 긴 경우 취득원가는 취득시점의 현금구입가격으로 한다.

④ 건물을 신축하기 위하여 사용 중인 기존 건물을 철거하는 경우 그 건물의 장부금액은 제거하여 처분손실로 반영하고, 철거비용은 전액 당기비용으로 처리한다.

13 Problem

(주)한국이 20×1년 7월 1일 30,000,000원에 취득한 기계장치의 20×2년분 감가상각비를 생산량비례법에 의하여 계산하시오?(단 내용연수는 4년, 잔존가치는 3,000,000원이고 실제생산량은 예정생산량과 일치하였다.)

연 도	(예정)생산량
20×1년	1,500개
20×2년	3,500개
20×3년	2,500개
20×4년	2,000개
20×5년	500개
합 계	10,000개

① 9,000,000원 ② 9,450,000원
③ 10,500,000원 ④ 13,500,000원

14 Problem

A회사는 사용하던 승용차를 B회사의 기계장치와 교환하기로 하였다. 동 승용차의 장부금액은 500,000원(취득가액 10,000,000원)이고, 추가로 500,000원을 현금으로 지급하였다. 승용차의 공정가치가 700,000원인 경우 당기의 유형자산처분손익은 얼마인가?

① 이익 300,000원 ② 손실 300,000원
③ 이익 200,000원 ④ 손실 200,000원

주관식 Exercises

01 Problem

유형자산의 의의 및 종류를 설명하시오.

02 Problem

유형자산에 대한 감가상각이 필요한 이유에 대하여 설명하시오.

03 Problem

자본적 지출과 수익적 지출의 차이점을 설명하시오.

04 Problem

(주)태양은 20×1년 1월 1일 20,000,000원에 구입된 기계장치를 정액법(내용연수는 8년, 잔존가치는 취득가액의 5%)으로 상각하여 왔다. 그런데 20×4년 1월 1일부터 기계장치의 감가상각방법을 연수합계법으로 변경하는 경우, 20×4년 12월 31일에 계산하여야 하는 감가상각비는 얼마인가? 또한 회계처리를 어떻게 해야 하는가?

05 Problem

(주)경인은 20×1년 1월 2일에 기계장치를 9,700,000원에 구입하였다. 기계장치의 내용연수는 7년이고, 추정잔존가치는 460,000원이다. 이 기계장치로부터 총 840,000단위의 제품생산이 기대되며, 구입 후 첫 연도에 70,000단위, 2차년도에 160,000단위, 3차년도에 120,000단위를 생산하였다. 다음의 각 감가상각방법을 적용하여 다음의 표를 완성하시오(단, 정률법의 상각률은 0.35로 한다).

감가상각방법	연간 감가상각비			감가상각누계액 (3차년도말)	장부금액 (3차년도말)
	1차년도	2차년도	3차년도		
정 액 법					
정 률 법					
연수합계법					
생산량비례법					
이중체감잔액법					

06
Problem

(주)용인은 20×1년 1월 1일에 제품생산용 기계장치를 도입하고 현금 2,000,000원을 지급하였다. 이 기계설비에 대한 잔존가치는 취득가액의 5%이고, 내용연수는 10년이다. (주)용인은 정액법에 따라 상각하였다. 그런데 20×3년 1월 3일에 제품생산을 자동화하기 위하여 현재의 기계설비에 몇 가지 설비를 부착하면서 400,000원을 현금으로 지급하였다. 또한, 기계장치를 개량하면서 잔여 내용연수는 9년, 잔존가치는 240,000원으로 변경되었다.

[요구사항] 다음의 각 날짜에 맞는 회계처리를 하시오.

(1) 20×1년 1월 1일
(2) 20×1년 12월 31일
(3) 20×2년 12월 31일
(4) 20×3년 1월 3일
(5) 20×3년 12월 31일

General Financial Accounting Standards

Principles of Accounting

CHAPTER 12

무형자산과 영업권

본 장에서는 무형자산과 영업권에 대해 살펴보기로 한다. 무형자산은 재화의 생산이나 용역의 제공, 타인에 대한 임대 또는 권리에 사용할 목적으로 기업이 보유하고 있으며, 물리적 실체가 없지만 식별가능하고, 기업이 통제하고 있으며, 미래 경제적 효익이 있는 비화폐성자산을 말한다.

무형자산에는 산업재산권, 라이선스와 프랜차이즈, 저작권, 컴퓨터, 소프트웨어, 개발비, 임차권리금, 광업권 및 어업권 등이 포함되는데, 본 장에서는 이러한 무형자산의 인식조건, 취득원가 산정, 상각, 손상차손, 공시방법 등의 내용을 학습하고자 한다.

또한, 영업권은 합병·영업양수 및 전세권 취득 등의 경우에 유상으로 취득한 것으로 특정기업이 다른 기업에 비하여 정상수익률 이상의 이윤을 획득할 수 있는 초과이윤창출능력을 화폐가치로 표시한 것인데, 이러한 영업권의 평가방법, 상각 등에 대하여도 학습하고자 한다.

제 1 절 무형자산

01 무형자산의 의의

무형자산(intangible assets)은 재화의 생산이나 용역의 제공, 타인에 대한 임대 또는 관리에 사용할 목적으로 기업이 보유하고 있으며, 물리적 형체가 없지만 식별가능하고 기업이 통제하고 있으며, 미래 경제적 효익이 있는 비화폐성자산을 말한다.

이러한 무형자산에는 산업재산권, 라이선스와 프랜차이즈, 저작권, 컴퓨터소프트웨어, 개발비, 임차권리금, 광업권 및 어업권 등이 포함된다.

02 무형자산의 인식조건

무형자산으로 인식하기 위해서는 다음의 조건을 모두 충족하여야 한며, 이러한 조건을 충족하지 못할 경우에는 그것을 취득 또는 창출하는데 소요되는 지출이 발생하였을 때 비용으로 인식한다.

(1) 식별가능성

무형자산이 식별가능하다는 것은 ① 자산이 기업실체나 다른 자산으로부터 분리될 수 있거나, ② 계약상 권리 또는 기타 법적 권리를 창출할 수 있는 경우 등을 의미한다. 그러나 무형자산이 분리가능하지 않더라도 다른 방법으로 무형자산을 식별할 수 있는 경우가 있다. 예를 들면, 제조설비를 제조공정에 대한 특허권과 함께 일괄 취득한 경우에는 그 특허권은 분리가능하지는 않지만 식별가능하다. 또한, 어떤 자산이 다른 자산과 결합해야만 미래 경제적 효익을 창출하는 경우에도 그 자산으로부터 유입되는 미래 경제적 효익을 확인할 수 있다면, 그 자산은 식별가능한 것이다.

(2) 자원에 대한 통제

자원에 대한 통제란 자원으로부터 미래 경제적 효익을 획득할 수 있고, 효익에 대해 제3자의 접근을 제한할 수 있는 경우를 말한다. 무형자산의 미래 경제적 효익에 대한 통제는 일반적으로 법적 권리로부터 나오며, 법적 권리가 없는 경우에는 통제를 입증하기 어렵다. 하지만 권리의 법적 집행가능성이 통제의 필요조건은 아니다.

(3) 미래 경제적 효익

무형자산의 미래 경제적 효익은 재화의 매출이나 용역수익, 원가절감 또는 자산의 사용에 따른 기타 효익의 형태로 발생하는 것을 말한다. 그러나 무형자산은 유형자산과 비교하여 미래 경제적 효익에 대하여 높은 불확실성이 존재하는데, 그 이유는 ① 무형자산은 대부분 특정기업에 대해서만 가치가 있고, ② 내용연수를 결정하기가 어려우며, ③ 그 가치가 상대적 경쟁력에 의하여 좌우됨으로 가치의 변동이 심하기 때문이다.

03 무형자산의 종류

(1) 산업재산권

산업재산권(industrial property rights)은 법률에 의하여 일정기간 독점적이고 배타적으로 이용할 수 있는 권리로, 특허권·실용신안권·의장권 및 상표권 등을 포함한다. 여기서 특허권(patents)은 신기술이나 신제품 등의 특정 발명이 특허법에 등록되어 기업이 일정기간 독점적·배타적으로 사용할 수 있는 권리를 뜻한다. 또한, 실용신안권(model utility right), 의장권(design right) 및 상표권(trademark right)은 각기 특정고안, 특정의장 및 특정상표를 관련법에 등록하여 소유자가 일정기간 독점적으로 사용할 수 있는 무형의 법적 권리를 말한다. 그리고 상호권(商號權)은 상인이 타인의 방해를 받지 않고 상호를 사용하며, 타인이 부정하게 상호를 사용하는 것을 막을 수 있는 권리를 말한다.

(2) 라이선스와 프랜차이즈

라이선스(license)는 다른 기업, 특히 외국의 특정 상표·특허·제조기술 등의 사용허가 또는 그 허가증을 말하며, 프랜차이즈(franchise)는 체인본부가 가맹점에 일정한 지역에서 자기 상품을 독점 판매할 수 있는 권리를 주고, 각종 경영지도 등을 통하여 판매시장을 개척해 나가는 방식을 말한다.

(3) 저작권

저작권(copyright)은 저작자가 자기 저작물의 복제·번역·방송·상영 등을 독점적으로 이용할 수 있는 권리를 말한다.

(4) 컴퓨터소프트웨어

컴퓨터소프트웨어(computer software)는 컴퓨터에서 기계 부분인 하드웨어를 움직이는 기술, 즉 프로그램을 통틀어 이르는 말로서 운영체제, 언어처리프로그램, 응용프로그램 등으로 분류한다.

(5) 개발비

개발비(development costs)는 기업이 신제품·신기술 등의 개발과 관련하여 발생한 비용(소프트웨어 개발과 관련된 비용 포함)으로, 개별적으로 식별가능하고 미래의 경제적 효익을 확실히 기대할 수 있는 것을 말한다.

(6) 임차권리금

임차권리금(lease foregift)란 택지(宅地)나 건물의 임대차(賃貸借)에서 임차료나 보증금 외에 별도로 주고받는 금전을 말한다.

(7) 광업권

광업권(mining right)은 광업법에 의하여 등록된 일정한 광구에서 등록을 한 광물과 그 광산에 같이 있는 다른 광물을 채굴하여 취득할 수 있는 권리를 말한다.

(8) 어업권

어업권(fishing right)은 수산업법에 의하여 등록된 일정한 수면에서 어업을 경영할 권리(입어권 포함)를 말한다.

(9) 차지권

차지권(land use right)은 임차료 또는 지대를 지급하고 타인이 소유하는 토지를 사용하여 수익을 얻을 수 있는 권리(지상권 포함)를 말한다.

04 무형자산의 취득원가

무형자산은 미래 경제적 효익이 기업에 유입될 가능성이 매우 높고, 취득원가를 신뢰성 있게 측정할 수 있는 경우에 한하여 자산으로 인식한다. 따라서 내부적으로 창출된 영업권은 취득원가를 신뢰성 있게 측정할 수 없을 뿐만 아니라 기업이 통제하고 있는 식별가능한 자원도 아니기 때문에 자산으로 인식하지 않는다.

이러한 무형자산은 구입원가와 자산을 사용할 수 있도록 준비하는데 직접 관련된 지출을 합산하여 취득원가를 측정하는데, 사업결합으로 취득한 무형자산의 취득원가는 취득일의 공정가치로 한다. 그리고 국고보조 등에 의해 무형자산을 무상 또는 공정가치보다 낮은 대가로 취득한 경우에는 취득일의 공정가치를 취득원가로 하고, 국고보조금 등은 취득원가에서 차감하는 형식으로 표시한다. 다만, 국고보조 등에 의해 취득한 무형자산의 공정가치를 알 수 없는 경우 무형자산의 취득원가는 구입원가와 자산을 사용할 수 있도록 준비하는 데 직접 관련되는 지출을 합산한 금액으로 한다.

다른 종류의 무형자산이나 다른 자산과의 교환으로 무형자산을 취득하는 경우에는 교환으로 제공한 자산의 공정가치를 취득원가로 하며, 교환으로 제공한 자산의 공정가치가 불확실한 경우에는 교환으로 취득한 자산의 공정가치를 취득원가로 할 수 있다. 그리고 자산의 교환에 현금수수액이 있는 경우에는 현금수수액을 반영하여 취득원가를 결정한다. 한편, 동일한 업종 내에서 유사한 용도로 사용되고 공정가치가 비슷한 동종 자산과의 교환으로 무형자산을 취득하거나, 동종 자산에 대한 지분과의 교환으로 무형자산을 매각할 수 있다. 이러한 경우에는 수익창출과정이 완료되지 않았기 때문에 교환에 따른 거래손익을 인식하지 않아야 하며, 교환으로 취득한 자산의 원가는 교환으로 제공한 자산의 장부금액으로 한다. 그러나 취득한 자산의 공정가치에 비추어 볼 때, 제공한 자산에 손상차손이 발생하였음을 알 수 있는 경우에는 손상차손을 먼저 인식하고, 손상차손 차감 후 장부금액을 취득한 자산의 원가로 한다.

05 내부적으로 창출된 무형자산

내부적으로 창출된 무형자산이 인식기준을 충족하였는지 여부를 평가하기 위해서 자산의 발생과정을 연구단계와 개발단계로 구분한다. 그러나 무형자산을 창출하기 위한 내부 프로젝트를 연구단계와 개발단계로 구분할 수 없는 경우에는, 그 프로젝트에서 발생한 지출은 모두 연구단계에서 발생한 것으로 본다.

(1) 연구단계

프로젝트의 연구단계에서는 미래 경제적 효익을 창출할 무형자산의 존재를 입증할 수 없기 때문에 연구단계에서 발생한 지출은 무형자산으로 인식할 수 없고, 발생한 기간의 비용, 즉 연구비로 인식한다. 연구단계에 속하는 활동의 일반적인 예는 다음과 같다.

① 새로운 지식을 얻고자 하는 활동
② 연구결과 또는 기타 지식을 탐색, 평가, 최종 선택 및 응용하는 활동
③ 재료, 장치, 제품, 공정, 시스템, 용역 등에 대한 여러 가지 대체안을 탐색하는 활동
④ 새롭거나 개선된 재료, 장치, 제품, 공정, 시스템, 용역 등에 대한 여러 가지 대체안을 제안, 설계, 평가 및 최종 선택하는 활동

(2) 개발단계

개발단계에서 발생한 지출은 다음의 조건을 모두 충족할 경우에 무형자산(개발비)으로 인식하고, 그 외에는 발생한 기간의 비용, 즉 경상개발비로 인식한다.

① 무형자산을 사용 또는 판매하기 위해 그 자산을 완성시킬 수 있는 기술적 실현가능성을 제시할 수 있다.
② 무형자산을 완성해 그것을 사용하거나 판매하려는 기업의 의도가 있다.
③ 완성된 무형자산을 사용하거나 판매할 수 있는 기업의 능력을 제시할 수 있다.
④ 무형자산이 어떻게 미래 경제적 효익을 창출할 것인가를 보여줄 수 있다. 예를 들면, 무형자산의 산출물, 그 무형자산에 대한 시장의 존재 또는 무형자산이 내부적으로 사용될 것이라면 그 유용성을 제시하여야 한다.
⑤ 무형자산의 개발을 완료하고 그것을 판매 또는 사용하는 데 필요한 기술적, 금전적 자원을 충분히 확보하고 있다는 사실을 제시할 수 있다.
⑥ 개발단계에서 발생한 무형자산 관련 지출을 신뢰성 있게 구분하여 측정할 수 있다.

개발단계는 연구단계보다 훨씬 더 진전되어 있는 상태이기 때문에 프로젝트의 개발단계에서는 무형자산을 식별할 수 있으며, 무형자산이 미래 경제적 효익을 창출할 것임을 입증할 수 있다. 개발단계에 속하는 활동의 일반적인 예는 다음과 같다.

① 생산 전 또는 사용 전의 시작품과 모형을 설계, 제작 및 시험하는 활동
② 새로운 기술과 관련된 공구, 금형, 주형 등을 설계하는 활동
③ 상업적 생산목적이 아닌 소규모의 시험공장을 설계, 건설 및 가동하는 활동
④ 새롭거나 개선된 재료, 장치, 제품, 공정, 시스템 및 용역 등에 대하여 최종적으로 선정된 안을 설계, 제작 및 시험하는 활동

예제 12-1 (주)경인의 거래에 대해 적절한 회계처리를 하시오.

(1) 20×1년 10월 1일 신제품개발과 관련된 금형을 설계하기 위해 50,000,000원을 수표 발행하여 지급하다(무형자산으로 처리).

(2) 20×1년 12월 31일 결산일에 개발비를 상각하다(단, 상각기간은 5년으로 한다).

(3) 20×2년 5월 25일 신제품 개발을 위한 경상적인 개발비로 2,500,000원을 현금으로 지급하다.

(4) 20×2년 8월 20일 신제품개발을 위한 여러 대체안에 대한 설계를 위하여 5,000,000원을 현금으로 지급하다.

해 답

(1)	(차)	개발비	50,000,000	(대)	당좌예금	50,000,000
(2)	(차)	무형자산상각비	2,500,000	(대)	개발비	2,500,000

* 개발비상각액 = 50,000,000 × 1/5 × 3/12 = 2,500,000원

(3)	(차)	경상개발비	2,500,000	(대)	현금	2,500,000
(4)	(차)	연구비	5,000,000	(대)	현금	5,000,000

(3) 내부적으로 창출된 무형자산의 취득원가

내부적으로 창출된 무형자산의 취득원가는 그 자산의 창출, 제조, 사용 준비에 관련된 직접 지출과 합리적이고 일관성 있게 배분된 다음과 같은 간접지출을 모두 포함한다.

① 무형자산의 창출에 직접 종사한 인원에 대한 급여, 상여금, 퇴직급여 등의 인건비

② 무형자산의 창출에 사용된 재료비, 용역비 등

③ 무형자산의 창출에 직접 사용된 유형자산의 감가상각비와 무형자산(특허권, 라이선스 등)의 상각비

④ 법적 권리를 등록하기 위한 수수료 등 무형자산을 창출하는 데 직접적으로 관련이 있는 지출

⑤ 무형자산의 창출에 필요하며 합리적이고 일관된 방법으로 배분할 수 있는 간접비(건물 등 유형자산의 감가상각비, 보험료, 임차료, 연구소장 또는 연구지원실 관리직원의 인건비 등)

⑥ 자본화대상 금융비용

그러나 다음과 같은 것은 내부적으로 창출된 무형자산의 취득원가에 포함하지 않고 비용으로 처리한다.

① 판매비와 관리비, 기타 간접 지출(다만, 무형자산의 사용 준비에 직접 기여하는 경우는 제외함)

② 무형자산이 계획된 성과를 달성하기 전에 발생한 명백한 비효율로 인한 손실 및 초기단계의 운용손실

③ 무형자산을 운용하는 직원의 훈련과 관련된 기술

(4) 비용으로 처리한 지출

미래 경제적 효익을 얻기 위한 지출이라도 무형자산의 정의와 인식기준을 충족하지 못하면 그 지출은 발생한 기간의 비용으로 인식하는데, 그 예는 다음과 같다. 또한, 과거 회계연도의 재무제표나 중간재무제표에서 비용으로 인식한 지출은 그 후의 기간에 무형자산의 취득원가로 인식할 수 없다.

① 법적 실체를 설립하는 데 발생하는 법적 비용과 같은 창업비, 새로운 시설이나 사업을 개시할 때 발생하는 개업비 그리고 새로운 영업을 시작하거나 새로운 제품 또는 공정을 시작하기 위하여 발생하는 지출 등과 같은 사업 개시비용

② 교육 훈련을 위한 지출

③ 광고 또는 판매촉진 활동을 위한 지출

④ 기업의 전부 또는 일부의 이전 또는 조직 개편에 관련된 지출

예제 12-2

다음은 (주)계산의 내부프로젝트와 관련된 내용들로 내부적으로 창출될 무형자산과 관련된 사항이다.

프로젝트	금 액	내 용
A	800,000원	개발단계에서 발생한 지출로 자산인식조건을 충족시킴
B	300,000원	개발단계에서 발생한 지출로 자산인식조건을 충족시키지 못함
C	200,000원	연구단계에서 발생한 지출
D	100,000원	내부적으로 개발한 소프트웨어로 자산인식조건을 충족시킴
E	50,000원	직업들의 교육 훈련을 위한 지출임

[요구사항]

(1) (주)계산의 내부프로젝트별 처리방법에 대하여 설명하시오.

(2) 내부적으로 창출된 무형자산과 관련하여 해야 할 회계처리를 하시오. 모든 비용은 현금지출된 것으로 가정한다.

해 답

(1) 내부적으로 창출된 무형자산

프로젝트 A: 개발비의 과목으로 처리(자산)

프로젝트 B: 경상개발비의 과목으로 처리(비용)

프로젝트 C: 연구비의 과목으로 처리(비용)

프로젝트 D: 개발비의 과목으로 처리(자산)

프로젝트 E: 교육훈련비의 과목으로 처리(비용)

(2) 회계처리

(차)	개발비	900,000	(대)	현금	1,450,000
	연구비	200,000			
	경상개발비	300,000			
	교육훈련비	50,000			

06 무형자산 취득 또는 완성 후 지출

무형자산의 취득 또는 완성 후 지출로서 다음의 요건을 모두 충족하는 경우에는 자본적 지출로 처리하고, 그렇지 않은 경우에는 발생한 기간의 비용, 즉 수익적 지출로 처리한다.

① 관련된 지출이 무형자산의 미래 경제적 효익을 실질적으로 증가시킬 가능성이 매우 높다.

② 관련된 지출이 신뢰성 있게 측정될 수 있으며, 무형자산과 직접 관련된다.

예제 12-3 (주)경인의 입장에서 적절한 회계처리를 하시오.

(1) 20×1. 5. 10 현금 3,000,000원을 들여 (주)경인과 관련된 상표권을 등록하였다.

(2) 20×1. 5. 17 상표권 보호를 위한 추가비용 1,000,000원이 발생하여 당좌수표를 발행하여 지급하였다(자본적지출에 해당된다고 가정한다).

(3) 20×1. 12. 31 결산일에 무형자산과 관련된 상각을 실시하다(정액법, 내용연수 5년, 잔존가치 0원).

해 답

(1)	(차) 산 업 재 산 권	3,000,000	(대) 현 금	3,000,000
(2)	(차) 산 업 재 산 권	1,000,000	(대) 당 좌 예 금	1,000,000
(3)	(차) 감 가 상 각 비	666,667	(대) 감가상각누계액	666,667

*4,000,000 × 1/5 × 8/12 = 666,667원

07 무형자산의 상각

(1) 상각기간

무형자산의 상각대상금액은 자산의 추정내용연수 동안 체계적인 방법에 의하여 비용으로 배분한다. 무형자산의 상각기간은 독점적·배타적인 권리를 부여하고 있는 관계 법령이나 계약에 정해진 경우를 제외하고는 20년을 초과할 수 없으며,

상각은 자산이 사용가능한 때부터 시작한다.

(2) 상각방법

무형자산의 상각방법은 자산의 경제적 효익이 소비되는 행태를 반영한 합리적인 방법이어야 하며, 무형자산의 상각대상금액을 내용연수 동안 합리적으로 배분하기 위해 다양한 방법을 사용할 수 있다. 이러한 상각방법에는 정액법, 체감잔액법(정률법 등), 연수합계법, 생산량비례법 등이 있다. 다만, 합리적인 상각방법을 정할 수 없는 경우에는 정액법을 사용한다.

무형자산의 상각이 다른 자산의 제조와 관련된 경우에는 관련 자산의 제조원가로, 그 밖의 경우에는 판매비와 관리비로 계상한다. 예를 들면, 제조공정에서 사용된 무형자산의 상각비는 재고자산의 원가를 구성한다.

(3) 잔존가치

무형자산의 잔존가치는 없는 것을 원칙으로 한다. 다만, 경제적 내용연수보다 짧은 상각기간을 정한 경우에 상각기간이 종료될 때 제3자가 자산을 구입하는 약정이 있거나, 상각기간이 종료되는 시점에 자산의 잔존가치가 거래시장에서 결정될 가능성이 매우 높다면 잔존가치를 인식할 수 있다.

예제 12-4

(주)송담은 20×1년 3월 1일에 탄광을 개발하였는데, 탐사와 개발을 위해 50,000,000원을 수표 발행하여 지급하였다. 이 탄광에서 경제적으로 회수할 수 있는 석탄은 1,000톤으로 추정되었는데, 20×1년 12월 31일까지 200톤을 채굴하였을 경우 생산량비례법에 의해 회계처리를 하시오.

[요구사항]

(1) 20×1년 3월 1일 취득시 회계처리

(2) 20×1년 12월 31일 무형자산 상각시 회계처리

해 답

(1)	(차) 광 업 권	50,000,000	(대) 당 좌 예 금	50,000,000
(2)	(차) 무형자산상각비	10,000,000*	(대) 광 업 권	10,000,000

* 광업권상각액 = 50,000,000 × 200/1,000 = 10,000,000원

08 무형자산의 손상차손

자산의 진부화 및 시장가치의 급격한 하락 등으로 무형자산의 회수가능가액이 장부금액에 중요하게 미달하는 경우에는 장부금액을 회수가능가액으로 조정하고 차액을 손상차손으로 처리한다. 다만, 차기 이후에 감액된 자산의 회수가능가액이 장부금액을 초과하게 되는 경우에는 자산이 감액되기 전 장부금액의 상각 후 잔액을 한도로 초과액을 손상차손환입으로 처리한다. 그리고 사용을 중지하고 처분을 위해 보유하는 무형자산은 사용을 중지한 시점의 장부금액으로 유지하고, 모든 회계연도 말에 회수가능가액을 평가하여 손상차손을 인식한다.

무형자산 계정

차변	금액	대변	금액
전 기 이 월	×××	처 분	×××
개발 및 매입(취득원가)	×××	손 상 차 손	×××
		상 각 액	×××
		차 기 이 월	×××
계	×××	계	×××
전 기 이 월	×××		

제 2 절 영업권

01 영업권의 의의

영업권(goodwill)이란 법률상 권리는 아니지만 합병·영업양수 및 전세권 취득 등의 경우에 유상으로 취득한 것으로, 특정기업이 동종 산업에 종사하는 다른 기업과 비교하여 정상적인 투자수익률 이상의 이윤을 획득할 수 있는 초과이윤창출능력, 즉 초과이익력(earning power of excess return)을 화폐가치로 표시한 것이다.

특정기업의 초과수익력은 다른 기업보다 사업상 유리한 조건을 보유한 경우에 나타나는데, 여기서 유리한 조건이란 ① 지리적 위치, ② 소비자의 인지도, ③ 우수한 경영진과 판매조직, ④ 제조상의 기술적 우위, ⑤ 높은 신용도, 유능한 종업원, ⑥ 기술 또는 자원의 우수성 등을 말하며, 기업이나 영업단위와 분리되어 독립적으로 거래될 수 없다.

이러한 영업권은 이론적으로는 초과수익력을 자본화한 가액으로 평가한다. 그러나 실무적으로는 합병이나 영업양수의 경우에 취득하는 순자산의 공정가치(자산의 공정가치합계액에서 부채의 공정가치합계액을 차감한 금액)를 초과하여 지급하는 가액을 영업권으로 계상하며, 전세권 취득의 경우 소유주에게 지급하는 전세금 외에 현 사업자에게 지급하는 권리금이라고 하는 것을 영업권으로 계상한다.

이러한 영업권은 논리적으로 인정할 수 있는 무형자산이지만 ① 실체성이 없고, ② 영업권가액을 객관적으로 평가하기 곤란하며, 또한 ③ 영업권만을 개별적으로 처분할 수 없기 때문에 내부적으로 창출한 영업권의 계상을 금지하고, 단지 유상으로 취득하는 경우에만 계상하도록 하고 있다.

02 영업권의 평가방법

(1) 순자산평가법

순자산평가법(master valuation method)은 실무에서 일반적으로 적용하는 방법으로, 합병이나 영업양수를 하는 경우 인수하는 순자산 공정가치를 초과하여 지급하는 금액을 영업권으로 계상하는 방법이다. 순자산평가법은 실무적으로 적용하기는 편리하나 합병의 경우에 발생하는 합병차손과의 구분이 모호하며, 또한 영업권을 사후적으로 계산하기 때문에 합병과 영업양수를 하는 경우 인수가액을 결정하는 데 도움을 주지 못한다.

(2) 초과수익기준법

초과수익기준법(excess earnings based method)은 초과수익을 근거로 영업권을 평가하는 방법으로, 합병과 영업양수를 하는 경우 거래가액을 결정하는 데 참고할 수 있다.

① 순이익환원법

순이익환원법(capitalization of earnings method)은 피합병기업(또는 취득하는 영업단위)의 평균순이익을 정상수익률(동종기업의 평균이익률)로 나누어 산출한 평균순이익의 자본화금액에서 피합병기업의 순자산가액을 차감한 잔액을 영업권평가액으로 계상하는 방법이다.

$$\text{영업권평가액} = \text{평균순이익} \div \text{정상수익률} - \text{순자산가액}$$

② 초과수익환원법

초과수익환원법(capitalization of excess earnings method)은 피합병기업(또는 취득하는 영업단위)의 평균순이익에서 동종기업의 평균순이익(또는 정상수익률에 의한 정상수익)을 차감하여 산출한 초과순이익을 정상수익률로 나누어 자본화한 금액을 영업권평가액으로 계상하는 방법이다.

영업권평가액 = [평균순이익 − (순자산가액 × 정상수익률)] ÷ 정상수익률
= 초과순이익 ÷ 정상수익률

③ 연매법

연매법(years' purchase of average excess earnings method)은 피합병기업(또는 취득하는 영업단위)의 초과순이익에 초과이익이 존속될 것으로 예상되는 추정연수를 곱한 금액을 영업권평가액으로 계상하는 방법이다.

영업권평가액 = 초과순이익 × 존속기간

03 영업권의 상각

회계기준에서는 관계 법령 등에서 정해진 경우를 제외하고, 무형자산에 대하여 20년 이내의 기간에 상각하도록 규정하고 있기 때문에 영업권은 20년에 걸쳐 정액법으로 상각하는 것이 합당하다고 본다. 또한, 매수하는 시점에 자산으로 인식된 영업권에 대하여 매 결산시점에 회수가능액으로 평가하는데, 영업권의 회수가능액이 장부금액에 미달하고 그 미달액이 중요한 경우에는 이를 영업권손상차손으로 하여 당기비용으로 처리하며, 손상된 영업권은 추후 회복할 수 없도록 하고 있다.

예제 12-5

(주)경인은 (주)계양을 인수하려고 하고 있다. (주)계양에 대한 자료를 이용하여 요구사항에 답하시오.

순자산의 공정가치	8,000,000원
과거 5년간 평균순이익	1,000,000원
초과수익력의 예상존속기간	5년
정상이익률(동종업계 평균)	10%

[요구사항]

(1) 정상수익을 계산하시오.

(2) 초과수익을 계산하시오.

(3) 순이익환원법에 의하여 영업권을 평가하시오.

(4) 초과수익환원법에 의하여 영업권을 평가하시오.

(5) 연매법에 의하여 영업권을 평가하시오.

해 답

(1) 정상수익

8,000,000 × 0.10 = 800,000원

(2) 초과수익

1,000,000 − 800,000 = 200,000원

(3) 순이익환원법

영업권평가액 = 1,000,000 ÷ 0.10 − 8,000,000 = 2,000,000원

(4) 초과수익환원법

영업권평가액 = [1,000,000 − (8,000,000 × 0.10)] ÷ 0.10 = 2,000,000원

(5) 연매법

영업권평가액 = 200,000 × 5년 = 1,000,000원

예제 12-6 (주)경인의 거래에 대해 적절한 회계처리를 하시오.

(1) 20×1년 10월 1일 (주)경인은 (주)용인의 사업일체를 50,000,000원에 취득하고, 수표를 발행하여 지급하였다. (주)용인의 순자산의 공정평가액은 다음과 같다.

총자산의 공정가치	66,000,000원
총부채의 공정가치	22,000,000원
순자산의 공정가치	44,000,000원

(2) 20×1년 12월 31일 결산일에 영업권을 상각하였다(상각기간은 5년으로 한다).

해 답

(1) (차)	제 자 산	66,000,000	(대)	당 좌 예 금	50,000,000
	영 업 권	6,000,000		제 부 채	22,000,000
(2) (차)	무형자산상각비	300,000*	(대)	영 업 권	300,000

* 영업권상각액 $= 6,000,000 \div 5 \times \frac{3}{12} = 300,000$원

객관식 Exercises

01 Problem

무형자산에 관한 설명으로 적절하지 않은 것은?

① 무형자산은 해당 자산으로부터 발생하는 미래의 경제적 효익이 기업에 유입될 가능성이 매우 높고 자산의 취득원가를 신뢰성 있게 측정할 수 있을 때 인식한다.

② 프로젝트의 연구단계에서 발생한 지출은 항상 발생한 기간의 비용으로 처리한다.

③ 내부적으로 창출된 브랜드, 고객목록 및 이와 유사한 항목에 대한 지출은 무형자산으로 인식하지 않는다.

④ 생산 전 또는 사용 전의 시작품과 모형을 설계, 제작 및 시험하는 활동은 연구단계로 구분한다.

02 Problem

무형자산의 요건으로 옳은 것은?

① 신뢰성 있는 측정, 자원에 대한 통제, 미래 경제적 효익의 존재

② 외부구입, 자원에 대한 통제, 미래 경제적 효익의 존재

③ 식별가능성, 자원에 대한 통제, 미래 경제적 효익의 존재

④ 법적 권리의 획득, 식별가능성, 외부구입

03 Problem

내부적으로 창출된 무형자산과 관련된 설명으로 틀린 것은?

① 무형자산을 창출하기 위한 내부 프로젝트를 연구단계와 개발단계로 구분할 수 없는 경우, 당해 프로젝트에서 발생한 지출은 모두 연구단계에서 발생한 것으로 본다.

② 프로젝트의 연구단계에서는 미래 경제적 효익을 창출할 무형자산이 존재한다는 것을 입증할 수 없으므로, 연구단계에서 발생한 지출은 연구비의 과목으로 하여 발생한 기간의 비용으로 인식한다.

③ 개발단계에서 발생한 지출은 자산인식요건을 충족시키는 경우에 한하여 개발비의 과목으로 하여 무형자산으로 인식한다.

④ 개발활동의 산출물에서 특허권을 취득한 경우에는 특허권 취득을 위하여 직접 지출된 금액과 개발비 미상각잔액을 산업재산권의 과목으로 하여 무형자산으로 인식한다.

04 Problem

무형자산의 상각과 관련된 설명으로 틀린 것은?

① 무형자산의 상각기간은 독점적, 배타적인 권리를 부여하고 있는 관계 법령이나 계약에 정해진 경우를 제외하고는 20년을 초과할 수 없다.
② 무형자산의 상각은 자산이 사용 가능한 때부터 시작한다.
③ 법적 권리를 통해 무형자산의 미래 경제적 효익에 대한 통제가 획득된 경우에는 법적 권리가 갱신될 수 있고 갱신이 실질적으로 거의 확실한 경우를 제외하고는 내용연수가 그 법적 권리의 기간을 초과할 수 없다.
④ 무형자산은 정액법 및 생산량비례법 중 합리적인 방법으로 상각한다.

05 Problem

무형자산에 대한 설명으로 옳은 것은?

① 매수기업결합에서 발생한 영업권과 그 밖의 무형자산을 구별할 수 있는 유일한 차이는 식별가능성이다.
② 모든 무형자산은 자산이 사용 가능한 때부터 상각을 시작하며 상각기간은 20년을 초과할 수 없다.
③ 무형자산은 정액법 또는 생산량비례법 중 합리적인 방법에 따라 상각하고, 합리적인 상각방법을 정할 수 없는 경우에는 정액법을 사용한다.
④ 무형자산의 잔존가치가 결정된 후에도 가격이나 가치가 변동하면 잔존가액을 증가시킬 수 있다.

06 Problem

연구비와 개발비에 대한 내용 중 옳지 않은 것은?

① 개별적으로 식별이 불가능한 개발비는 무형자산으로 계상할 수 없다.
② 상품화된 특정 소프트웨어의 개발비는 무형자산으로 계상된다.
③ 연구비는 개발비와 달리 모두 비용으로 처리해야 한다.
④ 제조와 관련이 있는 개발비 상각액은 판매비와 관리비로 처리해야 한다.

07 Problem

(주)송담은 신제품의 개발과 관련된 비용을 다음과 같이 지출하였다. 재무상태표상의 무형자산인 개발비로 계상되는 것은?

가. 새로운 지식을 얻고자 하는 활동비용
나. 생산 전 시작품과 모형 제작비용
다. 개선된 장치, 제품 등에 대한 대체안을 제안·설계·평가와 관련된 비용
라. 상업적 생산목적이 아닌 소규모의 시험공장을 설계·건설 및 가동하는 비용
마. 새로운 기술과 관련된 공구·금형·주형 등을 설계하는 활동비용

① 1개　② 2개　③ 3개　④ 4개

08 Problem

개발비로 계상하기에 적절하지 않은 것은?

① 생산 중의 고장에 대한 수리
② 생산 전 시제품을 설계하는 활동
③ 신제품 등으로 선정된 안을 설계하는 활동
④ 새로운 기술과 관련된 공구를 만드는 활동

09 Problem

무형자산의 상각방법으로 합리적인 상각방법을 정할 수 없는 경우 적용하는 상각방법은?

① 정액법　② 생산량비례법
③ 연수합계법　④ 정률법

10 Problem

다음에 제시하는 무형자산의 교환에 관한 설명으로 옳지 않은 것을 모두 나열한 것은?

a. 다른 종류의 무형자산과 교환한 경우에는 교환으로 제공한 무형자산의 공정가치가 확실하면 그 공정가치를 취득원가로 한다.
b. 제공한 자산의 공정가치가 확실한 무형자산이라도 다른 종류의 자산과 교환한 경우에는 제공받은 자산의 공정가치를 취득원가로 할 수 있다.
c. 다른 무형자산과의 교환에 현금 수수액이 있더라도 현금수수액을 반영하여 취득원가를 결정할 수 없다.
d. 동일 업종에서 유사한 용도로 사용되고, 공정가치가 비슷한 무형자산과의 교환은 거래손익을 인식하지 않는다.
e. 동일 업종에서 유사한 용도로 사용되고, 공정가치가 비슷한 무형자산과의 교환에서 제공한 무형자산의 손상차손 인식은 불가능하다.

① a, b, d　② a, c, e　③ b, c, d　④ b, c, e

주관식 Exercises

01 Problem 무형자산의 의의와 특징을 설명하시오.

02 Problem 무형자산의 상각을 설명하시오.

03 Problem 영업권의 발생원인과 평가방법을 설명하시오.

04 Problem (주)대원은 (주)용인을 매입하여 합병하고자 한다. 합병제안 당시의 20×1년 12월 31일 (주)용인의 재무상태표는 다음과 같다(단위: 원).

(주)용인 **재무상태표** (단위: 원)

과목	금액	과목	금액
외상매출금	100,000	지급어음	150,000
상품	200,000	단기차입금	350,000
건물	500,000	자본	300,000
계	800,000	계	800,000

(주)대원은 (주)용인 순자산의 공정시장가치를 다음과 같이 평가하였다.

(주)용인 **재무상태표** (단위: 원)

외상매출금	80,000
상품	250,000
건물	600,000
계	930,000
총부채	500,000
순자산의 공정가치	430,000

(주)대원은 위의 공정시장가치에 대해 합병대가로 550,000원을 수표로 지급하였다. 순자산평가법에 의하여 영업권을 계산하고, 합병을 위한 회계처리를 하시오.

05 Problem

[문제 4]의 자료와 다음의 추가 자료에 의하여 초과수익환원법에 의하여 영업권을 평가하려고 한다. (주)용인은 과거 5년 동안 연평균 50,000원의 순이익을 보고하였다. (주)용인을 매입하기 위하여 지급해야 할 이론적인 영업권평가액은 얼마인가? 단, 정상수익률은 10%로 가정한다.

06 Problem

[문제 4]의 자료에 의하여 초과이익이 5년간 계속된다고 할 경우 연매법에 의하여 영업권을 평가하시오.

07 Problem

다음 자료를 활용하여 물음에 답하시오.

> 용인(주)(피합병기업)의 순 자 산: 80,000,000원
> 용인(주)(피합병기업)의 당기순이익: 30,000,000원
> 동종기업의 평균이익률: 25%
> 초과수익의 예상지속년수: 4년

재무상태표

용인(주) 20×1. 12. 31(단위: 원)

당좌자산	10,000,000	유동부채	4,000,000
재고자산	20,000,000	비유동부채	20,000,000
투자자산	5,800,000	자본금	50,000,000
유형자산	54,000,000	잉여금	30,000,000
무형자산	14,200,000		
계	104,000,000	계	104,000,000

[요구사항]

(1) 초과수익환원법에 의한 영업권은 얼마인가?

(2) 연매법에 의한 영업권은 얼마인가?

(3) 취득법(현물출자설)에 의한 영업권은 얼마인가?
(합병대가로 130,000,000원을 지급하였다고 가정)

08 Problem

(주)마포의 20×3년 12월 31일 결산 전 영업권계정의 잔액은 4,500,000원이다. 영업권은 20×1년도 10월 4일에 취득한 것이다. 20×7년도 영업권을 상각하시오(단, 영업권은 5년 상각하다).

09 Problem

(주)경인의 내부프로젝트와 관련된 내용들로 내부적으로 창출될 무형자산과 관련된 것들이다.

프로젝트	금 액	내 용
갑	900,000원	개발단계에서 발생한 지출로 자산인식조건을 충족시킴
을	500,000원	프로젝트를 효율적으로 이행하기 위해 직업들의 교육훈련을 위한 지출임
병	600,000원	연구단계에서 발생한 지출
정	300,000원	프로젝트를 이행하는 과정에서 부수적으로 개발한 소프트웨어(외부판매가능)로 자산인식조건을 충족시킴

[요구사항]

(1) (주)경인의 내부프로젝트별 처리방법에 대하여 설명하시오.

(2) 내부적으로 창출된 무형자산과 관련하여 해야 할 회계처리를 하시오(모든 비용은 당좌수표를 발행하여 지출된 것으로 가정).

10 Problem

(주)계산은 전자제품 제조업체로 매년 상당액을 연구개발활동에 투자를 하고 있다. 20×1년도에 연구활동으로 현금 3,000,000원을 투입하였고, 혁신적인 전자제품을 개발하기 위해 개발비로 10,000,000원을 지출하였다. 혁신적인 전자제품의 개발가능성은 매우 높아 미래의 경제적 효익이 거의 확실시 되었다. 또한, 그 효익은 5년 정도 계속될 것으로 예상되었다.

[요구사항] 다음의 날짜에 적절한 회계처리를 하시오.

(1) 20×1년 연구비 지출

(2) 20×1년 개발비 지출

(3) 20×2년 개발비 상각

CHAPTER 13

유동부채

유동부채는 단기적으로 상환되어야 할 채무로 기업의 단기지급능력을 평가하는데 중요한 자료이므로, 정확한 평가방법을 학습하는 것이 필요하다. 또한, 유동부채를 구성하고 있는 외상매입금·지급어음·단기차입금·미지급금·유동성장기부채 등의 회계처리에 대해서도 학습하고자 한다.

제1절 부채의 의의와 특성

01 부채의 의의

부채(liabilities)란 특정기업이 과거의 거래 또는 사건의 결과, 미래에 다른 기업에게 자산을 이전하거나 용역을 제공하여야 하는 현재의 의무로부터 발생하는 미래의 경제적 효익의 희생을 말한다. 이러한 부채는 상환될 때까지 소요되는 기간을 기준으로 유동부채와 비유동부채로 구분된다. 즉, 1년과 정상영업주기[1] 중 긴 기간을 기준으로 그 기간 내 자원의 이전 또는 다른 부채의 발생으로 현재의 부채를 상환할 예정이면 유동부채로 분류하고, 이 기간 내 상환하지 않을 예정이면 비유동부채로 분류한다.

02 부채의 특성

부채는 다음과 같은 특성을 가지는데, 이러한 부채의 특성은 부채를 인식하기 위한 기준(조건)이 된다.

① 미래에 다른 실체에게 자산을 이전하거나 용역을 제공함으로써 의무가 소멸될 것으로 기대되어야 하며, 이러한 의무가 현재 존재하여야 한다.
② 기업의 의무를 발생시킨 거래와 사건이 과거에 발생하였고, 그 의무가 특정기업에 속하는 것이어야 한다.
③ 부채의 상환금액과 상환시기를 어느 정도 정확하고 신뢰성 있게 측정할 수 있어야 한다. 충당부채와 같이 추정치를 사용하는 것을 제외하고 가능한 결과의 범위를 결정할 수 있으므로, 부채를 인식할 때 충분히 신뢰성 있는 금액을 측정할 수 있다. 물론 신뢰성 있는 금액의 측정이 불가능한 경우에

1 제조과정에 투입할 재화나 용역을 취득한 시점부터 최종생산물인 제품을 판매하여 판매대금을 회수할 때까지의 기간을 말한다.

는 재무상태표에 부채로 인식하지 않고, 우발부채로서 주석으로 공시해야 한다.

제 2 절 유동부채의 의의, 평가 및 중요성

01 유동부채의 의의

유동부채(current liabilities)란 결산일로부터 1년 이내 또는 정상적인 영업주기가 1년보다 긴 경우에는 정상적인 영업주기 내에 상환해야 할 단기채무를 말한다. 회계기준에서는 1년을 기준으로 상환기일이 재무상태표일로부터 1년 이내에 도래되는 부채를 유동부채로 분류하고 있다.

즉, 매입채무 그리고 종업원 및 그 밖의 영업활동에 대한 미지급비용과 같은 유동부채는 정상영업주기 내에 상환되므로, 이 항목들의 결제일이 보고기간 12개월 후에 도래한다 하더라도 유동부채로 분류한다. 그리고 단기매매목적으로 분류된 금융부채, 당좌차월, 미지급배당금, 법인세 및 기타 지급채무 등도 정상영업주기 이내에 결제되지는 않지만, 보고기간 후 12개월 이내에 결제일이 도래하므로 유동부채로 분류한다.

02 유동부채의 평가

유동부채는 부채를 상환하기 위해 미래에 제공하여야 할 재화나 용역의 현재가치로 평가하여야 한다. 그러나 대부분의 유동부채는 단기간에 만기가 도래하여 미래에 지불할 만기금액과 만기금액의 현재가치와의 차이가 중요하지 않기 때문에 미래에 지불할 만기금액으로 유동부채를 평가하는 것이 보통이다.

재화나 용역을 제공함으로써 상환되는 비화폐성 유동부채는 미래에 재화나 용역을 제공하는 데 소요될 추정원가로 평가한다. 즉, 이 경우에는 미래에 재화나 용역을 제공하는 데 소요될 원가를 추정하여 그 금액을 현재가치로 할인한 금액을 유동부채의 평가액으로 하는 것이 아니라 추정된 금액 자체를 유동부채의 평가액으로 한다. 예를 들어, 전자제품 생산업자가 제품의 구매자에게 판매보증용역을 제공하기로 한 경우, 제품의 매출액은 일반적으로 판매시점에서 수익으로 인식한다. 따라서 수익·비용대응의 원칙에 따라 미래에 발생할 판매보증용역의 미래원가를 추정하여 그 비용을 제품판매시점에 인식해야 하고, 동시에 이 비용과 상응하는 계정을 유동부채로 표시해야 하므로 이때의 유동부채는 미래에 제공할 추정미래원가로 평가하는 것이다.

한편, 현금을 수취하고 그 대가로 미래에 재화나 용역을 제공하겠다는 계약을 체결할 경우에는 현금을 수취한 시점에서 수익을 인식하는 것이 아니라 재화나 용역을 실제로 제공하는 미래시점에서 수익을 인식한다. 따라서 재화나 용역을 제공하기로 약정하고 당기에 현금을 수취한 경우, 그 재화나 용역을 제공할 때까지는 수취한 현금을 부채로 인식하여야 한다. 그러나 이때 설정되는 부채는 제공될 재화나 용역의 추정미래원가로 평가하는 것이 아니라 해당 현금수취액으로 평가한다.

03 유동부채의 중요성

유동부채는 다음과 같은 이유 때문에 중요성이 있다.

첫째, 유동부채는 기업의 경상적 영업자금의 주요 조달원천으로 운전자본의 중요한 요소가 된다. 왜냐하면, 기업의 경상적 영업자금은 주로 외상매입금·지급어음·단기차입금 등과 같은 유동부채로부터 조달되기 때문이다. 운전자본은 기업의 경상적 거래를 위하여 필요한 자금으로 회계상 유동자산으로부터 유동부채를 차감한 금액을 말한다.

둘째, 기업의 단기지급능력(short-term solvency)을 평가하는 데 필요한 자료가 된다. 다시 말해, 유동부채는 단기적으로 상환되어야 할 채무로 기업의 단기지급능력을 평가하는 데 중요하다. 단기지급능력을 평가하기 위해 사용하는 대표적의 재무비율로 유동비율이 있는데, 유동비율은 유동자산을 유동부채로 나눈 것이다. 따라서 유동부채가 많을수록 유동비율은 나빠지게 되고, 결과적으로 단기지급능력은 취약해지는 것이다.

제 3 절 유동부채의 종류

유동부채는 존재여부와 금액의 불확실성 정도에 따라 크게 확정부채(determinable liabilities)[2]와 추정부채(estimated liabilities)[3]로 분류할 수 있다. 본 장에서는 확정부채에 대해서만 설명을 하고, 추정부채에 대해서는 제14장 비유동부채에서 설명하기로 한다.

01 매입채무

기업의 중요한 영업활동과 관련하여 상품이나 원재료 혹은 용역을 매입하는 과정, 즉 일반적인 상거래에서 발생하는 채무를 매입채무(trade payables)라 하는데, 외상매입금(accounts payables)과 지급어음(notes payables)을 포함한다. 그리고 매입채무의 장부금액은 미래현금흐름의 현재가치와 같아야 하나, 만기일이 단기간에 도래하므로 현재가치보다는 상환금액으로 매입채무를 기록하는 것이 보통이다.

일반적으로 상거래상 지급어음은 고객과의 정상적인 상거래에서 나타나는 어음상 채무로 단순히 지급어음이라고 할 때는 상거래상 지급기일이 1년 이내에 도래하는 어음상 채무를 말한다. 그리고 상거래상 지급어음은 그 지급기간이 외상매입금의 지급기간보다 길다.

환어음의 경우에는 수취인이 발행인으로부터 어음을 받아 지명인(인수인, 지급인)에게 제시하여 어음금액을 지급할 의사가 있는지 여부를 확인하고, 지명인이 어

2 부채의 존재여부, 즉 만기금액 및 만기일이 계약서상에 명시되어 있는 부채를 말한다.
3 부채의 존재는 확실하지만 지급금액과 지급시기가 확정되지 않아 추정을 필요로 하는 부채를 말하며, 여기에는 추정부채와 우발부채가 포함된다.

음의 인수란에 서명날인하여 지급할 의사를 표명함으로써 그 때부터 어음으로 효력이 발생하게 된다. 어음지급인은 어음채무자가 된다. 따라서 환어음을 인수할 때에는 부채증가로 지급어음계정의 대변에 기입하고, 동 어음금액을 지급할 때에는 부채감소로 지급어음계정의 차변에 기입한다.

예제 13-1 (주)경인의 입장에서 각 거래에 대해 회계처리를 하시오.

(1) (주)경인은 (주)용인으로부터 상품 100,000원을 외상으로 구입하였다.

(2) (주)경인은 (주)인천에 외상매입금이 있는 (주)용인 발행, 당사앞 환어음 100,000원을 (주)인천으로부터 제시받아 즉시 환어음에 서명날인하였다.

(3) (주)경인은 환어음 만기일에 지급제시가 있어 수표를 발행하여 어음대금을 지급하였다.

해 답

(1)	(차)	매 입 (상 품)	100,000	(대)	외 상 매 입 금	100,000
(2)	(차)	외 상 매 입 금	100,000	(대)	지 급 어 음	100,000
(3)	(차)	지 급 어 음	100,000	(대)	당 좌 예 금	100,000

02 단기차입금

차용증서나 어음 등을 주고 타인에게 현금을 차입하는 경우 채무를 단기차입금(short-term loan payable)이라 하며, 자금을 융통할 목적으로 어음을 발행하는 경우에는 차입금계정을 사용하도록 규정하고 있다. 그리고 재무상태표일로부터 차입기간이 1년 이내인 경우에는 단기차입금으로 구분하고, 1년 이상인 경우에는 장기차입금계정을 사용하여 표시하도록 하고 있다. 또한, 금융기관으로부터의 당좌차월액과 1년 내에 상환될 장기차입금은 단기차입금(short-term loan payables)으로 처리한다.

예제 13-2 (주)신월의 거래내용에 대해 적절한 회계처리를 하시오.

(1) (주)신월은 (주)대전으로부터 현금 500,000원을 차입하면서 어음을 발행하였다(만기는 3개월, 연이자율 12%).

(2) 3개월 후 (주)신월은 이자를 계산하여 원금과 함께 현금으로 상환하였다.

해 답

(1)	(차)	현 금	500,000	(대)	단 기 차 입 금	500,000
(2)	(차)	단 기 차 입 금	500,000	(대)	현 금	515,000
		이 자 비 용	15,000*			

* $500,000 \times 12\% \times \frac{3}{12} = 15,000$원

03 미지급금

미지급금(accounts payables-nontrade)은 일반적 상거래(주된 영업활동) 이외의 거래나 계약 등에 의하여 이미 확정된 채무 중 아직 지불이 완료되지 아니한 미지급채무를 말한다. 예를 들어, 유형자산이나 유가증권 등을 취득하고 지급하지 아니한 채무, 만기가 도래한 사채, 당기에 외부로부터 이미 수선용역을 제공받은 데 대한 수선비 등을 들 수 있으며, 이러한 모든 것들은 일정기간이 경과한 후 상환하여야 한다.

예제 13-3

(주)경인은 영업활동을 하는데 필요한 차량운반구 5,000,000원을 (주)현대로부터 매입하면서 대금을 지급하지 않았다. 이에 대한 회계처리를 하시오.

해 답

(차)	차 량 운 반 구	5,000,000	(대) 미 지 급 금	5,000,000

04 미지급비용

당기에 제공받은 재화나 용역의 일부로 일정기간이 경과함에 따라 계속적으로 발생하는 비용은 발생주의 원칙에 따라 당기에 인식되어야 하나 아직 지급하지 않았을 경우에는 미지급비용(accrued liabilities)으로 처리한다. 예를 들어, 당기에 발생하였으나 계약상의 지급기일이 도래하지 않아 지급되지 않은 임차료, 급여, 이자 등을 들 수 있다. 이렇게 미지급비용을 설정하는 목적은 발생주의에 따라 기간손익을 정확하게 계산하기 위한 것이다. 그러나 미지급된 임차료, 급여, 이자 등이라 하더라도 지급기일이 이미 경과한 경우에는 미지급비용이 아니라 미지급금으로 분류한다.

예제 13-4

(주)경인으로부터 차입한 자금에 대한 이자 5,000,000원이 기말 현재 지급기일이 도래하지 않았다. 이에 대한 적절한 회계처리를 하시오.

해 답

(차)	이자비용	5,000,000	(대)	미지급비용	5,000,000

05 선수금

미래에 상품, 제품, 원재료, 부품 등을 판매 또는 제공하기로 약정하고 미리 기업이나 고객으로부터 판매대금의 전부 또는 일부를 받았을 경우 선수금(advance from customers)이라는 계정으로 처리한다.

수주품이나 수주공사에 대하여 발주자로부터 받은 대금이 선수금의 대표적인 예이다. 선수금은 기업의 확정부채로 약정된 재화나 용역을 제공하거나 선수금을 반환해 줌으로써 소멸된다. 따라서 선수금은 재화나 용역을 제공하는 데 소요될 추정미래원가로 평가하여야 한다. 그러나 추정미래원가로 평가하면 기업은 재화나 용역을 제공하기 전에 수익을 실현해야 하는 문제가 발생하므로, 대부분의 기업에서 수취한 현금을 기준으로 선수금을 계상하고 있다.

그리고 백화점, 할인점, 제화점, 의류점, 서점 등에서 많은 종류의 상품권을 발행하고 있으며, 많은 소비자들이 상품권을 현금과 동일하게 사용하고 있다. 따라서 현금 등을 받고 상품권을 발행하였을 때에는 상품권에 상당한 금액의 상품을 상품권 소지자에게 인도해야 하는 채무가 발생하는데, 이를 처리하는 계정과목은 상품권이 아니라 선수금으로 하여야 한다.

예제 13-5 (주)경인의 입장에서 각 거래에 대하여 적절한 회계처리를 하시오.

(1) (주)경인은 (주)대원에게 상품 70대(@8,000원)를 판매하기로 계약하고, 현금 90,000원을 받았다.

(2) (주)경인은 상품을 구입할 수 있는 상품권 70,000원을 고객에게 현금을 받고 판매하였다.

해 답

(1) (차)	현 금	90,000	(대)	선 수 금	90,000
(2) (차)	현 금	70,000	(대)	선 수 금	70,000

06 선수수익

선수수익(unearned revenue)이란 기업이 일정기간 내 계속적으로 용역을 제공하기로 약정한 경우에 용역제공 대가로 당기에 수취한 현금 중 차기 이후에 속하는 금액을 말한다. 예를 들어, 일정기간 용역을 제공하기로 약정하고 수취한 임대료 중에서 차기 이후에 속하는 금액은 선수수익으로 처리해야 한다.

이처럼 선수수익을 당기수익으로 인식하지 않고 부채로 계상하였다가 당기에 해당하는 금액만을 당기수익으로 인식하고 차기 이후에 해당하는 금액은 당기수익에서 제외하는 이유는, 기간손익을 정확히 산정하기 위해서이다.

예제 13-6 (주)용인의 입장에서 각 거래에 대하여 회계처리를 하시오.

(1) (주)용인은 20×1년 3월 1일 (주)신월에 대한 대여금이자 1년분(20×1년 3월 1일부터 20×2년 2월 28일까지) 600,000원을 현금으로 받았다(수익으로 처리한다).

(2) (주)용인은 20×1년 12월 31일 결산을 맞이하였다.

해 답

(1)	(차) 현 금	600,000	(대)	이 자 수 익	600,000
(2)	(차) 이 자 수 익	100,000	(대)	선 수 수 익	100,000*

* 20×2.1.1 ~ 20×2.2.28 미경과 이자 계산

$600{,}000 \times \frac{2}{12} = 100{,}000$원

07 예수금

예수금(returnable deposits)은 일반적 상거래 이외의 계약의 이행이나 용역의 제공을 보증받기 위해서(예: 공사입찰보증금 등) 또는 거래처가 임시로 보관하고 있는 회사 재산의 손실에 대비해서 고객으로부터 일시적으로 수취한 금액(예: 맥주병에 대한 예치금 등)을 말한다. 이것은 고객이 소정의 의무를 이행하면 반환되어야 하므로, 이를 수취한 회사의 입장에서는 부채에 해당한다.

종업원에게 급여를 지급하는 경우 기업은 소득세, 지방소득세 및 4대 보험료 등을 원천징수하고 차액을 지급하는데, 이때 원천징수하는 금액은 예수금으로 처리한다. 또한, 차입금에 대한 이자를 지급할 때 소득세 부분에 대해 원천징수하는 경우에 그 금액에 대해서는 예수금으로 처리한다.

예제 13-7 (주)경인의 거래에 대해 적절한 회계처리를 하시오.

(1) 본사건물을 신축하기 위해 5개의 건설회사로부터 각각 3,000,000원씩 입찰보증금으로 받아 보통예금하다.

(2) (주)미래건설과 본사건물 신축공사계약을 체결하고 나머지 4개의 건설회사로부터 받은 입찰보증금을 보통예금에서 찾아 반환하다.

(3) 종업원의 급여 5,000,000원을 지급하면서 소득세 및 4대 보험료 등의 원천징수 금액 300,000원을 차감하였다. 차감한 금액은 보통예금계좌에 이체하였다.

해 답

(1)	(차) 보통예금	15,000,000	(대)	예수금	15,000,000
(2)	(차) 예수금	12,000,000	(대)	보통예금	12,000,000
(3)	(차) 급여	5,000,000	(대)	보통예금	4,700,000
				예수금	300,000

08 미지급배당금

미지급배당금(accrued dividend)은 이사회의 결의에 따라 회사가 주주들에게 지불해야 할 금액 중에서 아직 지불되지 않은 금액을 말한다. 다시 말해, 이사회에서 배당이 결의되면 결의된 배당금액에 대해 주주들은 채권을 가지게 되며, 회사는 부채를 안게 된다.

(차) 미처분이익잉여금	×××	(대) 미지급배당금	×××

미지급배당금은 이사회 결의 후 3개월 이내에 지급되는 것이 일반적이므로 유동부채로 분류하고 회사가 실제로 현금을 지급하면 다음과 같이 처리해야 한다.

(차) 미지급배당금	×××	(대) 현금	×××

09 가수금

기업이 현금을 수령하였으나 이를 처리할 계정이 확정되지 않았거나, 계정은 확정되었지만 처리할 금액이 정산되지 아니한 경우에 임시적으로 가수금(suspense receipts)으로 처리하고, 계정이나 금액이 확정되는 시점에 가수금계정을 해당 계정으로 대체한다. 이와 같은 미결산계정은 결산시점까지는 반드시 그 내용을 나타내는 적절한 과목으로 대체하여 표시하여야 한다.

예제 13-8 다음의 거래에 대하여 회계처리를 하시오.

(1) 지방출장 중인 영업사원으로부터 3,000,000원이 당좌예입되었으나 그 내용이 불분명하다.

(2) 영업사원이 송금한 3,000,000원은 (주)전주의 외상매출금을 회수하여 입금한 것으로 판명되었다.

해 답

(1)	(차) 당좌예금	3,000,000	(대) 가수금	3,000,000
(2)	(차) 가수금	3,000,000	(대) 외상매출금	3,000,000

10 유동성장기부채

비유동부채 중에서 1년 이내에 만기일이 도래하는 부분은 유동부채로 재분류하며, 이와 같이 비유동부채의 일부분이 유동부채로 재분류된 것을 유동성장기부채(current maturities of long-term debts)라고 한다. 그러나 이론적인 관점에서 보면, 그중에서도 상환시점에 유동자산의 사용이나 유동부채의 발생을 초래하는 부분만을 유동부채로 재분류하여야 한다.[4]

---

4 다음과 같은 경우에는 장기부채의 만기가 1년 이내에 도래한다고 하더라도 유동부채로 재분류하여서는 안 된다.

① 비유동자산을 사용하여 상환하고자 하는 경우

② 새로운 장기차입계약에 의해 조달한 차입금으로 장기부채를 상환하는 경우 즉, 새로운 장기부채로 과거의 장기부채를 차환(refinance)하고자 하는 경우

③ 주식을 발행하여 상환하고자 하는 경우

예제 13-9 (주)경인의 거래에 대해 적절한 회계처리를 하시오.

(1) 20×1. 7. 1. 천사은행으로부터 50,000,000원을 5년 분할상환조건으로 차입하여 당좌예입하였다.

(2) 20×1.12.31. 결산일에 천사은행에 대한 차입금 중 10,000,000원을 재분류하였다.

해 답

(1)	(차) 당 좌 예 금	50,000,000	(대)	장 기 차 입 금	50,000,000
(2)	(차) 장 기 차 입 금	10,000,000	(대)	유동성장기차입금 (또는 단기차입금)	10,000,000

객관식 Exercises

01 Problem

계정의 성격이 다른 것은?

① 예수금 ② 가수금
③ 이연법인세부채 ④ 미수금

02 Problem

비유동부채 중 재무상태표일로부터 1년 이내에 상환될 금액을 대체할 경우 이용되는 계정과목은 무엇인가 ?

① 장기차입금 ② 유동성장기부채
③ 단기차입금 ④ 외상매입금

03 Problem

매입채무에 해당하는 것은?

① 외상매입금, 지급어음 ② 외상매입금, 미지급비용
③ 외상매입금, 미지급금 ④ 외상매입금, 단기차입금

04 Problem

계정의 성격이 다른 것은?

① 대손충당금 ② 감가상각누계액
③ 재고자산평가충당금 ④ 사채할인발행차금

05 Problem

부채에 대한 설명으로 틀린 것은?

① 미지급금 중 재무상태표일로부터 만기가 1년 이내에 도래하는 것은 유동부채로 표시한다.
② 재무상태표일로부터 차입기간이 1년 이상인 경우에는 장기차입금계정을 사용하여 표시한다.
③ 가수금은 영구적으로 사용하는 부채계정으로, 결산시에도 재무제표에 표시된다.
④ 상품을 인도하기 전에 상품대금의 일부를 미리 받았을 때에는 선수금계정의 대변에 기입한다.

06 Problem

부채에 대한 설명으로 가장 옳지 않은 것은?

① 부채는 과거의 거래나 사건의 결과로 현재 기업실체가 부담하고 있고 미래에 자원의 유출 또는 사용이 예상되는 의무이다.
② 유동성장기부채는 유동부채로 분류한다.
③ 부채는 1년을 기준으로 유동부채와 비유동부채로 분류한다.
④ 정상적인 영업주기 내에 소멸할 것으로 예상되는 매입채무와 미지급비용 등이 보고기간 종료일로부터 1년 이내에 결제되지 않으면 비유동부채로 분류한다.

07 Problem

회계상 부채로 분류할 수 없는 항목은?

① 미지급임차료 ② 미지급이자
③ 미교부주식배당금 ④ 미지급법인세

08 Problem

상품권에 내한 회계처리 내용 중 틀린 것은?

① 상품권을 판매시 선수금 등으로 계상할 뿐 수익을 인식하지 않는다.
② 상품권을 회수하고 재화 등을 인도한 때 매출로 인식한다.
③ 상품권을 회수하여 재화 등을 인도하는 경우, 잔액을 환급하여 주는 경우 선수금과 상계한다.
④ 상품권 판매 후 회수되지 않고 소멸시효가 완성되는 경우, 소멸시효가 완성되는 시점에 매출로 계상한다.

09 Problem

부채를 유동부채와 비유동부채로 분류하는 기준은?

① 지출시기와 금액이 확정되어 있는지 여부
② 결산일로부터 3개월 내에 지급의무가 도래하는지 여부
③ 영업활동에서 발생한 부채였는지 그 외 활동에서 발생한 부채였는지 여부
④ 결산일로부터 1년과 정상영업주기 중 긴 기간 이내에 지급의무가 도래하는지 여부

10
Problem

부채에 대한 설명으로 옳지 않은 것은?

① 계약이행에 대한 법적강제유무에 상관없이 일반적으로 미이행계약에 따른 의무도 부채에 해당한다.

② 부채는 과거의 거래나 사건의 결과로 현재 기업실체가 부담하고 있고 미래 자원의 유출 또는 사용이 예상되는 의무이다.

③ 미래에 발생이 예상되는 대규모 수선비의 경우 장래에 자원의 유출 또는 사용이 기대된다 하더라도 이는 부채항목이 될 수 없다.

④ 부채의 액면금액은 확정되어 있지만 경우에 따라 금액이 확정되지 않고 추정에 의할 수도 있다.

주관식 Exercises

01 Problem 유동부채의 정의와 종류에 대하여 설명하시오.

02 Problem 선수금과 예수금의 차이점을 설명하시오.

03 Problem 다음의 거래에 대하여 회계처리를 하시오.

(1) (주)신월로부터 기계장치 1,000,000원을 매입하고, 대금 중 500,000원은 현금으로 지급하고 잔액은 외상으로 하였다.

(2) (주)대원에서 투자부동산 20,000,000원을 구입하고 대금은 2개월 후에 지급하기로 하다.

(3) 외상매입대금이 있는 (주)서울 발행, (주)대원 수취, 당사앞 환어음 400,000원에 대하여 즉시 이를 인수하였다.

(4) 당사가 발행한 약속어음 150,000원이 만기가 되어 이 중 50,000원은 수표를 발행하여 지급하고, 잔액은 새로운 약속어음을 발행하여 구어음과 교환해 주었다.

(5) (주)세명으로부터 상품 200,000원을 매입하면서 대금은 외상으로 하였다.

04 Problem (주)용인의 이사회는 2차년도 12월 31일에 현금배당 200,000원을 지급하기로 결의하였다. 이후 3차년도 3월 1일 주주총회에서 이 배당에 대해 승인하고, 3차년도 4월 10일에 배당금을 주주들에게 현금으로 지급하였다. 다음의 각각의 날짜에 필요한 회계처리를 하시오.

(1) 2차년도 12월 31일 (2) 3차년도 3월 1일 (3) 3차년도 4월 10일

05 Problem 다음의 회계처리를 보고 어떤 거래인지 추정하시오.

(1)	(차) 단기차입금	5,000,000	(대) 현금	5,500,000
	이자비용	500,000		
(2)	(차) 가수금	2,500,000	(대) 외상매출금	2,500,000
(3)	(차) 유동성장기부채	3,800,000	(대) 장기차입금	3,800,000
(4)	(차) 토지	5,000,000	(대) 당좌예금	2,000,000
			미지급금	3,000,000
(5)	(차) 외상매입금	4,000,000	(대) 지급어음	4,000,000

CHAPTER 14

비유동부채

비유동부채는 1년 이상의 기간에 걸쳐 장기적으로 상환되어야 할 채무로, 기업의 장기지급능력을 평가하는데 중요한 지표이다. 따라서 비유동부채의 평가방법, 특히 사채의 발행과 관련된 여러 가지 사항을 학습하고, 장기차입금·장기매입채무·외화표시 비유동부채 등의 회계처리에 대해서도 학습하고자 한다.

제 1 절 비유동부채의 의의

비유동부채(non-current liabilities)는 원칙적으로 결산시점을 기준으로 만기가 1년 이후 도래하는 미래의 경제적 효익의 희생 또는 의무라고 정의할 수 있다. 물론, 정상적인 영업주기 내에 소멸할 것으로 예상되는 매입채무와 미지급비용 등은 1년 내에 결제되지 않더라도 비유동부채에 해당되지 않고 유동부채로 분류한다.

비유동부채의 예로는, 장기차입부채와 퇴직급여충당부채·장기제품보증충당부채 등과 같은 충당부채가 있다. 한편, 일반적으로 비유동부채는 어떤 형태로 조달되든 채권자 보호를 위하여 다양한 형태의 제약조건, 즉 부채조달금액의 제한, 이자율, 만기, 담보, 운전자본유지, 배당제한, 추가 부채조달의 제한 등이 있다.

제 2 절 사 채

01 사채의 의의와 종류

(1) 의 의

기업은 장기자금을 조달하기 위한 방법으로 채권(사채)을 발행한다. 사채(bonds)는 사채권면에 표시된 사채의 상환일, 즉 만기일에 사채권면에 표시된 액면금액을 지급하며, 동시에 정기적으로 사채권면에 표시된 이자율에 따라 이자를 지급하겠다고 약정한 증서를 말한다.

사채는 기본적으로 장기성 지급어음과 그 성격이 동일하다. 다만, 지급어음은 특정인이나 특정 금융기관으로부터 자금을 차입하는 경우에 발행되지만, 사채는 일반대중 다수로부터 거액의 자금을 조달하기 위해 발행된다. 따라서 재무상태표에 표시되는 사채는 장기성 이자부 지급어음(long-term interest bearing notes)의 집합체라고 할 수 있다.

(2) 사채의 종류

기업에서 발행하는 사채권면에는 액면금액, 이자율, 이자지급일 및 만기일이 표시되어 있다. 액면금액(face value)은 만기에 사채발행자가 지급하게 되는 원금을 말하는데, 이는 반드시 발행금액과 동일한 개념은 아니다. 이자율(interest rate)은 발행회사가 지급하게 될 액면금액 기준의 연간이자율을 말하며, 이를 액면이자율 혹은 표시이자율이라고도 한다. 이자지급일은 연 1회, 2회 혹은 4회 등으로 구분하여 표시한다. 만기일(maturity date)은 사채의 원금지급일을 지칭하는데, 장기사채인 경우 10년 이상이 될 수도 있지만 주로 3~5년의 사채가 많이 발행된다. 사채는 사채권에 표시되는 조건에 따라 여러 가지 형태로 발행된다.

① 담보의 유무에 따른 분류

㉠ 담보부사채(mortgage bonds): 다른 자산을 담보로 제공하고 사채를 발행하는 경우로 신용도가 낮은 기업에서 주로 발행한다.

㉡ 무담보부사채(naked bonds): 담보를 제공하지 아니하고 사채를 발행하는 경우로 신용도가 높은 기업에서 발행한다.

② 주식으로의 전환가능성에 따른 분류

㉠ 전환사채(convertible bonds): 일정한 조건에 따라 추후 보통주식으로 전환을 청구할 수 있는 권리를 가지고 있는 사채이다.

㉡ 전환불가능사채(non-convertible bonds): 추후 주식으로 전환이 불가능하고 만기일에 상환되는 사채이다.

③ 만기 및 상환조건에 따른 분류

㉠ 조기상환가능사채(callable bonds): 발행회사가 만기일 혹은 그 이전 어느 때라도 임의로 상환이 가능한 사채로, 기업에 자금여유가 있을 경우 이자부담을 줄일 수 있다.

㉡ 연속상환사채(serial bonds): 기업이 일시에 모든 사채를 상환하는 데 따르는 부담을 줄이기 위해 서로 다른 복수의 만기일을 정해 순차적으로 상

환할 수 있는 사채이다.

ⓒ 만기상환사채(term bonds): 모든 사채의 상환이 특정 만기일에 완료되는 사채로, 장기자금조달을 위해 주로 발행하는 것이다.

02 사채의 발행과 취득

기업이 발행한 사채를 취득한 채권자는 주식에 투자한 주주와는 달리 경영과 이익배당에는 참여할 수 없고, 단지 정해진 이자를 지급기일에 받을 수 있다. 따라서 상법에서는 채권자를 보호하기 위하여 사채의 총액을 자본금과 준비금 총액의 4배를 초과하지 못하도록 하였고, 또한 현재 재무상태표상의 순자산가액이 자본금과 준비금의 총액에 미달하는 경우에는 사채총액은 그 순자산가액의 2배를 초과하지 못하도록 규정하였다.

(1) 사채의 발행금액 결정

사채의 발행금액은 액면이자율(stated interest rate)과 시장에서 투자자가 실제 얻을 것으로 기대되는 시장이자율(market interest rate)을 비교하여 결정된다. 즉, 사채발행자의 입장에서 보면 액면이자율과 시장이자율과의 차이만큼을 투자자에게 보상해 주기 위하여 사채를 할인 혹은 할증발행하는 것이다. 따라서 시장이자율은 결국 사채발행자가 실질적으로 부담하게 되는 이자율이 되므로, 이를 유효이자율(effective interest rate) 혹은 실질이자율(real interest rate)이라고 한다. 결국, 사채의 발행금액은 사채발행자가 사채를 취득한 채권자에게 사채의 만기에 지급할 원금의 현재가치와 정기적으로 지급하게 될 사채이자의 현재가치를 합한 금액에서 사채발행비를 차감한 금액이 될 것이다.

사채의 발행금액 = (만기에 지급할 사채액면금액을 시장이자율로 할인한 현재가치) + (정기적으로 지급하게 될 사채이자를 시장이자율로 할인한 현재가치) − 사채발행비

〈목돈의 현재가치〉 〈연금의 현재가치〉

① 액면이자율 = 시장이자율: 액면발행
② 액면이자율 < 시장이자율: 할인발행
③ 액면이자율 > 시장이자율: 할증발행

예제 14-1

(주)경인은 20×1년 1월 1일 3년 만기의 액면금액 1,000,000원인 사채를 표시이자율 10%로 발행하고, 이자는 매년 말에 지급하기로 하였다. 이 때 시장이자율이 12%인 경우 사채의 발행금액은 얼마인가?(사채발행비는 없다고 가정하자) 단, 이자율 12%인 경우 3년에 해당하는 목돈의 현재가치계수값은 2.4018이다.

해 답

3년 후 지급할 액면금액 1,000,000원의 현재가치 (목돈의 현재가치 0.7118)	711,800원
매년 말에 지급되는 사채이자 100,000원의 현재가치 (정상연금의 현재가치 2.4018)	240,180원
사채의 발행금액	951,980원

(2) 사채발행시의 회계처리

사채를 발행하는 시점에서 사채계정은 만기에 상환해야 할 액면금액으로 기록한다. 할인 및 할증발행의 경우에는 사채할인발행차금(discount on bonds payable)계정 혹은 사채할증발행차금(premium on bonds payable)계정을 추가로 사용하여 기록하게 된다. 이러한 계정은 모두 사채의 평가계정으로, 재무상태표상에는 사채계정에 차감 혹은 가산하는 형식으로 표시된다.

사채발행비(bond issue costs)는 사채발행에 소요된 비용으로 인쇄비, 모집대행기관 수수료, 광고비 등이 포함되는데, 사채발행금액은 사채발행비를 차감한 후 가액이 되는 것으로 규정함으로써, 사채발행비는 사채할인발행차금(또는 사채할증발행차금)에 가산(또는 차감)하도록 하고 있다.

예제 14-2 〈예제 14-1〉에 대하여 (주)경인의 입장에서 회계처리를 하시오.

해 답

(차)	현금	951,980	(대)	사채	1,000,000
	사채할인발행차금	48,020			

(3) 이자기산일 경과 후의 사채발행

이자기산일은 사채에 대한 이자계산이 시작되는 날을 말하며, 사채의 이자지급일은 사채이자비용이 실제 지급되는 날을 말한다.

만약, 사채를 발행하는 회사가 이자기산일 이후 사채를 발행한다면, 사채를 발행하는 시점에 받는 금액에서 기간이 경과된 부분만큼의 이자해당액을 차감한 후 가격을 발행금액으로 계산하여야 한다. 왜냐하면, 사채발행회사는 기간의 경과여부에 관계없이 이자기산일로부터 이자비용을 지급해야 하므로, 사채를 발행하는 시점에 기간경과 부분만큼을 사채매입회사에 부담시켜야 하기 때문이다.

예제 14-3

(주)경인은 20×1년 4월 1일 3년 만기의 액면금액 1,000,000원인 사채를 연12%로 액면발행하였다. 그러나 이자기산일은 20×1년 1월 1일이며, 매년 12월 31일에 이자를 지급하기로 하였다. 단, 사채발행당시의 유효이자율(사채발행비가 반영된 이자율임)은 12%이었다. 사채발행시점인 20×1년 4월 1일과 이자지급일인 20×1년 12월 31일에 필요한 회계처리를 하시오.

해 답

20×1. 4. 1	(차)	현금	1,030,000	(대)	사채	1,000,000
					(사채)이자비용	30,000
20×1. 12. 31	(차)	(사채)이자비용	120,000	(대)	현금	120,000

03 사채발행차금의 상각과 사채이자비용

사채발행차금은 사채의 상환기간 동안 결산시점마다 일정한 방법으로 상각(환입)하여, 만기일에는 동 계정잔액이 영(zero)이 되어 사채의 액면금액과 장부금액이 일치하도록 회계처리를 하여야 한다. 이처럼 결산시점마다 사채발행차금에 대한 상각(또는 환입)의 회계처리가 필요한 이유는, 발행회사가 만기일에 지급하는 상환액은 발행금액이 아닌 액면금액이며, 사채매입회사 또한 취득가액이 아닌 액면금액으로 사채를 상환받기 때문이다.

따라서 발행한 사채에 관련된 사채발행차금의 상각액은 사채이자비용이라는 계정을 사용하여 분개하고, 이를 영업외비용(혹은 영업외수익)으로 보고하도록 하고 있다. 왜냐하면, 사채발행차금은 엄밀한 의미에서 분석해 보면 시장의 실질이자율에 접근시키기 위한 이자의 추가보상(혹은 상쇄)적인 성격이라 할 수 있으므로, 사채이자비용에서 가감하도록 규정하고 있다.

사채발행에 따라 발생하는 사채발행차금은 현재가치할인차금(명목이자율과 시장이자율의 차이에서 기인하는 부분)과 사채발행비(시장이자율과 유효이자율의 차이에 기인하는 부분)의 2가지로 구성되어 있다고 할 수 있다. 그러나 실무에서는 이들을 세분하지 않고 상환기간에 걸쳐 유효이자율법에 의하여 상각하여 이자비용에 가감한다.

유효이자율법(effective interest method)은 사채의 장부금액에 매년 일정이자율, 즉 사채발행 당시 시장의 유효이자율을 곱하여 계산된 이자비용과 액면이자율에 의해 계산된 이자비용과의 차액을 상각시키는 방법이다. 여기서 유효이자율이란, 사채를 취득함으로써 실질적으로 얼마의 이자수익을 얻게 되는가를 나타내주는 이자율로서 사채발행 당시 관련시장에서 형성되는 동종 또는 유사한 채권의 시장이자율에 기초하여 산정된다.

표시이자비용 = 사채액면금액 × 표시이자율
유효이자비용 = 사채장부금액 × 유효이자율(시장이자율)
당기상각(환입)액 = 유효이자비용 − 표시이자비용

예제 14-4

[예제 14-1]에서 계산된 (주)경인의 사채발행차금을 유효이자율법에 의하여 회계처리를 하시오.

해 답

〈사채할인발행차금(48,020원)의 상각명세표: 유효이자율 12%, 표시이자율 10%〉

(단위: 원)

일 자	표시이자비용 (대 변)	유효이자비용 (차 변)	사채할인발행차금		사채장부금액
			당기상각(대변)	잔 액	
20×1. 1. 1.				48,020	951,980
20×1.12.31.	100,000	114,238	14,238	33,782	966,218
20×2.12.31.	100,000	115,946	15,946	17,836	982,164
20×3.12.31.	100,000	117,836	17,836	0	1,000,000
합 계	300,000	348,020	48,020		

〈회계처리〉

20×1. 12. 31	(차) (사채)이자비용	114,238	(대)	현 금	100,000
				사채할인발행차금	14,238
20×2. 12. 31	(차) (사채)이자비용	115,946	(대)	현 금	100,000
				사채할인발행차금	15,946
20×3. 12. 31	(차) (사채)이자비용	117,836	(대)	현 금	100,000
				사채할인발행차금	17,836

04 사채의 상환

대부분 사채는 만기일에 액면금액으로 상환된다. 이때 사채발행회사는 차변에 사채계정, 대변에 현금및현금성자산계정을 각각 액면금액으로 기록함으로써 사채의 상환에 따른 비유동부채계정을 제거시키는 회계처리를 하게 된다.

그러나 사채를 만기일 이전에 조기 상환하는 경우에는 사채발행차금계정이 완전히 상각되기 이전이며, 또한 반드시 장부금액만큼 상환이 이루어지는 것이 아니기 때문에 다소 복잡한 회계처리 문제가 발생한다. 따라서 사채를 조기상환하는 경우에는 다음과 같은 회계처리절차를 거친다.

① 상환일 현재 시점으로 사채발행차금계정의 잔액을 정리하는 회계처리를 한다. 즉, 상환기간까지 이자비용을 계상하여야 한다.
② 상환되는 사채에 관련된 사채계정과 사채발행차금계정을 제거시키는 분개를 한다.
③ 장부금액과 상환가액의 차이를 사채상환손익으로 인식하여 손익계산서에 당기의 영업외손익으로 보고한다.

예제 14-5

(주)경인은 [예제 14-1]의 자료에 의하여 발행하였던 사채를 20×2년 12월 31일에 1,070,000원(사채경과이자가 포함된 금액)에 현금을 지급하여 매입상환하였다. (주)경인은 사채할인발행차금의 상각을 유효이자율법을 적용하여 상각하고 있었다. (주)경인에서 필요로 하는 회계처리를 하시오.

해 답

(1) 매입시점(20×2.12.31.)까지의 기간에 대한 미지급이자비용 및 미상각 사채할인발행차금 계상

(차)	(사채)이자비용	115,946	(대)	미지급이자비용	100,000
				사채할인발행차금	15,946

(2) 매입상환시점(20×2.12.31.)의 회계처리

(차)	사 채	1,000,000	(대)	현 금	1,070,000
	미지급이자비용	100,000		사채할인발행차금	17,836
				사채상환이익	12,164

제 3 절 기타 비유동부채

01 장기차입금

장기차입금(long-term debt)이란 금융기관이나 신용대여기관 등으로부터 자금을 차입하고 그 원금을 재무상태표 작성일로부터 1년 이후 일정시점에 상환하는 채무를 말한다. 만약, 장기차입금 중 상환기일이 1년 이내로 도래했을 경우에는 유동성장기부채로 재분류하여, 이를 유동부채로 보고한다.

예제 14-6

(주)경인이 은행으로부터 만기 5년, 이자율 12%로 50,000,000원을 차입하여 당좌예입하였을 경우 회계처리를 하시오.

해 답

(차) 당 좌 예 금	50,000,000	(대) 장 기 차 입 금	50,000,000

02 장기매입채무

장기매입채무(long-term trade payables)란 정상적인 영업활동에서 발생한 채무로 1년 이상이 경과한 후에 지급기일이 도래하는 장기외상매입금과 장기지급어음을 말한다.

장기외상매입금은 일반적으로 액면금액이 지급기일까지 지급해야 하는 이자비용까지 포함한 금액이기 때문에, 시장이자율로 할인한 현재가치를 장부금액으로 평가하고 액면금액과 장부금액과의 차이는 현재가치할인차금으로 계산하여 유효이자율법으로 상각하여야 한다.

장기지급어음은 어음의 액면금액 이외에 이자를 별도로 지급해야 하는 이자부어음(interest-bearing notes)과 무이자부어음(noninterest-bearing notes)으로 구분된다.

무이자부어음의 경우에는 원칙적으로 시장이자율을 적용하여 계산한 현재가치를 비유동부채의 장부금액으로 평가하고, 장기지급어음의 액면금액과 현재가치의 차이는 사채의 경우와 마찬가지로 장래 이자비용의 성격을 갖는 현재가치할인차금계정을 사용하여 계상하여야 한다. 또한, 이자부어음이라 할지라도 액면에 표시되어 있는 이자율이 사장의 유효이자율과 현저히 다를 경우에도 사채의 유효이자율법을 적용할 때와 마찬가지로 실제의 유효이자를 계산하여 이를 당기의 이자비용으로 계산하는 회계처리가 필요하다.

예제 14-7

(주)경인은 (주)용인으로부터 상품 30,000,000원을 매입하고, 대금은 3년에 걸쳐 매년도말에 10,000,000원씩 지급하기로 하였다. 단, 이 당시 시장이자율은 10%이었다. 상품매입에 따른 회계처리를 하시오. 단, 이자율 10%, 3년에 대한 정상연금의 현재가치계수값은 2.4869이다.

해 답

(차)	(상품)매입	24,869,000*	(대)	장기외상매입금	30,000,000
	현재가치할인차금	5,131,000		(또는 장기매입채무)	

* 3년, 10% 연금현재가치가 2.4869이므로, 10,000,000 × 2.4869 = 24,869,000원

03 외화표시 비유동부채

기업이 과거에 발생한 외화거래로 기말 현재 외화로 표시된 자산이나 부채를 보유하고 있는 경우에는 자산 혹은 부채의 성격에 따라 이를 재무상태표일 현재의 환율로 환산하고, 장부상에 표시된 금액과의 차이를 외화환산손익으로 회계처리하여야 한다. 이때 발생하는 외화환산손익은 외화자산 혹은 외화부채가 원화로 처분(결제)되기 이전에 발생하는 일종의 미실현이익이지만 당기의 영업외손익으로 보고한다. 한편, 실제 외화자산 혹은 외화부채를 처분(상환)하였을 때 발생하는 손익은 외환차손익으로 회계처리하고, 이를 당기의 영업외손익으로 보고하여야 한다.

예제 14-8

(주)경인은 20×1년 1월 1일 3년 후 상환조건으로 미국에서 $10,000의 차관을 들여왔다(연이자율 8%, 매년 12월 31일 외화로 환전하여 지급). 회사는 즉시 $10,000을 거래은행에서 원화로 환전하였다. 20×1년 12월 31일과 20×2년 12월 31일 결산시점에 이자비용을 외화로 지급하였다. 그리고 20×3년 12월 31일 전부 외화로 상환하였다. 다음의 환율과 관련된 자료를 이용하여 (주)경인의 차입일로부터 상환일까지 필요한 회계처리를 하시오.

구 분	기준환율	대고객매도율	대고객매입률
20×1년 1월 1일	$1 = 1,030원	$1 = 1,060원	$1 = 1,000원
20×1년 12월 31일	$1 = 1,100원	$1 = 1,150원	$1 = 1,050원
20×2년 12월 31일	$1 = 1,050원	$1 = 1,090원	$1 = 1,010원
20×3년 12월 31일	$1 = 1,070원	$1 = 1,120원	$1 = 1,020원

해 답

20×1. 4. 1 (차) 현 금 10,000,000 (대) 외화장기차입금 10,000,000

20×1. 12. 31 (차) 외화환산손실 1,000,000** (대) 외화장기차입금 1,000,000
이 자 비 용 920,000*** 현 금 920,000

* 외화환산손익은 결산시점의 기준환율을 적용하고, 외환차손익은 상환(회수)시점의 대고객매도율(대고객매입률)을 적용하여 계산한다. 그리고 이자비용(이자수익)은 이자를 지급하는 시점에 있어서 대고객매도율(대고객매입률)을 적용하여 계산한다.
** 외화환산손실 = (1,100 − 1,000) × $10,000 = 1,000,000원
*** 이자비용 = $10,000 × 8% × 1,150원(대고객매도율) = 920,000원

20×1. 12. 31 (차) 외화장기차입금 500,000 (대) 외 화 환 산 이 익 500,000*
이 자 비 용 872,000** 현 금 872,000

* 외화환산이익 = (1,100 − 1,050) × $10,000 = 500,000원
** 이자비용 = $10,000 × 8% × 1,090원(대고객매도율) = 872,000원

20×2. 12. 31 (차) 외화장기차입금 10,500,000*** (대) 현 금 12,096,000
이 자 비 용 896,000**
외 환 차 손 700,000*

* 외환차손 = (1,120 − 1,050) × $10,000 = 700,000원
** 이자비용 = $10,000 × 8% × 1,120원(대고객매도율) = 896,000원
*** 현금지출액 = $10,800 × 1,120원(대고객매도율) = 12,096,000원

04 이연법인세부채

기업회계에 따라 인식된 자산·부채의 장부금액이 법인세법에서 인정되는 자산·부채의 세무가액과 다를 때 그 차이에 관련된 법인세효과를 이연법인세자산(또는 부채)으로 인식한다.

이연법인세부채(deferred tax liability)란 재무제표 작성일 현재 존재하는 일시적 차이로 인하여 미래에 납부하여야 할 법인세가 증가할 경우, 즉 가산할 일시적 차이가 존재하는 경우 법인세와 관련된 부채를 말한다.

이연법인세부채는 재무상태표의 다른 부채와 구분하여 표시하여야 하며, 또한 당기법인세부담액과 당기법인세환급액도 구분하여야 한다. 이러한 이연법인세부채는 관련된 부채항목의 재무상태표상 분류에 따라 유동부채 또는 비유동부채로 분류한다.

예제 14-9

(주)경인은 20×5년 1월 1일에 광업권을 500,000원에 현금을 지급하고 취득하였다. (주)경인은 광업권을 5년간 매년 100,000원씩 균등액을 상각하는 것으로 회계처리하였다. 다만, 법인세신고를 하면서 20×5년과 20×6년에 100% 할증된 200,000원씩 상각하였다. 만약, 법인세율이 20%일 때 이연법인세부채에 미치는 영향을 계산하시오.

해 답

구 분	광업권(자산)		일시적 차이	이연법인세부채	
	장부금액	세무가액		기말잔액	당기증감
20×5년도 말	400,000원	300,000원	100,000원	20,000원	20,000원
20×6년도 말	300,000원	100,000원	200,000원	40,000원	20,000원
20×7년도 말	200,000원	0원	200,000원	40,000원	0원
20×8년도 말	100,000원	0원	100,000원	20,000원	(20,000원)
20×9년도 말	0원	0원	0원	0원	(20,000원)

[해설] 20×5년과 20×6년에 광업권의 할증상각으로 각각 20,000원씩 일시적 차이가 발생하여 이연법인세부채가 각각 20,000원(100,000원 × 20%)씩 증가한다. 그리고 20×7년도에는 일시적 차이의 변동이 없으므로, 이연법인세부채의 잔액도 변동이 없다. 그러나 20×8년과 20×9년에 광업권에 대한 일시적 차이가 각각 100,000원씩 소멸되고, 이에 따라 이연법인세부채는 20×8년도 말과 20×9년도 말에 각각 20,000원과 0원으로 기록되어 소멸된다. 이처럼 이연법인세부채가 20×4년도에 비해 20,000원이 증가하여 20×5년도의 과세소득이 160,000원이라면, 회계처리는 다음과 같다.

(차)	법 인 세 비 용	52,000원	(대)	미 지 급 법 인 세	32,000원
				이 연 법 인 세 부 채	20,000원

제 4 절 추정부채

추정부채(estimated liabilities)란 부채의 존재는 확실하지만 지급할 금액 그리고 지급시기가 불확실하여 추정이 필요한 채무로, 이러한 불확실성은 미래에 특정 사건이 발생하거나 시간이 경과함으로써 제거된다. 추정부채는 크게 충당부채와 우발부채로 구분할 수 있으며, [그림 14-1]과 순서에 의해 분류한다.

01 충당부채

충당부채는 과거 사건이나 거래의 결과에 의한 현재 의무로 지출의 시기 또는 금액이 불확실하지만 그 의무를 이행하기 위하여 자원이 유출될 가능성이 매우 높고, 또한 당해 금액을 신뢰성 있게 추정할 수 있는 의무를 말한다. 이러한 충당부채에는 퇴직급여충당부채, 판매보증충당부채 등을 포함한다.

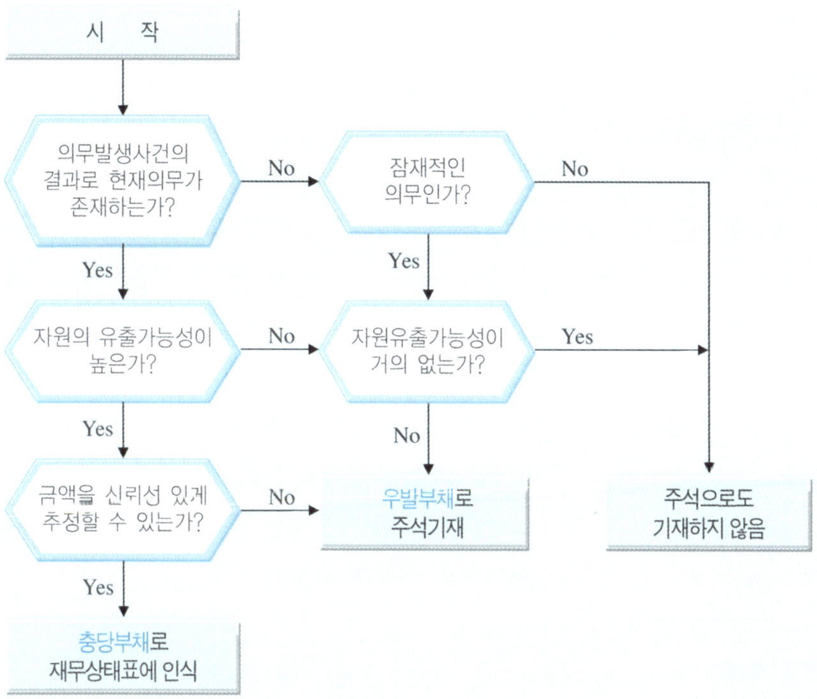

[그림 14-1] 충당부채와 우발부채의 회계처리

충당부채는 해당 회계연도에 그 발생 원인이 존재하였기 때문에 수익과 비용의 대응이라는 관점에서 볼 때, 당기수익에서 차감하는 것이 합리적이라고 판단되는 경우 관련 비용을 추정하여 부채로 계상하게 된다. 따라서 미지급금, 외상매입금 등과 같은 확정부채와는 달리 부채의 금액이나 특정 채권자가 현재시점에서 확정되어 있지 않다는 점에서 그 성격이 구분된다.

충당부채는 1년 기준에 의하여 유동부채에 속한 단기충당부채와 비유동부채에 속한 장기충당부채로 나누어진다. 예를 들면, 판매보증충당부채 중 1년 이내에 지급될 것은 유동부채로, 1년 이후에 지급될 것은 비유동부채로 분류하여야 한다. 그러나 유동·비유동으로 구분하기 어려운 것은 비유동부채로 간주하고, 또한 연차적으로 분할 사용하거나 전부 또는 일부의 사용시기를 합리적으로 예측할 수 없을 경우 이를 전부 비유동부채로 기재하여야 한다.

(1) 판매보증충당부채

판매자 혹은 건설공사담당자가 구매자에게 일정기간 제품품질을 보증하는 경우에 미래의 제품교환 및 수리 등 애프터서비스에 따른 비용이 발생하게 될 것이다. 이때 미래에 발생하게 될 비용을 예측하여 당기의 매출에 대응시키고, 다른 한편으로는 판매보증충당부채(product warranty liability)계정을 사용하여 당기의 추정부채로 기록한다.

이러한 판매보증충당부채는 보통 결산시점에 설정되는데, 이 시점에서는 판매보증으로 인한 손실의 금액·발생일·대상이 불확실하다. 그러나 손실의 발생이 확실시되고 합리적으로 추정될 수 있으면, 이미 발생한 수익과 대응시키기 위하여 부채로 계상하여야만 수익·비용대응의 원칙에 위배되지 않는다.

예제 14-10 (주)경인의 거래에 대해 적절한 회계처리를 하시오.

(1) 20×1년 동안 김치냉장고 100대를 대당 500,000원씩 현금으로 판매하였다.
(2) 20×1년 결산일에 김치냉장고 100대에 대해 2%의 판매보증충당금을 설정하였다.
(3) 20×2년 결산일에 조사한 결과, 20×1년에 판매한 김치냉장고의 보증수리비는 다음과 같이 발생하였다. 단, 출장비는 모두 현금으로 지급하였다.

출장비	300,000원	부품교체비	200,000원

해 답

(1)	(차) 현　　금	50,000,000	(대)	매　　출	50,000,000
(2)	(차) 판 매 보 증 비	1,000,000	(대)	판매보증충당부채	1,000,000
(3)	(차) 판매보증충당부채	500,000	(대)	현　　금	300,000
				저 장 품	200,000

(2) 퇴직급여충당부채

퇴직급여충당부채(allowance for severance liability)는 전체 임직원이 퇴직할 때 지급되는 퇴직금을 예상하여 설정하는 준비금을 말한다. 즉, 임직원이 퇴직할 때 근무연수에 따라 누적 계산된 퇴직급여를 받게 되는 경우에 그 퇴직금은 임직원의 과거 근무에 대한 보상의 성격을 갖게 된다. 따라서 기업은 해당 임직원의 근무기간 동안에 이를 급여의 일부로 당기수익에 대응시켜 매 회계기간 퇴직급여라는 비용계정에 기록하여야 하며, 동시에 퇴직급여충당부채라는 부채계정을 설정하게 된다. 회계기말시점에 기업에서 설정해야 할 퇴직급여충당부채는 해당연도 말에 모든 임직원이 일시에 퇴직할 경우 지급하여야 할 퇴직금에 상당하는 금액이다.

기업의 비유동부채 중에서 퇴직급여충당부채의 비중은 매우 높다. 따라서 노사간의 직접적인 이해관계 등으로 기업의 퇴직급여규정과 근로기준법 등 관세법령에서 퇴직급여에 관한 상세한 규정을 두고 있으며, 안정적인 퇴직금의 지급을 위하여 퇴직연금을 강제하고 있다.

예제 14-11 (주)경인의 거래에 대해 적절한 회계처리를 하시오.

20×1년 12월 31일 퇴직급여충당부채 잔액은 8,000,000원이며, 당시의 퇴직금 총추계액은 12,000,000원이었다. 20×2년 중 종업원의 퇴직으로 퇴직금 900,000원을 현금으로 지급하였다. 20×2년 12월 31일 퇴직금 총추계액은 15,000,000원이 되었다.

해 답

(1) 20×1년의 퇴직급여충당부채 과소설정분에 대한 회계처리

(차) 퇴직급여	4,000,000	(대) 퇴직급여충당부채	4,000,000

(2) 20×2년 중 지급된 퇴직금에 대한 회계처리

(차) 퇴직급여충당부채	900,000	(대) 현금	900,000

(3) 20×2년에 설정할 퇴직급여충당부채에 대한 회계처리

(차) 퇴직급여	3,900,000	(대) 퇴직급여충당부채	3,900,000*

* 당기설정액 = 당기말 총추계액 − 전기말 총추계액 + 당기중 퇴직금지급액
= 15,000,000 − 12,000,000 + 900,000
= 3,900,000원

02 퇴직연금

(1) 확정기여제도

확정기여제도(DC형: Defined Contribution plan)는 노사협약 또는 관계 법령 등에 의하여 기업의 부담금(contribution)이 사전에 확정되고, 가입자인 임직원이 받을 퇴직급여는 기업의 부담금으로 조성된 펀드의 운용실적에 따라 달라진다. 따라서 기업은 임직원이 정하는 펀드와 금융기관에 정해진 부담금을 입금시키는 것으로 퇴직급여에 대한 의무가 끝나므로, 회계처리도 기업의 부담금을 당기 비용으로 인식하면 된다. 즉, 확정기여제도를 채택한 기업은 확정급여채무를 인식할 필요가 없으며, 임직원이 퇴직하는 경우에도 별도의 회계처리를 할 필요가 없다.

(차) 퇴직급여	×××	(대) 보통예금	×××

(2) 확정급여제도

확정급여제도(DB형: Defined Benefit plan)는 임직원이 당기와 그 이전기간의 근무 대가로서 퇴직 이후 받기로 사전에 약정된 대로 받을 수 있도록 퇴직금 재원의 운용과 지급이 모두 기업의 책임이다. 따라서 기업의 입장에서는 매 회계연도마다 퇴직률, 미래임금상승률, 할인율 등을 추정하여 미래 퇴직시점에서 지급해야 할 의무를 현재가치로 계산하여 퇴직급여(당기비용)와 확정급여채무를 부채로 인식하여야 한다. 이 경우 퇴직급여(당기비용)는 당기말퇴직연금충당부채와 전기말퇴직연금충당부채의 차이를 의미한다.

(차) 퇴직급여	×××	(대) 퇴직연금충당부채	×××

확정급여제도의 경우 기업은 퇴직연금충당부채를 충당하기 위하여 외부에 적립하여야 하며, 임직원이 퇴직할 경우 외부에 적립된 금액(퇴직연금운용자산)을 이용하여 퇴직금을 지급하게 된다.

<외부적립>

(차) 퇴직연금운용자산 ××× (대) 현　　금 ×××

<퇴직급여 지급>

(차) 퇴직연금충당부채 ××× (대) 퇴직연금운용자산 ×××

퇴직연금충당부채를 외부에 적립하는 경우에는 재무상태표에 퇴직연금운용자산과 퇴직연금충당부채가 동시에 나타나게 되는데, 재무상태표에는 퇴직연금충당부채에서 퇴직연금운용자산을 차감하여 표시한다.

재 무 상 태 표

(주)경인	20X1년 12월 31일		(단위: 원)
	비유동부채		
	퇴직연금충당부채	10,000,000	
	퇴직연금운용자산	(8,500,000)	1,500,000

- ◦ 임직원이 퇴사할 경우 일시에 목돈을 지급하는 퇴직일시금제도를 운용하고 있다. 이러한 퇴직금은 근로기준법이나 회사의 내부규정에 따라 지급하는데 '평균급여 × 근속연수'가 기본적인 계산구조이다.
- ◦ 근로기준법에서는 계속근로연수 1년에 대하여 30일분 이상의 평균임금을 퇴직하는 근로자에게 지급하도록 규정하고 있다. 여기에서 평균임금은 각종 수당과 상여금을 포함한 금액을 말하며, 연월차수당이나 휴가보상금도 포함된다.
- ◦ 이러한 규정은 단지 퇴직금의 하한선을 규정한 것이기 때문에 회사의 내부규정으로 이보다 불리한 조건을 규정한다고 하더라도 이는 효력이 없으며, 임직원이 실제 퇴직할 때에는 근로기준법에 의하여 산출된 퇴직금을 지급받을 수 있다. 물론, 근로기준법에 의하여 산출된 퇴직금보다 더 많은 금액을 지급하는 것은 인정된다.
- ◦ 그런데 퇴직일시금제도하에서는 재직하던 기업이 도산할 경우에는 퇴직금을 받을 수 없는 경우가 발생하므로, 내부에 적립하는 퇴직급여충당부채보다 외부에 적립하는 퇴직연금제도를 강제적으로 가입하도록 규정하고 있다.

03 우발부채

우발부채는 다음의 ① 또는 ②에 해당하는 잠재적인 부채를 말하며, 부채로 인식하지 아니한다.

① 과거 사건은 발생하였으나 기업이 전적으로 통제할 수 없는 하나 또는 그 이상의 불확실한 미래 사건의 발생여부에 의하여서만 그 존재여부가 확인되는 잠재적인 의무
② 과거 사건이나 거래의 결과로 발생한 현재 의무이지만 그 의무를 이행하기 위하여 자원이 유출될 가능성이 매우 높지 않거나 또는 그 가능성은 매우 높으나 해당 의무를 이행하여야 할 금액을 신뢰성 있게 추정할 수 없는 경우

가령, 소송사건에서 패소할 가능성이 낮거나 비록 패소한다고 해도 손해배상금액을 신뢰성 있게 추정할 수 없는 경우에는 충당부채로 인식하지 않고 우발부채로 공시해야 한다. 즉, 현재의무로 자원유출의 가능성이 높으나 금액의 신뢰성 있는 추정이 불가능한 경우 또는 자원유출의 가능성이 높지 않은 경우에는 우발부채로 주석에 기재한다. 하지만 자원유출의 가능성이 아주 낮으면 현재의무든 잠재의무든 간에 주석으로도 기재하지 않는다.

한편, 우발이득과 우발자산은 어느 경우에나 재무제표의 본문에 인식해서는 안되며, 단지 경제적 효익을 가진 자원의 유입가능성이 높으면 우발자산을 주석으로 기재해야 한다. 그러나 수익의 실현이 거의 확실시되거나 자원이 유입될 것이 확정되는 상황변화가 발생하면 해당 기간에 관련 자산과 수익을 인식해야 한다.

객관식 Exercises

01 Problem

사채에 대한 설명으로 틀린 것은?

① 사채발행비용은 사채의 발행금액에서 차감한다.
② 유효이자율법을 적용할 경우 사채할증발행차금 상각액은 매년 증가한다.
③ 유효이자율법을 적용할 경우 사채할인발행차금 상각액은 매년 감소한다.
④ 사채할인발행차금은 당해 사채의 액면가액에서 차감하는 형식으로 기재한다.

02 Problem

사채를 발행하는 경우 사채발행금액에 해당하지 않는 것은?

① 사채발행일의 시장가치
② 사채가 창출하는 미래 현금흐름의 현재가치
③ 사채 액면이자의 현재가치 + 사채 원금의 현재가치
④ 사채 액면금액의 현재가치 + 사채발행차금의 현재가치

03 Problem

사채에 대한 설명으로 틀린 것은?

① 액면이자율보다 시장이자율이 클 경우는 할증발행한다.
② 액면이자율과 시장이자율이 같을 경우는 액면발행한다.
③ 사채발행비는 사채의 발행금액에서 차감한다.
④ 사채할인발행차금은 유효이자율을 적용하여 상각한다.

04 Problem

사채에 대한 설명 중 틀린 것은?

① 유효이자율법 적용시 할증발행차금 상각액은 매기 증가한다.
② 유효이자율법 적용시 할인발행차금 상각액은 매기 감소한다.
③ 정액법 적용시 장부가액에 대한 이자비용의 비율이 매기 변동한다.
④ 할인발행시 유효이자율법에 의해 계산된 이자비용은 매기 증가한다.

05 Problem

사채에 관한 설명 중 가장 잘못된 것은?

① 사채할인발행차금은 사채의 발행금액에서 차감하는 형식으로 표시한다.
② "액면이자율 < 시장이자율"인 경우에는 할인발행된다.

③ 유효이자율법하에서 사채할인발행차금 상각액은 매년 증가한다.
④ 사채할인발행차금은 선급이자의 성격으로 볼 수 있다.

06 Problem

사채와 관련된 설명으로 가장 잘못된 것은?

① 사채의 발행가액은 사채의 미래현금흐름을 발행당시의 해당 사채의 시장이자율(유효이자율)로 할인한 가치인 현재가치로 결정된다.
② 사채가 할인(할증)발행되어도 매년 인식하는 이자비용은 동일하다.
③ 사채의 액면이자율이 시장이자율보다 낮은 경우에는 사채는 할인발행된다.
④ 사채발행차금은 유효이자율법에 의하여 상각 또는 환입하도록 되어 있다.

07 Problem

다음의 거래에 대한 회계적인 설명으로서 적당하지 않은 것은?

(주)송담은 사채를 6억원에 발행하고, 발행금액은 사채발행비용을 제외한 599,000,000원을 보통예금으로 입금 받았다. 사채의 액면가액은 5억원이고, 만기는 2년 액면이자율은 10%이다.

① 사채는 할증발행되었다.
② 액면이자율이 시장이자율보다 높다.
③ 액면금액과 발행금액의 차이를 사채할증발행차금으로 처리한다.
④ 사채발행비용은 영업외비용으로 처리한다.

08 Problem

충당부채에 대한 설명 중 틀리는 것은?

① 차기 이후의 수익에 대응되는 비용이다.
② 장래에 지출될 것이 확실하고 당기수익에서 차감되는 것이 합리적인 경우 그 추산액을 계상하게 된다.
③ 충당부채는 퇴직급여충당부채·수선충당부채 등이 있다.
④ 충당부채 중 이를 연차적으로 분할하여 사용하는 경우 전부 비유동부채로 기재할 수 있다.

09 Problem

외화자산 및 부채의 환산에 관한 설명으로 옳지 않은 것은?

① 화폐성외화자산은 재무상태표일 현재의 적절한 환율로 환산한 가액을 재무상태표가액으로 한다.

② 비화폐성외화자산은 원칙적으로 당해 자산을 취득한 당시의 적절한 환율로 환산한 가액을 재무상태표가액으로 한다.
③ 외화환산손익은 원칙적으로 비화폐성외화자산에서 발생하며 당기손익으로 처리한다.
④ 외화환산방법은 화폐성·비화폐성법을 원칙으로 하고 있다.

10 Problem

충당부채의 설정요건이 아닌 것은?

① 당기의 수익에 대응하는 비용이어야 한다.
② 장래에 지출될 것이 확실하여야 한다.
③ 당해 지출의 원인이 전기 이전에 발생하여야 한다.
④ 당해 지출금액을 합리적으로 추정할 수 있어야 한다.

11 Problem

충당부채와 우발자산·부채에 대한 설명으로 틀린 것은?

① 충당부채는 현재의무이고 이를 이행하기 위하여 자원이 유출될 가능성이 매우 높고 그 금액을 신뢰성 있게 추정할 수 있으므로 부채로 인식한다.
② 자원의 유출을 초래할 현재의무가 불확실하거나, 현재의무가 존재하지만, 그 금액을 신뢰성 있게 추정할 수 없는 우발부채는 부채로 인식하지 않는다.
③ 우발자산은 원칙적으로 자산으로 인식하지 아니하고 자원의 유입가능성이 매우 높은 경우에만 자산으로 인식한다.
④ 충당부채는 재무상태표일마다 그 잔액을 검토하고, 재무상태표일 현재 최선의 추정치를 반영하여 증감 조정한다.

12 Problem

사채와 관련된 설명으로 옳은 것은?

① 사채할인발행차금을 유효이자율법, 정액법 등 합리적인 방법으로 상각하도록 하고 있다.
② 사채의 발행금액은 액면이자율과 시장이자율과의 관계에 따라 결정되며, 액면이자율이 시장이자율보다 낮으면 사채는 액면가액 이상으로 할증발행된다.
③ 사채발행을 위하여 직접 발생한 사채발행비용은 사채의 발행가액에서 차감하도록 규정하고 있다.

④ 사채를 발행할 때 부대비용이 발생하였다 하더라도 유효이자율법에서 사용할 이자율은 언제나 당해 사채가 시장에서 형성하는 시장이자율이 된다.

13
Problem

회사가 발행한 사채에 대한 설명으로서 틀린 것은?

① 사채의 액면금액과 발행금액의 차액은 액면이자율과 시장이자율의 차이에 의하여 생긴다.
② 사채의 액면금액과 발행금액의 차액은 매년 유효이자율법에 따라 상각한다.
③ 재무상태표에는 사채액면금액이 부채로 계상되며 사채할인(할증)발행차금이 자본조정계정에 계상된다.
④ 할인 발행한 경우 당기 이자비용은 액면이자와 사채할인발행차금 상각액으로 구성된다.

14
Problem

충당부채와 우발부채에 대한 설명으로 옳지 않은 것은?

① 충당부채는 과거사건이나 거래의 결과에 의한 현재의무로 지출의 시기 또는 금액이 불확실하지만 그 의무를 이행하기 위하여 자원이 유출될 가능성이 매우 높고 또한 당해 금액을 신뢰성 있게 추정할 수 있는 의무를 말한다.
② 우발부채는 부채로 인식하지 아니하지만, 충당부채는 요건을 모두 충족하면 부채로 인식한다.
③ 충당부채의 명목가액과 현재가치의 차이가 중요한 경우에는 의무를 이행하기 위하여 예상되는 지출액의 현재가치로 평가한다.
④ 충당부채는 발생시점 재무상태표일 현재 최선의 추정치로 측정되면 더 이상 변화하지 아니한다.

15
Problem

20×1년 7월 1일에 발행된 사채의 액면가액은 100,000,000원이고, 만기는 20×4년 6월 30일, 표시이자율은 연 8%, 이자지급은 연2회(6/30, 12/31)이다. 사채발행 당시의 유효이자율은 연 10%이었고, 이때 사채의 발행금액은 93,660,000원이었다. 이 경우 20×1년 12월 31일까지 상각되는 사채할인발행차금은?

① 468,300원 ② 634,000원 ③ 683,000원 ④ 782,500원

주관식 Exercises

01 Problem 비유동부채의 의의와 종류를 설명하시오.

02 Problem 확정부채와 추정부채의 차이점을 설명하시오.

03 Problem 충당부채의 의의와 종류를 설명하시오.

04 Problem (주)용인은 20×1년 1월 1일에 액면금액 3,000,000원, 10년 만기, 연 12% 이자율의 사채를 발행하였다. 사채이자는 매년 1월 1일과 7월 1일에 지급되며, (주)용인은 매년 12월 31일에 장부를 마감한다

[요구사항] 사채와 관련된 다음의 거래에 대해 회계처리를 하시오(단, 사채할증발행차금은 정액법에 의해 상각한다).

(1) 20×1년 1월 1일 액면금액 1,000,000원 상당의 사채를 실제 유효이자율이 10%가 되도록 1,124,620원에 발행하였다.
(2) 20×1년 7월 1일 사채이자를 지급하였다.
(3) 20×1년 10월 1일 잔여분 사채 2,000,000원을 액면금액으로 발행하였으며, 발생이자와 함께 전액 납입되었다.
(4) 20×1년 12월 31일 미지급사채이자를 계상하고, 사채할증발행차금을 상각하였다.
(5) 20×2년 1월 1일 사채이자를 지급하였다.
(6) 20×2년 7월 1일 사채이자를 지급하였다.
(7) 20×2년 12월 31일 미지급사채이자를 계상하고, 사채할증발행차금을 상각하였다.
(8) 20×3년 1월 1일 사채이자를 지급하였으며, 20×1년 1월 1일에 발행하였던 사채를 전액 99%에 상환하였다.

05 Problem

(주)경인이 사채할증발행차금을 유효이자율법에 의해 상각할 때, 20×1년 12월 31일 및 20×2년 12월 31일의 사채할증발행차금상각 및 사채이자비용에 관한 회계처리와 20×3년 1월 2일 사채상환시의 회계처리를 계산과정과 함께 표시하시오(1,050,000원에 상환되는 것으로 가정한다). 단, 이자지급은 매년 7월 1일과 1월 1일에 지급한다. (단위: 원)

일 자	현금지급이자(A) (1,000,000 × 0.06)	사채이자비용(B) (장부가 × 0.05)	상각액(C) (A − B)	미상각잔액(D) (전기D − C)	장부금액 (액면가 + D)
20×1. 1. 1.				84,202	1,084,202
20×1. 7. 1.					
20×2. 1. 1.					
20×2. 7. 1.					
20×3. 1. 1					

06 Problem

(주)경인은 제품에 대하여 2년간 품질을 보증한다. 과거의 경험에 의하면 품질보증비는 판매 후 제1차년도에는 매출액의 2%, 2차년도에는 매출액의 3% 정도가 발생한다. 영업개시 후 2년 동안의 매출액과 실제제품보증비 지출은 다음과 같다. (단위: 원)

	매 출 액	제품보증비 지출
20×0년	2,200,000	24,700
20×1년	1,500,000	55,000
	₩3,700,000	₩79,700

[요구사항]

(주)경인이 20×1년 12월 31일 재무상태표에 부채로 보고해야 할 금액을 계산하고, 회계처리를 하시오.

CHAPTER 15

자 본

자본은 주주와 채권자를 보호하는 측면에서 상법 및 기타 관련법규에서 구체적인 규정을 두고 있기 때문에 정확한 회계처리를 하는 것이 무엇보다 중요하다고 할 수 있다. 따라서 본 장에서는 자본금, 자본잉여금, 자본조정, 기타포괄손익누계액 및 이익잉여금 항목으로 구분하여 살펴보고, 또한 주당순이익을 계산하는 방법에 대하여도 학습하고자 한다.

제 1 절 기업의 형태와 자본

01 자본의 의의

기업의 자금조달원천은 타인자본에 의한 것과 자기자본에 의한 것으로 분류할 수 있는데, 자본(capital)은 자기자본을 지칭한다. 이러한 자본은 소유주지분(owners' equity)이라고도 하며, 기업의 자산에서 채권자지분인 부채를 차감한 후 남는 잔여지분, 즉 기업의 순자산을 말한다.

자 산	=	부 채	+	자 본
		(채권자지분)		(소유주지분)
		[타인자본]		[자기자본]
즉, 자 본	=	자 산	−	부 채

자본과 관련된 회계처리는 주주와 채권자를 보호하는 측면에서 상법 및 기타 관련법규에서 구체적인 규정을 두고 있다. 일반적으로 주식회사의 자본은 크게 자본금, 자본잉여금, 자본조정, 기타포괄손익누계액 및 이익잉여금으로 분류하고 있다.

02 기업의 형태와 자본의 회계처리

기업과 기업주가 상호 분리되지 아니함으로써 별도의 독립된 법인격을 갖지 아니한 형태의 기업 중에서 기업주가 한 명일 때는 개인기업이라 부르고 2명 이상일 때는 조합기업이라 한다.

법인기업은 기업 자체가 하나의 독립된 법인격을 가짐으로써 기업과 기업주가 엄격히 분리된다. 상법에서는 사원 혹은 주주의 책임한계를 기준으로 합명회사, 합자회사, 유한회사, 주식회사의 4종류로 구분하고 있다. 이 중 주식회사의 주주는 출자한도로 그 책임이 한정되나, 다른 형태의 회사는 직·간접으로 사원 혹은 주주가 회사에 대하여 상당한 책임을 지게 된다.

(1) 개인기업의 회계처리

개인기업(proprietorship)은 기업과 기업주가 완전히 동일하므로 자본과 관련된 모든 거래를 자본금계정 하나로 회계처리한다. 기업주가 출자하면 출자액만큼 자본금을 증가시키고, 순이익이 발생하면 자본금계정에 직접 가산한다. 만약, 기업주 개인이 사용할 목적으로 자금을 인출하면 이는 자본금계정에서 직접 차감한다. 때로는 자금의 인출을 기록하기 위하여 별도로 인출금(drawing)계정을 사용하기도 하나 이는 회계처리의 편의상 사용하는 임시계정이며, 최종적으로 인출금계정은 자본금계정을 감소시킨다.

(2) 파트너십의 회계처리

인적으로 결합된 기업에서는 2명 이상의 조합원 혹은 사원이 상호 출자하게 되는데, 그 출자방법, 금액 및 손익의 분배비율은 계약에 따라 결정된다. 조합원 혹은 사원이 신규가입하거나 탈퇴하는 경우에는 기존 구성원의 동의를 필요로 하며, 출자액 및 손익분배 비율을 새로이 결정하게 된다.

파트너십(partnership)의 회계처리는 출자금과 잉여금을 상호 구분할 필요가 없다는 점에서 개인기업과 같으나, 자본금(혹은 출자금)계정을 사원 혹은 조합원별로 구분하여 그 기록을 분리 표시하여야 한다는 점에서 서로 다르다. 이 경우에도 인출금계정을 별도로 사용할 수 있으나, 인출금계정을 이용할 경우 이는 최종적으로 각자의 자본금(혹은 출자금)계정에서 차감한다.

(3) 주식회사의 회계처리

주식회사는 회사의 설립, 출자방법 및 배당 등에 관하여 상법 및 기타 관련 법규에 많은 제한을 받는다. 이러한 제한은 일반투자자 및 채권자들을 보호하기 위한 것이며, 특히 납입자본 및 이익잉여금의 처분이나 배당과 관련하여 여러 가지 제한을 두고 있으므로 그 회계처리는 상대적으로 복잡하다.

[표 15-1] 기업의 분류 및 회계처리

기 업	자연인 기업	개인기업	개인기업회계
		조합기업	파트너십회계
	법 인 기 업	합명회사	
		합자회사	
		유한회사	
		주식회사	주식회사회계

03 주식회사의 특징

주식회사는 1인 이상의 발기인에 의해 설립될 수 있으며, 정관을 작성한 후 법원에 설립등기를 마침으로써 그 설립이 완료된다. 이러한 주식회사는 다음과 같은 특징이 있다.

첫째, 독립된 법인격을 갖춘 실체이다. 즉, 회사의 모든 권리와 의무는 그 자체에 귀속되는 것이지 주주에게 귀속되는 것이 아니다.

둘째, 주주의 책임은 한정되어 있으며, 자본의 분배도 일정한 제한을 받는다. 주주의 이러한 유한책임 때문에 상법에서는 납입자본 및 기타 소유주지분에 대한 분배와 관련하여 엄격한 규정을 두고 있으며, 분배에 관한 우선순위도 구체적으로 규정하고 있다.

셋째, 주주는 자유롭게 주식을 양도하거나 처분할 수 있다. 즉, 주주는 주식의 처분을 통해 회사로부터 벗어날 수 있다.

넷째, 계속기업으로서 영구존속이 가능하다. 다시 말해 회사는 청산되지 아니하는 한 계속해서 존재할 뿐만 아니라 주주의 변화에 상관없이 영구히 존재한다.

다섯째, 거액의 자본을 일반대중으로부터 조달할 수 있다. 주식회사는 주권을 통해 자본을 모집하므로 불특정 다수가 회사의 미래를 보고 투자할 수 있고, 또한 주식시장을 통해 거래되고 있으므로 다수가 참여할 수 있다.

제 2 절 주식의 발행과 자본금

01 주식의 종류

(1) 보통주

기업에서 표준이 되는 한 종류의 기본적인 주식만을 발행할 때 그 주식을 보통주(common stock)라 한다. 보통주는 기업이 실패하는 경우 최종 위험을 부담하게 되고, 성공하는 경우 이득을 받는 잔여지분의 성격을 갖는다. 보통주를 소유한 주주들은 일반적으로 임원의 선임 및 정관에서 정하는 기타사항에 대해 지분소유비율만큼 의결권을 행사할 수 있으며, 배당을 통하여 이익잉여금을 분배받을 권리가 있다.

(2) 우선주

우선주(preferred stock)는 보통주에 비하여 약정된 특정 권리가 우선하는 주식으로 보통주에 우선하여 일정 배당률을 지급받을 권리가 보장된다. 그러나 한편으로는 우선배당의 권리가 주어지는 반면, 많은 경우에 의결권이 인정되지 않거나 약정률을 초과한 잔여이익에 대한 분배권이 인정되지 않는 등의 불리한 조건이 부여되기도 한다.

(3) 주식과 사채의 차이점

주식과 사채 모두 장기자금을 조달하기 위하여 발행하는 유가증권의 일종이라는 점에서 동일한 성격을 가지나, 다음과 같은 몇 가지 점에서 구분된다.

① 사채는 만기일에 원금을 상환해야 할 의무가 있는데 반하여, 주식은 기업이 청산되거나 감자결의를 하지 않는 한 주주에게 납입자본을 상환해야 할 의무가 없다.

② 자금의 사용대가로 사채는 이익수준에 관계없이 일정시기에 일정액의 확정이자를 지급해야 하는 데 비하여, 주식은 이익수준과 기업의 상황을 고려하여 배당금을 지급할 수 있는데 그 금액과 시기는 확정되어 있지 않다.

③ 사채권자는 어떤 형태로든 경영에 참여할 수 없으나, 주주는 주주총회의 의결 등을 통하여 경영에 직·간접적으로 참여할 수 있다.

④ 회사는 청산시점에 주주에 우선하여 사채권자에게 채무를 변제하여야 하는 데 비하여, 주주에게는 사채권자와 비교하여 채무변제에 대한 우선순위는 낮으나 잔여재산에 대한 분배청구권이 인정된다.

02 자본금의 증가

주식회사가 발행할 주식의 종류와 수량 및 금액은 정관에 정해진다. 정관에는 이사회가 발행을 결정할 수 있는 자본의 한도액을 규정하고 있는데 이를 수권자본(authorized capital stock)이라 하며, 실제 회사가 발행한 주식을 발행자본(issued capital stock)이라 한다.[1]

기업이 주식을 발행하는 경우는 회사를 설립할 때와 설립 후 필요에 따라 증자를 실시할 때이다. 증자는 실질적 증자[2]와 형식적 증자[3]로 구분할 수 있다.

---

1 상법에서는 주주총회의 의결에 따라 승인된 정관에서 정하고 있는 수권자본의 범위 내에서 이사회의 의결로 주식을 발행할 수 있도록 하고 있는 데, 회사설립시의 수권자본은 발행주식 혹은 예정발행주식총수의 4배를 초과할 수 없도록 규정하고 있다.

2 주주가 현금 혹은 현물을 출자함으로써 실질적으로 기업의 순자산이 증가하면서 그 대가로 주식이 발행되는 경우를 말한다.

3 기업에 순자산의 증가는 수반되지 않으나 자본금이 증가하는 경우로서 자본잉여금의 자본금전입에 따라 주식을 발행하거나 주식배당을 하는 경우를 말한다.

(1) 자본금

주식의 발행에 따라 기록되는 자본금계정은 반드시 액면금액으로 기록하는데, 이는 상법에서 정하는 법정자본금으로 상징적인 의미를 가진다. 또한, 서로 다른 두 종류 이상의 주식이 발행될 경우에는 이를 별도로 구분·표시하도록 하고 있다.

(2) 주식의 발행

주식을 발행하기 전 투자자들은 일정액의 현금을 납입하고 주식매입대금잔액은 나중에 지급하겠다는 동의서에 서명한다. 이를 주식의 청약이라고 하는데, 이때 현금으로 받은 금액을 신주청약증거금계정에 기록한다. 이 경우 청약기일이 경과된 신주청약증거금은 신주납입액으로 충당될 금액을 자본조정으로 회계처리하며, 주식을 발행하는 시점에서 자본금과 자본잉여금으로 대체 처리한다.

주식을 발행하는 방법에는 액면발행, 할증발행 및 할인발행이 있으며, 어떤 방법으로 주식을 발행해도 자본금은 액면금액에 발행주식수를 곱하여 표시한다. 한편, 기업이 현물을 제공받고 주식을 발행한 경우에는 주식의 공정가치를 주식의 발행금액으로 하며, 주식의 발행과 관련하여 직접적으로 발생하는 비용은 납입자본에서 차감하는 방법(발행금액에서 차감하여 처리)으로 회계처리한다.

① 액면발행

액면발행이란 주식에 대한 대가로 주주가 납입하는 현금 혹은 현물자산의 가치가 주식의 액면금액과 동일한 경우를 말한다.

② 할증발행

액면금액을 초과하여 주식을 발행할 경우에 이를 할증발행이라 한다. 주식을 할증발행하는 경우 액면금액은 자본금계정으로 기록하고, 액면을 초과하는 금액은 주식발행초과금 계정으로 기록하여 자본잉여금으로 보고된다.

③ 할인발행

주식을 액면금액 이하로 할인발행하는 경우에는 액면금액에 미달하는 금액을 주식할인발행차금계정을 사용하여 기록하되, 우선적으로 주식발행초과금의 범위 내에서 상계 처리한다. 이때 주식할인발행차금계정은 차변에 나타나며, 자본의 차감항목으로 분류하여 자본조정항목(－)에 표시한다.

예제 15-1 (주)용인의 거래에 대해 각 거래일에 필요한 회계처리를 하시오.

(1) 20×1년 6월 1일 이사회의 결의에 따라 수권발행주식수 50,000주 중 10,000주(액면금액 5,000원)를 1주당 6,000원에 발행하고, 주식발행대금은 보통예금에 예입하였다. 단, 주식발행과 관련된 비용 2,000,000원은 당좌수표 발행하여 지급하다.

(2) 20×2년 3월 1일 회사자금부족에 따라 이사회의 결의에 따라 수권발행주식수 50,000주 중 10,000주(액면금액 5,000원)를 1주당 4,000원에 발행하고, 주식발행비 3,000,000원을 차감한 잔액을 보통예입하였다.

해 답

	차변	금액	대변	금액
(1)	(차) 보통예금	60,000,000	(대) 자본금	50,000,000
			주식발행초과금	8,000,000*
			당좌예금	2,000,000

* 주식발행초과금 = 발행금액 − 액면금액
= (6,000 × 10,000주 − 2,000,000) − (5,000 × 10,000주)
= 8,000,000원

	차변	금액	대변	금액
(2)	(차) 보통예금	37,000,000	(대) 자본금	50,000,000
	주식발행초과금	8,000,000		
	주식할인발행차금	5,000,000		

* 주식할인발행차금 = 액면금액 − 발행금액
= (5,000 × 10,000주) − (4,000 × 10,000주 − 3,000,000)
= 13,000,000원

** 주식할인발행차금이 발생할 경우에는 우선적으로 주식발행초과금과 상계한 후 그 차액에 대해서는 이익잉여금처분에 의해 상각한다.

03 자본금의 감소

회사가 자본금을 감소시키는 경우는 예외적인 경우에 해당되며, 주주나 일반 대중에게 미치는 부정적인 영향 때문에 상법에서는 그 방법과 절차를 엄격히 규정하고 있다. 이렇게 자본금을 감소시키는 것을 감자라고 하는데, 실질적 감자와 형식적 감자로 구분된다.

(1) 실질적 감자

주주에게 주식을 매입하여 소각함에 있어서 대가로 현금 등을 지급함으로써 기업 순자산이 실질적으로 감소하는 감자를 말하며, 소각된 주식의 액면금액만큼 자본금은 감소한다. 이 경우 주주에게 지급하는 현금금액이 소각된 주식의 액면금액보다 작은 경우에는 이를 감자차익계정의 대변에 기입하고, 액면금액보다 큰 경우에는 이를 감자차손계정의 차변에 기입한다. 한편, 감자차손은 감자차익의 잔액이 있으면 이와 우선 상계하고 잔액은 자본조정으로 분류한 후, 주주총회의 결의에 의해 처리한다.

(2) 형식적 감자

형식적 감자란 주주에게 주식소각의 대가를 지급하지 아니함으로써 실제로 회사의 순자산은 변동하지 않고 명목상으로만 자본금이 감소하는 경우를 말하는데, 이 경우에 감소되는 액면금액 또는 감소되는 주식수에 해당하는 액면금액을 감자차익으로 하여 자본잉여금으로 회계처리한다. 예를 들어, 이월결손금이 누적되어 있는 회사는 이익잉여금이 음(－)의 금액으로 나타나기 때문에, 자본금을 감소시키는 한편 그 금액만큼 이월결손금에 대체시켜 이익잉여금을 영(zero)으로 회계처리하는 경우에 형식적 감자를 한다. 형식적 감자의 방법으로는 주식의 수를 일정 비율로 감소시키는 방법 혹은 주식수는 그대로 두고 주당 액면금액을 일괄적으로 감액시키는 방법 등이 있다.

예제 15-2

(주)경인의 입장에서 적절한 회계처리를 행하시오(다음의 거래는 연결된 것을 가정한다).

(1) 20×1. 5. 10 액면금액 5,000원인 주식 1,000주를 1주당 3,000원에 현금으로 매입하여 소각하기로 하다(총발행주식수는 5,000주이라고 가정한다).

(2) 20×1. 9. 17 이월결손금 3,200,000원을 보전하기 위하여 현재 발행주식(액면금액 5,000원)을 4주당 3주의 비율로 감소시키기로 의결하였다.

해 답

(1)	(차) 자본금	5,000,000	(대)	현금	3,000,000
				감자차익	2,000,000
(2)	(차) 자본금	5,000,000*	(대)	이월결손금	3,200,000
				감자차익	1,800,000

* 4,000주 × 5,000 × 1/4 = 5,000,000원

제 3 절 자본잉여금

01 자본잉여금의 의의

자본잉여금(capital surplus)은 자본거래의 결과로 생겨난 잉여금으로 주식발행초과금, 감자차익 및 기타자본잉여금이 있다.

상법에서는 자본잉여금으로 ① 주식발행초과금, ② 감자차익, ③ 자기주식처분이익 등을 규정하고 있으며, 자본잉여금은 결손보전과 자본전입의 용도 이외에는 사용할 수 없다.

02 자본잉여금의 종류

(1) 주식발행초과금

주식발행초과금은 주식발행금액(증자의 경우에 신주발행수수료 등 신주발행을 위하여 직접 발생한 기타의 비용을 차감한 후 가액을 말한다)이 액면금액을 초과하는 금액을 말한다.

(2) 감자차익

감자차익은 자본감소의 경우에 그 감소액이 주식의 소각, 주금의 반환에 필요한 금액과 결손의 보전에 충당한 금액을 초과한 때에 그 초과금액으로 한다. 다만, 자본금의 감소액이 주식의 소각, 주금의 반환에 필요한 금액에 미달하는 금액이 있는 경우에는 동 금액을 차감한 후 금액으로 한다.

(3) 자기주식처분이익

자기주식처분이익이란 자기주식을 처분할 때 취득가액을 초과하여 처분할 경우의 처분가액과 취득가액의 차액을 말한다. 이전에 자기주식처분손실이 있으면 이를 차감한 금액으로 계상한다.

제 4 절 자본조정

자본조정은 자본금, 자본잉여금 및 이익잉여금으로 분류하기 어려운 항목들로 구성된 주주지분 평가계정으로, 자본에 가산하거나 차감하는 형식으로 표시된다. 즉, 자본의 어느 항목에도 속하지 아니하는 임시적 성격의 자본항목으로 자기주식, 주식할인발행차금, 미교부주식배당금, 주식매입선택권, 출자전환채무, 자기주식처분손실, 감자차손 등이 포함된다.

01 자기주식

자기주식(treasury stock)은 이미 발행되어 사외에서 유통되고 있는 주식을 발행회사가 매입소각하거나 재발행할 목적으로 매입 또는 증여를 통하여 재취득한 주식을 말한다.[4] 어느 목적으로 취득했든지 간에 기말 현재 자기주식을 보유하고 있을 때에는 자본의 차감항목인 자본조정으로 보고하여야 한다.

자기주식의 회계처리방법으로는 원가법과 액면금액법이 있으며, 원가법을 주로 사용하고 있다. 즉, 자기주식을 취득하면 취득원가로 기록하며, 이를 재매각할 경우에는 처분가격이 취득원가보다 높으면 이 차액을 자기주식처분이익으로 기록한다. 만약, 자기주식을 취득원가 이하로 처분하였을 경우에는 일차적으로 자기주식처분이익계정에서 차감하며, 자기주식처분이익계정의 잔액이 충분하지 못하면 나머지는 이익잉여금계정으로부터 차감한다.

예제 15-3

(주)용인의 자기주식과 관련된 거래내용에 대해 원가법을 적용하여 회계처리를 하시오.

(1) 20×1년 5월 10일 자기주식 100주를 5,500원에 현금 취득하였다.

(2) 20×1년 6월 14일 자기주식 30주를 (주)영동에 1주당 7,000원에 현금 매각하였다.

(3) 20×1년 9월 10일 자기주식 40주를 (주)영동에 1주당 4,500원에 현금 매각하였다.

해 답

(1)	(차)	자기주식	550,000	(대)	현금	550,000
(2)	(차)	현금	210,000	(대)	자기주식	165,000
					자기주식처분이익	45,000
(3)	(차)	현금	180,000	(대)	자기주식	220,000
		자기주식처분이익	40,000			

4 기업이 자기주식을 자유로이 취득할 수 있다면 주가의 조작이 가능하고, 또한 자본충실을 저해할 수 있기 때문에 일정한 범위 내(현재는 발행주식의 10% 이내)에서는 특별요건(① 종업원에 대한 보상으로 자기주식을 배분하기 위한 경우, ② 유통주식수를 줄여서 주당순이익을 높이기 위한 경우, ③ 외부인에 의한 회사의 인수를 저지하기 위한 경우, ④ 주식의 시장성을 제고시키기 위한 경우, ⑤ 기업의 인수·합병에 이용하기 위한 경우, ⑥ 상환선택권이 있는 우선주를 상환하는 것이 유리한 경우)을 갖출 경우 제한적으로 허용하고 있다.

02 주식할인발행차금

주식의 발행금액이 액면금액보다 낮을 때, 액면금액에 미달하는 금액을 주식할인발행차금이라고 한다. 주식할인발행차금은 차변에 기록하고, 자본조정항목으로 분류하여 자본에서 차감하는 형식으로 표시하여야 한다. 이 때 주식발행과 관련된 신주발행비는 주식할인발행차금에 가산하여 처리한다.

주식할인발행차금은 주식발행연도 또는 증자연도부터 3년 이내 기간에 매기 균등액을 상각하고, 동 상각액은 이익잉여금처분으로 한다. 다만, 처분할 이익잉여금이 부족하거나 결손이 있는 경우에는 차기 이후 연도에 이월하여 상각하도록 하고 있다.

예제 15-4 (주)경인의 주식거래에 대해 적절한 회계처리를 하시오.

(1) 20×1년 6월 30일 20,000주(액면금액 1,000원)를 1주당 800원에 발행하고, 주식발행대금은 보통예금 계정에 예입하였다.

(2) 20×1년 12월 31일에 주식할인발행차금에 대해 1,333,333원(1차년도분)을 상각하였다.

해 답

		차변 계정	금액		대변 계정	금액
(1)	(차)	보통예금	16,000,000	(대)	자본금	20,000,000
		주식할인발행차금	4,000,000			
(2)	(차)	미처분이익잉여금	1,333,333	(대)	주식할인발행차금	1,333,333

03 감자차손

감자차손은 주식의 소각에 필요한 금액이 액면금액을 초과한 경우 발생하는 손실이다. 이런 경우 감자차손은 자본잉여금에 있는 감자차익과 우선적으로 상계처리하고, 나머지는 자본조정으로 분류한 후 결손금처리순서에 따라 처리한다.

04 미교부주식배당금

주식배당이란 영업활동에서 발생한 이익 중 일부를 금전에 의한 배당을 하지 않고, 주식을 이용하여 주주에게 배당하는 것으로 발행주식의 액면금액을 배당액으로 하여 자본금의 증가와 이익잉여금의 감소로 회계처리한다. 즉, 주식배당액은 자본금의 증가로 간주하여야 하나 자본금 변동을 엄격히 제한하고 있으므로, 미교부주식배당금(unissued stock dividend)을 미확정된 계정으로 보아 자본조정계정으로 처리한 후 실제 주식을 발행하여 교부하는 시점에서 자본금으로 대체하는 것이 타당하다.

주주총회결의일	(차)	미처분이익잉여금	×××	(대)	미교부주식배당금	×××
주식발행교부일	(차)	미교부주식배당금	×××	(대)	자 본 금	×××

제 5 절 기타포괄손익누계액

포괄손익(comprehensive income)은 투자 및 주주에 대한 분배가 아닌 거래나 회계사건으로 인하여 일정 회계기간 동안 발생한 순자산의 변동액을 말한다. 이러한 순자산의 변동은 당기순손익에서 제외되지만 포괄손익에는 포함되는 손익항목을 기타포괄손익이라고 하는데, 여기에는 매도가능증권평가손익, 해외사업환산손익, 현금흐름위험회피파생상품평가손익 등이 포함된다.

포괄손익을 보고하는 목적은 순자산의 변동 중 주주와의 자본거래를 제외한 모든 거래와 기타 경제적 사건을 측정하기 위한 것이며, 당기순손익에 기타포괄손익을 가감하여 산출한 포괄손익의 내용을 주석으로 기재하도록 규정하고 있다.

01 매도가능증권평가손익

기업이 결산시점에 보유하고 있는 매도가능증권은 공정가치로 평가하도록 규정하고 있으며, 이때 발생한 매도가능증권평가손익은 자본항목으로 처리한다. 그리고 매도가능증권을 처분할 때, 매도가능증권평가손익은 기타포괄손익누계액에서 당기순이익으로 재분류되어야 한다.

예제 15-5 (주)경인의 거래에 대해 적절한 회계처리를 하시오.

(1) 20×1년 12월 31일 (주)경인에서 보유하고 있는 취득원가 1,000,000원인 (주)용인의 발행주식(매도가능증권으로 분류)이 1,200,000원(공정가치)으로 가치가 상승하였다.

(2) 20×2년 7월 31일 (주)경인은 보유하고 있는 (주)용인의 발행주식 모두를 1,500,000원에 처분하였다.

해 답

	차변	금액	대변	금액
(1)	(차) 매도가능증권	200,000	(대) 매도가능증권평가이익	200,000
(2)	(차) 현금	1,500,000	(대) 매도가능증권	1,200,000
	매도가능증권평가이익	200,000	매도가능증권처분이익	500,000

02 해외사업환산손익

영업활동과 재무활동이 독립적으로 운영되는 해외지점, 해외사업소 및 해외소재 지분법 적용대상 기업의 경우에 해당 자산·부채는 재무상태표일 현재의 환율을, 자본은 발생 당시의 환율을 적용하여 평가하도록 하고 있다. 또한, 손익계산서 항목은 거래발생 당시의 환율이 해당 회계연도의 평균환율을 적용하여 일괄 환산할 수 있도록 하고 있다. 이러한 환산과정에서 발생하는 환산손익은 상계한 후, 그 차액이 환산손실인 경우 해외사업환산손실, 그 차액이 환산이익인 경우 해외사업환산이익 처리하도록 규정하고 있다.

이 때 발생하는 해외사업환산손익은 기타포괄손익누계액 항목으로 표시하고, 그 내용을 재무상태표에 자본항목으로 기재하도록 규정하고 있다. 이렇게 처리하는 이유는, 화폐성자산까지 현행환율로 평가하였기 때문에 환산차액을 손익으로 인식하지 않고, 이를 해외지점, 해외사업소 및 해외소재 지분법 적용대상 회사 등의 폐쇄시까지 이연 처리하여 손익을 인식하고자 하는 것이다.

그리고 해외사업환산손익은 차기 이후 발생하는 해외사업환산손익과 상계하여 표시하고, 관련 지점, 사업소 또는 지분법적용대상회사가 청산, 폐쇄 또는 매각되는 회계연도의 손익으로 처리한다.

예제 15-6

(주)경인은 해외지점을 보유하고 있는 기업으로 해외지점의 외화자산·부채를 원화로 환산한 경우 재무상태표일 현재의 환율을 적용하였다. 환산한 결과, 외화자산에서 환산손실이 1,000,000원이 발생하였다.

해 답

(차) 해외사업환산손실	1,000,000	(대) 외 화 자 산	1,000,000

제 6 절 이익잉여금

01 이익잉여금의 의의와 증감요인

(1) 의 의

이익잉여금(retained earnings)이란 영업활동이나 재무활동 등 기업의 이익창출활동에 의해 획득한 이익으로, 기업 밖으로 유출되거나 자본금계정 및 자본잉여금계정으로 대체되지 않고 기업내부에 유보되어 있는 금액을 말한다. 따라서 이익잉여금을 유보이익(retained earnings)이라고도 부르는데, 그 이유는 영업활동을 통해 획득한 이익 중 배당금을 차감한 후 기업의 내부에 유보시키고 있는 금액이라는 의미를 함축하고 있기 때문이다. 그리고 이익잉여금은 손익계산서와 재무상태표를 연결시키는 역할을 하는데, 손익계산서상의 당기순이익은 마감절차를 거쳐 이익잉여금계정으로 대체된다.

(2) 증감요인

① 당기순손익

당기순손익은 이익잉여금에 가감되므로, 궁극적으로는 소유주의 몫인 자본으로 귀속되어 주주로 하여금 그 처분방법과 규모를 결정하게 한다.

② 배당금

기업은 주주총회의 결의에 의하여 주주에게 배당금을 지급하게 된다.

㉠ 현금배당

㉡ 주식배당[5]

③ 기타 이익잉여금의 증감원인

주식할인발행차금의 상각, 결손금보전에 따른 이입액 등이 있다.

감 소 (차 변)	증 가 (대 변)
· 당기순손실 · 금전배당 · 주식할인발행차금상각 · 자본전입(자본금으로 대체, 주식배당)	· 당기순이익 · 결손금보전에 따른 이입액 등

5 상법에서는 이익배당총액의 1/2 범위 내에서 주식배당을 할 수 있으며, 액면금액법으로 회계처리하도록 규정하고 있다. 즉, 주식의 액면금액에 해당하는 금액을 이익잉여금에서 자본금으로 대체시키는 방법으로, 이익준비금을 이용한 무상증자와 유사하다고 본다.

02 이익잉여금 상호간 거래

이익잉여금 상호간 거래란 당기순이익의 발생이나 배당금의 선언과 같이 이익잉여금에 변동을 가져오는 거래와는 달리 이익잉여금의 세부항목간에 계정분류만이 달라지며 이익잉여금총액은 변하지 않는 거래를 말한다.

미처분이익잉여금(unappropriated retained earnings)이란 배당 혹은 그 처분에 제한이 없는 이익잉여금으로, 기업이 임의적으로 사용할 수 있는 금액을 나타낸다. 그리고 이익잉여금처분액(appropriated retained earnings)이란 미처분이익잉여금의 처분(적립)내용인데, 이 중 이익준비금과 기타법정적립금은 법에 의해서 적립이 강제되어 있으므로 기업이 임의로 이를 해제할 수 없다. 다만, 이익잉여금이 음(−)으로 나타난 경우 결손금을 보전하기 위하여 이익잉여금으로 대체시킨다. 한편, 임의적립금은 배당을 제한하기 위해 임의적으로 설정한 것으로, 그 목적이 달성되거나 주주총회의 결의가 있으면 언제라도 이를 해제하여 미처분이익잉여금에 이입시킬 수 있다.

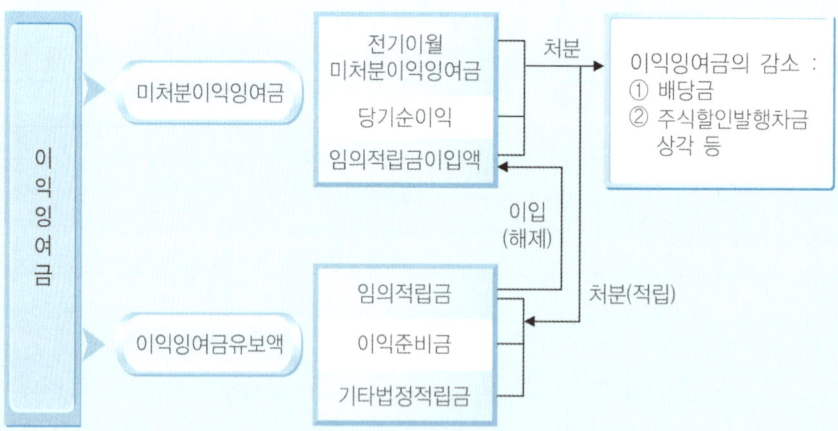

[그림 15-1] 이익잉여금의 처분과정

따라서 이익잉여금과 관련하여 사용하는 처분이라는 용어는 이익배당과 같이 반드시 이익잉여금계정 잔액을 감소시켰다는 것을 의미하는 것만은 아니고, 때로는 배당이나 사용목적을 제한하였다는 의미로도 사용될 수 있다.

또한, 적립 혹은 적립금이라는 용어도 실제 현금, 특정 기금 등과 같은 자금을 별도로 비축하였다는 의미가 아니고, 이익잉여금의 배당(처분)을 제한하는 이익잉여금 상호간 이전거래에 불과한 것이다.

(1) 미처분이익잉여금

일정한 사용목적이 설정되어 있지 아니한 이익잉여금으로 언제든지 배당이 가능하며, 또한 합법적인 기타 목적으로 사용 혹은 적립이 가능한 금액이다. 미처분이익잉여금은 전기에서 이월된 이익잉여금과 당기순이익을 합한 금액이다. 기업은 미처분이익잉여금과 임의적립금이입액을 합한 금액에서 이익잉여금을 처분하게 된다.

(2) 이익잉여금처분액

① 이익준비금

이익준비금(legal reserve)은 상법에 의해 강제적으로 적립되어야 하고, 그 처분 및 배당이 제한되어 있다. 상법 제458조에서는 매 회계연도마다 금전에 의한 이익배당의 10% 이상에 해당하는 금액을 자본금의 50%에 달할 때까지 이익준비금으로 적립하도록 규정하고 있다. 이러한 규정은 자본을 충실히 하며 동시에 고율의 배당으로 재무구조가 취약하게 되는 것을 방지하기 위해 설정된 법정적립금으로, 결손보전 이외의 목적으로는 사용될 수 없다.

② 기타법정적립금

기타법정적립금은 상법이 아닌 기타 관련 법규에 따라 기업이 강제적으로 적립하여야 하는 금액이다. 예를 들어, 조세특례제한법에 의하여 기업이 증자소득공제, 투자세액공제 등에 의하여 법인세, 소득세를 감면받게 되는 경우에는 공제받은 세액과 같은 금액을 반드시 기업합리화적립금으로 적립하여야 하며, 상장법인 재무관리규정 제6조에서는 유형자산처분이익이 유형자산처분손실과 법인세비용의 합계액을 초과하는 경우에 초과액의 30% 이상을 재무구조개선적립금으로 적립하도록 규정하고 있다. 이는 거액의 유형자산처분이익을 이익배당으로 사외유출하기보다는 재무구조의 개선에 도움이 될 수 있도록 제한하는 것이다.

③ 임의적립금

임의적립금(voluntary reserves)은 기업이 필요에 따라 배당가능액 중에서 일부를 임의적으로 설정하는 적립금으로, 설정목적에 따라 적극적 적립금과 소극적 적립금으로 나눌 수 있다.

적극적 적립금은 기업의 자금 또는 자산 등을 증가시키기 위해 설정되는 적립금으로 사업확장적립금, 감채기금적립금 및 신축적립금 등이 그 대표적인 예이다. 적극적 적립금은 특정 목적을 달성하더라도 소멸하지 않으므로, 별도적립금[6]이나 기타 임의적립금으로 대체시키는 것이 일반적이다.

소극적 적립금은 장래에 발생할 손실이나 순자산 감소에 대비하기 위한 적립금으로 어떤 특정 사건이 발생하여 처분전이익잉여금이 감소하게 되면 이를 처분전이익잉여금으로 대체시킨다. 우발손실적립금, 자가보험적립금,[7] 결손전보적립금 및 배당평균적립금[8] 등이 그 대표적인 예이다.

6 어떠한 일반목적에도 사용될 수 있는 적립금으로서 임의적립금에 속한다.

7 주로 기업이 소유하는 유형자산에 대하여 외부의 보험회사와 계약을 체결하는 대신 보험회사에 지급할 보험료를 자체 적립하는 형식으로 하여 배당을 제한한 후, 실제 사고가 발생하였을 때 그 손해를 전보하기 위한 적립금이다.

8 매 회계연도의 배당률을 일정수준으로 유지하기 위하여 이익이 많은 연도에 그 이익의 일부를 적립하여 두었다가 이익이 적은 연도에 그 적립금을 이입하여 배당하는 것이다.

예제 15-7 경인(주)의 거래에 대해 적절한 회계처리를 하시오.

(1) 4월 10일 이익잉여금 5억원 중 1억원을 사업확장을 위한 적립금으로 적립하였다.

(2) 4월 15일 위의 사업확장적립금으로 공장건물을 신축하고 건설대금 7천만원을 건설회사에 수표를 발행하여 지급하였다.

(3) 12월 31일 위의 적립금을 이익배당에 사용하기 위하여 미처분이익잉여금계정에 대체하였다.

(4) 12월 31일 당기순이익이 적으므로 작년과 비슷한 수준의 이익배당을 하기 위하여 배당평균적립금 2억원을 미처분이익잉여금계정에 대체하였다.

해 답

(1)	(차)	미처분이익잉여금	100,000,000	(대)	사업확장적립금	100,000,000
(2)	(차)	건물	70,000,000	(대)	당좌예금	70,000,000
		사업확장적립금	70,000,000		별도적립금	70,000,000

* 별도적립금은 배당가능이익으로 바로 환원하는 경우 미처분이익잉여금계정으로 처리할 수도 있다.

(3)	(차)	별도적립금	70,000,000	(대)	미처분이익잉여금	100,000,000
		사업확장적립금	30,000,000			
(4)	(차)	배당평균적립금	200,000,000	(대)	미처분이익잉여금	200,000,000

03 이익잉여금처분계산서의 구조

이익잉여금처분계산서는 이월이익잉여금의 수정사항과 당기이익잉여금의 처분사항을 명확히 나타냄으로써, 이익잉여금의 총변동사항을 표시하는 회계보고서이다. 다시 말해, 이익잉여금처분계산서는 ① 전기로부터 이월된 이익잉여금과 당기에 발생한 이익이 어떻게 처분되었는지를 나타내고, ② 다음 회계기간으로 이월된 이익잉여금의 금액을 확인하기 위해 작성되는 재무제표이다.

$$
\begin{array}{ll}
 & \text{미처분이익잉여금(Ⅰ)} \\
+ & \text{임의적립금이입액(Ⅱ)} \\
- & \text{이익잉여금처분액(Ⅲ)} \\
\hline
= & \text{차기이월미처분이익잉여금(Ⅳ)}
\end{array}
$$

상법에 의하면 주식회사는 매 회계연도 말에 재무상태표, 손익계산서, 이익잉여금처분계산서 또는 결손금처리계산서와 그 부속명세서를 작성하여 이사회의 승인과 주주총회의 승인을 받도록 규정하고 있다. 그러나 회계기준에서는 이익잉여금처분계산서를 주석으로 제공하도록 하였으며, 이익잉여금처분계산서의 표준양식은 [표 15-2]와 같다.

[표 15-2] 이익잉여금처분계산서 양식

Ⅰ. 미처분이익잉여금			
1. 전기이월미처분이익잉여금(또는 전기이월미처리결손금)		×××	
2. 회계정책변경의 누적효과		×××	
3. 전기오류수정이익(손실)		×××	
4. 중간배당액		×××	
5. 당기순이익(또는 당기순손실)		×××	×××
Ⅱ. 임의적립금이입액(가산)			
1. ××적립금		×××	
2. ××적립금		×××	×××
합 계			×××
Ⅲ. 이익잉여금처분액(차감)			
1. 이익준비금		×××	
2. 기타법정적립금		×××	
3. 기타이익잉여금처분액*		×××	
4. 배당금		×××	
가. 현금배당	×××		
나. 주식배당	×××		
5. 사업확장적립금		×××	
6. 감채적립금		×××	
7. …………………		×××	(×××)
Ⅳ. 차기이월미처분이익잉여금(또는 차기이월미처리결손금)			×××

* 주식할인발행차금상각, 감자차손 및 자기주식처분손실의 처리, 상환우선주의 상환액 등이 포함된다.

04 이익잉여금의 처분

(1) 이익잉여금처분액

이익잉여금처분액은 모두 당기의 처분액을 기준으로 표시한다. 처분의 순서는 이익준비금 및 기타 법정적립금의 순서로 하며, 그 다음은 배당금 혹은 임의적립금 등으로 주주총회의 결의에 의해 처분한다. 한편, 배당건설이자 및 주식할인발행차금의 당기상각분 등도 기타이익잉여금처분액으로 표시하도록 규정하고 있다.

(2) 차기이월미처분이익잉여금

이는 차기로 이월된 미처분이익잉여금으로 다음 회계년도의 전기이월미처분이익잉여금 계정잔액으로 표시되는 금액이다.

(차)	미처분이익잉여금	×××	(대)	이 익 준 비 금	×××
				기 타 법 정 적 립 금	×××
				임 의 적 립 금	×××
				미 지 급 배 당 금	×××
				미 교 부 주 식 배 당 금	×××
				차기이월이이잉여금	×××

05 이월결손금의 보전

(1) 당기말 미처리결손금

당기말미처리결손금(deficit at the end of the year)은 전기이월미처리결손금(또는 전기이월미처분이익잉여금)에 회계정책변경의 누적효과, 중간배당액, 당기순이익(또는 당기순손실)을 고려한 금액이 음(－)인 것을 의미한다.

(2) 결손금처리

기업에 당기순손실이 발생하면 이익잉여금이 감소한다. 이때 당기순손실이 거액일 경우에는 이익잉여금계정이 음(－)의 금액(결손금)으로 나타나는 경우도 있을 것이다. 이와 같이, 당기에 거액의 당기순손실이 발생하여 당기말 미처리결손금이 나타난 경우에는 다음 순서에 따라 이익잉여금 및 자본잉여금을 이입시켜 이를 보전하게 된다.

① 임의적립금이입액
② 기타법정적립금이입액
③ 이익준비금이입액
④ 자본잉여금이입액

결손금을 보전할 때는 먼저 이익잉여금으로 대체시키고, 그래도 부족한 금액이 있을 때에는 이를 자본잉여금에서 대체시킨다. 비록 자본잉여금을 처분하여 결손금에 대체시키는 경우에도 회사의 자본총액(순자산)은 변하지 않는다. 이와 같이, 먼저 손익거래로 발생한 것을 사용하고 나중에 자본거래로 발생한 것을 사용하도록 한 것과 임의적립금을 사용하고 나중에 법률로 적립한 것으로 사용하도록 한 것은 상법상 자본충실의 원칙을 지키도록 한 것이라 할 수 있다.

(차)	임 의 적 립 금	×××	(대)	이월미처리결손금	×××
	기타법정적립금	×××			
	이 익 준 비 금	×××			
	자 본 잉 여 금	×××			

(3) 차기이월미처리결손금

당기말 미처리결손금에서 결손금처리액을 차감한 금액을 말한다.

(4) 결손금처리계산서

당기말에 미처리결손금이 나타난 경우에는 이익잉여금처분계산서를 작성하지 않고 대신에 결손금처리계산서를 작성해야 한다. 결손금처리계산서는 당기말 미처리결손금의 처리에 관한 정보를 정보이용자에게 제공하기 위하여 작성되는 보고서로, 표준양식은 [표 15-3]과 같다.

[표 15-3] 결손금처리계산서 양식

Ⅰ. 미처리결손금		
1. 전기이월미처분이익잉여금(또는 전기이월미처리결손금)	×××	
2. 회계정책변경의 누적효과	×××	
3. 전기오류수정이익(또는 전기오류수정손실)	×××	
4. 중간배당액	×××	
5. 당기순손실(가산)〈또는 당기순이익(차감)〉	×××	×××
Ⅱ. 결손금처리액(차감)		
1. 임의적립금이입액	×××	
2. 법정적립금이입액	×××	
3. 자본잉여금이입액	×××	(×××)
Ⅲ. 차기이월미처리결손금		×××

제 7 절 주당이익

주당이익(earnings per share: EPS)은 한 기간 동안 보통주 1주당 이익이 얼마인가를 나타내는 지표로, 주주와 잠재적 투자자들에게 매우 중요한 투자지표로 인식되기 때문에 손익계산서의 끝부분에 주기(parenthetical disclosures)의 형태로 표시하고, 그 산출근거를 주석으로 기재하도록 규정하고 있다.

주당이익은 당기순이익을 해당 회계기간의 가중평균 유통보통주식수로 나누어서 산출한다. 여기서 당기순이익이란, 보통주에 귀속되는 당기순이익으로 만일 우선주가 있다면 당기순이익에서 우선주에 대한 배당소요액을 차감하여 계산한다.

주당순이익 = 보통주에 귀속되는 당기순이익 ÷ 가중평균유통보통주식수
= (당기순이익 − 우선주배당금) ÷ 가중평균유통보통주식수

한편, 전환우선주나 전환사채를 보유하고 있는 기업의 경우에 만일 이들이 기중에 전환되어 보통주가 발행되었다면, 행사일 또는 전환일(간주일)부터 보통주식수

에 포함시켜 주당순이익을 산출한다.[9]

기업이 자기주식을 소유하고 있는 경우에는 자기주식을 발행보통주식수에 포함하지 아니한다. 왜냐하면, 자기주식은 보유하는 기간 동안 주식으로서의 모든 권리가 박탈된 것으로 보기 때문이다. 그리고 당기 중 자본의 실질적 변동을 유발하지 않으면서 유통보통주식수의 변동을 가져오는 무상증자, 주식배당, 주식분할, 주식병합, 그 밖의 증자에서의 무상증자 요소와 같은 사건이 발생한 경우에는 회계기간의 기초에 그러한 사건이 발생한 것으로 간주하여 발행보통주식수를 증가 또는 감소시켜 준다. 다만, 당기 중 유상증자로 발행된 신주에 대하여 무상증자 등이 실시된 경우에는 해당 유상증자의 납입기일 익일에 무상증자 등이 실시된 것으로 보아 유통보통주식수를 조정시켜 준다.

예제 15-8

다음은 (주)용인의 20×1년도 발행주식수의 변동내역이다. 만약 20×1년도 (주)용인의 당기순이익이 8,000,000원이라면 주당순이익은 얼마인가?

1월 1일	유통주식수(보통주)	2,000주
7월 1일	신주발행(유상증자)	1,000주
9월 1일	자기주식 취득	5,00주

해 답

유통기간	항 목	주식수	유통주식수	유통일수	적 수
1/1 ~ 6/30	유통주식수(기초)	2,000	2,000	181	362,000
7/1 ~ 8/31	신주발행	1,000	3,000	62	186,000
9/1 ~ 12/31	자기주식취득	(500)	2,500	122	305,000
합 계				365일	853,000

가중평균유통보통주식수 = 853,000 ÷ 365일 = 2,337주

주당순이익 = 8,000,000 ÷ 2,337주 = 3,423원

9 전환사채가 전환되어 주식이 발행되었다면 당기순이익에는 전환된 전환사채에 지급된 이자비용(이자비용으로 세금절약분 차감한 후의 이자비용)을 가산해야 하고, 가중평균 유통보통주식수에는 발행된 보통주식수를 가산해야 한다.

객관식 Exercises

01 Problem

회사의 이익잉여금을 현금배당 또는 주식배당으로 배당함에 있어, 배당의 종류별로 주식발행회사 입장에서의 자본변동사항과 주주인 투자법인의 배당수익 인식여부에 대한 설명으로 올바른 것은?

	주식발행회사 자본변동사항		주주인 투자법인 배당수익 인식여부	
	현금배당	주식배당	현금배당	주식배당
①	감소	변동 없음	수익인식	수익인식
②	감소	변동 없음	수익인식	수익불인식
③	변동 없음	감소	수익불인식	수익불인식
④	변동 없음	감소	수익불인식	수익인식

02 Problem

기업의 누적결손금을 보전하였을 경우에 대한 설명으로 틀린 것은?

① 재무상태표상의 자본은 결손금 보전 전과 항상 동일하다.
② 재무상태표상의 자본금은 결손금 보전 전과 항상 동일하다.
③ 재무상태표상의 자본조정은 결손금 보전 전과 항상 동일하다.
④ 재무상태표상의 자본잉여금은 결손금 보전 전과 항상 동일하다.

03 Problem

무상증자, 주식배당 및 주식분할에 대한 설명으로 틀린 것은?

① 발행주식수는 모두 증가한다.
② 자본금은 모두 증가한다.
③ 자본은 모두 일정하다.
④ 이익잉여금은 무상증자와 주식배당시 감소할 수 있다.

04 Problem

자본조정항목에 해당하는 것은 몇 개인가?

① 매도가능증권평가손익	② 자기주식처분손실	③ 감자차손
④ 해외사업환산손익	⑤ 주식할인발행차금	⑥ 주식발행초과금

① 1개　② 2개　③ 3개　④ 4개

05 Problem

자본거래에 대한 설명으로 옳지 않은 것은?

① 주식을 할인 발행하는 경우에는 자본을 실질적으로 증가시킨다.
② 주식분할과 주식배당은 총자본에 영향을 주지 않는다.
③ 자기주식을 처분하는 경우 처분가액과 취득원가와의 차액을 자기주식처분손익으로 당기손익에 반영한다.
④ 감자차손은 감자차익과 우선 상계하고, 그 잔액은 자본조정으로 계상한 후 결손금의 처리순서에 준하여 처리한다.

06 Problem

자기주식의 회계처리에 대한 설명 중 옳지 않은 것은?

① 자기주식처분손실은 자기주식처분이익으로 계상된 기타자본잉여금과 우선적으로 상계하고 그 잔액은 자본조정으로 계상한 후, 결손금의 처리순서에 준하여 처리한다.
② 자기주식을 취득하는 경우 취득원가를 자본조정으로 계상하고, 자본에서 차감하는 형식으로 기재하도록 하고 있다.
③ 자기주식 처분거래를 기록하는 시점에서 이익잉여금 총액의 증감은 발생하지 않는다.
④ 자기주식을 소각할 경우 자기주식의 취득원가와 최초 발행금액의 차이를 감자차손 또는 감자차익으로 분류한다.

07 Problem

자본거래에 대한 설명으로 옳은 것은?

① 주식분할과 주식배당은 총자본에 영향을 주지 않는다.
② 증자와 회사설립시 발행한 주식발행비는 주식발행초과금에서 차감한다.
③ 주식할인발행차금은 이익잉여금의 처분을 통해서 주식발행연도부터 5년 이내의 기간에 걸쳐 매기 균등액을 상각하여야 한다.
④ 자기주식을 처분하는 경우 처분가액과 취득원가와의 차액을 자기주식처분손익으로 당기손익에 반영한다.

08 Problem

자본을 실질적으로 증가시키는 거래는 어느 것인가?

① 자본잉여금과 이익준비금을 자본전입한 경우
② 주식배당을 한 경우
③ 주식발행초과금을 자본전입한 경우
④ 주식을 할인발행한 경우

09 Problem

자기주식(1,000주, 액면금액: 5,000원 발행금액: 5,000원 취득가액:6,000,000원)을 소각한 경우 재무상태표상의 자본과 자본금의 변동내역을 정확하게 정리한 것은?

	자 본	자 본 금
①	감 소	감 소
②	불 변	불 변
③	불 변	감 소
④	감 소	불 변

10 Problem

자본에 대한 설명으로 틀린 것은?

① 주식할인발행차금이 발생하는 경우 그 당시에 장부상 존재하는 주식발행초과금과 우선적으로 상계하여 처리한다.

② 무상증자는 법정적립금과 자본잉여금을 재원으로 하지만 주식배당은 미처분이익잉여금을 재원으로 한다.

③ 전기에 배당하지 못한 연체배당금 중 누적적우선주에 대한 금액은 부채로 계상하여야 한다.

④ 결산일 현재 매도가능증권의 공정가치가 장부금액보다 증가한 경우 자본총액은 증가한다.

11 Problem

재무상태표의 자본총계를 구하면?

· 자본금	50,000,000원	· 감자차익	800,000원
· 주식발행초과금	5,200,000원	· 자기주식처분손실	600,000원
· 매도가능증권평가이익	700,000원	· 매도가능증권처분손실	500,000원
· 미처분이익잉여금	7,800,000원	· 자기주식	3,000,000원

① 67,500,000원　② 63,900,000원

③ 60,900,000원　④ 60,400,000원

12 Problem

자본에 대한 설명으로 틀린 것은?

① 결손금의 처리는 임의적립금이입액, 기타법정적립금이입액, 이익준비금이입액, 자본잉여금이입액의 순으로 한다.

② 이익잉여금처분계산서(안)의 주식배당액은 기말재무상태표에 미교부주식배당금으로 하여 자본조정으로 분류한다.
③ 매도가능증권평가손익, 해외사업환산손익, 현금흐름위험회피 파생상품평가손익 등은 기타포괄손익누계액에 포함한다.
④ 보통주와 우선주는 배당금지급 및 청산시의 권리가 상이하기 때문에 자본금을 구분하여 표시하여야 한다.

13 Problem

자본잉여금으로 회계처리하기 곤란한 상황은?

① 자기주식의 처분시 처분가액이 장부금액을 초과하는 경우
② 분리형 신주인수권부사채의 발행시 신주인수권의 대가로 납입된 금액
③ 액면금액 이하의 금액으로 유상감자를 실시한 경우
④ 채권·채무조정시 출자전환에 합의하였으나 즉시 이행되지 않은 금액

주관식 Exercises

01 Problem 자본이란 무엇을 의미하는지 설명하시오.

02 Problem 자본잉여금의 의의와 종류를 설명하시오.

03 Problem 자본조정항목이란 무엇인지 설명하시오.

04 Problem 이익잉여금의 의의와 종류를 설명하시오.

05 Problem 자기주식이란 무엇이며, 회계처리방법에 대해 설명하시오.

06 Problem 결손금 보전순서를 설명하고, 결손보전 순서에 따라 결손금을 보전하는 이유가 무엇인지 설명하라.

07 Problem 계양(주)의 주식발행과 관련하여 각 일자별로 회계처리를 하시오.

(1) 20×1년 1월 1일 정관에 수권주식수 100,000주, 액면금액을 5,000원으로 정하고, 그중 20,000주를 액면금액으로 발행하고 주식발행대금을 현금으로 납입 받았으며, 주식발행비 5,000,000원은 현금으로 지급하였다.

(2) 20×1년 9월 15일 20,000주를 주당 5,400원에 추가로 발행하고 주식발행 대금을 현금으로 납입 받았으며, 주식발행비 1,000,000원은 현금으로 지급하였다.

(3) 20×2년 10월 25일 40,000주를 주당 4,500원에 추가로 발행하고 주식발행 대금을 현금으로 납입 받았으며, 주식발행비 3,000,000원은 현금으로 지급하였다.

08 Problem (주)송담의 자기주식과 관련된 거래내용에 대해 원가법을 적용하여 회계처리를 하시오.

(1) 20×1년 1월 1일 액면금액 5,000원의 보통주 1,000주를 주당 6,000원에 현금 발행하였다.

(2) 20×1년 5월 1일 자기주식 100주를 5,500원에 현금 취득하였다.

(3) 20×1년 7월 1일 자기주식 40주를 6,000원에 현금 매각하였다.
(4) 20×1년 10월 1일 자기주식 40주를 4,500원에 현금 매각하였다.
(5) 20×1년 12월 10일 자기주식 20주를 실질적 감자절차를 통하여 소각하였다.

09 Problem

(주)경인의 20×1년도 중 발행주식수의 변동을 살펴보면 다음과 같다.

1월 1일:	사외유통주식수	5,000주
4월 1일:	자기주식취득	500주
7월 1일:	신주발행(유상증자)	500주
10월 1일:	자기주식 재발행	300주

[요구사항]

1. 20×1년도 경인(주)의 당기순이익이 5,000,000원이라면 주당순이익은 얼마인가?
2. 20×1년 11월 1일에 15%의 주식배당이 있었다면, 유통보통주식수는 얼마인가?

CHAPTER 16

수익과 비용

본 장에서는 실무와 자격증 시험에서 자주 나오는 수익과 비용에 관련된 계정과목에 대한 회계처리를 설명하고자 한다. 특히, 본 장을 학습함으로써, 포괄손익계산서의 구성요소를 종합적으로 이해할 수 있을 뿐만 아니라 제2부에서 설명한 실현주의 및 수익비용대응의 원칙 등 발생주의 회계에 대해 이해할 수 있을 것이다.

제1절 수익의 인식

01 수익의 정의

수익은 일정기간 동안 경영활동에서 자산의 증가나 부채의 감소로 나타나는 경제적 효익의 유입을 말한다. 한편, 수익은 주된 영업활동에서 발생한 수익과 일시적이고 비반복적인 상황에서 발생한 차익(또는 이득)으로 분류할 수 있다.

다시 말해, 수익과 차익(또는 이득)은 경제적 효익의 유입과 관련된다는 점에서 동일하지만, 수익이 주된 영업활동에서 발생하는 항목이라면 차익은 부수적인 영업활동에 관련된 항목이라는 점이 다르다.

02 수익의 인식기준

수익을 손익계산서에 반영하려면 수익의 인식이 선행되어야 하는데, 다음의 조건을 고려하여야 한다.

첫째, 특정 거래가 수익을 발생시키는 거래인지 아닌지를 식별할 수 있어야 하는데, 이를 위해서는 수익에 대한 개념정의가 명확해야 한다.

둘째, 수익을 발생시키는 거래라고 판단할 경우, 그 금액을 얼마로 계상해야 하는지 측정상 문제를 해결해야 한다.

셋째, 수익인식에 있어서 언제 또는 어느 회계기간에 그러한 수익을 발생시키는 거래를 기록할 것인지 하는 기간포착을 정확히 해야 한다.

03 수익의 측정

(1) 원 칙

일반적으로 측정이란 어떤 대상에 수치를 부여하는 과정이므로, 수익의 측정이란 수익금액을 결정하는 것이다. 즉, 수익은 재화의 판매, 용역의 제공이나 자산을 사용하게 하고 받았거나 또는 받을 대가(이하 '판매대가'라 한다)의 공정가치로 측정한다. 여기서 공정가치란 합리적인 판단력과 거래의사가 있는 독립된 당사자 간에 거래될 수 있는 교환가격, 즉 시장가격을 말한다.

(2) 예 외

대부분 경우 판매대가는 현금및현금성자산의 금액이다. 그러나 판매대가가 재화의 판매 또는 용역의 제공 이후 장기간에 걸쳐 유입되는 경우에 그 공정가치는 미래에 받을 금액의 합계액(이하 '명목금액'이라 한다)보다 작을 수 있다. 이 때 공정가치는 명목금액의 현재가치로 측정하며, 공정가치와 명목금액과의 차액은 현금회수기간에 걸쳐 이자수익으로 인식한다.

한편, 성격과 가치가 유사한 재화나 용역간의 교환은 수익을 발생시키는 거래로 보지 않지만, 성격과 가치가 상이한 재화나 용역간의 교환은 수익을 발생시키는 거래로 본다. 이때 수익은 교환으로 취득한 재화나 용역의 공정가치로 측정하되, 현금 또는 현금성자산의 이전이 수반되면 이를 반영하여 조정한다. 만일 취득한 재화나 용역의 공정가치를 신뢰성 있게 측정할 수 없으면 그 수익은 제공한 재화나 용역의 공정가치로 측정하고, 현금 또는 현금성자산의 이전이 수반되면 이를 반영하여 조정한다.

제 2 절 판매방식에 따른 수익의 인식

일반적으로 매출액은 용역을 제공하거나 상품을 인도했을 때 실현된 것으로 판단하는 인도기준 또는 판매기준을 적용하여 회계처리한다. 그러나 특수형태의 예외적인 거래는 각기 다른 기준을 적용하여 회계처리한다.

01 위탁판매

위탁판매(consignment sales)는 일정한 판매수수료를 지급하는 조건으로 자신의 상품을 다른 사람에게 위탁하여 판매하는 것을 말한다. 판매위탁을 하는 사람을 위탁자라고 하고, 위탁받은 사람을 수탁자라 한다. 따라서 위탁자측에서는 위탁판매이지만, 수탁자측에서는 수탁판매가 되므로 재고자산의 흐름이 통상적인 매출과는 다르게 된다.

따라서 위탁판매를 위하여 상품·제품을 수탁자에게 적송할 때에는 다른 상품·제품과 구별하기 위하여 매입계정에서 위탁상품(또는 적송품)계정의 차변에 대체한다. 상품·제품의 적송에 소요된 제비용은 위탁상품의 원가에 가산한다. 이러한 위탁판매는 수탁자가 위탁품을 소비자에게 판매한 날에 수익으로 인식하여야 한다.

예제 16-1 (주)경인의 거래에 대해 적절한 회계처리를 하시오.

(1) (주)새봄에 상품 30대(@5,000원)를 위탁판매하기 위하여 적송하고, 적송과 관련된 비용 10,000원을 현금으로 지급하였다.

(2) 위탁판매한 상품 30대(@9,000원)가 전부 판매되었으므로 새봄(주)로부터 다음과 같은 매출계산서와 함께 실수금을 송금 받았다.

매출계산서

No. 10
(주)경인 귀중

20×1. 9. 20.
(주)새봄

귀사의 위탁상품을 다음과 같이 판매하였음을 통지합니다. 대금잔액은 귀사의 당좌예금계좌로 예입합니다.

(단위: 원)

적 요		금 액
상품(30대@9,000원)		270,000
판매운임	3,000	
판매수수료	12,000	15,000
잔 액		255,000

해 답

(1) (차)	적송품(위탁상품)	160,000	(대)	매 입(상품)	150,000
				현 금	10,000

(2) [매출계산서 수령시 분개]

(차)	당 좌 예 금	255,000	(대)	위 탁 매 출	270,000
	운 반 비	3,000			
	판 매 수 수 료	12,000			

[결산시 분개]

(차)	위 탁 매 출	270,000	(대)	집 합 손 익	270,000
(차)	위 탁 매 출 원 가	160,000	(대)	적송품(위탁상품)	160,000
(차)	집 합 손 익	160,000	(대)	위 탁 매 출 원 가	160,000

02 수탁판매

수탁판매(sales on consignment)는 일정한 판매수수료를 받는 조건으로 위탁자를 대신하여 수탁자가 상품을 판매하는 것을 말한다. 위탁자로부터 받은 상품은 위탁자의 재고자산(상품)이므로, 참고할 목적으로 보조원장에 기입할 뿐 다른 회계처리는 하지 않는다. 다만, 수탁판매를 위한 인수운임, 보관료, 판매원가, 화환대금, 판매수수료, 잡비 등 위탁자를 위해 대신 지급한 것이 있으면, 수탁매출계정을 설정하여 그 차변에 기입한다.

03 할부판매

할부판매(installment sales)는 상품판매계약이 성립되었을 때 상품을 인도하고 매입자로부터 상품대금을 여러 차례에 나누어 회수하는 판매형태를 말한다. 일반적으로 할부판매의 경우는 일반적인 상품매매거래와 같이 '상품 등을 인도한 날'을 수익인식시점으로 보고 회계처리를 한다. 다만, 중소기업의 장기할부판매의 경우에는 '할부금회수기일이 도래한 날'에 수익이 실현된 것으로 할 수 있다. 이러한 것은 중소기업의 자금사정으로 인해 영업활동이 어려움에 놓이지 않도록 하기 위해서 예외규정을 둔 것이라 할 수 있다.

예제 16-2 (주)경인의 거래에 대해 적절한 회계처리를 하시오.

(1) (주)경인은 원가 1,000,000원의 상품을 1,500,000원에 5개월간의 월부로 판매하였다.

(2) 1회분 월부금이 현금으로 입금되었다.

(3) 월부금 2회분을 회수한 후 결산을 하였다.

해 답

(1)	(차)	매출채권	1,500,000	(대)	할부매출(또는 매출)	1,500,000
	(차)	(할부)매출원가	1,000,000	(대)	상품	1,000,000
(2)	(차)	현금	300,000	(대)	매출채권	300,000
(3)	결산정리분개는 필요 없다.					

04 시용판매

시용판매(conditional sales)는 매입자(고객)에게 상품을 발송한 뒤 매입자(고객)가 상품을 시험적으로 사용한 후 필요하면 매입하고, 그렇지 않으면 반송해도 좋다는 조건으로 상품을 판매하는 형태를 말한다. 따라서 시용판매는 매입자로부터 매입 의사표시를 받은 날에 매출이 실현된 것으로 본다.

시용판매를 위하여 상품을 발송하면 상품의 판매가격으로 대조계정인 시송품계정의 차변과 시용가매출계정의 대변에 기입(혹은 분개없이 비망기록만 할 수 있음)하였다가, 후일에 상대방으로부터 매입의 의사표시가 있으면 역분개(반대기입)를 하고 정상적인 매출기장을 한다. 그리고 매입의 의사표시가 없다는 통지가 오면, 이 대조계정을 역분개 하여 정리하여야 한다. 특히, 결산기말에 거래처에 발송된 시송품(상품)이 있을 때에는 시송품계정의 기말잔액을 원가로 환산하여 기말상품재고액에 가산하여야 한다. 물론 분개없이 비망기록만 한 경우에는 결산기말에 아무런 분개를 하지 않아도 된다.

예제 16-3 (주)경인의 거래에 대해 적절한 회계처리를 하시오.

(1) 한 대당 원가 500,000원인 신제품 2대(대당 판매가격 750,000원)를 (주)용인에 시용판매하였다.

(2) (주)용인으로부터 시송품 중 1대를 750,000원에 매입하겠다는 통지를 받았다.

(3) (주)용인으로부터 결산시점에 시송품 1대를 반품 받았다(기말재고액에 포함).

해 답

(1)	(차) 시송품	1,500,000	(대) 시용가매출	1,500,000
	* 대조계정을 사용하거나 분개없이 비망기록만 하여도 된다.			
(2)	(차) 매출채권	750,000	(대) 시용매출(또는 매출)	750,000
	(차) 시용가매출	750,000	(대) 시송품	750,000
(3)	(차) 상품(기말)	500,000	(대) 매출원가	500,000
	(차) 시용가매출	750,000	(대) 시송품	750,000
	* (1,500,000 − 750,000) × (1,000,000 ÷ 1,500,000) = 500,000원			

05 예약판매

예약판매(subscription)는 고객으로부터 상품에 대한 예약금을 받고 장래에 상품 또는 제품을 인도할 것을 약속하는 판매형태이다. 따라서 예약금을 받으면 선수금계정으로 처리하고, 상품 또는 제품을 고객에게 인도한 날에 선수금계정을 매출계정에 대체 기입한다.

이러한 예약판매는 상품 또는 제품 등을 고객에게 인도한 날 또는 용역을 제공한 날에 수익이 실현되는 것으로 보아야 하나 회계기준에서는 예약매출과 용역매출 모두 장단기 구분 없이 진행기준에 따라 수익이 실현된 것으로 한다. 다만, 중소기업의 단기예약 용역매출에 대하여는 제품 등을 완성하거나 용역을 제공한 날에 수익이 실현되는 것으로 인정하여 완성기준을 적용할 수 있다.

예제 16-4 (주)경인의 거래에 대해 적절한 회계처리를 하시오.

(1) 20×1년 10월 1일 (주)한나에 A상품 500개(매출원가 @200원, 판매가격 @400원)를 5개월 후에 제공하기로 하고 현금 50,000원을 예약금으로 받았다.

(2) 20×1년 12월 31일 결산을 하였다(3개월간 투입된 원가 @150원).

(3) 20×1년 2월 28일 A상품을 완성하였다.

(4) 20×1년 3월 1일 (주)한나에 A상품을 인도하고 잔액을 현금으로 받았다.

해 답

(1)	(차)	현금	50,000	(대)	선수금	50,000
(2)	(차)	미완성자산	75,000	(대)	현금(원자재 등)	75,000
	(차)	매출채권 선수금	100,000 50,000	(대)	매출	150,000
	(차)	매출원가	75,000	(대)	미완성자산	75,000
(3)	(차)	미완성자산	25,000	(대)	현금(원자재 등)	25,000
	(차)	매출채권	50,000	(대)	매출	50,000
	(차)	매출원가	25,000	(대)	미완성자산	25,000
(4)	(차)	현금	150,000	(대)	매출채권	150,000

06 도급공사

도급공사(construction contracts)란 특정고객(시공주)과 정한 계약조건에 따라 토목·건축 및 이에 준하는 공사를 수행하는 계약형태를 말한다. 이러한 도급공사의 수익은 공사계약의 성질에 따라 공사진행기준 또는 공사완성기준에 따라 실현되는 것으로 한다.

(1) 공사진행기준

공사진행률기준(percentage of completion basis)이라고도 하는데, 공사진행정도에 따라 공사수익을 배분하여 인식하는 방법이다. 장기공사인 경우 도급금액이 이미

결정되어 있기 때문에 생산 그 자체를 수익을 얻기 위한 결정적 사건으로 간주할 수 있다. 따라서 장기공사의 경우 공사진행정도에 따라 수익을 인식하는 것은 타당하다고 할 수 있다.

$$\text{공사진행률} = \frac{\text{당기의 원가소비액}}{\text{완성공사의 예정원가}}$$

해당 사업연도의 공사수익 = 도급금액 × 공사진행률

예제 16-5 (주)경인의 거래에 대해 공사진행기준에 따라 적절한 회계처리를 하시오.

(1) 20×1년 3월 1일 (주)인천으로부터 공장건설공사를 요청받고, 현금 10,000,000원을 계약금으로 받았다. 공장건설기간은 20×4년 3월 1일까지 3년이다.

(2) 20×1년 12월 31일까지 공장건설에 사용된 원가소비액은 40,000,000원이고, 모두 현금으로 지급하였다. 단, 20×4년 3월 1일까지 발생할 총공사예정원가는 100,000,000원이고, 공사도급금액은 150,000,000원이었다.

해 답

(1)	(차)	현 금	10,000,000	(대)	선 수 금	10,000,000
(2)	(차)	선 수 금	10,000,000	(대)	공 사 수 익	60,000,000*
		공 사 미 수 금	50,000,000			

* 공사진행률 = 40,000,000 ÷ 100,000,000 = 0.4
공사수익 = 1억5천만원 × 0.4 = 60,000,000원

[공사원가 발생시 분개]

(차)	미 성 공 사	40,000,000	(대) 현 금	40,000,000

[미성공사비용을 공사매출원가로 대체분개]

(차)	공사매출원가	40,000,000	(대) 미 성 공 사	40,000,000

(2) 공사완성기준

공사완성기준(completed-contract basis)은 건설공사가 완성되어 공사를 의뢰한 고객에게 인도하는 시점에서 공사수익을 인식하는 방법이다. 이 방법은 공사가 완성

되어 고객에게 인도될 때까지 수익인식을 보류하고 있다가, 공사가 완성되어 인도될 때에 도급금액 전액을 수익으로 인식하므로 기간손익의 불균형을 발생시킨다.

제 3 절 비용의 인식

비용의 인식은 독자적으로 인식하기보다는 수익의 인식에 대한 문제가 해결되면, 해당 수익을 창출하는 데 기여한 비용을 식별하여 측정·보고하면 된다.

물론 비용 중에는 수익과 직접적인 연계관계가 있는 비용, 예를 들어 매출액에 대응되는 매출원가와 같은 비용도 있지만, 그렇지 않은 경우도 많다. 이와 같이, 특정수익과 직접 관련되지 않은 비용을 인식하기 위한 목적에서 수익창출에 기여하였음을 보여주기 위해 다른 방법으로 비용을 인식하여 보고하여야 한다.

01 비용의 의의

비용은 제품의 판매나 생산, 용역제공 및 회사의 영업활동을 구성하는 활동으로부터 일정기간 동안 발생한 자산의 유출이나 사용 또는 부채의 발생을 말한다.

비용은 주된 영업활동에서 발생한 비용과 일시적이거나 수익창출에 기여하지 못하는 일시적이고 비반복적인 상황에서 발생한 차손(또는 손실)으로 분류할 수 있다.

비용과 차손(또는 손실)은 경제적 효익의 유출과 관련된다는 점에서 동일하지만, 비용이 주된 영업활동에서 발생하는 항목이라면 차손은 부수적인 영업활동에 관련된 항목이거나 수익창출에 기여하지 못하는 손실이라는 점이 다르다.

02 비용의 인식기준: 수익·비용 대응의 원칙

비용의 인식이란 비용이 귀속되는 회계기간을 결정하는 것이다. 비용도 수익과 마찬가지로 경영활동 전 과정을 통해서 발생되므로, 자산이 사용되거나 감소될 때마다 이를 인식해야 한다. 그러나 이런 원칙을 현실적으로 적용하는 것이 쉽지 않기 때문에 수익이 인식된 시점에서 수익과 관련하여 비용을 인식하는데, 이를 수익·비용 대응의 원칙이라고 한다.

(1) 직접대응

매출원가처럼 매출액에 직접 대응시킬 수 있는 것은 비용을 수익에 직접 대응시킬 수 있다. 즉, 재화를 생산하기 위하여 소요되는 매출원가는 당해 재화의 판매로부터 얻는 수익이 인식되는 시점에 비용으로 인식하는데, 이를 직접대응이라 한다.

(2) 기간대응

급여, 광고선전비, 접대비 등의 비용은 수익과 직접 대응시키는 것이 쉽지 않다. 따라서 직접대응에 의해 비용을 인식할 수 없을 때, 즉 당기에 발생한 원가가 미래 경제적 효익을 제공하지 못하거나 미래 경제적 효익의 유입가능성이 불확실한 경우에 발생한 시점에서 즉시 비용으로 인식할 수밖에 없다. 이러한 경우는 비용이 발생된 기간에 전액 인식하므로, 기간대응 또는 간접대응이라 한다.

(3) 배 분

유형자산과 무형자산은 영업자산으로 장기간 영업활동을 위해 사용되는 자산이지만, 일정한 기간이 경과하면 가치가 소멸되는 것이 특정이다. 따라서 이러한 영업자산의 취득원가는 사용기간에 걸쳐 체계적이고 합리적인 배분절차에 따라 배분하여 비용으로 인식해야 한다.

03 판매비와 관리비

상품과 용역의 판매활동 또는 기업의 관리와 유지에서 발생하는 비용으로, 매출원가에 속하지 아니하는 모든 영업비용을 포함한다. 일반적으로 판매비는 매출액의 증감에 비례하는 변동비의 성격이 강하고, 관리비는 매출액과 관련 없이 발생하는 고정비의 성격이 강하므로 관리목적상 구분하여 처리하는 것이 바람직하나, 실무상 명확히 구분하여 처리하는 것이 쉽지 않기 때문에 판매비와 관리비로 묶어서 처리한다.

(1) 급　여

임원급여, 종업원급여, 임금 및 여러 수당을 포함한다. 이러한 급여는 통합하여 표시할 수 있지만, 내부관리의 목적에 따라 구분하여 관리할 수 있다.

① 임원급여

임원에 대하여 임원보수규정에 따라 규칙적으로 지급되는 급여를 의미한다. 따라서 임원급여는 기업의 위임관계에 따라 그 근무 및 용역의 대가로 지급하는 급여 중 상여금과 퇴직금 이외의 것으로 월급, 여러 수당, 현물급여 및 경제적 이익의 제공 등이 모두 포함된다.

② 급료와 임금

판매와 관리업무에 종사하는 사용인이나 종업원에 대한 급료, 임금, 잡급 등을 말한다. 따라서 사용인이나 종업원에 대한 급료나 임금이라 할지라도 사용인이나 종업원이 제조활동을 수행하고 받는 급료와 임금은 제조원가 중 직접노무비 또는 간접노무비로 처리하여야 한다.

③ 여러 수당

판매와 관리업무에 종사하는 종업원과 임원에 대한 상여와 각종 수당을 말한다. 그러나 보통 상여금만 제수당계정에 기입하고, 각종 수당은 급여와 함께 지급하므로 급료와 임금에 포함하여 처리한다.

(2) 퇴직급여

퇴직급여도 급여와 마찬가지로 제조활동을 수행하는지 여부를 기준으로 제조원가 또는 판매비와 관리비로 구분하여야 한다.

일반적으로 퇴직급여는 다음의 금액을 한도로 설정해야 한다. 현재 정부에서는 이러한 퇴직급여의 안정성을 위해 외부 금융기관에 퇴직연금의 형태로 적립하도록 권장하고 있으며, 내부에 전부 설정하였을 경우에는 세제상 불이익을 주도록 규정하고 있다.

> 당기설정액 = 당기말 총추계액 − 전기말총추계액 + 당기중 퇴직금지급액
> 당기설정액 = 당기말 총추계액 − 당기말 퇴직급여충당부채 잔액

(3) 복리후생비

임직원에게 직접 지급되지 아니하고 근로환경의 개선 및 근로의욕의 향상 등을 위하여 지출하는 노무비적인 성격을 갖는 비용을 말한다. 일반적으로 임직원의 국민건강보험과 국민연금에 대해서는 회사에서 50%를 부담하도록 규정하고 있으므로, 이 경우 발생하는 비용은 복리후생비계정으로 처리하여야 한다. 또한, 임직원들의 업무능률향상을 위한 회식비, 체육활동비, 피복비 등도 복리후생비로 처리하여야 한다.

예제 16-6 (주)경인의 거래에 대해 적절한 회계처리를 하시오.

(1) 종업원에게 제공할 피복을 구입하고, 수표를 발행하여 대금 500,000원을 지급하였다.

(2) 종업원의 건강보험료 회사부담분 500,000원과 종업원으로부터 원천징수한 건강보험료 500,000원을 현금으로 납입하였다.

해 답

(1)	(차)	복리후생비	500,000	(대)	당좌예금	500,000
(2)	(차)	복리후생비	500,000	(대)	현금	1,000,000
		예수금	500,000			

(4) 임차료

토지, 건물, 기계장치, 차량운반구 등을 타인으로부터 임차하고 그 소유자에게 지급하는 임차료를 의미하며, 특허권사용료, 로열티 비용 등도 여기에 포함된다.

(5) 접대비

회사는 업무와 관련하여 거래처 또는 업무와 관련 있는 자 등에게 접대, 교제, 사례 등을 행함으로써 비용이 발생할 경우 접대비로 처리하여야 한다. 접대비에 포함되는 비용은 접대, 향응, 위안, 선물기증 등 접대행위에 지출한 모든 금품의 가액이다.

(6) 세금과 공과

국가 또는 지방자치단체가 부과하는 국세·지방세 및 공공단체·조합·재단 등의 공과금과 벌금, 과료, 과징금을 처리하는 계정과목을 세금과 공과라 한다. 그러나 이익에 부과되는 법인세·소득세·지방소득세 등은 판매비와 관리비가 아닌 법인세비용계정으로 구분 표시해야 하며, 자산을 구입하는 과정에서 발생한 취득세·지방교육세·관세·부가가치세 등은 해당 자산의 취득원가에 가산해야 한다.

판매비와 관리비로 처리하는 세금에 해당하는 것에는 재산세·자동차세·사업소세·공제받지 못한 매입부가가치세 등이 있으며, 공과금에 해당하는 것에는 상공회의소회의비·조합비·협회비 및 각종 협회 및 기금에 지출하는 부담금 등이 있다.

(7) 광고선전비

판매촉진을 위한 목적으로 불특정다수인을 상대로 하여 광고효과를 얻고자 지출하는 비용을 광고선전비라고 한다. 물론 간접적으로 상품 또는 제품의 판매촉진을 위해 행하는 기업이미지 광고홍보도 광고선전비로 처리한다. 그러나 특정인을 대상으로 상품 또는 제품의 판매촉진행위를 하는 것은 광고선전비로 처리해서는 안 되며, 반드시 접대비로 처리해야 한다.

(8) 연구비

연구비는 연구단계에 속하는 각종 활동과 관련하여 발생한 비용을 말한다. 일반적으로, 연구단계에서는 미래 경제적 효익을 창출할 무형자산의 존재여부를 입증할 수 없기 때문에 이 단계에서 발생한 지출은 당기비용으로 처리해야 한다.

(9) 경상개발비

경상개발비는 개발단계에서 발생한 지출 중 자산인식요건을 충족하지 못한 비용을 말한다. 일반적으로 개발단계는 연구단계보다 진전된 상태이기 때문에 미래 경제적 효익을 창출할 무형자산의 존재여부를 입증할 수 있다.

(10) 여비교통비

여비교통비는 기업의 임직원이 업무수행을 위하여 출장을 가는 경우에 여비지급규정에 따라 지급되는 금액으로, 교통비, 일비, 항공료, 숙박료, 식사비, 고속도로 통행료, 주차요금 등을 포함한다.

(11) 통신비

전화, 인터넷, 우편요금 등과 관련된 비용과 전신·전화장치 등의 유지를 위하여 지급한 비용으로, 기업의 영업활동과 관련하여 발생한 비용은 통신비로 처리한다.

(12) 수도광열비

수도요금, 전기요금, 가스요금 등을 모두 합쳐 수도광열비로 처리한다. 일반적으로 한 건물에서 제조와 판매를 함께 운영하는 기업은 수도광열비를 제조를 위하여 사용된 것과 기타의 용도에 사용된 것과의 구분이 어려운 경우가 발생할 수 있으나 합리적인 기준을 사용하여 제조원가와 판매비와 관리비로 구분하여야 정확한 이익계산을 할 수 있다.

(13) 수선비

유형자산의 원상을 회복시키거나 현상유지를 위해 지출한 금액은 수선비로 처리한다. 그러나 제조부문에서 사용되는 유형자산의 원상을 회복시키거나 현상유지를 위해 지출한 금액은 제조원가로 처리해야 한다.

(14) 보험료

판매와 관리업무에 사용하는 건물, 비품, 차량운반구 등에 대한 화재 내지 손해보험을 위해 지출한 비용은 보험료로 처리한다. 또한, 판매와 관련된 해상보험료, 취득 후 보관 중인 재고자산에 대한 화재보험료 등도 보험료로 처리한다. 그러나 산재보험료와 의료보험료 중 기업의 부담분은 보험료가 아니라 복리후생비로 처리해야 하며, 제조와 관련된 보험료는 제조원가로 처리해야 한다.

예제 16-7 (주)경인의 거래에 대해 적절한 회계처리를 하시오.

(1) 20×1년 5월 1일 본사 건물에 대한 보험료 1년치 600,000원을 보통예금 계좌에서 이체하여 납부하였다(비용처리법으로 한다).

(2) 20×1년 12월 31일 결산을 하였다.

해 답

(1)	(차)	보 험 료	600,000	(대)	보 통 예 금	500,000
(2)	(차)	선 급 보 험 료	200,000*	(대)	보 험 료	200,000

* 600,000 × 4/12 = 200,000원

(15) 대손상각비

거래처의 파산, 회생, 워크아웃 등으로 인하여 기업이 소유하고 있는 매출채권을 회수할 수 없게 되거나 회수가능성이 불확실하여 발생하는 대손비용을 기록하기 위하여 사용되는 계정이 대손상각비이다. 그러나 매출채권 이외의 대손상각비는 영업외비용으로 처리한다.

(16) 감가상각비·무형자산상각비

영업활동을 위해 사용된 유형자산·무형자산은 시간이 경과하거나 사용정도에 따라 일정기간 후에 그 가치가 소멸되어 기업에 더 이상 경제적 효익을 제공하지 못하므로, 유형자산의 취득원가를 합리적이고 체계적인 방법에 따라 배분한 금액을 감가상각비로 처리한다.

(17) 견본비

상품 또는 제품의 품질·형상 등을 거래처 또는 소비자에게 알리기 위하여 상품 또는 제품의 일부를 제공할 수 있는데, 이때 발생한 비용은 견본비로 처리한다. 이러한 견본비는 판매촉진을 위하여 불특정다수인에게 배포된다는 점에서 광고선전비와 유사하나, 상품 또는 제품을 실제로 제공한다는 점에서 차이가 있으므로 견본비로 처리하는 것이 합당하다고 볼 수 있다.

(18) 잡 비

기업의 영업활동을 위하여 발생한 지출이지만 특정 항목으로 처리하는 것이 쉽지 않고, 그 금액이 소액이어서 특정 계정과목을 설정하여 처리하는 것이 중요하지 않을 경우에 잡비로 처리한다.

(19) 기타 비용

영업활동과 관련하여 비용이 감소함에 따라 발생하는 퇴직급여충당부채환입, 판매보증충당부채환입 및 대손충당금환입 등은 판매비와 관리비의 부(-)의 금액으로 표시한다.

04 영업외비용

기업의 주된 영업활동 이외의 보조적 또는 부수적 활동에서 경상적으로 발생하는 비용을 말한다. 즉, 기업의 재무활동과 투자활동에서 발생한 비용과 차손이 여기에 포함된다.

(1) 이자비용

기업을 운영함에 있어서 자금이 부족할 경우 외부로부터 자금을 차입해야 하는데, 차입금에 대한 일정한 금액을 대가로 지출한 금액을 이자비용으로 처리한다.

예제 16-8 (주)경인의 거래에 대해 적절한 회계처리를 하시오.

(1) 20×1년 4월 1일 거래은행으로부터 운영자금을 3년 후 상환하기로 하고 연 6% 이자율로 10,000,000원을 차입하여 당좌예입하였다. 이자는 매년 3월 31일에 현금으로 지급하기로 하였다.

(2) 20×1년 12월 31일 결산을 하였다.

(3) 20×2년 3월 31일 차입금에 대한 이자를 지급하였다.

해 답

(1)	(차)	당 좌 예 금	10,000,000	(대)	장 기 차 입 금	10,000,000
(2)	(차)	이 자 비 용	450,000*	(대)	미 지 급 비 용	450,000
	* 10,000,000 × 6% × 9/12 = 450,000원					
(3)	(차)	이 자 비 용	150,000*	(대)	현 금	600,000
		미 지 급 비 용	450,000			
	* 10,000,000 × 6% × 3/12 = 150,000원					

(2) 기타의 대손상각비

매출채권 이외의 채권(예를 들어, 대여금, 미수금 등)을 거래처의 파산·부도 등의 사유로 인해 회수하지 못할 경우에 발생한 손실액을 기타의 대손상각비로 처리한다.

(3) 재고자산감모손실

재고자산의 수량은 장부의 재고출납장과 창고의 실지재고조사법에 의해 확인할 수 있다. 하지만 장부와 창고의 수량이 일치하면 문제가 없지만, 일반적으로 장부를 담당하는 자와 창고를 담당하는 자가 서로 달라 수량차이가 발생할 수 있다. 그러한 수량차이 중 어쩔 수 없이 발생하는 수량차이는 원가성이 있는 것으로 가정하여 매출원가로 처리하지만, 비경상적으로 발생하는 수량차이는 재고자산감모손실로 하여 영업외비용으로 처리한다.

(4) 외환차손

외화자산의 회수 및 외화부채의 상환 과정에서 발생하는 손실을 외환차손으로 처리한다. 가령, 환율이 1$=1,200원일 때 외상으로 $10,000을 수출한 기업이 일정 기간이 경과한 후 외화를 회수하여 1$=1,100원으로 원화로 환전하는 경우, 기업은 1,000,000원을 손해 보게 되는데 이 금액이 외환차손에 해당하는 것이다.

(5) 외화환산손실

외화자산과 외화부채를 결산시점까지 보유한 상태에서 원화로 보고하기 위해 환산하는 과정에서 발생하는 손실을 외화환산손실로 처리한다. 가령, 환율이 1$=1,150원일 때 외상으로 $10,000을 수출한 기업이 결산시점까지 외화를 회수하지 못하였는데, 결산시점의 환율이 1$=1,100원인 경우, 기업은 500,000원을 손해 보게 되는데 이 금액이 외화환산손실에 해당하는 것이다.

예제 16-9 (주)경인의 거래에 대해 적절한 회계처리를 하시오.

(1) 20×1년 4월 1일 미국에 있는 거래처 TOWN社에 제품 $10,000을 외상으로 수출하였다. 수출한 시점의 기준환율은 1$=1,150원 이었다.

(2) 20×1년 12월 31일 결산을 하였다(기준환율 1$=1,100원).

(3) 20×1년 7월 31일 미국 거래처 TOWN社로부터 $10,000을 회수하여 원화로 환전하였다(기준환율 1$=1,080원, 대고객매입률 1$=1,040원, 대고객매도율 1$=1,120원).

해 답

(1)	(차) 외화외상매출금	11,500,000	(대) 제 품 매 출	11,500,000
(2)	(차) 외화환산손실	500,000*	(대) 외화외상매출금	500,000
	* (1,150 - 1,100) × $10,000 = 500,000원			
(3)	(차) 현 금	10,400,000	(대) 외화외상매출금	11,000,000
	외 환 차 손	600,000*		
	* (1,100 - 1,040) × $10,000 = 600,000원			

(6) 기부금

광고선전비와 접대비와 달리 특정인에게 기업의 자산이나 금전을 무상으로 제공한 경우에 그 해당하는 금액을 기부금으로 처리한다.

(7) 유형자산처분손실·투자자산처분손실

유형자산과 투자자산을 처분할 때 발생하는 손실을 처리할 때 사용되는 계정과목이다. 즉, 유형자산과 투자자산의 장부금액이 처분금액보다 클 경우, 그 차액을 유형자산처분손실·투자자산처분손실으로 처리한다.

(8) 사채상환손실

사채상환손실이란 사채를 상환함에 따라 발생하는 손실을 말한다. 사채는 만기상환과 조기상환으로 나눌 수 있는데, 사채상환손실은 상환하는 시점에서 사채의 장부금액보다 더 많은 금액을 지불할 경우에 그 차액을 말한다.

(9) 단기매매증권평가손실

단기매매증권을 결산시점까지 보유한 경우에는 공정가치로 평가하여 재무제표에 반영하여야 하는데, 결산시점의 장부금액이 공정가치보다 큰 경우에는 그 차액만큼 단기매매증권평가손실로 처리해야 한다.

05 법인세비용

법인세비용은 법인세법 등의 법령에 의하여 해당 사업연도에 부담할 법인세 및 법인세에 부가되는 세액의 합계에 당기 이연법인세자산(부채) 변동액을 가감하여 산출된 금액을 말한다. 일반적으로 법인세법에 의하면 결산일로부터 3개월 이내에 법인세를 신고·납부하도록 규정하고 있지만, 손익계산서에 계상되는 법인세비용은 결산일에 추정에 의하여 계상하여야 하기 때문에 실제 납부하는 금액과는 차이가 발생한다. 따라서 결산일에는 법인세비용을 납부하지 않기 때문에 미지급법인세로 계상해야 한다.

객관식 Exercises

01 Problem

수익인식과 관련된 설명으로 틀린 것은?

① 용역의 제공으로 인한 수익은 용역제공거래의 성과를 신뢰성 있게 추정할 수 있을 때 진행기준에 따라 인식한다.
② 장기할부판매로 인한 수익은 이자수익에 해당하는 부분을 제외한 판매가액을 재화가 인도되는 시점에 인식하며, 이때 판매가액은 할부금의 현재가치를 말한다.
③ 용역제공의 거래를 신뢰성 있게 추정할 수 없을 경우에는 용역제공을 완료한 시점에 수익으로 인식한다.
④ 부동산의 판매수익은 구입자의 실제사용가능일, 잔금청산일 및 소유권이전등기일 중 보다 빠른 날에 인식한다.

02 Problem

용역제공과 관련된 수익인식의 내용으로 적절하지 않은 것은?

① 거래 전체의 수입금액을 신뢰성 있게 측정할 수 있어야 하고, 경제적 효익의 유입가능성이 높아야 한다.
② 용역제공거래의 성과를 신뢰성 있게 측정할 수 없고 발생한 원가의 회수가능성이 낮은 경우에는 수익을 인식하지 않고 발생한 원가를 비용으로 인식한다.
③ 이미 발생한 원가 및 거래의 완료를 위하여 투입하여야 할 원가를 신뢰성 있게 측정할 수 있어야 한다.
④ 이미 발생한 원가와 그 거래를 완료하기 위해 추가로 발생할 것으로 추정되는 원가의 합계액이 해당 용역거래의 총수익을 초과하는 경우에는 그 초과액은 전액 당기손실로 처리한다. 이때 전기에 인식한 이익은 이미 전기손익으로 인식되었으므로 당기손실에 가산할 수 없다.

03 Problem

진행기준을 적용하여 수익을 인식할 수 없는 경우는?

① 공연입장료 ② 설치용역수수료
③ 광고제작사의 광고수익 ④ 주문 개발하는 소프트웨어의 대가

04 Problem

재화를 판매하는 경우에는 원칙적으로 판매기준을 적용하여 수익을 인식한다. 판매기준으로 수익을 인식하기 위하여 갖추어야 할 요건이 아닌 것은 어느 것인가?

① 재화의 소유에 따른 위험과 효익의 대부분이 구매자에게 이전된다.
② 판매자는 판매한 재화에 대하여 소유권이 있을 때 통상적으로 행사하는 정도의 관리나 효과적인 통제를 할 수 없다.
③ 거래와 관련하여 발생하였거나 발생할 거래원가와 관련 비용을 신뢰성 있게 측정할 수 있다.
④ 진행률을 신뢰성 있게 측정할 수 있다.

05 Problem

회계에서 수익인식이라든가 비용인식이라든가 할 때, 그 인식이란 다음 중 어느 것을 뜻하는 것인가?

① 수익 또는 비용이 어느 회계기간에 귀속하는 것인지를 확정지우는 일
② 수익 또는 비용의 발생과정을 설명하는 일
③ 수익 또는 비용에 해당하는 현금을 받거나 또는 지출하는 일
④ 수익 또는 비용을 측정하는 일

06 Problem

수익의 인식에 대한 설명으로 가장 틀린 것은?

① 재화를 판매하는 경우 거래 이후에도 판매자가 관련 재화의 소유에 따른 위험의 대부분을 부담하는 경우에는 아직 수익을 인식하여서는 안 된다.
② 수강료 수익의 인식은 용역제공 완료시점, 즉 강의용역의 제공이 완료되는 시점인 강의종료일에 인식하여야 한다.
③ 제품공급자로부터 받은 제품을 인터넷 상에서 경매하고 수수료만을 수취하는 인터넷쇼핑몰 운영회사의 수익은 제품 판매대가가 아닌 수취수수료뿐이다.
④ 상품권의 발행과 관련된 수익은 재화를 인도하거나 판매한 시점에 인식하여야 하므로 상품권을 판매한 시점에는 수익을 인식하지 아니하고 선수금으로 처리한다.

07 Problem

손익계산서의 작성기준으로 옳지 않은 것은?

① 20×1년 7월 1일에 선급한 향후 1년간 보험료 10,000원 중에서 5,000원은 비용으로 인식하고, 나머지 5,000원은 자산으로 처리하였다.

② 20×1년 12월 29일 납품한 물품에 대해 대금회수일인 20×2년 1월 25일에 매출로 인식하였다.

③ 20×1년 1월 1일에 60,000원을 주고 취득한 기계장치(내용연수 5년, 잔존가치 없음, 정액법 상각)에 대해 당기 감가상각비 12,000원을 인식하였다.

④ 20×1년 12월 31일 외화대여금에서 발생한 외화환산이익 13,000원과 외화차입금에서 발생한 외화환산손실 9,000원을 각각 인식하였다.

08 Problem

공사수익을 인식할 때 공사진행기준에 대한 다음 설명 중 틀린 것은?

① 공사진행기준이란 공사진행정도에 따라 총계약금액을 공사기간별로 배분하여 수익으로 인식하는 방법을 말한다.

② 장기공사뿐 아니라 단기공사계약에 대하여도 진행기준에 의해 수익을 인식할 수 있다.

③ 회계기준은 공사진행률 계산방법으로 오직 원가비율에 의한 방법만을 인정하므로, 작업일수나 면적비율을 사용하여 공사진행률을 계산하여서는 안 된다.

④ 용역제공과 관련한 수익, 원가, 진행률 등을 합리적으로 추정할 수 없는 경우에는 공사원가 중 회수가능한 범위 내에서 공사수익을 인식하고, 발생한 공사원가를 당기비용으로 인식한다.

09 Problem

(주)경인은 고객사인 (주)송담에게 본사제품인 기계장비를 다음과 같이 판매하였다. 이 경우 20×1년 손익계산서에 반영될 매출액은 얼마인가?

- 20x1년 11월 20일 기계장비 10대를 대당 10,000,000원에 판매계약과 동시에 납품하다.
- 대금은 계약일로부터 30일내에 지급하면 2%를 할인하기로 약정하였다.
- 대금은 20x1년 12월 10일 전액 회수하였다.
- 20×2년 1월 5일에 20×1년 11월 20일 납품한 기계장비 중 1대가 불량으로 반품되었다.
- 동 기계장비 매출과 관련한 회계처리는 회계기준에 의한다.

① 88,200,000원 ② 88,000,000원
③ 98,000,000원 ④ 100,000,000원

10 Problem

수익인식에 관한 설명으로 옳은 것은?

① 인도된 재화의 결함에 대해 정상적인 품질보증 범위를 초과하여 책임을 지는 경우라 하더라도 판매가격이 사실상 확정되었다면 판매로 보아 수익을 인식한다.
② 다른 수익인식 조건들이 충족된 경우라 하더라도 반품가능성이 불확실하여 추정이 어려운 경우에는 구매자가 재화의 인수를 공식적으로 수락한 시점 또는 재화 인도 후 반품기간 종료시점에 수익을 인식한다.
③ 특별주문을 받아 소프트웨어를 개발하는 경우, 소프트웨어의 대가로 수취하는 수수료는 개발완료 시점에 계약금액 전액을 수익으로 인식한다.
④ 장기건설공사에 따른 하자보수비는 공사진척도 계산에 포함시키고 매년 공사진척도에 따라 각 연도의 공사원가에 포함시킨다.

11 Problem

공사수익과 공사원가와 관련된 내용을 설명으로 옳지 않은 것은?

① 공사수익은 최초에 합의된 계약금액을 말하며, 건설공사내용의 변경이나 보상금 또는 장려금의 지급에 따라 추가될 수익 중 발생가능성이 매우 높고 신뢰성 있는 측정이 가능한 금액을 포함한다.
② 공사수익은 수취하였거나 수취할 대가의 공정가치로 측정한다.
③ 공사원가에는 특정 공사에 개별적으로 관련되지는 않으나 여러 공사 활동에 배분될 수 있는 공사 공통원가가 포함된다.
④ 장기적인 유휴 생산설비나 건설장비의 감가상각비는 공사원가에 포함한다.

12 Problem

공사진행률을 발생원가기준으로 결정할 경우에는 실제로 수행된 작업에 대한 공사원가만 발생원가에 포함한다. 공사원가에는 포함되나 공사진행에 따라 직접 발생한 지출이 아니므로 공사진행률 계산의 기준이 되는 발생원가에서 제외되는 공사원가가 아닌 것은?

① 수주비 ② 공사손실충당부채전입액
③ 하자보수예상액 ④ 토지의 취득원가

13 Problem

(주)경인건설은 당기(20×1년)에 건물신축공사를 수주하였다(공사기간: 20×1년 ~ 20×3년). 총공사수익은 20,000,000원, 총공사예정원가는 15,000,000원이고, 20×1년 중 공사의 일부가 진행되었다(당기 중 공사원가 발생액: 3,000,000원). 당기 중 공사수익은 얼마인가?

① 1,000,000원 ② 2,000,000원 ③ 3,000,000원 ④ 4,000,000원

14 Problem

(주)용인은 20×1년 1월 1일 서울시청 청사건립공사를 수주하여 계약을 체결하였다. 총공사계약액은 30,000,000원이며 예정완공일은 20×3년 말이다. 다음의 자료를 참고하여 20×1년 손익계산서에 반영될 손익은 얼마인가?

구 분	20×1년 공사원가
당기발생공사원가	8,000,000원
총공사원가추정액	32,000,000원

① 공사손실 500,000원
② 공사이익 1,000,000원
③ 공사이익 1,500,000원
④ 공사손실 2,000,000원

15 Problem

거래처로부터 6월 10일에 상품주문을 받고, 동 상품을 6월 28일에 인도하였으며, 대금 중 절반은 6월 30일에 현금으로 받았고, 나머지는 7월 2일에 현금으로 수취한 경우, 이 상품의 수익인식시점은 언제인가?

① 6월 10일 ② 6월 28일 ③ 6월 30일 ④ 7월 2일

16 Problem

수익·비용 대응원칙에 의한 회계처리로 볼 수 없는 것은?

① 건물의 감가상각
② 수익적 지출과 자본적 지출의 구분
③ 충당부채의 회계처리
④ 재고자산의 저가법 회계처리

주관식 Exercises

01 Problem

수익과 비용에 대해 예를 사용하여 정의하시오.

02 Problem

수익의 인식기준과 비용의 인식기준에 대해 비교하여 설명하시오.

03 Problem

다음의 위탁판매 거래에 대해 위탁자와 수탁자의 입장에게 각각 회계처리를 하시오. 단, 위탁자와 수탁자는 계속기록법을 사용하여 처리하고 있다.

(1) (주)대원은 (주)용인에 위탁판매를 위하여 상품 350,000원을 적송하고, 적송운임 20,000원을 현금으로 지급하였다.

(2) (주)용인은 상기 수탁품을 화물회사로부터 인수하고, 인수운임 10,000원을 현금으로 지급하였다.

(3) (주)용인은 수탁품 전부를 (주)천안에 매출하고, 대금은 모두 외상으로 하였다.

(4) (주)용인은 다음과 같은 매출계산서를 작성하고, 실수금을 대원(주)의 당좌예금 계좌로 이체하였다.

매출계산서

No. 10　　　　20×1.9.2.

(주)대원 귀중　　　　(주)용인

귀사의 위탁상품을 다음과 같이 판매하였음을 통지합니다. 대금잔액은 귀사의 당좌예금계좌로 예입합니다.

(단위: 원)

적 요		금 액
상품(50대@10,000원)		500,000
판매운임	10,000	
판매수수료	48,000	
보 관 료	12,000	70,000
잔 액		430,000

04
Problem

(주)경인은 20×2년 6월 2일 (주)용인으로부터 공장건설공사의 청부를 받고 현금 5,000,000원을 계약금으로 받았다(공장건설완료일 20×4년 12월 31일). 20×2년 12월 31일까지 공장건설에 사용된 원가소비액은 25,000,000원이고, 20×3년 12월 31일까지 공장건설에 사용된 원가소비액은 45,000,000원이다. 그리고 완성시 총공사예정원가는 100,000,000원이며, 공사도급금액은 150,000,000원이었다. 공사진행기준에 따라 회계처리를 하시오.

연습문제 해답

제1장 현대사회에서 회계의 역할

•객 관 식•

해답

1	2	3	4	5	6	7	8	9	10
③	④	②	③	④	③	①	①	②	②
11	12	13							
④	③	④							

1. ③ 회계는 자본주의 사회에서 경제활동을 수행하는데 있어서, 모든 사람들에게 필요하다.
2. ④ 회계의 기본기능은 기록계산기능, 주의환기기능, 문제해결기능이다.
3. ② 기업 활동은 영업활동, 재무활동, 투자활동으로 구분된다.
4. ③ 영업활동의 결과는 기업의 경영성과가 되며, 그 결과에 따라 기업이 성장·발전하거나 또는 도산하게 되므로 영업활동은 기업의 핵심적인 활동이라고 할 수 있다.
5. ④ 자본변동표는 손익계산서를 거치지 않고 재무상태표의 자본에 직접 가감되는 항목에 대한 정보도 제공한다.
6. ③ 재무보고의 목적은 기업의 투자 및 신용의사결정에 유용한 정보제공, 기업의 미래 현금흐름의 전망을 평가하는데 유용한 정보제공, 기업의 경제적 자원과 이에 대한 청구권 및 이들의 변동에 관한 정보제공 등이 있다.
7. ① 회계정보는 계량적 정보이면서 화폐단위로 측정할 수 있는 정보이다.
8. ① 회계정보는 경제 및 산업전반에 대한 정보보다는 개별 경제주체인 기업실체의 경제적 사건을 측정한 정보이다.
9. ② 정보이용자를 중심으로 분류하면 회계는 재무회계와 관리회계와 구분할 수 있다.
10. ② 특정부문에 대한 관리적 의사결정에 유용한 정보를 제공하기 위해서는 관리회계 정보가 필요하다.
11. ④ 재무회계 정보를 산출하기 위해서는 회계원칙을 반드시 지켜야 한다. 그리고 관리회계 정보를 산출할 때는 회계원칙을 반드시 지켜야 하는 것은 아니다.
12. ③ 재무회계는 과거정보를 산출하며, 기업 외부이용자를 위한 회계이며, 정보의 보고는 일정기간(연간, 반기, 분기 등)마다 이루어진다.
13. ④ 과세당국은 기업의 조제부담능력, 적정과세, 세금포탈 등에 대한 정보를 얻기 위하여 기업의 회계정보를 필요로 한다.

제 2 장 회계정보의 산출기준

• 객 관 식 •

해 답

1	2	3	4	5	6	7	8	9	10
③	③	②	③	①	④	②	④	②	③
11	12	13	14	15	16				
①	④	①	③	②	③				

1. ③ 검증가능성에 대한 설명으로, 이는 목적적합성이 아닌 신뢰성의 하부 특성이다.
2. ③ 중요성은 일반적으로 해당항목의 성격과 금액의 크기에 의해 결정된다.
3. ② 계속기업의 가정이 없으면, 자산은 청산가치로 평가하고 감가상각은 필요하지 않을 것이다.
4. ③ 과거의 의사결정을 확인 또는 수정하도록 하는 것은 피드백가치로 목적접합성에 속한다.
5. ① 적시성은 목적적합성의 하위 구성요소이다.
6. ④ 역사적원가로 자산 및 부채를 평가하면 신뢰성이 높아지고, 공정가액(시가)으로 평가하면 목적적합성이 높아진다.
7. ② 물가가 상승하는 경우 기말재고를 평가할 때 후입선출법이 보수적이고, 물가가 하락할 경우에는 선입선출법으로 기말재고를 평가하는 것이 보수적이다.
8. ④ 일반적으로 인정된 회계원칙은 재무회계 목적의 재무제표를 작성할 때 지켜야 할 원칙이다.
9. ② 반기재무제표는 목적적합성에 맞는 정보이다.
10. ③ 기본인식기준이란 자산, 부채 수익, 비용을 재무제표에 계상하기 위한 요건을 말하는 것으로 신뢰성과 목적적합성이 있어야 하고, 그 금액을 측정할 수 있어야 한다.
11. ① ②번은 중립성 또는 표현의충실성, ③번은 표현의 충실성, ④번은 중립성을 설명한 것이다.
12. ④ 한국채택국제회계기준은 모든 상장기업과 자발적 비상장기업에서 재무제표를 작성할 때 지켜야 할 원칙이다.
13. ① 기업간 통일성 있는 회계처리를 한다면 비교가능성이 높아진다.
14. ③ 중요성은 일반적으로 당해 항목의 성격과 금액의 크기에 의해 결정되는 속성이다.

15. ② 재무상태표에 표시되는 자본총액은 취득원가주의에 기초하여 계산된 금액이므로 당해 기업의 주식시가총액이나 순자산 처분가액과는 다른 금액이 된다.
16. ③ 공인회계사의 외부감사는 기업이 작성한 재무제표에 대하여 독립된 전문가로서 의견을 표명하여 공정성과 신뢰성을 부여하기 위해서 수행한다.

제 3 장 재무제표

• 객 관 식 •

해 답

1	2	3	4	5	6	7	8	9	10
③	③	①	③	③	③	④	②	②	③
11	12	13	14	15	16				
④	④	②	②	①	③				

1. ③ 자본변동표는 소유주의 투자와 분배에 대한 포괄적인 정보를 제공하는 것이다.
2. ③ 나머지는 이익잉여금에 해당한다.
3. ① 사용이 제한되어 있는 현금및현금성자산은 비유동자산으로 분류한다.
4. ③ 단기는 1년 이내, 장기는 1년 초과를 의미한다.
5. ③ 주식발행초과금만 자본잉여금에 해당한다.
6. ③ 기타비유동자산은 수익성이 없는 자산을 보고하기 위해 분류하는 것이다. 임차보증금은 임차계약기간이 종료되면 그 금액을 돌려받는 자산이므로 수익성이 없는 것이다.
7. ④ 자본조정은 자본항목 중 임시적인 항목을 말하는 것으로 외환차익은 실현된 이익이므로 영업외수익 항목이다.
8. ② 유동성배열법이란 현금화 정도를 말하는 것으로서 매출채권이 가장 빠르다.
9. ② 선급금과 가지급금은 유동자산, 장기차입금은 비유동부채에 해당한다.
10. ③ 총액주의에 따른다.
11. ④ 자본변동표는 자본금, 자본잉여금, 자본조정, 이익잉여금의 변동내역 및 기타포괄손익누계액에 대한 포괄적인 정보를 제공한다.
12. ① 자산과 부채는 1년을 기준뿐만 아니라 정상적 영업주기를 고려하여 유동자산 또는

비유동자산, 유동부채 또는 비유동부채로 구분하는 것을 원칙으로 한다.

13. ② 자산은 과거 사건의 결과로 기업이 통제하고 있고, 미래경제적 효익이 유입될 것으로 기대되는 자원을 말한다.
14. ② 보통주와 우선주는 배당금지급 및 청산시의 권리가 상이하기 때문에 자본금을 구분하여 표시하여야 한다.
15. ① 손익계산서를 거치지 않고 재무상태표의 자본에 직접 가감되는 항목에 대한 정보를 제공한다.
16. ③ 재무제표에 주석을 포함하며, 재무제표의 작성과 표시에 대한 책임은 경영자에게 있다. 그리고 기업회계기준 변경 등의 경우에는 재무제표 항목의 표시와 분류의 계속성 유지를 적용하지 아니할 수 있다.

• 주 관 식 •

문 3 정답

(1) 10,000,000 × 0.76 = 7,600,000원
(2) 10,000,000 × 1.21 = 12,100,000원
(3) 5,000,000 ÷ 2.50 = 2,000,000원
(4) 1,000,000 × 3.64 = 3,640,000원

문 4 정답

당좌자산: 미수수익, 현금, 매출채권, 단기금융상품, 선급금, 선급비용
재고자산: 상품, 제품, 재공품, 원재료, 저장품,
투자자산: 장기대여금, 장기금융상품
유형자산: 구축물, 건물, 건설중인자산, 기계장치, 차량운반구
무형자산: 광업권, 산업재산권, 컴퓨터소프트웨어
기타비유동자산: 임차보증금, 장기매출채권, 장기미수금
유동부채: 매입채무, 단기차입금, 미지급금, 예수금, 미지급비용, 미지급배당금, 유동성장기부채, 선수수익, 미지급법인세
비유동부채: 장기차입금, 사채, 퇴직급여충당부채, 임대보증금
자본금: 자본금
자본잉여금: 주식발행초과금, 기타자본잉여금
자본조정: 주식할인발행차금, 자기주식, 자기주식처분손실
기타포괄손익누계액: 매도가능증권평가이익, 해외사업환산이익

이익잉여금: 이익준비금, 임의적립금, 기술개발준비금, 배당금
매출액: 매출
매출원가: 매출원가
판매비와 관리비: 급여, 여비교통비, 세금과공과, 판매수수료, 임차료, 복리후생비, 지급수수료, 판매촉진비, 대손상각비, 감가상각비, 광고선전비, 접대비, 매출운임, 차량유지비, 보험료
영업외수익: 임대료, 이자수익, 배당금수익, 지분법평가이익, 유형자산처분이익, 외화환산이익, 잡이익
영업외비용: 이자비용, 기부금, 매도가능증권손상차손, 외환차손, 단기매매증권처분손실, 재해손실
법인세비용: 법인세비용

제 4 장 회계정보의 산출과정: 회계순환과정

• 객 관 식 •

해 답

1	2	3	4	5	6	7	8	9	10
③	①	④	③	③	④	②	①	①	②
11	12	13							
②	①	②							

1. ③ 복식부기의 특징은 대차평균의 원리, 자기검증의 기능 및 거래의 이중성 등을 들 수 있다. 따라서 복식부기를 적용할 경우 언제나 기록의 정확성을 확인할 수 있다.
2. ① 회계상의 거래는 자산, 부채, 자본, 수익, 비용에 변동을 가져다주는 것을 말한다. 따라서 거래처와 계약을 체결하는 것은 체결에 불과할 뿐 회계상의 거래는 아니다.
3. ④ 현금을 지급한 것은 기업의 자산감소를 가져오므로 거래이다.
4. ③ 외부정보이용자에게 재무제표를 제공하기 위해서는 일정한 순서에 의해 작성해야 한다. 거래인식·측정 → 분개장 및 총계정원장 → 시산표 → 수정분개 → 재무제표
5. ③ 상품매입을 위해 주문을 하는 것은 거래가 아니다. 계약금을 지급한다든지 상품을 가져올 경우에는 거래에 해당된다.

6. ④ 계약금을 받은 것은 부채에 불과할 뿐 실제 거래는 잔금일·인도일 등 특정조건에 해당될 때 인식되므로 손익은 그 시점에서 인식해야 한다.
7. ② 결산절차: 시산표 – 결산정리 – 정산표 – 원장 및 분개장 마감 – 재무제표작성
8. ①

교환거래 - 자산, 부채, 자본 계정으로만 이루어진 거래
손익거래 - 차변과 대변의 어느 한쪽이 수익과 비용계정으로 이루어진 거래
혼합거래 - 교환거래와 손익거래가 동시에 이루진 거래

	차변		대변	
①	(차) 대손상각비	300,000	(대) 외상매출금	300,000
②	(차) 이 자 비 용	15,000	(대) 현 금	15,000
③	(차) 현 금	250,000	(대) 상 품	250,000
			상품매출이익	50,000
④	(차) 현 금	5,000	(대) 이 자 수 익	5,000

9. ①

① (차) 자산의 증가 (대) 부채의 증가
② (차) 부채의 감소 (대) 자산의 감소
③ (차) 자산의 증가 (대) 자산의 감소
④ (차) 비용의 발생 (대) 자산의 감소

10. ② (차) 외상매입금(부채의 감소) 200,000 (대) 지급어음(부채의 증가) 200,000
11. ② 기말자산 = 기말부채 + 기초자본 + 당기순이익
12. ①

기초자본 = 기초자산 – 기초부채 = 1,250,000 – 850,000 = 400,000원
총 수 익 = 총비용 + 당기순이익 = 200,000 + 250,000 = 450,000원
기말자본 = 기초자본 + 당기순이익 = 400,000 + 250,000 = 650,000원
기말자산 = 기말부채 + 기말자본 = 750,000 + 650,000 = 1,400,000원

13. ② 차변요소는 자산의 증가, 부채의 감소, 자본의 감소, 비용의 발생이다.

• 주 관 식 •

문7 정답

(3) 계약만 체결했을 뿐 다른 금품수수가 없으므로 거래가 아니다. 단, 계약금을 수수하였다면 거래이다.
(5) 자금차입여부를 결정하였을 뿐 실제 자금수수가 없으므로 거래가 아니다.
(6) 실제 지급이 아니라 앞으로 발생할 사실이므로 거래가 아니다.

(9) 상품 주문만 하였다면 거래가 아니다.

문8 정답

	자 산	부 채	자 본
(1)	+		+
(2)	−	−	
(3)		+	−
(4)	+		+
(5)	+	+	
(6)	−		−
(7)	+	+	
(8)	+		+
(9)	+	+	
(10)	−		−

문9 정답

(1)	현 금	(+5,000,000원)	자산증가	자 본 금	(+500,000원)	자본증가
(2)	현 금	(−200,000원)	자산감소	매입채무	(−200,000원)	부채감소
(3)	현 금	(+300,000원)	자산증가	단기차입금	(+300,000원)	부채증가
(4)	상 품	(+400,000원)	자산증가	현 금	(−400,000원)	자산감소
(5)	상 품	(−200,000원)	자산감소	매출원가	(+200,000원)	자본감소
	매출채권	(+350,000원)	자산증가	매 출	(+350,000원)	자본증가
(6)	임 차 료	(+ 1,000원)	자본감소	현 금	(− 1,000원)	자산감소
(7)	토 지	(+400,000원)	자산증가	미지급금	(+400,000원)	부채증가
(8)	상 품	(−150,000원)	자산감소	매출원가	(+150,000원)	자본감소
	현 금	(+220,000원)	자산증가	매 출	(+220,000원)	자본증가
(9)	광고선전비	(+300,000원)	자본감소	현 금	(−300,000원)	자산감소
(10)	이자비용	(+ 3,000원)	자본감소	미지급금	(+ 3,000원)	부채증가

제 5 장 기중거래의 기록: 거래의 분개 및 전기

• 객 관 식 •

해 답

1	2	3	4	5	6	7	8	9	10
④	①	④	③	①	④	③	①	②	③
11	12	13							
③	③	①							

1. ④ 결산정리분개는 내부거래이므로 모두 대체전표를 사용하여 처리한다.
2. ① 비용발생과 부채발생의 거래를 찾으면 된다. 선급임차료는 자산, 임대료는 수익이므로 급여를 미지급하였을 때 부채와 비용이 과소계상된다.
3. ④ 매입(구매)할 때 부가세대급금, 매출(판매)할 때 부가세예수금이 기록된다.
4. ③ 주문한 경우에는 계약금과 관련된 내용만 회계처리를 하면 된다.
5. ① 타인이 발행한 수표를 받았을 경우에는 모두 현금으로 처리하고, 자신이 발행한 수표는 당좌예금으로 처리한다.
6. ④ 발생한 거래의 내용을 다른 과계에 전달하기 쉽도록 고안된 것이 전표제도이다.
7. ③ (가)는 가지급금, (나)는 가수금, (다)는 예수금으로 처리한다.
8. ① 손익거래에 해당하는 거래로,

   (차) 비용의 발생 ××× (대) 자산의 감소 ×××
   부채의 증가 ×××
9. ② 장부 중 주요부는 분개장과 총계정원장이다. 매출장, 매입장, 현금출납장 등은 보조부에 속한다.
10. ③ 장부금액(건물 취득원가 - 건물감가상각누계액)이 처분금액(현금)보다 크므로, 유형자산처분손실이 발생한다. 회계처리하면 다음과 같다.

    (차) 현 금(자산의 증가) ××× (대) 건 물(자산의 감소) ×××
    감가상각누계액((-)자산의 감소) ×××
    유형자산처분손실(비용의 발생) ×××
11. ③

    (차) 감가상각비 ××× (차) 감가상각누계액 ×××
    대체전표에 기입한다. 출금전표는 대변에 현금만 기입될 때 사용한다.

12. ③ 입금전표는 현금의 유입거래를 기입하는 전표이며, 동점발행수표는 현금으로 처리한다.
13. ① (가)-현금입금(입금전표), (나)-현금지출(출금전표), (다)-현금거래 없음(대체전표)

• 주 관 식 •

문 5 정답

(단위: 원)

날짜	차변	금액	대변	금액
3/1	(차) 현 금	200,000	(대) 자 본 금	1,000,000
	건 물	300,000		
	상 품	500,000		
3/ 8	(차) 비 품	100,000	(대) 현 금	100,000
3/15	(차) 현 금	500,000	(대) 장기차입금	500,000
4/ 7	(차) 매 입	300,000	(대) 외상매입금	300,000
4/19	(차) 외상매출금	200,000	(대) 매 출	200,000
5/ 2	(차) 비 품	50,000	(대) 현 금	50,000
5/13	(차) 현 금	50,000	(대) 매 출	150,000
	외상매출금	100,000		
5/19	(차) 외상매입금	200,000	(대) 현 금	200,000
6/ 3	(차) 보 험 료	15,000	(대) 현 금	15,000
6/21	(차) 현 금	200,000	(대) 외상매출금	200,000
6/23	(차) 이 자 비 용	5,000	(대) 현 금	5,000
7/ 1	(차) 급 여	20,000	(대) 현 금	20,000
7/ 6	(차) 여비교통비	8,000	(대) 현 금	8,000
7/20	(차) 현 금	13,000	(대) 임 대 료	13,000
7/31	(차) 현 금	100,000	(대) 외상매출금	100,000

문 6 정답

(1) 1년 이내에 회수하기로 하고 현금 30,000원을 대여하다.
(2) 건물을 90,000원에 구입하면서 현금 50,000원만 지급하고, 잔액은 추후에 지급하기로 하다.
(3) 수취기일이 경과한 임대료 2,000원이 회수되지 않고 있다.
(4) 취득원가가 26,000원인 상품을 30,000원에 외상으로 판매하다.
(5) 급여 6,000원을 현금으로 지급하다.

(6) 상품을 25,000원에 구입하면서 외상으로 하다.

(7) 결산시점에 이자비용 4,000원에 대해 지급기일이 도래하지 않아 미지급하다.

제 6 장 결산회계

•객 관 식•

해 답

1	2	3	4	5	6	7	8	9	10
④	①	③	③	①	③	④	③	②	①
11	12	13	14	15	16	17	18		
④	④	①	②	④	④	①	③		

1. ④ 시산표는 총계정원장의 잔액 또는 합계를 집합하여 작성하는 표이다. 따라서 총계정원장으로의 전기오류는 작성한 시산표의 대차가 서로 일치하지 않는 원인이 되는 것이다.
2. ① 선급금은 계약을 체결하고 계약금을 지급할 경우에 처리하는 계정으로 결산시점에서는 발생하지 않는다.
3. ③ 이자비용을 당기에 계상하지 않을 경우 이익은 과대계상되고, 부채는 과소평가된다.
4. ③ 결산절차 중 가장 마지막에 수행하는 절차는 재무상태표계정을 마감하여 차기로 이월시키는 것이다.
5. ① 비용의 이연으로서 재무상태표에 표시되는 것은 선급비용 항목이다.
6. ③ 결산정리에 대한 수정분개를 할 때 선수수익, 미수수익, 선급비용, 미지급비용 항목 등이 나타나며, 미지급수익이라는 항목은 존재하지 않는다.
7. ④ 미수수익과 선급비용은 모두 자산항목으로 당기순이익과 비례관계에 있다. 따라서 당기순이익이 과대계상되었다면, 미수수익과 선급비용은 모두 과대계상되었다고 할 수 있다.
8. ③ 일정기간 동안 수익창출활동에 기여할 것으로 판단하여 합리적이고 체계적으로 일정한 기간에 배분하는 원가 또는 비용은 감가상각비이다. 유형자산은 내용연수 동안 체계적으로 일정한 기간에 배분하여야 한다.

9. ② 180,000 ÷ 6개월분 = 30,000원. 따라서 9월부터 12월까지는 기간이 경과하였으나 1월과 2월은 기간이 경과하지 않았으므로 자산으로 계상하여야 할 금액은 30,000 × 2개월 = 60,000원이다.
10. ① 자산은 이익에 가산되고, 부채는 이익에서 차감한다. 따라서 950,000 + 50,000 + 40,000 − 15,000 − 33,000 = 992,000원이다.
11. ④ 재무상태와 경영성과를 파악하기 위하여 장부를 마감하는 절차를 결산이라 한다.
12. ④ 총계정원장에 전기를 마친 후 올바르게 전기되었는지 확인하기 위해 작성하는 표를 시산표라고 한다.
13. ① 재무제표는 재무상태표, 손익계산서, 현금흐름표, 자본변동표로 구성되며, 주석을 포함한다.
14. ② 각 계정의 잔액은 증가 또는 발생하는 쪽에 발생하며, 자산과 비용 계정의 잔액은 차변 그리고 부채와 자본, 수익 계정의 잔액은 대변에 표시된다.
15. ④ 손익계정의 대변잔액은 당기순이익이다.
16. ④ 분개의 대차 중 어느 한 변에만 전기한 경우는 차변과 대변의 합계금액이 일치하지 않으므로 오류를 발견할 수 있다.
17. ①
    - 결산의 절차

    ① 결산 예비절차: 수정전시산표 → 정산표 작성

    ② 결산 본 절차: 총계정원장 마감 → 보조장부 마감

    ③ 결산 후 절차: 재무제표 작성
18. ③ 수정 후 당기순이익 = 300,000원 + 60,000원 − 40,000원 = 320,000원

①	(차) 선급보험료	60,000	(대) 보험료	60,000
②	(차) 이자비용	40,000	(대) 미지급이자비용	40,000

• 주 관 식 •

문7 정답

(1) 분개 (단위: 원)

01/05	(차) 당좌예금	100,000,000	(대)	자본금	100,000,000
01/16	(차) 현금	90,000,000	(대)	장기차입금	90,000,000
01/30	(차) 매입	500,000	(대)	당좌예금	500,000
02/17	(차) 기계장치	10,000,000	(대)	현금	5,000,000
				미지급금	5,000,000

날짜		차변 과목	금액		대변 과목	금액
02/19	(차)	접 대 비	500,000	(대)	현 금	500,000
02/27	(차)	현 금	250,000	(대)	매 출	450,000
		외 상 매 출 금	200,000			
03/07	(차)	원 재 료	4,000,000	(대)	지 급 어 음	4,000,000
03/10	(차)	투 자 부 동 산	10,000,000	(대)	현 금	10,000,000
03/27	(차)	외 상 매 출 금	200,000	(대)	매 출	200,000
04/14	(차)	광 고 선 전 비	500,000	(대)	현 금	500,000
04/21	(차)	현 금	200,000	(대)	현 금 과 부 족	200,000
04/30	(차)	매 입	90,000	(대)	외 상 매 입 금	90,000
05/04	(차)	현 금	20,000,000	(대)	투 자 부 동 산	10,000,000
					투자자산처분이익	10,000,000
05/13	(차)	현 금	160,000	(대)	매 출	160,000
05/22	(차)	당 좌 예 금	200,000	(대)	외 상 매 출 금	200,000
06/11	(차)	외 상 매 출 금	285,000	(대)	매 출	285,000
06/20	(차)	경 상 개 발 비	1,000,000	(대)	당 좌 예 금	1,000,000
07/01	(차)	단 기 대 여 금	5,000,000	(대)	현 금	4,760,000
					선 수 수 익	240,000
07/12	(차)	세 금 과 공 과	400,000	(대)	현 금	400,000
07/23	(차)	매 입	500,000	(대)	외 상 매 입 금	500,000
08/01	(차)	외 상 매 입 금	500,000	(대)	현 금	500,000
08/14	(차)	현 금	20,000,000	(대)	당 좌 예 금	20,000,000
08/27	(차)	어 업 권	1,000,000	(대)	당 좌 예 금	1,000,000
09/08	(차)	당 좌 예 금	100,000,000	(대)	자 본 금	25,000,000
					주식발행초과금	75,000,000
09/30	(차)	당 좌 예 금	200,000	(대)	가 수 금	200,000
10/07	(차)	외 상 매 출 금	495,000	(대)	매 출	495,000
10/16	(차)	현 금	495,000	(대)	외 상 매 출 금	495,000
10/27	(차)	기 계 장 치	20,000,000	(대)	미 지 급 금	20,000,000
11/06	(차)	지 급 어 음	3,000,000	(대)	현 금	3,000,000
11/18	(차)	현 금	200,000	(대)	외 상 매 출 금	200,000
12/14	(차)	토 지	40,000,000	(대)	당 좌 예 금	80,000,000
		건 물	16,000,000			
		기 계 장 치	24,000,000			
12/23	(차)	복 리 후 생 비	3,000,000	(대)	당 좌 예 금	3,000,000
12/30	(차)	건 설 중 인 자 산	5,000,000	(대)	당 좌 예 금	5,000,000
12/31	(차)	현 금	1,000,000	(대)	선 수 금	1,000,000

(2) 총계정원장으로 전기 및 수정전시산표 작성 (단위: 원)

① 총계정원장에 전기

현 금

차변	금액	대변	금액
1/16 장기차입금	90,000,000	2/17 기계장치	5,000,000
2/27 매 출	250,000	2/19 접 대 비	500,000
4/21 현금과부족	200,000	3/10 투자부동산	10,000,000
5/4 제 좌	20,000,000	4/14 광고선전비	500,000
5/13 매 출	160,000	7/1 단기대여금	4,760,000
8/14 당좌예금	20,000,000	7/23 세금과공과	400,000
10/16 외상매출금	495,000	8/1 외상매입금	500,000
11/18 외상매출금	200,000	11/6 지급어음	3,000,000
12/31 선 수 금	1,000,000	12/31 차기이월	107,645,000
계	132,305,000	계	132,305,000

당좌예금

차변	금액	대변	금액
1/05 자 본 금	100,000,000	1/30 매 입	500,000
5/22 외상매출금	200,000	6/20 개 발 비	1,000,000
9/8 제 좌	100,000,000	8/14 현 금	20,000,000
9/30 가 수 금	200,000	8/27 어 업 권	1,000,000
		12/14 제 좌	80,000,000
		12/23 복리후생비	3,000,000
		12/30 건설중자산	5,000,000
		12/31 차기이월	89,900,000
계	200,400,000	계	200,400,000

기계장치

차변	금액	대변	금액
2/17 제 좌	10,000,000	12/31 차기이월	54,000,000
10/27 미지급금	20,000,000		
12/14 당좌예금	24,000,000		
계	54,000,000	계	54,000,000

외상매출금

차변	금액	대변	금액
2/27 매 출	200,000	5/22 당좌예금	200,000
3/27 매 출	200,000	10/16 현 금	495,000
6/11 매 출	285,000	11/18 현 금	200,000
10/7 매 출	495,000	12/31 차기이월	285,000
계	1,180,000	계	1,180,000

원 재 료

차변	금액	대변	금액
3/7 지급어음	4,000,000		

투자부동산

차변	금액	대변	금액
3/10 현 금	10,000,000	5/4 현 금	10,000,000

경상개발비

차변	금액	대변	금액
6/20 당좌예금	1,000,000		

단기대여금

차변	금액	대변	금액
7/1 제 좌	5,000,000		

어 업 권

차변	금액	대변	금액
8/27 당좌예금	1,000,000		

토 지

차변	금액	대변	금액
12/14 당좌예금	40,000,000		

건 물

차변	금액	대변	금액
12/14 당좌예금	16,000,000		

건설중인자산

차변	금액	대변	금액
12/30 당좌예금	5,000,000		

미 지 급 금

12/31 차기이월	25,000,000	2/17 기계장치	5,000,000
		10/27기계장치	20,000,000

지 급 어 음

11/6 현 금	3,000,000	3/7 원 재 료	4,000,000

장기차입금

		1/16 현 금	90,000,000

외상매입금

8/1 현 금	500,000	4/30 매 입	90,000
12/31차기이월	90,000	7/23 매 입	500,000

선수수익

		7/1 단기대여금	240,000

선 수 금

		12/31 현 금	1,000,000

자 본 금

12/31 차기이월	125,000,000	1/5 당좌예금	100,000,000
		9/8 당좌예금	25,000,000

주식발행초과금

12/31 차기이월	75,000,000	9/8 당좌예금	75,000,000

현금과부족

		4/21 현 금	200,000

가 수 금

		9/30 당좌예금	200,000

매 입

1/30 당좌예금	500,000		
4/30 외상매입금	90,000		
7/23 외상매입금	500,000		

매 출

		2/27 제 좌	450,000
		3/27 외상매출금	200,000
		5/13 현 금	60,000
		6/11외상매출금	285,000
		10/7외상매출금	495,000

접 대 비

2/19 현 금	500,000		

광고선전비

4/14 현 금	500,000		

세금과공과

7/12 현 금	400,000		

투자자산처분이익

		5/4 현 금	10,000,000

복리후생비

12/23당좌예금	3,000,000		

② 수정전 시산표

수정전시산표(잔액시산표)

(주)경인 20×1.12.31 (단위: 원)

차변	금액	대변	금액
현금	107,645,000	외상매입금	90,000
당좌예금	89,900,000	지급어음	1,000,000
외상매출금	285,000	선수금	1,000,000
단기대여금	5,000,000	선수수익	240,000
원재료	4,000,000	미지급금	25,000,000
투자부동산	0	장기차입금	90,000,000
토지	40,000,000	현금과부족	200,000
건물	16,000,000	가수금	200,000
기계장치	54,000,000	자본금	125,000,000
건설중인자산	5,000,000	주식발행초과금	75,000,000
창업비	5,000,000	매출	1,590,000
어업권	1,000,000	투자자산처분이익	10,000,000
매입	1,090,000		
접대비	500,000		
세금과공과	400,000		
경상개발비	1,000,000		
광고선전비	500,000		
복리후생비	3,000,000		
계	329,320,000	계	329,320,000

(3) 결산정리사항에 대한 수정분개 (단위: 원)

	차변	금액	대변	금액
①	(차) 선수수익	120,000	(대) 이자수익	120,000
②	(차) 현금과부족	200,000	(대) 잡이익	200,000
③	(차) 급여	6,000,000	(대) 미지급비용	6,000,000
④	(차) 무형자산상각비	1,000,000	(대) 창업비	1,000,000
⑤	(차) 가수금	200,000	(대) 외상매출금	200,000
⑥	(차) 감가상각비	13,000,000	(대) 감가상가누계액-기계	13,000,000
⑦	(차) 감가상각비	2,000,000	(대) 감가상가누계액-건물	2,000,000
⑧	(차) 대손상각비	5,700	(대) 대손충당금	5,700
⑨	(차) 이자비용	10,350,000	(대) 미지급비용	10,350,000
⑩	(차) 상품(기말)	250,000	(대) 매입	250,000

(4) 정산표 작성(10위식)

정 산 표

(주)경인 20×1.12.31 (단위: 천원)

계정과목	수정전시산표		수정분개기입		수정후시산표		손익계산서		재무상태표	
	차변	대변	차변	대변	차변	대변	차변	대변	차변	대변
현금	107,645				107,645				107,645	
당좌예금	89,900				89,900				89,900	
외상매출금	285			200	85				85	
단기대여금	5,000				5,000				5,000	
원재료	4,000				4,000				4,000	
토지	40,000				40,000				40,000	
건물	16,000				16,000				16,000	
기계장치	54,000				54,000				54,000	
건설중인자산	5,000				5,000				5,000	
어업권	1,000				1,000				1,000	
외상매입금		90				90				90
지급어음		1,000				1,000				1,000
선수금		1,000				1,000				1,000
선수수익		240	120			120				120
미지급금		25,000				25,000				25,000
장기차입금		90,000				90,000				90,000
현금과부족		200	200			0				0
가수금		200	200			0				0
자본금		125,000				125,000				125,000
주식발행초과금		75,000				75,000				75,000
매출		1,590				1,590		1,590		
투자자산처분익		10,000				10,000		10,000		
대손충당금				5.7		5.7				5.7
매입	1,090			250	840		840			
접대비	500				500		500			
세금과공과	400				400		400			
광고선전비	500				500		500			
경상개발비	1,000				1,000		1,000			
복리후생비	3,000				3,000		3,000			
계	329,320	329,320								
이자수익				120		120		120		
잡이익				200		200		200		
급여			6,000		6,000		6,000			
미지급비용				6,000		6,000				16,350
				10,350		10,350				
감가상각비			13,000		13,000		15,000			
			2,000		2,000					
감가누계액(기계)				13,000		13,000				13,000
감가누계액(건물)				2,000		2,000				2,000
대손상각비			5.7		5.7		5.7			
이자비용			10,350		10,350		10,350			
상품(기말)			250		250				250	
당기순손실								25,685.7	25,685.7	
계			32,125.7	32,125.7	360,475.7	360,475.7	37,595.7	37,595.7	348,565.7	348,565.7

(5) 손익계산서

손 익 계 산 서

(주)경인 20×1.1.1~20×1.12.31 (단위: 원)

과목		
매출		1,590,000
매출원가		840,000
매출총이익		750,000
판매원가와관리비		
접대비	500,000	
세금과공과	400,000	
광고선전비	500,000	
경상개발비	1,000,000	
복지후생비	3,000,000	
급여	6,000,000	
감가상각비	15,000,000	
대손상각비	5,700	(26,405,700)
영업손실		(25,655,700)
영업외수익		
투자자산처분이익	10,000,000	
이자수익	120,000	
잡이익	200,000	10,320,000
영업외비용		
이자비용	10,350,000	(10,350,000)
당기순손실		(25,685,700)

(6) 재무상태표

재 무 상 태 표

(주)경인		20×1.12.31		(단위: 원)
현 금		107,645,000	외 상 매 입 금	90,000
당 좌 예 금		89,900,000	지 급 어 음	1,000,000
외 상 매 출 금	85,000		선 수 금	1,000,000
대 손 충 당 금	(5,700)	79,300	선 수 수 익	120,000
단 기 대 여 금		5,000,000	미 지 급 금	25,000,000
원 재 료		4,000,000	미 지 급 비 용	16,350,000
상 품		250,000	장 기 차 입 금	90,000,000
토 지		40,000,000	자 본 금	125,000,000
건 물			주식발행초과금	75,000,000
감가상각누계액	16,000,000	14,000,000	당 기 순 손 실	(25,685,700)
기 계 장 치	(2,000,000)			
감가상각누계액	54,000,000	41,000,000		
건 설 중 인 자 산	(13,000,000)	5,000,000		
어 업 권		1,000,000		
계		307,874,300	계	307,874,300

문8 정답

(1) 결산정리사항에 대한 수정분개 (단위: 원)

		차변	금액		대변	금액
①	(차)	매 입	1,500,000	(대)	상 품	1,500,000
		상 품	1,700,000		매 입	1,700,000
②	(차)	감 가 상 각 비	170,000	(대)	감가상각누계액	170,000
③	(차)	선 급 보 험 료	120,000	(대)	보 험 료	120,000
④	(차)	미 수 수 익	300,000	(대)	이 자 수 익	300,000
⑤	(차)	급 료	150,000	(대)	미 지 급 비 용	150,000
⑥	(차)	대 손 상 각 비	16,000	(대)	대 손 충 당 금	16,000

(2) 정산표 작성(10위식)

정 산 표

(주)용인 20×1.12.31 (단위: 천원)

계정과목	수정전시산표		수정분개기입		수정후시산표		손익계산서		재무상태표	
	차변	대변	차변	대변	차변	대변	차변	대변	차변	대변
현 금 과 예 금	1,200				1,200				1,200	
외 상 매 출 금	800				800				800	
보 험 료	720			120	600		600			
상 품	1,500		1,700	1,500	1,700				1,700	
건 물	3,000				3,000				3,000	
감가상각누계액		340		170		510				510
외 상 매 입 금		1,500				1,500				1,500
자 본 금		4,000				4,000				4,000
매 출		7,800				7,800		7,800		
매 입	5,000		1,500	1,700	4,800		4,800			
임 차 료	150				150		150			
수 도 광 열 비	300				300		300			
이 자 비 용	500				500		500			
급 료	800		150		950		950			
이 자 수 익		330		300		630		630		
계	13,970	13,970								
감 가 상 각 비			170		170		170			
선 급 보 험 료			120		120				120	
미 수 수 익			300		300				300	
미 지 급 비 용				150		150				150
대 손 상 각 비			16		16		16			
대 손 충 당 금				16		16				16
당 기 순 이 익							944			944
계			3,956	3,956	14,606	14,606	8,430	8,430	7,120	7,120

문 9 정답

(1) 결산정리사항에 대한 수정분개 (단위: 원)

① (차)	매 입	36,000,000	(대)	상 품	36,000,000
	상 품	40,000,000		매 입	40,000,000
② (차)	감 가 상 각 비	6,700,000	(대)	감가상각누계액	6,700,000
③ (차)	대 손 상 각 비	140,000	(대)	대 손 충 당 금	140,000
④ (차)	보 험 료	360,000	(대)	선 급 보 험 료	360,000
⑤ (차)	미 수 수 익	800,000	(대)	이 자 수 익	800,000
⑥ (차)	전기오류수정손실 (이익잉여금)	500,000	(대)	이 자 비 용	500,000

⑦ (차) 세 금 과 공 과 2,000,000 (대) 미 지 급 비 용 2,000,000
⑧ (차) 법 인 세 비 용 3,440,000 (대) 미 지 급 법 인 세 3,440,000

(2) 정산표 작성(10위식)

정 산 표

(주)계양 20×1.12.31 (단위: 천원)

계정과목	수정전시산표		수정분개기입		수정후시산표		손익계산서		재무상태표	
	차변	대변	차변	대변	차변	대변	차변	대변	차변	대변
현 금 과 예 금	1,200				1,200				1,200	
외 상 매 출 금	41,000				41,000				41,000	
대 손 충 당 금		1,000		140		1,140				1,140
받 을 어 음	16,000				16,000				16,000	
선 급 보 험 료	900			360	540				540	
상 품 (기 초)	36,000		40,000	36,000	40,000				40,000	
기 계 장 치	67,000				67,000				67,000	
감가상각누계액		12,000		6,700		18,700				18,700
외 상 매 입 금		14,500				14,500				14,500
지 급 어 음		20,000				20,000				20,000
사 채		30,000				30,000				30,000
자 본 금		50,000				50,000				50,000
이익잉여금(기초)		14,200				14,200				14,200
매 출		400,000				400,000		400,000		
매 입	320,000		36,000	40,000	316,000		316,000			
급 료	39,000				39,000		39,000			
광 고 선 전 비	2,200				2,200		2,200			
여 비 교 통 비	8,000				8,000		8,000			
통 신 비	600				600		600			
이 자 비 용	1,700			500	1,200		1,200			
임 차 료	4,800				4,800		4,800			
세 금 과 공 과	3,300		2,000		5,300		5,300			
계	541,700	541,700								
감 가 상 각 비			6,700		6,700		6,700			
대 손 상 각 비			140		140		140			
보 험 료			360		360		360			
미 수 수 익			800		800				800	
이 자 수 익				800		800		800		
전기오류수정손실			500		500				500	
미 지 급 비 용				2,000		2,000				2,000
법 인 세 비 용			3,440		3,440		3,440			
미 지 급 법 인 세				3,440		3,440				3,440
당 기 순 이 익							13,060			13,060
계			89,940	89,940	554,780	554,780	400,800	400,800	167,040	167,040

제 7 장 당좌자산

•객 관 식•

해 답

1	2	3	4	5	6	7	8	9	10
③	④	④	②	②	④	②	④	②	③
11	12	13							
③	④	②							

1. ③ 사용이 제한된 것은 만기가 3개월 이내에 도래하는 예금이라도 당좌자산으로 분류해서는 안 된다.
2. ④ 선수금은 유동부채에 해당하므로 대손 처리할 수 없고, 만약 상환의무가 없다면 채무면제이익으로 처리한다.
3. ④ 관계기업주식은 투자자산으로 분류한다.
4. ② 상거래 이외의 거래에서 발생하는 채권에 대하여는 미수금 계정을 사용한다.
5. ② 제품을 매출한 후 제품의 파손, 부패 등의 사유로 값을 깎아 주는 것을 매출에누리라고 한다.
6. ④ 회수불능채권이 발생하였을 경우에는 우선적으로 대손충당금과 상계하고, 부족한 경우에는 대손상각비로 처리한다.
7. ② 150,000 + 180,000 + 230,000 + 510,000 = 1,070,000원
8. ④ 선일자수표는 받을어음으로 처리하여야 한다.
9. ② 50,000 + 100,000 + 100,000 + 500,000 = 750,000원
10. ③ 부도어음으로 처리하여할 금액은 어음금액과 지급거절증서 작성비용 등을 합산한 금액이다. 따라서 부도어음으로 계상하여야 할 금액은 200,000 + 30,000 + 5,000 = 235,000원이다.
11. ③ 타인이 발행한 약속어음은 받을어음 계정으로 처리한다.
12. ④ 통화대용증권으로는 타인발행수표, 송금수표, 우편환증서, 가계수표, 배당금영수증, 일람출급어음, 공사채 만기이자표, 만기도래어음 등이 있다.
13. ② 틀린 문장을 올바르게 바꿔보면,

    5.31 현금의 시재액이 장부잔액보다 150,000원이 부족한 것을 발견하였다.

    12.31 결산 시 현금과부족 50,000원을 잡손실로 회계 처리하였다.

•주 관 식•

문4 정답

은행계정조정표

20×2. 4. 30

(주)경인 (단위: 원)

은행잔고증명서상 잔액	22,190	회사 당좌예금출납장 잔액	20,502
가　　산		가　　산	
① 미기록예금	3,680	③ 미통지예금	600
⑦ 기장오류	175	⑥ 기장오류	180
차　　감		차　　감	
② 미결제수표	5,001	④ 은행수수료	18
		⑤ 부도수표	220
수정후잔액	21,044	수정후잔액	21,044

(2)	당 좌 예 금	780	이 자 수 익	600
			외 상 매 입 금	180
(2)	지 급 수 수 료	18	당 좌 예 금	238
	부 도 수 표	220		

문5 정답

(1) 700,000원　　(2) a)　　(3) 920,000원

(4) 195,000원　　(5) 3,850,000원

(6) ② (차) 현　금	180,000	(대) 당좌예금	180,000
⑥ (차) 이자비용	15,000	(대) 당좌예금	15,000

은행계정조정표			
20×1. 6. 30			
			(주)세명 (단위: 원)
은행잔고증명서상 잔액	3,900,000	회사 당좌예금출납장 잔액	3,125,000
가　　산		가　　산	
⑤ 미기록예금	700,000	③ 받을어음추심	550,000
		④ 미통지예금	370,000
차　　감		차　　감	
① 미결제수표 101번	300,000	② 기장오류	180,000
102번	450,000	⑥ 당좌차월이자	15,000
수정후잔액	3,850,000	수정후잔액	3,850,000

문6 정답

700,000 + 5,200,000 − 1,000,000 = 4,900,000원

문7 정답

(1,200,000 - 200,000) × 1.4(140%) − 800,000 = 600,000원

문8 정답

①	(차) 대손충당금	300,000	(대) 매 출 채 권	500,000
	대손상각비	200,000		
②	(차) 매 출 채 권	500,000	(대) 대손충당금	300,000
			대손상각비	200,000
	(차) 현　　금	500,000	(대) 매 출 채 권	500,000

문9 정답

만기가액: 500,000 + 500,000 × 12% × 120/360 = 520,000원
총할인료: 520,000 × 18% × 90/360 = 23,400원
실 수 금: 520,000 − 23,400 = 496,600원

이자수익: 500,000 × 12% × 30/360 = 5,000원

(차) 당좌예금	496,000	(대) 매출채권	500,000
이자비용(채권매도손실)	8,400	이자수익	5,000

문 10 정답

할 인 료: 500,000 × 15% × 60/360 = 12,500원
실 수 금: 500,000 − 12,500 = 487,500원

(차) 당좌예금	487,500	(대) 매출채권	500,000
이자비용(채권매도손실)	12,500		

문 11 정답

200,000 × 1% = 2,000
500,000 × 2% = 10,000
700,000 × 3% = 21,000
300,000 × 4% = 12,000
200,000 × 5% = 10,000
계 55,000원 (대손충당금설정 목표액)

∴ 55,000 − 36,000 = 19,000원(당기에 설정해야 할 금액)

(차) 대손상각비	19,000	(대) 대손충당금	19,000

제 8 장 재고자산

• 객 관 식 •

해 답

1	2	3	4	5	6	7	8	9	10
①	③	④	③	①	④	①	③	②	③
11	12	13	14						
①	④	③	①						

1. ① 계속기록법은 매출원가를 판매시마다 기록하므로 상품관련계정의 결산정리분개가 요구되지 않는다.
2. ③ 총계기준 평가는 인정되지 않는다.
3. ④ 물가가 상승하고 재고가 급격히 감소한 경우에는 오래전에 형성된 재고층이 감소되어 불가피하게 일시적으로 매우 높은 이익을 보고하게 되는 경우도 생긴다.
4. ③ 재고자산평가손실은 매출원가로 인식하고, 재고자산의 장부금액에서 간접 차감하여 표시한다.
5. ① 재고자산과 이익은 비례하고, 재고자산과 매출원가는 반비례한다.
6. ④ 물가가 상승할 때 후입선출법이 선입선출법보다 이익이 적다.
7. ① 재고자산감모손실 = (1,100개 − 900개) × 100 = 20,000원
   재고자산평가손실: 재고자산장부금액 − 재고자산의 순실현가능가치(추정판매가액(120) − 추정판매비용(30)) = 900개 × (100 − 90) = 9,000원
8. ③ 저가기준을 매출가격환원법에 적용하는 경우 원가율 계산시 가격인하는 매출가격에 의한 판매가격에서 차감하지 않는다.
9. ② 후입선출법과 선입선출법을 바꿔 설명한 것이다.
10. ③ 재고자산감모손실액 (100개 − 95개) × 300 = 1,500원
    재고자산평가손실액 95개 × (300 − 252) = 4,560원
    감모된 재고수량이 원가성이 있다고 했으므로, 영업외비용이 아니라 매출원가에 가산한다. 따라서 매출원가는 (1,500 + 4,560 = 6,060원)만큼 증가한다.

11 ① 재고자산의 비정상적인 감모손실은 영업외비용으로 처리하며, 단가 하락분은 매출원가에 반영한다.
   재고자산감모손실 = (2,000개 − 1,700개) × 5,000 = 1,500,000원
   매출원가 = 〔5,000 − (5,200 − 500)〕 × 1,700개 = 510,000원

12. ④ 재고자산감모손실 중 원가성이 있다고 판단되는 부분은 매출원가에 가산하고, 원가성이 없는 부분은 영업외비용으로 처리한다.
13. ③ 원가흐름의 가정으로 후입선출법을 적용할 경우 나중에 구입한 것이 먼저 매출원가를 구성하므로, 기말재고 금액을 계산하면 다음과 같다.
    - 9월 15일: 매출 → 5일 매입분 50개 + 1일 매입분 50개
    - 9월 30일: 매출 → 25일 매입분 100개

    ∴ 기말재고로 남아 있는 매입분은 1일 매입분 50개(@100원)와 22일 매입분 50개(@120원)가 된다. → 50개 × @100원 + 50개 × @120원 = 11,000원
14. ① 선입선출법은 실제의 물량흐름과는 무관하게 먼저 입고된 재고자산의 원가가 먼저 매출원가로 대응된다는 가정하에서 기말재고자산의 단가를 결정하는 방법이다. 따라서 가장 나중에 입고된 재고자산이 기말재고자산으로 보고된다.

• 주 관 식 •

문 4 정답

(2,400,000 − 750,000) − (390,000 + 710,000 − 300,000) = 850,000원

〈회계처리〉

기초	(차) 매 입	390,000	(대) 재고자산(기초)	390,000
기말	(차) 재고자산(기말)	300,000	(대) 매 입	300,000

문 5 정답

위탁상품의 이익(4,000) + 수탁상품(9,000) = 13,000원

문 6 정답

0.8X + 1,800,000 − X = 2,000,000 × (1 − 0.2)
X = 1,000,000원
따라서 기초재고액은 1,000,000 × 0.8 = 800,000원

문 7 정답

500,000 + 1,200,000 − 440,000 = 1,260,000원
1,260,000 × (1 + 0.3) = 1,638,000원

문 8 정답

① 280,000 + 50,000(100개) = 330,000원
② 250,000원(기초재고)

제9장 금융자산(유가증권)

• 객 관 식 •

해 답

1	2	3	4	5	6	7	8	9	10
④	④	④	②	①	③	③	③	③	①

1. ④ 특수관계자가 발행한 주식은 투자자산으로 분류한다.
2. ④ 보유양도증권으로 분류하는 기준은 없다.
3. ④ 만기보유증권은 채무증권이다.
4. ② 주식배당의 경우 장부금액을 증가시켜주는 회계처리는 하지 않고, 수량과 단가를 새로이 계산한다.
5. ① 단기매매증권 취득과 관련하여 발생한 비용은 당기 비용으로 처리한다.
6. ③ 기말 결산시점에 공정가치로 평가한다.
7. ③ 영업외수익에는 배당금수익과 평가이익을 합산한 금액이다.
8. ③ 동일한 유가증권을 여러 번에 걸쳐 다른 가격에 취득했을 경우, 처분할 때 종목별로 단가는 이동평균법 또는 총평균법을 적용하여 산정한다.
9. ③ 주식배당을 수령할 경우 회계처리를 하지 않고, 주식수를 증가시킨다.
10. ① 단기매매증권은 시장성이 매우 중요한 분류 기준이므로 시장성을 상실한 경우에는 다른 유가증권과목으로 분류해야 한다.

• 주 관 식 •

문 3 정답

(1)	(차) 단기매매증권	3,000,000	(대) 당 좌 예 금	3,030,000
	지급수수료	30,000		
(2)	(차) 현 금	250,000	(대) 배 당 금 수 익	250,000
(3)	(차) 현 금	1,400,000	(대) 단 기 매 매 금 융 자 산	1,200,000
			단기매매증권처분이익	200,000

* 계산근거: 3,000,000 × 200 ÷ 500 = 1,200,000원
1,400,000 − 1,200,000 = 200,000원

(4) (차) 만기보유증권 2,050,000 (대) 당 좌 예 금 2,050,000
(차) 현 금 200,000 (대) 이 자 수 익 250,000

문4 정답

10/ 1 (차) 단기매매금융자산 1,900,000 (대) 당 좌 예 금 1,980,000
지 급 수 수 료 80,000

10/ 8 (차) 단기매매금융자산 1,550,000 (대) 당 좌 예 금 1,575,000
지 급 수 수 료 25,000

10/15 (차) 현 금 737,000 (대) 단기매매금융자산 690,000
단기매매증권처분이익 47,000

* 계산근거: (1,900,000 + 1,550,000) × 110 ÷ 550 = 690,000원
737,000 − 690,000 = 47,000원

10/20 (차) 현 금 1,320,000 (대) 단기매매금융자산 1,380,000
단기매매증권처분손실 62,000

* 계산근거: (1,900,000 + 1,550,000) × 220 ÷ 550 = 1,380,000원
1,380,000 − 1,320,000 = 60,000원

10/31 (차) 단기매매금융자산 71,940 (대) 단기매매증권평가이익 71,940

* 계산근거: (1,900,000 + 1,550,000) ÷ 550 = 6,272.73원
(6,600 − 6,273) × 220 = 71,940원

문5 정답

(차) 매도가능증권평가손실 490,000 (대) 매도가능증권 490,000

* 계산근거: 대한(주): (6,800 − 6,200) × 200 = 120,000(손실)
민국(주): (9,500 − 11,000) × 300 = 450,000(이익)
(주)가나: (12,000 − 11,000) × 220 = 220,000(손실)
지하철공사: (10,000 − 6,000) × 150 = 600,000(손실)
계 490,000원(손실)

제10장 투자자산과 기타비유동자산

•객 관 식•

해 답

1	2	3	4	5	6	7			
①	①	①	②	②	③	①			

1. ① 임차권리금은 무형자산에 해당한다.
2. ① 다른 항목들은 모두 기타비유동자산에 해당하나, 장기성예금은 투자자산에 해당한다.
3. ① 장기매출채권의 회수기간이 1년 이내로 도래하였다 하더라도 당좌자산으로 재분류하지 않는다.
4. ② 10,000,000 × 25% − 5,000,000 × 25% = 1,250,000원
5. ② 10,000,000 − 8,000,000 = △2,000,000원
6. ③ 매매차익을 얻을 목적으로 장기간 보유하고 있는 토지와 건물은 투자자산에 해당하며, 판매나 생산에 소비할 목적으로 보유하고 있는 자산은 재고자산에 해당한다.
7. ① 단기적 시세차익을 얻을 목적으로 구입한 주식 또는 사채를 단기매매증권이라 하며, 이는 유동자산으로 분류한다.

•주 관 식•

문3 정답

20×1/03/01 (차) 지분법적용투자주식 38,000,000 (대) 당 좌 예 금 38,000,000

20×1/12/31 (차) 지분법적용투자주식 2,000,000 (대) 지 분 법 이 익 2,000,000
* 계산근거 : 8,000,000 × 25% = 2,000,000원

20×2/02/28 (차) 현 금 1,000,000 (대) 지분법적용투자주식 1,000,000
* 계산근거 : 4,000,000 × 25% = 1,000,000원

20×2/12/31 (차) 지 분 법 손 실 1,500,000 (대) 지분법적용투자주식 1,500,000
* 계산근거 : 6,000,000 × 25% = 1,500,000원

문 4 정답

(1) (차) 장기외상매출금 5,000,000 (대) 매 출 3,736,500
현재가치할인차금 1,263,500

* 계산근거 : 5,000,000 × 0.7473(6%, 5년 단일금액의 현재가치) = 3,736,500원

(2) (차) 현재가치할인차금 224,190 (대) 이 자 수 익 224,190

* 계산근거 : 3,736,500 × 6% = 224,190원

(3) (차) 장 기 대 여 금 12,000,000 (대) 현 금 10,000,000
현재가치할인차금 2,000,000

(4) (차) 현재가치할인차금 300,000 (대) 이 자 수 익 300,000

* 계산근거 : 10,000,000 × 6% × 6/12 = 300,000원

제11장 유형자산

• 객 관 식 •

해 답

1	2	3	4	5	6	7	8	9	10
④	①	④	①	①	②	③	①	①	④
11	12	13	14						
③	②	②	③						

1. ④ 토지의 취득원가에 산입한다.
2. ① 사용 중인 기존 건물을 철거할 경우 철거비용은 유형자산처분손실에 가산한다.
3. ④ 자가건설에 따른 내부이익은 취득원가에 산입하지 아니한다.
4. ① 1. 동종자산간 교환하는 경우: 50,000 + 5,000 = 55,000원
   2. 이종자산간 교환하는 경우: 40,000 + 5,000 = 45,000원
5. ① 잔존가치는 물가변동에 따라 수정하지 않는다.
6. ② 연수합계법을 적용할 때 20×2년 감가상각비는 790,909원이나, 정액법은 450,000원 이다.

연수합계법 적용시 20×1년 감가상각비 272,727원

계산근거: $(5,000,000 - 500,000) \times \frac{10}{55} \times \frac{4}{12}$

20×2년 감가상각비 790,909원

계산근거: $\{(5,000,000 - 500,000) \times \frac{10}{55} \times \frac{8}{12}\} + \{(5,000,000 - 500,000) \times \frac{9}{55} \times \frac{4}{12}\}$

7. ③ 주요 부품을 교환해 주어야 운행이 가능한 중고차량을 취득한 후에 부품교환에 지출하게 된 금액은 회수가능가액 범위 내에서 자본화한다.
8. ① 회수가능가액은 순매각가액과 사용가치 중 큰 금액을 말한다.
9. ① 감가상각방법은 매기 계속하여 적용하고, 정당한 사유 없이 변경하지 않는다. 새로 취득한 유형자산에 대한 감가상각방법도 동종의 기존 유형자산에 대한 감가상각방법과 일치시켜야 한다.
10. ④ 감가상각 초기의 감가상각비는 정액법보다 정률법에 의한 감가상각비가 더 크다.
11. ③ 취득부대비용은 취득원가에 가산하며, 현물출자, 증여 등으로 취득한 유형자산은 공정가치로 평가한다. 새로운 건물을 신축하기 위하여 구건물이 있는 토지를 취득하여 철거하는 경우 철거비용은 토지의 취득원가에 가산한다.
12. ② 동종자산간 교환시 취득한 자산은 제공한 자산의 장부금액으로 하고, 이종자산간 교환시 취득한 자산은 제공한 자산의 공정가치로 한다.
13. ② 생산량비례법에 의한 감가상각비 = (취득원가 − 잔존가치) × 생산량/총생산량
    (30,000,000 − 3,000,000) × 3,500/10,000 = 9,450,000원
14. ③ 기계장치의 취득원가는 제공한 자산의 공정가치인 1,200,000원(= 공정가치 700,000 + 현금지급액 500,000)이다.

차) 감가상각누계액	9,500,000	대) 차 량 운 반 구	10,000,000
기 계 장 치	1,200,000	현 금	500,000
		유형자산처분이익	200,000

• 주 관 식 •

문 4 정답

정액법에 의한 감가상각비 = (20,000,000 − 1,000,000) ÷ 8년 = 2,375,000원
3년간 감가상각비 = 2,375,000 × 3년 = 7,125,000원
연수합계법에 의한 감가상각비 = (20,000,000 − 7,125,000 − 1,000,000) × 5/15 = 3,958,333원

(차) 감 가 상 각 비	3,958,333	(대) 감가상각누계액	3,958,333

문5 정답

(단위: 원)

감가상각방법	연간 감가상각비			감가상각누계액 (3차년도말)	장부가액 (3차년도말)
	1차년도	2차년도	3차년도		
정 액 법	1,320,000	1,320,000	1,320,000	3,960,000	5,740,000
정 율 법	3,395,000	2,206,750	1,434,390	7,036,140	2,663,860
연수합계법	2,310,000	1,980,000	1,650,000	5,940,000	3,760,000
생산량비례법	770,000	1,760,000	1,320,000	3,850,000	5,850,000

문6 정답

(단위: 원)

일 자	계정과목	금 액	계정과목	금 액
20×1년 1월 1일	(차) 기계설비	2,000,000	(대) 현 금	2,000,000
20×1년 12월 31일	(차) 감가상각비	190,000	(대) 상각누계액	190,000
20×2년 12월 31일	(차) 감가상각비	190,000	(대) 상각누계액	190,000
20×3년 1월 3일	(차) 기계설비	400,000	(대) 현 금	400,000
20×3년 12월 31일	(차) 감가상각비	197,778	(대) 상각누계액	197,778

※ 계산근거: (2,000,000 + 400,000 − 380,000 − 240,000) ÷ 9 = 197,778원

제12장 무형자산과 영업권

• 객 관 식 •

해 답

1	2	3	4	5	6	7	8	9	10
④	③	④	④	①	④	③	①	①	④

1. ④ 생산 전 또는 사용 전의 시작품과 모형을 설계, 제작 및 시험하는 활동은 개발단계로 분류한다.
2. ③ 무형자산의 요건은 식별가능성, 자원에 대한 통제 및 미래 경제적 효익의 존재이다.
3. ④ 개발활동의 산출물에서 특허권을 취득한 경우에는 특허권 취득을 위하여 직접 지출된 금액만을 산업재산권의 과목으로 하여 무형자산으로 인식하며, 개발비 미상각잔액은 산업재산권으로 대체할 수 없다.
4. ④ 무형자산은 정액법, 체감잔액법, 연수합계법, 생산량비례법 등을 사용하여 상각하며, 합리적인 상각방법을 정할 수 없을 때에는 정액법을 사용한다.
5. ①
   ① 매수기업결합에서 발생한 영업권과 그 밖의 무형자산을 구별할 수 있는 유일한 차이는 식별가능성이다.
   ② 관계 법령이나 계약에 정해진 경우에는 20년을 초과할 수 있다.
   ③ 무형자산은 정액법, 체감잔액법, 연수합계법, 생산량비례법 중 합리적인 방법에 따라 상각한다.
   ④ 무형자산의 잔존가치가 결정된 후에도 가격이나 가치가 변동해도 잔존가치를 증가시키지 않는다.
6. ④ 개발비 상각액은 판매비와 일반관리비로 하되, 제조와 관련된 것은 제조원가로 한다.
7. ③ 가와 다는 연구단계에 속하는 활동의 사례로서 당기비용으로 처리하며 나, 라, 마는 개발단계에 속하는 활동의 사례로서 무형자산인 개발비로 처리한다.
8. ① 생산중의 고장에 대한 수리는 개발비가 아니라 제조원가이다.
9. ① 합리적인 방법을 선택하지 못할 경우에는 정액법을 적용하여 무형자산의 상각을 한다.
10. ④
    b : 다른 종류의 자산과 교환 시에 제공한 무형자산의 공정가치를 취득원가로 한다.
    c : 다른 무형자산과의 교환에 현금 수수액이 있으면 현금수수액을 반영하여 취득원가를 결정한다.
    e : 동일 업종에서 유사한 용도로 사용되고 공정가치가 비슷한 무형자산과의 교환에서 제공한 무형자산의 손상차손 인식은 가능하다.

• 주 관 식 •

문 4 정답

(1) 영업권의 계산

영업권 = 매입가액 − 취득한 순자산의 공정가치

= 550,000 − 430,000 = 120,000원

(2) 구입할 때 회계처리

(차)	외 상 매 출 금	80,000	(대)	지 급 어 음	150,000
	상 품	250,000		단 기 차 입 금	350,000
	건 물	600,000		당 좌 예 금	550,000
	영 업 권	120,000			

문 5 정답

(주)대원의 순자산가액(자본)	430,000
동종산업의 평균순이익률	× 10%
순자산가액에 대한 정상이익	43,000
과거 5년간 (주)용인의 평균순이익	50,000
종로상사의 연간초과이익	7,000원

〈제1법〉 영업권 = 7,000 ÷ 10% = 70,000원

〈제2법〉 영업권 = 50,000 ÷ 10% − 430,000 = 70,000원

문 6 정답

영업권 = 초과이익 × 계속연수 = 7,000원 × 5년 = 35,000원

문 7 정답

(1) 초과이익환원법에 의한 영업권

정상수익액: 80,000,000 × 25% = 20,000,000원

초과수익액: 30,000,000 − 20,000,000 = 10,000,000원

영 업 권: 10,000,000 ÷ 25% = 40,000,000원

(2) 연매법에 의한 영업권
영 업 권: 10,000,000 × 4년 = 40,000,000원

(3) 매수법에 의한 영업권
영 업 권: 130,000,000 − 80,000,000 = 50,000,000원

문 8 정답

20×7.12.31 (차) 무형자산상각비 1,200,000 (대) 영 업 권 1,200,000
영업권 = 4,500,000 × 60 ÷ 45 = 6,000,000원
20×7년 영업권 상각액 = 6,000,000 ÷ 5년 = 1,200,000원

문 9 정답

(1) 내부적으로 창출된 무형자산
프로젝트 갑: 개발비의 과목으로 하여 처리(자산)
프로젝트 을: 교육훈련비의 과목으로 하여 처리(비용)
프로젝트 병: 연구비의 과목으로 하여 처리(비용)
프로젝트 정: 컴퓨터소프트웨어의 과목으로 하여 처리(자산)

(2) 회계처리

(차)	개 발 비	1,200,000	(대) 현 금	2,300,000
	교 육 훈 련 비	500,000		
	연 구 비	600,000		

문 10 정답

(1) 20×1. 중	(차) 연 구 비	3,000,000	(대) 현 금	3,000,000
(2) 20×1. 중	(차) 개 발 비	10,000,000	(대) 현 금	10,000,000
(3) 20×2.12.31	(차) 무형자산상각비	2,000,000	(대) 개 발 비	2,000,000

제13장 유동부채

• 객 관 식 •

해 답

1	2	3	4	5	6	7	8	9	10
④	②	①	④	③	④	③	④	④	①

1. ④ 미수금은 당좌자산으로 분류한다.
2. ② 유동성장기부채는 재무상태표일로부터 1년 이내에 상환될 금액을 대체할 경우 이용되는 계정과목이다.
3. ① 외상매입금과 지급어음을 매입채무로 하고, 외상매출금과 받을어음을 매출채권으로 한다.
4. ④ 사채할인발행차금은 부채에서 차감되는 항목이고, 나머지는 자산에서 차감되는 항목으로 분류한다.
5. ③ 가수금은 원인이 밝혀질 때까지 임시적으로 사용하는 부채계정으로서 결산시에는 재무제표에 표시되지 않는다.
6. ④ 정상적인 영업주기 내에 소멸할 것으로 예상되는 매입채무와 미지급비용 등은 보고기간 종료일로부터 1년 이내에 결제되지 아니하여도 유동부채로 분류한다.
7. ③ 미교부주식배당금은 주식배당을 할 경우 나타나는 항목으로, 주식을 실제 발행하여 주주에게 배분하기 전까지 처리되는 임시항목(자본조정)이다.
8. ④ 상품권 판매 후 회수되지 않고 소멸시효가 완성되는 경우, 소멸시효가 완성되는 시점에 잡이익으로 처리한다.
9. ④ 결산일로부터 1년과 정상영업주기 중에서 긴 기간 이내에 지급의무가 도래하는가에 따라 부채를 유동부채와 비유동부채로 분류한다.
10. ① 일반적으로 미이행계약에 따른 의무는 부채로 인식하지 않는다. 다만, 계약이행이 법적으로 강제되어 있고 위약금과 같은 불이익의 조건이 있을 때에는 그러한 의무가 부채의 인식기준을 충족하면 부채로 인식되어야 한다.

• 주 관 식 •

문 3 정답

(1)	(차) 기 계 장 치	1,000,000	(대) 현 금	500,000
			미 지 급 금	500,000
(2)	(차) 투 자 부 동 산	20,000,000	(대) 미 지 급 금	20,000,000
(3)	(차) 외 상 매 입 금	400,000	(대) 지 급 어 음	400,000
(4)	(차) 지 급 어 음	150,000	(대) 당 좌 예 금	50,000
			지 급 어 음	100,000
(5)	(차) 매 입 (또 는 상 품)	200,000	(대) 외 상 매 입 금	200,000

문 4 정답

(1)	(차) 이월이익잉여금	200,000	(대) 미 지 급 배 당 금	200,000
(2)	분개없음			
(3)	(차) 미 지 급 배 당 금	200,000	(대) 현 금	200,000

문 5 정답

(1) 은행으로부터 단기 차입한 5,000,000원을 상환하면서, 이자 500,000원을 함께 현금으로 지급하였다.

(2) 출장 중인 영업사원으로부터 송금된 2,500,000원은 거래처 외상매출금을 회수한 것으로 판명되었다.

(3) 장기차입금 중 3,800,000원은 상환기한이 1년 이내에 도래하였다.

(4) 영업용 토지 5,000,000원을 취득하고, 대금 중 2,000,000원은 동사발행수표로 지급하고 잔액은 2개월 후 지급하기로 하다.

(5) 외상매입대금이 있는 거래처의 환어음(당사를 지급인으로 하는) 4,000,000원을 인수하다.

제14장 비유동부채

• 객 관 식 •

해 답

1	2	3	4	5	6	7	8	9	10
③	④	①	②	①	②	④	①	③	③
11	12	13	14	15					
③	③	③	④	③					

1. ③ 사채발행차금에 대한 상각액은 할증이나 할인 모두 증가한다
2. ④ 사채발행금액은 유효이자율에 의한 사채 원금의 현재가치와 사채 액면이자의 현재가치를 합한 금액이다.
3. ① 액면이자율보다 시장이자율이 클 경우는 할인발행한다.
4. ② 유효이자율법 적용시 할인(할증)발행차금 상각액은 매기 증가한다.
5. ① 사채할인발행차금은 사채의 액면금액에서 차감하는 형식으로 표시한다.
6. ② 사채가 할인(할증)발행되면 매년 인식하는 이자비용은 차이가 있다.
7. ④ 사채발행비용은 발행금액에서 차감한다.
8. ① 차기 이후의 수익에 대응되는 비용이 아니라 당기 수익에 대응되는 비용이다.
9. ③ 외화환산손익은 원칙적으로 화폐성외화자산에서 발생하며 당기손익으로 처리한다.
10. ③ 당해 지출의 원인이 당기에 발생한다.
11. ③ 우발자산은 원칙적으로 자산으로 인식하지 아니하고 자원의 유입가능성이 매우 높은 경우에만 주석으로 공시한다.
12. ③ 유효이자율법을 사용해야 하고, 액면이자율이 시장이자율보다 낮다면 사채는 할인발행된다. 또한 사채를 발행할 때 부대비용이 발생하였다 하더라도 유효이자율법에서 사용할 이자율은 해당 사채가 시장에서 형성하는 시장이자율과 차이가 있다.
13. ③ 재무상태표에는 사채액면금액이 부채로 계상되며 사채할인(할증)발행차금이 사채에서 차감(가산) 표시한다.
14. ④ 충당부채는 발생시점 재무상태표일 현재 최선의 추정치로 측정된다.
15. ③ 93,660,000 × 10% × 6/12 － 100,000,000 × 8% × 6/12 ＝ 683,000원

•주 관 식•

문4 정답

(단위: 원)

일 자	차 변	금 액	대 변	금 액
20×1. 1. 1.	현 금	1,124,620	사 채 사채할증발행차금	1,000,000 124,620
20×1. 7. 1.	사채이자비용 사채할증발행차금	56,231 3,769	현 금	60,000

※ 계산근거: 1,000,000 × 0.12 × 6/12 = 60,000원
1,124,620 × 10% × 6/12 = 56,231원
60,000 − 56,231 = 3,769원

일 자	차 변	금 액	대 변	금 액
20×1. 10. 1.	현 금	2,060,000	사 채 사채이자비용	2,000,000 60,000

※ 계산근거: 2,000,000 × 0.12 × 3/12 = 60,000원

일 자	차 변	금 액	대 변	금 액
20×1. 12. 31.	사채이자비용 사채할증발행차금	176,043 3,957	미지급사채이자	180,000

※ 계산근거: 3,000,000 × 0.12 × 6/12 = 180,000원
(1,124,620 − 3,769) × 10% × 6/12 = 56,043원
60,000 − 56,043 = 3,957원

일 자	차 변	금 액	대 변	금 액
20×2. 1. 1.	미지급사채이자	180,000	현 금	180,000
20×2. 7. 1.	사채이자비용 사채할증발행차금	175,845 4,155	현 금	180,000

※ 계산근거: 3,000,000 × 0.12 × 6/12 = 180,000원
(1,124,620 − 3,769 − 3,957) × 10% × 6/12 = 55,845원
60,000 − 55,845 = 4,155원

일 자	차 변	금 액	대 변	금 액
20×2. 12. 31.	사채이자비용 사채할증발행차금	175,637 4,363	미지급사채이자	180,000

※ 계산근거: 3,000,000 × 0.12 × 6/12 = 180,000원
(1,124,620 − 3,769 − 3,957 − 4,155) × 10% × 6/12 = 55,637원
60,000 − 55,637 = 4,363원

일 자	차 변	금 액	대 변	금 액
20×3. 1. 1.	미지급사채이자	180,000	현 금	180,000
	사 채 사채할증발행차금	1,000,000 108,376	현 금 사채상환이익	990,000 118,376

※ 계산근거: 124,620 − 3,769 − 3,957 − 4,155 − 4,363 = 108,376원

문 5 정답

(단위: 원)

일 자	현금지급이자(A) (1,000,000×0.06)	사채이자비용(B) (장부가 ×0.05)	상각액(C) (A−B)	미상각잔액(D) (전기D−C)	장부가액 (액면가+D)
20×1. 1. 1.				84,202	1,084,202
20×1. 7. 1.	60,000	54,210	5,790	78,412	1,078,412
20×2. 1. 1.	60,000	53,921	6,079	72,333	1,072,333
20×2. 7. 1.	60,000	53,617	6,383	65,950	1,065,950
20×3. 1. 1	60,000	53,298	6,702	59,248	1,059,248

(단위: 원)

일 자	차 변	금 액	대 변	금 액
20×1. 12. 31.	사채이자비용	53,921	미지급사채이자	60,000
	사채할증발행차금	6,079		
20×2. 12. 31.	사채이자비용	53,298	미지급사채이자	60,000
	사채할증발행차금	6,702		
20×3. 1. 1.	사채	1,000,000	현금	1,050,000
	사채할증발행차금	59,248	사채상환이익	9,248

문 6 정답

20×0년 매출 (차) 현금 2,200,000 (대) 매출 2,200,000

20×0년 보증 (차) 제품보증비 24,700 (대) 현금 24,700

20×0년 결산 (차) 제품보증비 85,300 (대) 제품보증충당부채 85,300

※ 계산근거: 2,200,000 × 5% = 110,000원

110,000 − 24,700 = 85,300원

20×1년 매출 (차) 현금 1,500,000 (대) 매출 1,500,000

20×1년 보증 (차) 제품보증충당부채 55,000 (대) 현금 55,000

20×1년 결산 (차) 제품보증비 105,300 (대) 제품보증충당부채 105,300

※ 계산근거: (2,200,000 + 1,500,000) × 5% = 185,000원

185,000 − 79,700 = 105,300원

제15장 자　　본

•객 관 식•

해 답

1	2	3	4	5	6	7	8	9	10
②	④	②	③	③	④	①	④	③	③
11	12	13							
③	②	④							

1. ② 주식발행회사의 입장에서 현금배당은 이익잉여금이 감소하여 자본은 감소하지만, 주식배당은 이익잉여금이 자본금으로 위치만 이동하므로 자본은 변동이 없다. 또한, 주주인 법인(투자회사)의 입장에서 현금배당은 배당수익으로 인식하지만, 주식배당은 배당수익으로 인식하지 아니하며 주식수량을 증가시켜 주당취득가액을 낮추기만 한다.
2. ④ 기업의 누적결손금을 보전하는 경우 임의적립금-기타법정적립금-이익준비금-자본잉여금의 순서로 충당한다. 따라서 자본금이나 자본조정계정은 변동사항이 없으며, 자본총계는 결손금 보전항목이 모두 자본항목이므로 자본항목간의 변동만 있을 뿐 그 총계는 변동이 없다.
3. ② 자본금은 무상증자나 주식배당의 경우만 증가하며, 주식분할의 경우 액면금액이 감소하면서 발행주식수가 증가하므로 자본금은 변동이 없다. 이익잉여금 중 이익준비금 등 법정적립금이 자본으로 전입되는 경우 감소한다.
4. ③ 자본조정: ②, ③, ⑤
5. ③ 자기주식처분손실은 자기주식처분이익으로 계상된 기타자본잉여금과 우선적으로 상계하고, 그 잔액은 자본조정으로 계상한 후 결손금 처리순서에 준하여 처리한다.
6. ④ 자기주식의 소각시 자기주식의 취득가액과 액면금액과의 차이를 감자차손 또는 감자차익으로 분류한다.
7. ① 증자시 주식발행비는 주식발행금액에서 차감하며, 주식할인발행차금은 3년 동안 균등 상각하여 이익잉여금처분으로 상계한다. 자기주식처분이익은 자본잉여금이고, 자기주식처분손실은 자본조정이다.
8. ④ 잉여금의 자본전입이나 주식배당시 자본금은 증가하나 자본총액에는 변화가 없다.
9. ③ 자기주식은 자본조정항목으로서 자본의 (－)항목이므로 소각하는 경우 자본항목간의 이동은 있으나 전체금액은 변동이 없다.

(차) 자 본 금	5,000,000	(대) 자기주식	6,000,000
감자차손	1,000,000		

10. ③ 배당결의가 있기 전까지는 법률적인 지급의무가 없으므로, 누적적우선주에 대한 연체배당금의 경우에도 부채로 계상하지 아니한다.
11. ③ 매도가능증권처분손실은 손익계산서의 영업외비용항목임.
    · 자본금 50,000,000 + 주식발행초과금 5,200,000 + 감자차익 800,000 + 매도가능증권평가이익 700,000 − 자기주식처분손실 600,000 − 자기주식 3,000,000 + 미처분이익잉여금 7,800,000 = 60,900,000원
12. ② 이익잉여금처분계산서(안)의 이익잉여금처분항목인 배당은 기말재무상태표에 나타내지 아니하며, 재무상태표에는 이익잉여금처분 전의 재무상태를 표시한다.
13. ④ 채권·채무 조정시 출자전환에 합의하였으나 즉시 이행되지 않은 금액은 조정대상채무를 출자전환채무의 과목으로 하여 자본조정으로 대체한다.

• 주 관 식 •

문7 정답

(난위: 원)

일 자	차 변	금 액	대 변	금 액
20×1. 1. 1.	현 금 주식할인발행차금	95,000,000 500,000	자 본 금	100,000,000
20×1. 9. 15.	현 금	107,000,000	자 본 금 주식발행초과금	100,000,000 7,000,000
20×2. 10. 25.	현 금 주식할인발행차금	177,000,000 23,000,000	자 본 금	200,000,000

문8 정답

(단위: 원)

일 자	차 변	금 액	대 변	금 액
20×1. 1. 1.	현 금	6,000,000	자 본 금 주식발행초과금	5,000,000 1,000,000
20×1. 5. 1.	자 기 주 식	550,000	현 금	550,000
20×1. 7. 1.	현 금	240,000	자 기 주 식 자기주식처분이익	220,000 20,000
20×1. 10. 1.	현 금 자기주식처분이익 자기주식처분손실	180,000 20,000 20,000	자 기 주 식	220,000
20×1. 12. 10.	자 본 금 주식발행초과금	100,000 20,000	자 기 주 식 감 자 차 익	110,000 10,000

문 9 정답

(1) 가중평균유통보통주식수의 계산

유통기간	항 목	주식수	유통주식수	유통일수	적 수
1.1-3.3	유통주식	5,000	5,000	90	450,000
4.1-6.30	자기주식 취득	(500)	4,500	91	409,500
7.1-9.30	신주발행	500	5,000	92	460,000
10.1-12.31	자기주식 매각	300	5,300	92	487,600
합 계				365일	1,807,100

가중평균유통보통주식수 = 1,807,100 ÷ 365 = 4,951주

주당순이익 = 5,000,000 ÷ 4,951주 = 1,010원

(2) 유통보통주식수

유통기간	유통주식수	주식배당조정	조정후주식수	유통일수	적 수
1.1-3.3	5,000	(1+0.15)	5,750	90	517,500
4.1-6.30	4,500	(1+0.15)	5,175	91	470,925
7.1-9.30	5,000	(1+0.15)	5,750	92	529,000
10.1-12.31	5,300	(1+0.15)	6,095	92	560,740
합 계				365일	2,078,165

가중평균유통보통주식수 = 2,078,165 ÷ 365 = 5,694주, 또는 4,951주 × 1.15 = 5,694주

제16장 수익과 비용

• 객 관 식 •

해 답

1	2	3	4	5	6	7	8	9	10
③	④	①	④	①	②	②	③	③	②
11	12	13	14	15	16				
④	③	④	④	②	④				

1. ③ 용역제공의 거래를 신뢰성 있게 추정할 수 없는 경우에는 발생원가의 범위 내에서 회수가능한 금액을 수익으로 인식한다.
2. ④ 전기에 이미 인식한 이익도 당기손실에 가산한다.
3. ① 공연장입장료는 당해 공연이 개최되는 시점에 수익을 인식한다.
4. ④ 진행률은 진행기준을 적용하는 장·단기 공사계약시 필요한 것이다.
5. ① 회계기간에 귀속하는 것인지를 확정지우는 것이다.
6. ② 수강료는 강의기간 동안 발생기준에 따라 수익으로 인식한다.
7. ② 대금회수일이 아닌 납품일인 20×1년 12월 29일에 매출로 인식하여야 한다.
8. ③ 회계기준에서는 공사진행률은 원가기준법을 원칙으로 하되 투입량기준법, 산출량기준법도 인정하고 있다.
9. ③ 총매출액 = 10대 × 10,000,000 = 100,000,000원
   매출할인 = 10,000,000 × 2% × 10대 = 2,000,000원
   순매출액 = 98,000,000원(20×1년도 손익계산서에 반영된 매출액)
   매출환입은 20×2년에 발생된 부분으로 20×2년 매출액에서 차감하며 20×1년 매출액에는 영향이 없다.
10. ② ① 재화의 소유에 다른 위험이 대부분 이전되지 않았으므로 수익으로 인식하지 않는다.
    ③ 진행기준을 적용한다. ④ 하자보수비는 공사완성연도의 공사원가로 처리한다.
11. ④ 일시적이지 않은 장기적인 유휴 생산설비나 건설장비의 감가상각비는 공사원가에서 제외한다.
12. ③ 하자보수예상비는 공사완성연도의 공사원가에 포함한다.
13. ④ 공사수익 = 총공사수익 × 공사진행률 = 20,000,000 × 20% = 4,000,000원

    $$\cdot\ \text{공사진행률} = \frac{\text{당년도실제발생 공사원가}}{\text{총공사예정원가}} = \frac{3{,}000{,}000}{15{,}000{,}000} = 20\%$$
14. ④ 장기건설공사의 경우 공사손실이 발생하는 경우에는 보수주의에 따라 공사손실총액을 조기에 인식하도록 하고 있다.
15. ② 인도시점을 수익인식의 시기로 본다.
16. ④ 재고자산의 저가법 회계처리는 회계관습의 보수주의를 보여주는 것이다.

• 주 관 식 •

문 3 정답

(위탁자의 입장) – 대원(주)

	차변	금액	대변	금액
(1)	(차) 적 송 품	370,000	(대) 매 입	350,000
			현 금	20,000
(2)	분개없음			
(3)	분개없음			
(4)	(차) 당 좌 예 금	430,000	(대) 위 탁 매 출	500,000
	운 반 비	10,000		
	보 관 료	12,000		
	판매수수료	48,000		

〈결산시〉

차변	금액	대변	금액
(차) 위 탁 매 출	500,000	(대) 집 합 손 익	500,000
(차) 위탁매출원가	370,000	(대) 적 송 품	370,000
(차) 집 합 손 익	370,000	(대) 위탁매출원가	370,000

(수탁자의 입장) – 용인(주)

	차변	금액	대변	금액
(1)	분개없음			
(2)	(차) 운 반 비	10,000	(대) 현 금	10,000
(3)	(차) 매출채권	500,000	(대) 수탁매출	430,000
			운 반 비	10,000
			보관료수익	12,000
			수수료수익	48,000
(4)	(차) 수탁매출	430,000	(대) 당좌예금	430,000

문 4 정답

20×2. 6. 2. (차) 현 금 5,000,000 (대) 선 수 금 5,000,000

20×2. 12. 31.

$$공사진행률 = \frac{25,000,000}{100,000,000} \times 100 = 25\%$$

공사수익 = 150,000,000 × 25% = 37,500,000원

차변	금액	대변	금액
(차) 선 수 금	5,000,000	(대) 공 사 수 익	37,500,000
공 사 미 수 금	32,500,000		

20×3. 12. 31.

$$공사진행률 = \frac{45,000,000}{100,000,000} \times 100 = 45\%$$

당기공사진행률 = 45% − 25%(전기) = 20%

공사수익 = 150,000,000 × 20% = 30,000,000원

(차) 공 사 미 수 금 30,000,000 (대) 공 사 수 익 30,000,000

색 인

지은이 약력

김 복 구

중앙대학교 대학원(경영학 석사 및 경영학 박사)
지방공무원 시험위원
경영지도사 시험 출제위원 및 채점위원(한국산업인력공단)
대한경영학회 부회장
중소기업청 기술경쟁력 및 생산정보화 평가위원
현, 용인예술과학대학교 회계자산관리과 교수

[주요 저서 및 논문]
기업환경과 물류비 관리시스템 특성간의 적합관계가 시스템 성과에 미치는 영향
JIT 환경에서 물류원가 구성요소의 모형화
경쟁전략 및 경영혁신과 경영성과와의 관련성에 관한 연구 외 다수
경영분석, 관리회계
원가회계 외 다수

이 선 표

중앙대학교 대학원(경영학 석사 및 경영학 박사)
공무원 시험위원
세무사 자격시험 출제위원 및 채점위원(한국산업인력공단)
전산세무회계 자격시험 출제위원(한국세무사회)
현, 경인여자대학교 세무회계과 교수

[주요 저서 및 논문]
회계 교육만족도에 대한 실증 연구
세법상 특수관계자와 관련된 규제 내용 분석
관세체납의 유형별 분석을 통한 효율적 관리방안 외 다수
전산회계 1급 및 2급
법인세법 외 다수

제2개정판
회계의 이해

초판발행 2018년 3월 5일
제2판발행 2022년 3월 2일

지은이 김복구 · 이선표
펴낸이 김중용

총괄기획 박노일 · 최준규
편 집 심성보 · 김인숙

펴낸곳 도서출판 정독
경기도 고양시 일산서구 하이파크로 113, 102-204
등록 제406-2014-000093호
전 화 070)7550-3758 팩 스 02)718-8554
홈페이지 www.jeongdok.co.kr 이메일 pnc@pncmedia.co.kr
ISBN 979-11-6858-005-3 93320

정 가 24,000원